Hiltrud Häntzschel/Hadumod Bußmann

Bedrohlich gescheit

Bedrohlich gescheit

Ein Jahrhundert Frauen und Wissenschaft in Bayern

Herausgegeben von
Hiltrud Häntzschel und Hadumod Bußmann

Verlag C. H. Beck München

Mit 89 Abbildungen im Text

Die Deutsche Bibliothek – CIP-Einheitsaufnahme

Bedrohlich gescheit: ein Jahrhundert Frauen und Wissenschaft in Bayern/hrsg. von Hiltrud Häntzschel und Hadumod Bußmann. – München: Beck, 1997
ISBN 3 406 41857 0
NE: Häntzschel, Hiltrud

ISBN 3 406 41857 0

Umschlaggestaltung: Uwe Göbel, München
Umschlagbilder (von links nach rechts): Maria Otto, Paula Weiner, Rhoda Erdmann
C. H. Beck'sche Verlagsbuchhandlung (Oscar Beck), München 1997
Satz: Fotosatz Janß, Pfungstadt
Druck und Bindung: C. H. Beck'sche Buchdruckerei, Nördlingen
Gedruckt auf säurefreiem, alterungsbeständigem Papier
(hergestellt aus chlorfrei gebleichtem Zellstoff)
Printed in Germany

Dank

Die Idee zu diesem Buch entstand bei der Arbeit an der Ausstellung «Stieftöchter der Alma mater? 90 Jahre Frauenstudium in Bayern», die im November 1993 an der Universität München eröffnet wurde und seither durch die bayerischen Universitäten wandert. Sie machte eine breitere Öffentlichkeit zum ersten Mal mit dem Thema vertraut. Die Fülle des Materials, das wir bei der Ausstellungsvorbereitung zusammentrugen, die vielen Lebensschicksale, auf die wir dabei stießen, und die Gespräche mit Zeitzeuginnen motivierten uns, die Recherchen fortzusetzen und – über den Katalog hinaus – in einer eigenen Publikation zu vertiefen. Die Vorarbeiten zu der Ausstellung sind der Fundus, aus dem unsere Beiträge geschöpft haben: Allen damaligen Mitarbeiterinnen schulden wir Dank. Wir möchten diesen Dank aber auch weitergeben an Archive und Bibliotheken (insbesondere an Gertraud Lehmann vom Stadtmuseum Erlangen für ihre Recherchen zur Erlanger Universitätsgeschichte) und an ehemalige Studentinnen und Professorinnen, ihre Kollegen, Verwandten und Erben, die durch persönliche Erinnerungen und Dokumente unser Material ergänzt haben.

Wir danken unseren Autorinnen für ihr Engagement und die anregende Kooperation bei der Arbeit an diesem Buch. Es war eine große Freude und Erleichterung für uns, daß die Mitarbeiterinnen im Büro der Frauenbeauftragten, Kerstin Kazzazi und Kirsten Steffen, uns aus persönlicher Solidarität heraus bei der Redaktionsarbeit und bibliographischen Recherche so zupackend und ermutigend unterstützt haben. Luise Dirscherl hat uns mit Langmut, Kompetenz und Spürsinn die Mühsal der Manuskript-Erstellung abgenommen und so diesem Buch zu seiner endgültigen Form verholfen, wofür ihr die nachdrückliche Anerkenung von allen – Herausgeberinnen, Autorinnen und Verlag – gebührt.

Frau Dr. Christine Zeile, Frau Manuela Schönecker und dem Verlag C. H. Beck München danken wir für die kundige Betreuung. Das Hochschulsonderprogramm hat es uns ermöglicht, wenigstens einen Teil der historischen Recherchen durch Werkverträge zu honorieren. Nicht zuletzt hat die Universität München unser Projekt institutionell und materiell in einem nicht selbstverständlichen Ausmaß unterstützt.

München, im Oktober 1996

Hadumod Bußmann
Hiltrud Häntzschel

Inhalt

Vorwort

> «Weder die Civil-Gesetze, noch der Völcker Gewohnheiten, schliessen die Weibs-Personen von sothanen Academischen Ehren-Graden aus, die göttlichen Gesetze haben hierinnen nichts beschlossen, sondern es der Disposition der Menschen anheimgestellet.» (Zedlers Grosses Vollständiges Universal-Lexikon, Leipzig/Halle 1747)

Als die Ludwig-Maximilians-Universität München im Jahr 1972 mit einem Jubiläumsband ihren 500. Geburtstag feierte, waren der Universitätsgeschichte zwei Frauen gedenkwürdig. Beide freilich sind sie nicht durch Gelehrsamkeit zu Berühmtheit gelangt: Die Studentin Sophie Scholl und – Lola Montez, deren «skandalöses Verhältnis» zu Ludwig I. zum Rücktritt des Innenministers, zu einer folgenschweren Senatssitzung und studentischen Unruhen geführt hatte. An wissenschaftlichen Leistungen von Frauen findet sich nichts Überlieferungswertes, kein Hinweis auf das Jahr 1903, mit dem endlich das ‹andere Kapitel›, das gemeinsame Lernen, Forschen und Lehren von Frauen und Männern offiziell begann; kein Hinweis darauf, daß die erste Habilitation einer Frau in Deutschland im Wintersemester 1918/1919 an der Medizinischen Fakultät der Universität München stattfand.

Vereinzelte Exemplare von seltener Begabung und außergewöhnlicher Gelehrsamkeit ließen sich allerdings schon zu ihrer Zeit nicht mehr übersehen und gereichten der Universität zum Schmuck: So begann das Zeitalter der Frauen an den bayerischen Universitäten mit zwei Ehrenpromotionen: Die Naturforscherin und Weltreisende aus königlichem Hause, Prinzessin Therese von Bayern, wurde 1897 mit dem naturwissenschaftlichen *Doctor honoris causa* gewürdigt und als Ehrenmitglied in die Bayerische Akademie der Wissenschaften aufgenommen. Der Historikerin und Schriftstellerin Charlotte Lady Blennerhassett wurde ein Jahr später für ihr umfangreiches literarhistorisches Werk die Ehrendoktorwürde der Philosophischen Fakultät verliehen. Ein ganzes Jahrhundert freilich sollte es noch dauern, bis 1995 beide Klassen der Bayerischen Akademie der Wissenschaften, die philosophisch-historische wie die mathematisch-naturwissenschaftliche, je eine Frau als ordentliches Mitglied in ihre Reihen aufnahmen.

Mit dem Eintritt der Frauen in die Männerwelt Universität entstanden bislang nicht gekannte Konstellationen, gerieten Wertkriterien ins Wanken, mußten Selbstbilder in Frage gestellt werden. Was einige wenige

Professoren der Jahrhundertwende als Gewinn verbucht hatten, bedeutete für die meisten eine Bedrohung der Institution Universität. Die bis dahin eindeutig umrissene Beziehung Lehrer-Schüler (der Professor vermittelt sein Wissen an einen begabten jungen Mann, forscht mit ihm ein Wegstück weit und sieht sich und seine Arbeit in ihm fortgesetzt) erfuhr eine folgenreiche Modifizierung. Der Doktorvater bekam ‹Töchter›, mit allen Attributen, die ihnen zugeschrieben wurden, mit allen Vorbehalten, die ihr Erscheinen auslöste – ohne das Vorbild einer Mutter. Nur wo ein einflußreicher Professor eine Frau persönlich förderte, sich *für* sie *gegen* seine Kollegen einsetzte, konnte es ihr gelingen, die schwierigen akademischen Hürden zu nehmen.

«Es geht ein geistiger Fortschritt vom Süden aus» überschrieb die Frankfurter Zeitung 1903 ihre Meldung über die Öffnung der Universitäten für Frauen in Bayern, nach Baden das zweite Land des Deutschen Reiches. Was begründete diesen Fortschritt, hielt er an? Die Debatten um die Zulassung der Frauen zum Universitätsstudium verliefen in den einzelnen Ländern unterschiedlich, geschichtliche Entwicklungen, politische Systeme, Bevölkerungsstrukturen und die Konfessionen spielten dabei eine erhebliche Rolle.

In der Forschung zur Wissenschaftsgeschichte der Frauen taucht immer wieder die Fehlgleichung «Preußen gleich Deutschland» auf. Erst durch intensive (insbesondere regional vertiefte) Quellenforschung, durch die minutiöse Verfolgung möglichst vieler Einzelfälle – Berufskarrieren oder Berufsabbrüche –, durch die Auswertung überschaubarer Daten ergibt sich ein differenziertes Bild, werden die Abweichungen sichtbar, relativieren sich die bisherigen Forschungsergebnisse deutlich. Erst wenn für alle Regionen solche Quellenarbeit geleistet ist, wird sich das Gesammelte zu einem Panorama der Wissenschaftsgeschichte der Frauen in Deutschland zusammenfügen.

Es wird so etwas wie ein bayerischer Sonderweg sichtbar: Bis zum Ersten Weltkrieg lagen die Hürden niedriger als anderswo, eine gewisse unbürokratische Liberalität ließ Schlupflöcher dort offen, wo Frauen sonst starre Grenzen gesetzt waren (bei der Justiz- und der Hochschullaufbahn etwa). Nach 1919 schlug das Klima um: Selbst wo gesetzliche Regelungen nun Zugänge formell öffneten, nützten die Gegner die informellen Mittel ihrer Macht, um sie geschlossen zu halten. Restaurative, bremsende Kräfte gewannen die Oberhand.

Die systematische Rekonstruktion dieses ‹anderen Kapitels› der Universitäts- und Bildungsgeschichte stößt auf vielfältige Hindernisse. Der Rang, den Frauen in der Universitätsgeschichte innehatten, spiegelt sich in der mangelhaften Archivierung und Erschließung von biographischem und wissenschaftlichem Material. Von den Erfolgreichen, den Glanzlichtern wäre rasch erzählt. Aber es wäre nur die halbe und nicht die wahre

Geschichte. Es geht auch um die vergeblichen Bemühungen, die gescheiterten Vorstöße, um das Verschwinden von angehenden Wissenschaftlerinnen aus dem Gesichtskreis der Universität. Deren Spuren sind fast nur noch in Biographien zu finden, ihre Entdeckung ist auf vielerlei Zufälle angewiesen und wird erschwert durch die so banale wie folgenreiche Praxis des Namenswechsels von Frauen mit ihrer Heirat. Der Verlust von Archivbeständen während der Weltkriege und die verschärften Bestimmungen zum Schutz personenbezogener Daten, die mittlerweile auch in unserem Untersuchungsbereich öfter eher die Täter denn die Opfer zu schützen scheinen, tun ein übriges.

Unsere Verfahrensweise – Studium und berufliche Karriere einer möglichst großen Zahl von Absolventinnen bayerischer Universitäten zu erfassen – stieß besonders für die Zeit des Dritten Reiches an eben diese Mauer des Datenschutzes, soweit es die Personalakten in öffentlichen Archiven betraf. Allerdings verlieren in einer zentralistisch dirigierten Diktatur die regionalen Unterschiede, was gesetzliche Regelungen, Zulassungsbestimmungen und Ausschlußmodalitäten angeht, weitgehend an Bedeutung.

Aus drei unterschiedlichen Perspektiven wird in diesem Buch die Geschichte von Frauen an der Universität und in akademischen Professionen in den Blick gerückt. Zum ersten: Nach einer international vergleichenden, historisch-systematischen Überschau konzentriert sich der Blick auf Bayern und rekonstruiert vor dem Hintergrund der Diskussionen im Deutschen Reich die schrittweise Öffnung der Universitäten, wobei sich interessante Unterschiede zwischen den einzelnen Universitätsstädten, unter ihren Fakultäten und Professoren, ihren engagierten Frauenorganisationen und bezüglich ihrer Anziehungskraft für die Studentinnen ergeben. Bis zum Zweiten Weltkrieg blieb die Qualität der Mädchenschulbildung neben der gesellschaftlichen Akzeptanz oder Nichtakzeptanz einer wissenschaftlichen Ausbildung das wichtigste Kriterium für den Zugang zur Universität. Die Geschichte der Habilitation von Frauen in Deutschland nahm ihren vielversprechenden Anfang in Bayern und verlief dann höchst ambivalent. Eine zentrale Rolle für den Zugang zu wissenschaftlicher Bildung spielten die Konfessionen. Dies galt mehr als anderswo für Bayern, und es galt in ungleich stärkerem Maße für Frauen als für die in der akademischen Welt etablierten Männer. Diese Verkettung begann bei der durch den katholischen Klerus dominierten Mädchenschulbildung und mündete für Frauen jüdischer Herkunft in einen schrecklichen Exodus aus den eben erst erworbenen Positionen. – Zum zweiten: Wie haben Frauen ihre wissenschaftliche Qualifikation genützt, nützen können? Aus minutiöser Biographie- und Aktenforschung haben sich neue Aspekte einer Geschlechter-Geschichte der akademischen Berufe ergeben. Trotz des schmalen Quellenmaterials können die erforschten Einzelfälle in ihrer Gesamtheit als repräsentativ für das Sozialprofil, die Lebensumstände und Karriereverläufe von Frauen in medizinischen, pädagogischen, natur- und sozialwissenschaftlichen, juristischen und technischen Professionen gelten. – Zum dritten: Ganz nahe an die Geschichte von Frauen in diesem Jahrhundert rücken wir, wenn wir den Blick auf Einzelschicksale richten, auf Lebensverläufe von Frauen, die durch außergewöhnliche Begabung, durch Pionierleistungen aufgefallen sind, und denen das Jahr 1933 zur Lebens- und Berufswende wurde: Verlust der Heimat, Abbruch der Karriere, aber auch Erfolg im Exil oder Aufwind im NS-Regime und professionelle Zuarbeit zur Macht, dazwischen die – wie die Mehrzahl ihrer Kollegen – unpolitische, unauffällige Gelehrte. – Bei der Analyse der zögerlichen Integration von Frauen in die akademische Zunft, ihrer bis heute fortdauernden Marginalität, werden die strukturellen Barrieren in der Hochschulkultur der Gegenwart sichtbar, deren Überwindung noch immer ansteht.

Als vor hundert Jahren die Forderungen von Frauen nach Teilhabe an Bildung und an ihren Fähigkeiten entsprechenden, prestigebesetzten Professionen unüberhörbar wurden, mußten sich Senate, Landtage, Katholikenversammlungen und der Reichstag mit diesen Forderungen befassen. Es scheint für Männer ein ganz besonders belustigendes Thema gewesen zu sein. Wo in den Debatten ein fortschrittlicher Politiker, ein frauenfreundlicher Abgeordneter, ein gewitzt kalkulierender Kirchenmann für die Frauen das Wort ergriff und wo auf der anderen Seite sich die Gegner in der Polemik überboten, protokollieren die Berichte immer wieder «stürmisches, langanhaltendes Gelächter», «große Heiterkeiten», «allgemeine Heiterkeit». Oder war etwa die Aussicht auf bedrohlich gescheite Kolleginnen doch nicht ganz so vergnüglich? Stand doch die Gefährdung eines bislang recht vorteilhaften Geschlechterarrangements am Horizont, der man vorerst am besten mit Lachen begegnete ...?

Die Herausgeberinnen

I.

Universitätsgeschichte von der Jahrhundertwende bis zum Zweiten Weltkrieg – das ‹andere› Kapitel

Abb. 1: *rechts:* Prinzessin Therese von Bayern (1850–1925), Naturforscherin.
Erste Ehrendoktorin der Münchner Universität 1897,
Ehrenmitglied der Bayerischen Akademie der Wissenschaften.
links: Charlotte Lady Blennerhassett (1843–1917), Literaturhistorikerin
und Schriftstellerin, Ehrendoktorin der Münchner Universität 1898.

1.

Ilse Costas

Der Zugang von Frauen zu akademischen Karrieren

Ein internationaler Überblick

1. *Einleitung*

Im Jahre 1896 baten die beiden Schwestern Edith und Alice Hamilton (Abb. 2) aus den USA, ausgestattet mit einem Europa-Stipendium der *Association of Collegiate Alumnae*, an der Universität München erfolgreich um Zulassung.[1] Alice hatte bereits in Ann Arbor, Michigan, in Medizin promoviert, Edith im Frauencollege Bryn Mawr Naturwissenschaften und klassische Philologie studiert. Mit Befremden registrierten sie in München die kaum «verhüllte Verachtung der meisten Studenten, vieler Universitätslehrer»[2]. In ihren Erinnerungen berichten sie von den kuriosesten Vorkehrungen, die nötig schienen, um z. B. in der Altphilologie Edith als die einzige Studentin den Blicken ihrer Kommilitonen, zumeist Theologiestudenten, zu entziehen.[3]

Zurückgekehrt in die Vereinigten Staaten, Studentin machte Alice Hamilton eine wissenschaftliche Karriere auf dem von ihr mitbegründeten Gebiet der Arbeitsmedizin. Sie lehrte später an der *Harvard Medical School* als erste Frau.[4] Edith hat sich zunächst als Leiterin von Bryn Mawr, dann als freie Schriftstellerin und Vermittlerin der antiken Welt einen Namen in der amerikanischen Öffentlichkeit gemacht.

An vielen deutschen Universitäten waren es ausländische Wissenschaftlerinnen, die dort nach einem in ihren Heimatländern abgeschlossenen Studium als erste Frauen promoviert wurden. Damit ebneten sie zugleich den Weg für deutsche Promovendinnen, indem sie bewiesen, daß Frauen zu höchsten wissenschaftlichen Leistungen fähig sind.

Die Attraktivität der deutschen Universitäten im 19. Jahrhundert beruhte darauf, daß sie im Unterschied zu Hochschulen in anderen Ländern schon früh neben der Lehre vor allem auf Forschung ausgerichtet waren. Ihre Organisationsstruktur in Seminaren und Instituten, ihre Lehrinhalte sowie ihre Anforderungen an wissenschaftliche Forschung wurden zum Vorbild für die Professionalisierung der Hochschulausbildung unter anderem in den USA, in England und Frankreich.[5] Das hohe Sozialprestige

Abb. 2: Die amerikanischen Gasthörerinnen *(von links)* Margret, Norah, Alice und Edith Hamilton, 1883.

deutscher Universitäten ist ein wichtiger Grund für die im Vergleich mit anderen Ländern noch schwierigere und zeitlich um 30 bis 50 Jahre verspätete Zulassung von Frauen zu den Universitäten und akademischen Professionen inclusive Hochschulkarrieren.

Insgesamt läßt sich diese unterschiedliche Entwicklung in verschiedenen Ländern auf ein Muster von mehreren Variablen zurückführen, die je nach Ausprägung die Öffnung der Universitäten für Frauen begünstigten oder erschwerten:[6] Entscheidend sind hier der Diskurs in der Frauenbewegung über das Geschlechterverhältnis und die politischen Entfaltungsmöglichkeiten der Frauen, das Bildungs- und Beschäftigungssystem, das Sozialprestige akademischer Ausbildung und Berufe. Exemplarisch soll dies an den Ländern Frankreich, Großbritannien, den USA und der Schweiz – immer im Vergleich zu Deutschland – aufgezeigt werden.

2. Hemmende und begünstigende Faktoren für den Zutritt von Frauen zu Universitäten

2.1 Der Diskurs über das Geschlechterverhältnis in der Frauenbewegung und ihre politischen Entfaltungsmöglichkeiten

Die Öffnung der Universitäten für Frauen steht – abgesehen von der Schweiz – in engstem Zusammenhang mit dem öffentlichen Druck, den die bürgerlichen Frauenbewegungen in den einzelnen Ländern ausübten.

Ihre Forderungen und Aktionen bezogen sich vor allem auf die Verbesserung der Frauenbildung. Dafür waren zum einen ökonomische Gründe maßgebend. Zum anderen forderten die Frauen – besonders in den angelsächsischen Ländern und in Frankreich – die aus den Ideen der Aufklärung abgeleiteten Naturrechte für freie und gleiche Individuen sowie die in der Amerikanischen und besonders in der Französischen Revolution proklamierten Menschenrechte auch für ihr Geschlecht. Der unterschiedliche Verlauf der Herausbildung einer bürgerlichen Gesellschaft in den einzelnen Ländern und vor allem die unterschiedliche Gewährung politischer Rechte hatte auch für den Handlungsspielraum der Frauenbewegung und für ihren theoretischen und politischen Diskurs erhebliche Konsequenzen.

In *Frankreich* erfuhr der Feminismus als soziale Bewegung, die jeweils eng mit der politischen Linken verbunden war, mit den revolutionären Erhebungen in und seit der Französischen Revolution (1789, 1830, 1848, 1871) immer wieder neuen Auftrieb, aber mit ihrem jeweiligen Scheitern auch Unterdrückung, Verbote und Rückschläge.[7] Seit der Machtübernahme der liberalen Republikaner in der Dritten Republik Ende der 1870er Jahre konnte sich die an den bürgerlichen Linken orientierte Frauenbewegung unter den Bedingungen von Versammlungs- und Pressefreiheit ungehinderter entfalten. Trotz der zeitweiligen Rückschläge waren feministische Ideen und Forderungen das ganze 19. Jahrhundert über in der Öffentlichkeit als politisches Gedankengut präsent. Dank ihrer Verbindung zu den linken Republikanern wurde zumindest ein Teil der Reformziele der Frauenbewegung, zum Beispiel die Einführung der Sekundarschulen für Mädchen, im Parlament durchgesetzt.

Unter den Programmen zur Befreiung der Frau waren zunächst diejenigen der utopischen Sozialisten, also der Saint-Simonisten und Fouriers von großem Einfluß. Sie begriffen unter anderem die herkömmliche Familie und Ehe als Versklavung der Frau, attackierten die herrschende geschlechtsspezifische Arbeitsteilung und wollten herkömmliche weibliche Reproduktionstätigkeiten vergesellschaften. Auch wenn sich seit Mitte des Jahrhunderts die Forderungen der Frauenbewegung eher darauf konzentrierten, daß eine verheiratete oder unverheiratete Frau als autonomes freies Individuum entscheiden sollte, den Beruf zu wählen, der am besten für sie geeignet war, hatten die früheren utopischen feministischen Ideen doch einen nachhaltigen Einfluß auf das in der französischen Gesellschaft vorherrschende Frauenbild und die Vorstellungen über das Verhältnis der Geschlechter.

Die Frauenbewegung in *Großbritannien* erstarkte seit den 1850er Jahren im Zusammenhang mit sozialen Reformen.[8] Die ersten Vorkämpferinnen für die politische, zivilrechtliche und soziale Gleichstellung der Frauen entstammten häufig Familien der städtisch-bürgerlichen Elite, deren Männer dem radikalen, liberalen politischen Lager angehörten. Bürgerlich radikale Politiker wie John Stuart Mill unterstützten – zumindest partiell – Forderungen wie die Zulassung zu den Universitäten, eine Verbesserung der Rechte der Ehefrauen, das Wahlrecht für Frauen und brachten entsprechende Gesetzentwürfe in das *House of Commons* ein. Außer den herrschenden Konventionen standen dem politischen Engagement der Frauen in Vereinen, in der Presse, in Versammlungen keine staats- oder presserechtlichen Einschränkungen und Hindernisse entgegen.

Die britische Frauenbewegung forderte gleiche Rechte für beide Geschlechter im zivilen, politischen und sozialen Bereich, darunter das Wahlrecht zumindest in der Form, wie es für die Männer galt, das heißt in Abhängigkeit von ihrem Einkommen. Eine Öffnung aller Berufe über eine bessere Bildung wurde im Vergleich mit den Aufgaben als Mutter und Ehegattin nicht als zweitbester Weg für den Lebensverlauf einer Frau gesehen, sondern als Möglichkeit für alle, auch für Verheiratete, beansprucht. Physische und geistige Differenzen zwischen den Geschlechtern wurden bestritten, und es wurde für die Frauen das Recht aller menschlichen Wesen proklamiert, ihre Fähigkeiten auch in der Erwerbssphäre voll zu entfalten.

Die stark föderative Verfassung der *Vereinigten Staaten* zwang zwar auch hier die Frauen, die Verbesserung ihrer Stellung einschließlich des Zugangs zu staatlichen Universitäten und akademischen Professionen in langwierigen Kämpfen in jedem einzelnen Staat neu durchzusetzen, aber ihr politischer und öffentlicher Handlungsspielraum war ungleich größer als jener der deutschen Frauenbewegung.[9] Durch eigene Organisationen, Versammlungen und Kongresse, öffentliche Rede, Petitionen und eine eigene Presse konnte sie ohne politische Repression öffentlich wirken, dies jedoch gegen eine zunächst feindlich gesonnene Presse und öffentliche Meinung. Der Diskurs über das Geschlechterverhältnis in der Frauenbewegung wurde durch naturrechtliche Positionen bestimmt. Infolgedessen wurden auch gleiche Rechte und Lebensbedingungen in der Familie, in der Ehe, in der Erziehung, in der Religion und im Staat (zum Beispiel hinsichtlich des Wahlrechts) gefordert. An der Wiege der amerikanischen Frauenbewegung findet sich also weder die Ideologie der unterschiedlichen Geschlechtscharaktere noch die Konzeption der Frauenfrage als soziale Frage, das heißt als Problem der Beschäftigung unversorgter bürgerlicher Frauen wie in Deutschland. Theoretische und politische Positionen, die auf der Basis der Geschlechterdifferenz argumentierten, setzten sich allerdings später in den 1890er Jahren in der Wahlrechtsbewegung durch.

Die Forderungen nach Demokratie und Freiheitsrechten in der 1848er Revolution hatten zwar auch in *Deutschland* dazu geführt, daß Frauen Vereine gründeten, die sich an politischen und revolutionären Aktivitäten beteiligten und demokratische Rechte für ihr Geschlecht forderten. Mit der Niederschlagung der Revolution aber wurden diese ersten Ansätze einer Frauenbewegung durch obrigkeitsstaatliche Repressionsmaßnahmen zunichte gemacht. Seit 1850 durften Frauen in Preußen, Bayern und anderen deutschen Staaten nicht mehr als Mitglieder in politischen Vereinen an Versammlungen teilnehmen, ebenso war es ihnen untersagt, Zeitschriften herauszugeben oder verantwortlich zu redigieren.[10] Die Pressezensur tat ein übriges. Als in den 1860er Jahren die Gleichstellungsfragen zunehmend in die öffentliche Diskussion rückten, erklärte der «Allgemeine Deutsche Frauenverein» (ADF) das Recht auf Arbeit und Bildung für alle Frauen zum entscheidenden Programmpunkt. Allerdings wurden im Gegensatz zu den Frauenbewegungen in Frankreich, den USA und England bis zum Ende der 1880er Jahre wenig konkrete Forderungen mit Nachdruck vertreten. Und als 1887 Helene Lange und andere Lehrerinnen mit Unterstützung von Henriette Schrader-Breymann und ihrem Freundeskreis um Kronprinzessin Victoria für eine Reform der Mädchen- und Lehrerinnenbildung petitionierten, forderten sie allerdings keine Angleichung der Mädchenbildung an die der männlichen Jugend wie Zulassung zum Abitur und zum Universitätsstudium. Der Grund liegt darin, daß nach Helene Lange die Mädchen- und Lehrerinnenbildung grundsätzlich anderen Zielen, nämlich ethischen Werten und der Ausbildung weiblicher Eigenart – eben der «geistigen Mütterlichkeit»- dienen müsse.[11] Erst als immer mehr Frauen eine universitäre Ausbildung anstrebten, wie sie zunächst nur in der Schweiz realisierbar war, und sie dafür das Abitur benötigten, und als der «Frauenverein Reform» auf Initiative von Hedwig Kettler 1888 Mädchengymnasien, Abitur und Zulassung zu den Universitäten verlangte, wandelte Helene Lange 1893 in Berlin ihre Realkurse in Gymnasialkurse um und bereitete die ersten Frauen auf das Abitur vor. Sie hielt jedoch zunächst in ihren Reformvorschlägen an Sonderwegen für die höhere Bildung des weiblichen Geschlechts fest.

In engem Zusammenhang mit ihrer Theorie des spezifisch weiblichen Geschlechtscharakters stand die Forderung des ADF, akademische Ausbildungswege nur für Lehrerinnen und Ärztinnen zu öffnen, weil diese Berufe des Erziehens, Helfens, Heilens und Pflegens der angeblich spezifischen weiblichen Individualität am innigsten entsprächen. In theoretischen oder technischen Wissenschaften galt wie selbstverständlich dem Manne der Vorzug.[12]

Anders im «Frauenverein Reform».[13] Hier hatten sich Frauen wie Hedwig Kettler, Anita Augspurg (Abb. 35), Lida Gustava Heymann, Minna Cauer, Marie Stritt und Hedwig Dohm (Abb. 5) zusammengeschlossen, die egalitäre Vorstellungen vom Geschlechterverhältnis propagiert. Als Zweck ihres Vereins formulierten sie, «daß die Frau gleich dem Manne zum Studium aller Wissenschaften Zutritt haben soll, nicht aber auf vereinzelte derselben (wie zum Beispiel die Medizin oder das höhere Lehramt) beschränkt werden darf».[14] Ebenso setzte sich diese Gruppe dafür ein, daß Mädchengymnasien mit abschließender Abiturprüfung errichtet wurden, was zum ersten Mal 1893 in Karlsruhe gelang.

Festzuhalten bleibt, daß die auf einen spezifisch weiblichen Geschlechtscharakter ausgerichtete Theorie der deutschen bürgerlichen Frauenbewegung – zumindest ihres Mehrheitsflügels – die Geschlechtertrennung im Bildungswesen zunächst noch gefördert hat. Und noch eine weitere schwerwiegende Konsequenz resultierte aus der Wesensbestimmung der Frau und dem Verständnis von Mütterlichkeit: Die Erwerbstätigkeit einer Frau konnte dann gutgeheißen werden, wenn diese ehe- und kinderlos blieb. Für eine Ehefrau und Mutter war damit im Erwerbsleben kein Platz vorgesehen. Konkrete Auswirkungen hatte diese Konzeption zum Beispiel auf das Gebot des «Zölibats» der Beamtinnen. Bis zum Ersten Weltkrieg unterstützte der Mehrheitsflügel der deutschen Frauenbewegung – nicht ihr radikaler Flügel – die Politik des Staates in dieser Frage.[15] Hier zeigen sich deutliche Unterschiede zu den Frauenbewegungen in den anderen Ländern.

2.2 Bildungs- und Beschäftigungssysteme

Begünstigend für den Zugang von Frauen zu höherer Bildung wirkten sich Schul- und Universitätsformen aus, die sowohl vielfältige Träger von Bildungseinrichtungen (also private, kirchliche, kommunale, zentralstaatliche und andere mehr) als auch unterschiedliche Qualifikationsprozesse als Wege zu bestimmten Prüfungen kannten. Unter solchen pluralistischen Bedingungen hatten auch Frauen die Möglichkeit, eigene Schulen oder Colleges zu errichten, wie dies am sichtbarsten durch die Frauencolleges in den USA und in Großbritannien wurde.

In den *Vereinigten Staaten* befand sich im 19. Jahrhundert auch für Männer das Bildungssystem erst im Aufbau. Öffentliche Sekundarschulen für Mädchen existierten vor dem Bürgerkrieg 1860/66 kaum. Aber da es keinen vorgeschriebenen Weg von der höheren Schule in die Universität und in die akademischen Berufe gab, ermöglichten Universitätseingangsprüfungen auch Frauen den Quereinstieg. Allerdings verweigerte die Mehrzahl der etablierten Colleges und Universitäten an der Ostküste den Frauen das akademische Studium. Privaten Initiativen von Frauen waren die ersten Einrichtungen von Seminaren und Colleges für das weibliche Geschlecht zu verdanken. Dazu gehörten *Mount Holyoke* (1837), *Vassar* (1865), *Smith and Wellesly* (1875), *Radcliffe* (1879) und *Bryn Mawr* (1885). Hier konnten Frauen sowohl als Studentinnen und Absolventinnen wie auch als Lehrende in der Wissenschaftsentwicklung und -organisation ihre intellektuellen Fähigkeiten unter Beweis stellen. Außerdem erlangten die Frauen zu den neu gegründeten staatlichen Universitäten des Westens und Mittelwestens Zugang, da diese finanziell von den öffentlichen Haushalten schlechter ausgestattet waren als die östlichen Universitäten und deshalb besonders dringend auf Gebühren zahlende Studierende angewiesen waren. Aber auch die privaten Universitäten mußten häufig aus finanziellen Gründen vor allem in der Depression der 1870er Jahre einer Koedukation der Geschlechter zustimmen, um die Frequenz der Hörer/innen und Zahler/innen zu erhöhen.

Die frühe Zulassung von Frauen zu Bildung und Studium in den USA hat aber auch wesentlich damit zu tun, daß bis zum Beginn der Professionalisierung in den 1880er Jahren das Bildungssystem in den USA keine autonome Bedeutung bei der Verteilung von sozialen Chancen hatte, wie das in Deutschland in so hohem Maße der Fall war und noch ist. Weder gab es eine Verbindung zwischen Universitätsausbildung und der Besetzung von hohen Ämtern, noch waren Universitätsexamina Voraussetzung für die Ausübung freier Berufe.[16] Für die Zulassung zum Anwaltsberuf war noch 1920 in keinem Staat der USA der Besuch einer *law school* vorgeschrieben. Für die Teilnahme an den Prüfungen der nominal für die Berufsausübung zuständigen lokalen Gerichte war noch nicht einmal ein Highschool-Abschluß zwingend erforderlich. Die Ausbildung konnte über eine Lehre bei einem Anwalt und/oder über den Besuch einer der zahlreichen, häufig auf ein profitables Geschäft und nicht auf die Qualität der Lehre ausgerichteten *law schools* erfolgen.

Ähnliches galt für die Ausbildungssituation in Medizin. Eine Lehre bei einem Arzt und/oder der Besuch einer der zahlreichen, oft als reines Geschäft betriebenen *Medical Schools* waren die Grundpfeiler. Formale Zulassungskriterien existierten bis in die 1870er Jahre hinein nicht, obwohl sich die *American Medical Association* für staatliche Prüfungen und ein einheitliches Lizenzsystem auch für die *medical schools* einsetzte. Erst 1912 hatten sich bestimmte Kriterien für die Zulassung zum Studium und zu den staatlichen Prüfungen in den einzelnen Staaten durchgesetzt. Die erfolgreiche Professionalisierung des Medizinberufes hatte auf die beruflichen Chancen von Frauen in diesem Bereich stark hemmende Auswirkungen, weil jetzt Frauen von männlich dominierten Zulassungsgremien abhängig wurden.

Auch in *Großbritannien* gab es bis in die 1870er Jahre hinein keinen zwingenden Zusammenhang zwischen Universitätsexamina und freien Berufen.[17] Dies gilt allerdings nicht für die Elitepositionen in Politik, Verwaltung und Gesellschaft, denn diese standen nur denjenigen offen, die die sogenannten *public schools* wie Eton und/oder die Universitäten Oxford oder Cambridge besucht hatten. Günstig für Frauen wirkte sich allerdings die um die Mitte des 19. Jahrhunderts im englischen Bildungswesen wirksame Reformbewegung aus, in deren Verlauf die Exklusivität der höheren Bildung für die Aristokratie gelockert wurde und zahlreiche neue Universitäten, Colleges und sonstige Bildungsinstitutionen für das Bürgertum entstanden. Die jungen Universitäten, die zum Beispiel in London, Birmingham und Liverpool begründet wurden, legten dem Frauenstudium viel weniger Hindernisse in den Weg als die Eliteuniversitäten Oxford und Cambridge. Die *University of London* ließ bereits 1878 Frauen unter dem Druck eines Parlamentsbeschlusses zu, während die Studentinnen in den von Frauen errichteten *women's colleges* in Oxford und Cambridge auf ihre Gleichberechtigung noch bis nach dem Ersten bzw. bis nach dem Zweiten Weltkrieg warten mußten.

In *Frankreich* wurde die Mädchenbildung bis in die zweite Hälfte des 19. Jahrhunderts vom katholischen Klerus mit seinen Kloster- und Konventschulen sowie Pensionaten beherrscht.[18] Die republikanischen, antiklerikalen und antimonarchistischen Politiker besonders in der Dritten Republik versuchten dann eine verstärkte staatliche Erziehung der Mädchen zu erreichen, damit diesen eine republikanische Gesinnung vermittelt werde – zur Weitergabe an ihre Söhne! Diese Konstellation unterstützte die französische Frauenbewegung in ihren Forderungen nach Aufbau einer staatlichen Sekundarbildung für Mädchen (1880), die jedoch zunächst nicht auf das *baccalauréat* (Abitur und Voraussetzung für Universitätsprüfungen) ausgerichtet war.

Kaum oder gar nicht stießen Frauen auf Widerstand, wenn sie an den Universitäten studieren wollten, ohne Prüfungen abzulegen. Öffentliche Vorlesungen standen ihnen ohnedies schon immer offen. Schwieriger wurde es bei examensvorbereitenden Kursen, für die das *baccalauréat* Bedingung war. Seit den 1860er Jahren waren aber auch hierzu Frauen, die sich privat (oder seit der Jahrhundertwende) in privaten Mädchenschulen auf das «bac» vorbereitet hatten, mit ministerieller Genehmigung zugelassen. Dennoch zögerte das Erziehungsministerium bis 1919, die Sekundarschulen für Mädchen auf das «bac» auszurichten, weil man nach wie vor an der nicht-berufsvorbereitenden Konzeption der Frauenbildung festhielt.

Im Gegensatz zu den Vereinigten Staaten und Großbritannien bestand in Frankreich zwischen dem Bildungssystem und der Zulassung zu den akademischen Professionen eine ähnliche Verbindung wie in Deutschland. Auch hier waren staatliche Prüfungen die Zugangsvoraussetzung für höhere Berufspositionen. Da die Regierung und die Spitzenpolitiker im Unterrichtsministerium, aber auch die Professoren Frauen gegenüber aus politischen Gründen relativ aufgeschlossen waren, ließen sie sie auch zu den Abschlußprüfungen zu. Eine gleichberechtigte Berufsausübung war damit aber noch keineswegs gesichert. Es bedurfte weiterer Kämpfe engagierter und wissenschaftlich ausgebildeter Frauen, bis Frauen an den Wettbewerbsprüfungen für gehobene Positionen zum Beispiel in der klinischen Ausbildung, in der Verwaltung oder in der höheren Schulbildung teilnehmen konnten.

In der *Schweiz* entstanden die Universitäten erst um bzw. nach 1830 nach deutschem Vorbild.[19] Das Interesse der Schweizer an einer universitären Ausbildung war jedoch im ganzen 19. Jahrhundert relativ gering. Die Beteiligung an der Machtausübung war ähnlich wie in den USA mit der Geschäfts-, Handels- bzw. Geldwelt verbunden, denn die Schweiz hatte im Verlauf ihrer gesellschaftlichen und politischen Entwicklung kein Staatsbeamtentum ausgebildet, sondern ließ vielmehr dessen Funktionen zum Teil durch Wahlämter auf der Basis einer direkten Demokratie (nur für Männer) wahrnehmen. Im Kanton Zürich, an dessen Universität die ersten (und darunter auch mehrere deutsche) Frauen schon ab 1864 immatrikuliert wurden, konnten sich die Mädchen im Anschluß an die höheren Töchterschulen privat auf das Abitur als Universitätseingangsprüfung vorbereiten. Seit den 1880er Jahren wurden aber auch mehrere Privatschulen für Mädchen eingerichtet, die dem Niveau der Knabengymnasien entsprachen und zum Abitur führten. Die Herkunft und Zusammensetzung der Professorenschaft spielte bei der Öffnung der Wissenschaft für Frauen eine herausragende Rolle. Viele der in ganz Europa nach der 1848er Revolution verfolgten Intellektuellen, besonders auch viele liberale Deutsche, kamen als Flüchtlinge in die bürgerlich-demokratische Schweiz beziehungsweise wurden von den freisinnigen und radikalliberalen Kantonsregierungen auf Professuren berufen. Obwohl die Universitäten nach deutschem Vorbild aufgebaut waren, sorgten die Politiker durch eine bewußte Berufungspolitik dafür, daß die Professoren vom «Geist des Fortschritts» im radikalen Sinn und nicht durch militaristische, obrigkeitsstaatliche und elitäre wilhelminische Ideen geprägt waren.

Das staatlich durchorganisierte Hochschulsystem des *Deutschen Kaiserreichs*[20] mit seinem lückenlosen Berechtigungswesen gab Frauen, die einen akademischen Beruf ergreifen wollten, keine Möglichkeit, an irgendeiner Stufe – etwa durch private Vorbereitungen auf Eingangsprüfungen – regulären Zugang zu akademischer Bildung zu erlangen. Erst durch den seit Ende der 1880er Jahre stärker werdenden öffentlichen Druck der Frauenbildungsbewegung auf die Parlamente und Regierungen bahnt sich eine Öffnung der Hochschulen an. Die Öffentlichkeitsarbeit, besonders in Form von Petitionen, hätte jedoch in den Parlamenten und Kultusministerien kaum etwas ausgerichtet, wenn nicht vor allem die Züricher Universität, aber auch Universitäten in den Vereinigten Staaten und in einigen europäischen Ländern Bürgerinnen des eigenen Landes und ebenso deutsche Frauen immatrikuliert und ihnen Universitätsgrade verliehen hätten. Die positiven Erfahrungen, die einige deutsche Professoren mit den in Zürich ausgebildeten Ärztinnen und mit den in den USA bzw. Großbritannien ausgebildeten Mathematikerinnen und Naturwissenschaftlerinnen als Promovendinnen gemacht hatten, lieferten zumindest einigen aufgeschlossenen Hochschullehrern und auch Kultusbeamten positive Argumente dafür, Frauen endlich auch in Deutschland zur wissenschaftlichen Ausbildung zuzulassen.

2.3 Der Grad der Professionalisierung und das Sozialprestige akademischer Ausbildung und Berufe

Von eminent wichtiger Bedeutung für die Zulassung von Frauen war das unterschiedliche Sozialprestige der Professionen und der jeweils erreichte Grad der Professionalisierung. Unter «Profession» verstehen wir in Anlehnung an die amerikanische Soziologie akademische Berufe mit einem hohen Maß an Selbstorganisation, «die eine langjährige, spezialisierte und tendenziell wissenschaftliche Ausbildung voraussetzen, in der vor allem berufsspezifisch generalisierbares, theoriehaltiges und durch Examensabschlüsse [...] nachweisbares Fachwissen vermittelt wird». Dieses verleiht ihnen Fachkompetenz, aus der die «Angehörigen professioneller Berufe das Monopol beim Angebot der von ihnen erbrachten Leistungen» beanspruchen, «wobei zur Realisierung solcher monopolistischer Ansprüche in der Regel auf staatliche Unterstützung und Garantien nicht verzichtet werden kann. Unter Berufung auf jene Kompetenz fordern die Angehörigen professioneller Berufe ein hohes Maß an Freiheit von Fremdkontrollen durch Laien und bieten zum Ausgleich bestimmte Formen der kollektiven Selbstkontrolle»[21] beim Zugang zur Profession, bei der Bestimmung des Fachwissens und bei der Ausübung des Berufes. Mitglieder dieser akademischen Berufe genießen Macht und Einfluß, ein hohes soziales Ansehen sowie ein hohes Einkommen. Der Prozeß der Durchsetzung dieser Art von Berufsorganisation und gesellschaftlicher Bewertung wird als Professionalisierung bezeichnet. In bezug auf das Geschlechterverhältnis in den Professionen kann folgende These aufgestellt werden: Je niedriger das soziale Ansehen dieser Berufe und Ausbildungsgänge war, desto eher wurden Frauen akzeptiert. Worauf beruht dieser inverse Zusammenhang? Bei der notwendigen Anpassung des Bildungs- und Ausbildungssystems an die Erfordernisse der bürgerlichen Gesellschaft (unter anderem soziale Öffnung zumindest für die Mittelklassen, größerer Stellenwert von Fachwissen) sowie der Transferierung der Gelehrtenberufe in allmählich auch fachwissenschaftlich fundierte Professionen richteten sich die kollektiven Strategien nach dem Prinzip, abzuwehren, was dem Sozialprestige und dem gesellschaftlichen Einfluß und ihrer Macht zuwiderläuft, und zu akzeptieren, was die soziale Stellung sichert oder erhöht. Das sind Strategien, die im gegebenen sozialen und kulturellen Kontext geschlechtsspezifisch wirken müssen. Die Professionalisierungsstrategien sind jedoch je nach Ausgangslage in den einzelnen Ländern unterschiedlich geprägt und ermöglichen dadurch den Frauen unterschiedliche Zugangschancen.

Eine Schlüsselkategorie für die Analyse der Politik der Professionen, nämlich ihr eigener gesellschaftlicher Stellenwert, kann auch Hinweise auf ihr Verhältnis zum weiblichen Geschlecht geben. Wenn historisch gesehen das Prestige der Professionen schon seit dem Mittelalter in Europa unter anderem aus der Universitätsausbildung resultierte, so bedeutet der aus den Anfängen der Universitätsentwicklung im 13. Jahrhundert praktizierte Ausschluß von Frauen aus den Stätten der Wissenschaft ebenfalls ihren Ausschluß aus den gelehrten Berufen. Die Universitäten hatten die aristotelischen Auffassungen zum Geschlechterverhältnis im Sinne einer Geschlechterpolarisation übernommen. Nach dieser Auffassung werden der Frau sämtliche kulturell als inferior definierten Eigenschaften wie Passivität, Irrationalität und Unfähigkeit zur Erkenntnis und zur Autorität zugeschrieben. Und vor allem mit dem Eingang dieses Frauenbildes in die wissenschaftlichen Dogmatiken (Theologie, Jurisprudenz, Medizin) wurde der Ausschluß von Frauen und ihre in sämtliche gesellschaftliche Bereiche ausstrahlende Abwertung mit scheinbar wissenschaftlichen Argumenten bewiesen, in den herrschenden Diskursen festgeschrieben und verbreitet. Das traditionelle Bild der Frau als geistig und kulturell inferiores Wesen als mehr oder weniger herrschendes Kulturmuster, das allerdings zum Teil durch die realen gesellschaftlichen Prozesse sowie auch politisch durch die Frauenbewegung schon in Frage gestellt wurde, dominierte in den Professionen. Die Zulassung und Akzeptanz von Frauen stand damit bei den Anpassungsprozessen der akademischen Berufe an die Erfordernisse der kapitalistischen Gesellschaft im 19. und zu Beginn des 20. Jahrhunderts, mit anderen Worten bei den Professionalisierungsprozessen, im Widerspruch zu den Bemühungen der Professionen, sich durch Berufung auf die jeweils herrschenden sozialen Werte der oberen Klasse ihre eigene soziale Wertschätzung zu sichern. Die Professionalisierungsprozesse sind also geschlechterhierarchisch geprägt, weil der soziale Prozeß der Professionalisierung und die Handlungen der Professionsmitglieder in einer männerdominierten Gesellschaft und Kultur stattfinden, in der das Bild der Frau als intellektuell inferiorem Wesen kulturelle Hegemonie besitzt und die gesellschaftlichen Verhältnisse generell geschlechterhierarchisch geprägt sind. Wenn sich die männlichen Handlungs- und Denkmuster sowie Strategien danach richten, alles das abzuwehren, was dem Sozialprestige zuwiderläuft, und zu akzeptieren, was die soziale Stellung sichert oder erhöht, setzen die männlichen Professionsmitglieder alles daran, gesellschaftlich gering bewertete Konkurrenz, nämlich die Frauen, soweit wie möglich auszuschließen oder sie in ökonomisch und sozial gering bewerteten Segmenten der Profession zu marginalisieren.

Am Beispiel der *Vereinigten Staaten* läßt sich dieser Zusammenhang an den unterschiedlichen Professionen und ihren Entwicklungsetappen klar nachweisen. Als die Frauen – verstärkt seit Mitte des 19. Jahrhunderts – Einlaß in die Colleges und Universitäten erhielten, war das Sozialprestige einer akademischen Ausbildung noch gering, weil der Zugang zu den mit Macht und Geld verbundenen gesellschaftlichen Positionen im wesentlichen nicht über das Bildungswesen gesteuert wurde. Prototypisch für einen Beruf mit geringem sozialem Ansehen und einer frühen Feminisierung ist der Lehrerberuf an höheren Schulen. Das sich vor allem im ländlichen Raum noch im Aufbau befindliche amerikanische Bildungssystem war auf Frauen als Lehrerinnen angewiesen, und besonders die öffentlichen Schulen beschäftigten Lehrerinnen, deren geringere Gehälter die Kommunen finanziell entlasteten. Daraus entstand ein öffentliches Interesse an einer verbesserten Lehrerinnenausbildung, so daß Frauen auch aus diesem Grund der Zugang zu Colleges und Universitäten bzw. die Gründung von *women's colleges* erleichtert wurde.

Das niedrige Sozialprestige juristischer Berufe in den Vereinigten Staaten stand in engem Zusammenhang mit dem geringen Ausbildungsgrad und dem Mangel an formalen Zugangskriterien, war aber auch eine Folge der starken Betonung des Laienelementes in der amerikanischen Rechtsprechung. Außerdem existierte in den USA weder ein Juristenmonopol für den höheren Verwaltungsdienst, noch gab es überhaupt ein sozial hoch bewertetes Beamtentum wie in Deutschland. Unter diesen Umständen konnten Frauen (wenngleich sie etliche Hindernisse, wie zum Beispiel die Nichtzulassung zu einer Reihe von *law schools*, zu überwinden hatten) immerhin schon 1869 ihre Zulassung als Anwältinnen bei einzelnen Gerichten in einzelnen Staaten durchsetzen. Selbst in einige wenige Richterpositionen auf der unteren Ebene der Gerichtsbarkeit wurden Frauen gewählt.[22] Anfängliche Erfolge im Kampf der Frauen um den Zugang zur Jurisprudenz können allerdings nicht darüber hinwegtäuschen, daß die Beteiligung des weiblichen Geschlechts am Anwaltsberuf seit Beginn des 20. Jahrhunderts (1910 gab es 558 Anwältinnen) bis in die 1960er Jahre hinein auf einem niedrigen Niveau zwischen einem und drei Prozent verharrte.[23] Seit dem 19. Jahrhundert hatte sich eine innere Hierarchie der *Law Schools* herausgebildet, wobei die hoch angesehenen Ausbildungsstätten Frauen gar nicht oder nur in geringer Zahl aufnahmen. Eine strukturell ähnliche Entwicklung ist in der Medizin zu konstatieren.

In der *Schweiz* war das Sozialprestige der akademischen Ausbildung und der entsprechenden Berufskarrieren aufgrund der Struktur der föderativen und direkten Demokratie und des damit verbundenen Fehlens eines Staatsbeamtentums gering. Im Bereich der Rechtspflege setzte eine Professionalisierung zum Beispiel bei den Anwälten erst im letzten Drittel des 19. Jahrhunderts ein. Dies galt ebenso für die Richter, die ohne jegliche wissenschaftliche juristische Ausbildung für eine kurze Amtsperiode vom Volk oder von der Volksvertretung gewählt wurden. Unter diesen Voraussetzungen hatte das Jurastudium weder einen exklusiven Charakter, noch zog es überhaupt viele Studenten an, die dann den Arbeitsmarkt bzw. Berufsstand überfüllt hätten, wie es in Deutschland im gleichen Zeitraum der Fall war.

Auch die Professionalisierung der Sekundarlehrer befand sich noch in den Anfängen. Die Zulassung von Frauen zum Universitätsstudium und zu den Examina bedurfte keines jahrzehntelang währenden Kampfes, weil das Streitobjekt «wissenschaftliche Ausbildung» nur wenig begehrt war. Eine erfolgreiche Professionalisierung und die Erhöhung des Sozialprestiges führten jedoch auch hier zu den bekannten geschlechtsspezifischen Segregationsmechanismen.[24]

In *Frankreich* wurde der Zugang der Frauen zu den Professionen dadurch erleichtert, daß die gesellschaftliche Bewertung der freien Berufe und der eine wissenschaftliche Ausbildung voraussetzenden Karrieren in der zweiten Hälfte des 19. Jahrhunderts weit geringer war als in Deutschland, auch dies eine Folge der Französischen Revolution. So war angesichts ihrer Mitverantwortung für die Mißstände im Gerichtswesen im *Ancien Régime* und ihrer Verquickung mit der alten Führungsschicht die Selbstorganisation und Eigenverantwortung der Rechtsanwälte zerstört worden. Die Autonomie der Profession war begrenzt und wurde von der politischen Elite nur so weit konzediert, wie es ihrer Vorstellung einer funktionierenden Justiz entsprach.[25] Diese Konstellation lieferte auch die Voraussetzungen dafür, daß die französischen Rechtsanwälte ab 1900 in ihren Reihen Frauen zu akzeptieren hatten, obwohl sie sich in den Debatten im Parlament gegen die Zulassung des weiblichen Geschlechtes ausgesprochen hatten.[26] Vorausgegangen war ein mehrjähriger Kampf der examinierten Juristin Jeanne Chauvin und der Frauenbewegung für die weibliche Advokatur.

Die Elite-Ausbildungsinstitutionen der *Grandes Ecoles* allerdings, die in einem Graduiertenstudium auf die höchsten Positionen in Wissenschaft, Kultur, Wirtschaft und Verwaltung vorbereiteten, waren den Frauen ungleich schwerer zugänglich als die Universität. Eine Schlüsselrolle spielte die *Ecole Normale Supérieure* (ENS), die bis zur Verbesserung der universitären Ausbildung und Forschung am Ende des 19. Jahrhunderts hauptsächlich den Nachwuchs für akademische Karrieren (Hochschullehrer und Gymnasiallehrer) stellte. Die ENS bereitete ihre Schüler auf die dafür maßgeblichen *agrégations* (Wettbewerbsprüfungen in den Geistes- und Naturwissenschaften) vor. Der besondere Charakter der ENS gegenüber der Universität ergab sich aus dem ausgezeichneten Lehrkörper und der Qualität des Unterrichts in kleinen Seminaren und Forschungsgruppen sowie dem besonderen Corpsgeist der in einem Internat lebenden 100 bis 170 Studenten.

Frauen waren niemals als Interne dieser Hochschule zugelassen.[27] Erst von 1908 an gelang es ganz wenigen Studentinnen, zu den Aufnahmeprüfungen zugelassen zu werden, als Externe hier zu studieren und an den *Agrégations* teilzunehmen. Dies geschah jedoch quasi außer Konkurrenz, denn Stellen an Knabengymnasien waren ausschließlich Männern vorbehalten.

Das hohe Sozialprestige eines Studiums an *deutschen Universitäten* resultierte aus den damit zugänglichen akademischen Berufskarrieren in der Verwaltung, Regierung, Justiz, dem Medizinal- und Schulwesen sowie der Kirche.[28] Die Berufsverbände und die Mehrheit der Universitätsprofessoren lehnten das weibliche Geschlecht in ihren Reihen vehement ab; sie waren nicht bereit, ihm Zugang zu den mit Macht, Prestige und relativ hohem Einkommen ausgestatteten Positionen zu gewähren. Diese Abwehrhaltung wurde noch verstärkt, wenn der Berufsstand sein eigenes Prestige – und/oder Einkommen – innerhalb der Rangskala der gesellschaftlichen Bewertung erhöhen wollte oder eine Verminderung befürchtete. Dies traf zum Beispiel auf die Mediziner zu, die seit den 1880er Jahren gegen die zunehmende ökonomische Abhängigkeit von den Krankenkassen zu kämpfen hatten.[29] Unter diesen Bedingungen bedeuteten weibliche Ärzte eine zusätzliche Bedrohung.

Besonders entschiedene Gegner hatten die Frauen auch in den Lehrern an höheren Schulen und ihren Verbänden, die seit den 1870er Jahren nach der Umstrukturierung des Gymnasialwesens in eine straff bürokratisierte Schulorganisation um eine Erhöhung ihrer sozialen Wertschätzung sowie um eine Verbesserung der Besoldung kämpften.

3. Hochschulkarrieren und ihre Öffnung für Frauen

Beziehen wir nun das Zusammenwirken dieser strukturellen Faktoren auf die Chancen von Frauen in Universitätskarrieren am Ende des 19. und zu Beginn des 20. Jahrhunderts, so ergeben sich die folgenden unterschiedlichen Entwicklungslinien in den einzelnen Ländern:

In *Deutschland* hatte sich eine akademische Kultur entwickelt, deren Ausbildungsmodalitäten für höhere Laufbahnen im Staatsdienst und für freie Berufe weltweit vorbildlich waren.[30] Die den Universitäten vom Staat verliehene Autonomie in akademischen Angelegenheiten räumte den Professoren in den Fakultäten unter anderem das Recht ein, selbst Vorschläge für die Besetzung von Hochschullehrerstellen zu machen und akademische Grade zu verleihen. Voraussetzung für die Berufung auf eine Professur war neben dem Doktorgrad in der Regel die Verleihung der *Venia legendi* aufgrund einer Habilitationsschrift. Damit war die wissenschaftliche Forschung und Ausbildung an deutschen Universitäten im Vergleich zum Ausland schon früh und durchgehend professionalisiert worden. Das Sozialprestige der Professoren war extrem hoch. In Preußen war ihr sozialer Rang sogar rechtlich normiert und entsprach Staatsräten vierter bis dritter Klasse, das heißt, sie erreichten damit fast die Stellung von Ministern. Das Einkommen der Professoren lag in Preußen am Ende des 19. Jahrhunderts im Durchschnitt achtmal höher als das der Volksschullehrer. Offensichtlich war unter diesen Bedingungen die Hochschulkarriere für den wissenschaftlichen Nachwuchs so attraktiv, daß im letzten Drittel des 19. Jahrhunderts die Anzahl der ohne festes Gehalt lehrenden Privatdozenten stark expandierte. Zwischen 1870 und 1910 stieg sie von 378 auf 1401, also fast auf das Vierfache an, während sich die Stellen für Ordinarien nur um die Hälfte (von 805 auf 1236) erhöhten. Trotz des systematischen Ausbaus des Hochschulwesens verschlechterten sich damit die Beschäftigungsaussichten des fast einkommenslosen und ohne Mitspracherechte lehrenden und forschenden wissenschaftlichen Nachwuchses dramatisch. Erst in der Weimarer Republik wurde das im Kaiserreich als bedrohlich empfundene ungelöste Privatdozentenproblem mit der Einführung der Assistenten als Staatsbedienstete etwas entschärft.

Die wissenschaftliche Laufbahn an deutschen Universitäten zu Beginn des 20. Jahrhunderts war damit insgesamt an Bedingungen geknüpft, die Frauen den Zugang erschwerten: Das staatlich organisierte und finanzierte Hochschulbildungssystem ließ keinen Raum für Initiativen nichtstaatlicher Träger zur Errichtung von Universitäten. Trotz seiner föderalen Verfassung war das Bildungssystem in seiner Struktur relativ einheitlich und aufeinander abgestimmt. Der hohe Grad der Professionalisierung hatte streng standardisierte Zugangsanforderungen, eine kollektive Selbstkontrolle darüber, welche Personen in die Profession eintreten durften, sowie Formen relativer Autonomie in der Berufsausübung zur Folge. Diese strukturellen Bedingungen, verknüpft mit einer Männlichkeitsideale tradierenden universitären Kultur, wirkten stark hemmend auf die Zulassung von Frauen zu den Karrieren in Universität und Wissenschaft. Darüber hinaus spielte eine Rolle, daß die wissenschaftliche Laufbahn von Frauen in der männlichen Institution der Universität kein Anliegen der bürgerlichen Frauenbewegung war.

Der Umgang von Universitäten und Kultusministerien mit den ersten Habilitationsanträgen von Frauen zeugten von dem überaus schwierigen und zunächst lange Zeit nicht gangbaren Weg zur Dozentur von Frauen. (Vergleiche dazu den Beitrag 5 von Hiltrud Häntzschel in diesem Band.)

Daß eher nur vereinzelte Hochschullehrer – und dann nur in Ausnahmefällen – dennoch eine Frau als Hochschullehrerin förderten und daß die Zulassung zur formalen Qualifikation der Habilitation ebenso wie zur Immatrikulation gegen den Willen der Mehrheit der deutschen Bildungselite erfolgte, zeigt die Entwicklung der Hochschulkarrieren von Frauen nach 1919. Erst 1923 wurde die erste deutsche Professorin auf einen Universitätslehrstuhl berufen: Mathilde Vaerting für Erziehungswissenschaften nach Jena, und zwar nur auf Druck des thüringischen Kultusministeriums. Das Statistische Jahrbuch für das Deutsche Reich verzeichnet für das Wintersemester 1928/1929 an den Universitäten auch nur diese eine ordentliche Professorin, außerdem acht außerordentliche Professorinnen, zwei Honorarprofessorinnen, 18 Privatdozentinnen sowie weitere 15 Lektorinnen und Lehrbeauftragte. Das sind zusammen 44 Frauen, die mit Lehraufgaben betraut waren. Hinzu kamen 41 planmäßige und 22 außerplanmäßige Assistentinnen. An den Technischen Hochschulen lehrten nur eine Privatdozentin, drei Lektorinnen, drei technische Lehrerinnen sowie acht Assistentinnen.[31]

Auch in anderen bürgerlichen Gesellschaften war der Weg von Frauen in Universitätskarrieren schwierig. Dennoch sind große Unterschiede zu konstatieren – sowohl was den Zeitpunkt des Eintritts der ersten Frauen in Universitätskarrieren anbelangt als auch bezüglich des weiblichen Anteils am Hochschulpersonal in der weiteren Entwicklung. In Deutschland erfolgte die Öffnung für Frauen wesentlich später und zögerlicher als in den anderen bürgerlichen Gesellschaften. Und diese so kurze Tradition wirkt sich bis heute retardierend auf die Partizipation von Frauen in den Universitäten aus, zumal sie auch noch durch den Nationalsozialismus zusätzlich gehemmt worden ist. (Zur weiteren Entwicklung in Deutschland vergleiche den Beitrag 19 von Hadumod Bußmann in diesem Band.) Noch in den 1980er Jahren sah der Vergleich ungünstig aus: Während in den USA und Frankreich der Frauenanteil am Lehrpersonal der Universitäten 26 Prozent betrug, waren es in Deutschland nur 18 Prozent. Von den höchsten Professuren waren bei uns nur 2,5 Prozent mit Frauen besetzt, in den USA waren es zwar auch nur 6,5 Prozent, aber das war immerhin ein mehr als doppelt so hoher Anteil.[32]

Im multiinstitutionell organisierten Bildungssystem in den *Vereinigten Staaten* mit dem Nebeneinander von staatlichen und privaten Colleges, Universitäten und *professional schools* existierte bis weit in die zweite Hälfte des 19. Jahrhunderts hinein kaum eine systematische *graduate*-Ausbildung. Die Verbindung von Lehre und Forschung als inhaltliche Bestimmung des Berufs des Hochschullehrers war zunächst weitgehend inexistent. Das deutsche Universitätsmodell besaß daher beim Ausbau des Hochschulbildungssystems eine große Anziehungskraft. Insgesamt waren Hochschulsystem und Professorenlaufbahn kaum professionalisiert. Jeder konnte ein College oder eine Universität gründen und diese dann unter Einhaltung minimaler Qualitätskriterien von einem freiwilligen Verband anerkennen lassen. Die Lehre wurde bis weit ins 20. Jahrhundert hinein von schlecht bezahlten Tutoren, Teilzeitpersonal und nur zu einem geringen Prozentsatz von festangestellten Hochschullehrern getragen. An den *professional schools*, also zum Beispiel den *law schools, medical schools, teacher schools*, werden die Lehrenden häufig aus den Praktikern der Profession selbst rekrutiert, ohne daß diese wissenschaftlich arbeiten. Heute wird für Dozenten an Hochschulen mit einem Vierjahresstudium die Promotion vorausgesetzt, diese Regelung wird aber noch nicht überall zwingend eingehalten. Die formalen Hürden sind also niedriger als in Deutschland, das Kooptationsritual durch die Professorenschaft fehlt. Bei allerdings großen Gehaltsunterschieden war das Einkommen der Hochschullehrer im 19. Jahrhundert bis in die 1950er Jahre hinein sehr niedrig, nach Shryock war es im Durchschnitt geringer als das eines Lokomotivführers. Im 19. Jahrhundert besaßen die Hochschullehrer kaum Autonomie bezüglich der Art ihrer Berufsausübung, der Inhalte ihrer Lehre und des Zugangs zu ihrer Profession. Ihr Einfluß in den Universitäten und Colleges wird in der Literatur als sehr gering bezeichnet im Vergleich zu den häufig nicht akademisch gebildeten Präsidenten und Administratoren. Diese entschieden über Berufungen und Entlassungen. Unter diesen Bedingungen war die Anstellung an einer Hochschule von geringem Sozialprestige und wenig begehrt. Im 19. Jahrhundert rekrutierten die Professoren sich vornehmlich aus der unteren Mittelklasse, häufig wurden sie eher verächtlich abwertend als «peasants in frock coats» bezeichnet.[33]

Alle diese Faktoren erleichterten es den amerikanischen Frauen, trotz aller Diskriminierung relativ früh und in größerer Anzahl, Fakultätsmitglieder zu werden. Besonders in den Frauencolleges war der Frauenanteil an den Dozierenden hoch, auch wenn Frauen zunächst keine akademischen Grade vorweisen konnten.[34] Besonders engagiert in der Frage der «female professorship» war Henry Durant, der Gründer des Frauencolleges Wellesley. Durant, selbst ein Absolvent der frauenausschließenden Harvard University, eröffnete sein nach dem Vorbild deutscher Universitäten ausgestattetes College mit ausschließlich weiblichem Lehrpersonal.[35] Das College legte großen Wert darauf, daß die Hochschullehrerinnen sich wissenschaftlich weiterqualifizierten, soweit sie nur einen Bachelor-Grad hatten. Ihnen wurde es ermöglicht, nach Abschluß eines *Master Degrees* oder einer Promotion in ihre Stellung in Wellesley zurückzukehren. Der Vorbildcharakter und die in den *women's colleges* gesammelten Lehr- und Forschungserfahrungen sowie die Leitung ganzer Fakultäten durch Frauen hatten einen Schneeballeffekt auch auf koedukative Universitäten. Auch für die Naturwissenschaften öffneten die berühmten *Seven Sisters* – also die Elite der Frauencolleges an der Ostküste – dem weiblichen Geschlecht Lehr- und Forschungsmöglichkeiten.

Insgesamt betrug der Anteil von Frauen an allen Lehrenden sämtlicher Hochschulinstitutionen in den USA 1900 24 Prozent, 1920 28,2 Prozent. Bei den *women's colleges* waren es jedoch über 70 Prozent und bei den koedukativen Institutionen circa 20 Prozent.[36] Die relativ geringere Repräsentanz von weiblichem Lehrpersonal an koedukativen Hochschulen – der Frauenanteil verringert sich noch einmal auf sieben Prozent, wenn wir nur die höchsten Professuren betrachten[37] – wird von den Hochschulen mit allgemeinen Vorurteilen gegenüber Frauen als Wissenschaftlerinnen begründet.

Im Vergleich zu Deutschland waren damit schon vor Ende des 19. Jahrhunderts Karrieren für Frauen in Lehre und Forschung geöffnet. Das geschlechtsspezifisch geprägte Bild der Hochschule und Universität als ausschließlich Männern vorbehaltene Institution verlor an Gültigkeit. Die für Frauen günstigen Bedingungen blieben freilich nur so lange erhalten, wie sich die Professionalisierung der Hochschulen und des Hochschullehrerberufs noch nicht voll durchgesetzt hatte.[38] Ebenso ist festzustellen, daß an den Eliteinstitutionen Harvard, Yale, Princeton – den Lehr- und Forschungsstätten mit dem höchsten Prestige und den besten Karriereaussichten für ihre Absolventen – Frauen, von wenigen Ausnahmen abgesehen, bis nach dem Zweiten Weltkrieg weder als Studentinnen noch als Lehrende vertreten waren.

Auch in *Großbritannien* waren die Universitäten autonome Körperschaften,[39] allerdings führten die Universitätseingangs- und Abschlußprüfungen zu einer stärkeren Vereinheitlichung in den akademischen Standards und in den Vorbereitungen auf akademische Berufskarrieren. Im 19. Jahrhundert war das Universitätssystem einerseits durch die Eliteuniversitäten Oxford und Cambridge bestimmt, die zunächst keine Frauen als Studierende und Lehrende aufnahmen und ihnen auch keine akademischen Grade verliehen. Die Universitäten bestanden aus jeweils mehreren Colleges, die Lehre wurde durch wenige Professoren sowie durch *lecturers* und Tutoren bestimmt. Die in Deutschland vorhandene Einheit von Forschung und Lehre war nur schwach ausgeprägt, die britischen Universitäten basierten eher auf Artistenfakultäten im alten Sinn. Die in Oxford und Cambridge verliehenen akademischen Grade waren Voraussetzung für die höheren Karrieren, so daß die britische Frauenbewegung alles daransetzte, Frauen Zugang zu dieser Ausbildung und zu diesen Abschlußgraden zu verschaffen. In den auf privater Initiative ab 1869 in Oxford und Cambridge gegründeten Frauencolleges unterrichteten Professoren und *lecturers* der jeweiligen Universität auf private Basis Frauen separat, oder sie waren bereit, in ihren eigentlichen Collegekursen Studentinnen zu dulden. In den *women's colleges* unterrichteten aber auch Frauen ohne offizielle Abschlüsse und Titel. Nach langen Auseinandersetzungen ließ Oxford schließlich 1920 Frauen gleichberechtigt zu allen universitären Einrichtungen zu, während Cambridge erst 1948 dazu bereit war.

An den übrigen Universitäten folgte die Zulassung für Frauen einem Parlamentsgesetz von 1876. Die größte Universität, die Londoner Universität, ist damals allerdings nur eine reine Prüfungsbehörde ohne Lehrkörper. Die Lehre geschieht an den zahlreichen autonomen Colleges, wo es bis Ende des 19. Jahrhunderts kaum hauptamtliche Professoren für Forschung und Lehre gab. Der *teaching staff* bestand aus vielen nebenamtlichen Lehrkräften, die nur durch die Hörer- und Hörerinnengelder bezahlt wurden. Doch auch hier ergaben sich an den *women's colleges*, wie zum Beispiel der *London School of Medicine for Women*, Gelegenheiten für Frauen, führende Posten in der Lehre und manchmal auch in der Forschung wahrzunehmen. Professuren im Sinne von für Forschung und Lehre festangestellten, voll bezahlten Wissenschaftlern und Wissenschaftlerinnen werden an der *University of London* erst nach dem Ersten Weltkrieg etabliert, ebenso wie auch die Doktorgrade erst dann an Forschungen geknüpft werden.

Mitglied eines *teaching staff* zu sein bedeutete vor dem Ersten Weltkrieg in Großbritannien zunächst nicht dasselbe wie eine Hochschullehrerposition oder eine Privatdozentur an deutschen Universitäten. Erst als seit dem Ersten Weltkrieg auch in Großbritannien das Hochschullehrerwesen zum Teil nach deutschem Vorbild professionalisiert wurde,[40] erfuhr diese Laufbahn eine Aufwertung, war aber damit für Frauen viel schwieriger zu erreichen als für Männer, solange ihnen zum Beispiel Kliniken, Labore, Bibliotheken und die Elite-Ausbildungsinstitutionen verschlossen blieben.

In *Frankreich* hatten die Hochschulen ähnlich wie die gelehrten Berufe durch die Auflösung sämtlicher Korporationen in der Revolution von 1789 an Prestige, Einfluß und Einkommen verloren.[41] Die voneinander isolierten Fakultäten, insbesondere die medizinischen und juristischen, entwickelten sich zu höheren Berufsfachschulen. Die Professionalisierung der Ausbildung für die neuen staatlichen und wirtschaftlichen Eliten fand in den *Grandes Ecoles* statt. Während der Revolution entstanden die *Ecole Polytéchnique* primär für das Offizierskorps und die *Ecole Normale Supérieure* für die Gymnasialschullehrer, aus deren Mitte häufig auch Professoren berufen wurden. Diese Ausbildung war nicht so sehr eine Ausbildung zur wissenschaftlichen Forschung, sondern war eher praxisbezogen, aber dennoch von außerordentlich hohem gesellschaftlichen Rang. Die kleingehaltene Anzahl von Absolventen hatte beste Chancen in den mit einem enormen gesellschaftlichen Prestige verbundenen höchsten Positionen in Politik, Verwaltung und Wirtschaft.[42]

Das nur geringe Forschungsanreize bietende zentralistische Universitätssystem, dessen wissenschaftliche Produktivität infolgedessen gering war, stand im gesamten 19. Jahrhundert unter einem Reformdruck, der dann in der Dritten Republik einige organisatorische und inhaltliche Fortschritte brachte; von den 1880er Jahren an erlebten die französischen Universitäten einen wissenschaftlichen Aufschwung. In den berufsbezogenen Fächern Jura, Medizin und Pharmazie, später auch in den geistes- und naturwissenschaftlichen Fakultäten, wurden die Bewerber für eine Stelle an der Hochschule über ein Wettbewerbssystem, die *agrégation*, in nationale Ranglisten eingeordnet und daraus vom Erziehungsministerium ausgewählt. An der Auswahlmethode dieser Wettbewerbsprüfung im 19. Jahrhundert wurde immer wieder kritisiert, daß es dabei nur um abfragbares Wissen und nicht um die Beurteilung von Forschungsleistungen gehe.[43] Professionalisierung und Vereinheitlichung der akademischen Karrieren waren in Frankreich ein über Jahrzehnte andauernder Prozeß, der zum Beispiel erst im Jahre 1984 dazu führte, daß eine *Thèse d' Etat* – das entspricht der deutschen Habilitationsschrift – Voraussetzung für eine Berufung wurde.[44]

Wann und wie konnten sich Frauen in Wissenschaft und Forschung in Frankreich etablieren? Es ist kein Zufall, daß Frauen zu den *Grandes Ecoles*, vor allem auch zur einflußreichen ENS und zu den *agrégations* nicht zugelassen wurden. Begründet wurde dies unter anderem damit, daß es unfair sei, die den Männern vorbehaltenen Stellen auch den Frauen zugänglich zu machen.[45] Statt dessen wurde 1881 zur Etablierung einer getrennten Mädchensekundarschulbildung und dementsprechender Lehrerinnenausbildung eine eigene *ENS pour les Jeunes Filles* in Sèvres gegründet. Hier wurden auch Frauen als Lehrkräfte tätig.[46]

Die ersten Professorinnen finden wir denn auch an der *ENS pour les Jeunes Filles* in Sèvres und an den Fakultäten der Universität bereits um 1900. Im Jahre 1930 werden sechs Professorinnen mit Lehr- und Forschungsaufgaben gezählt, und zwar zwei in den Naturwissenschaften, zwei an der Fakultät des Lettres, eine in der Medizin und eine in Jura. Unter diesen Professorinnen ist Madame Curie, die schon 1896 als erste Frau an der *agrégation* für Physik teilnahm und in Sèvres seit 1900 lehrte.

4. *Schlußbemerkung*

Die Frau als Hochschullehrerin blieb im Vergleich zu den Vereinigten Staaten und Frankreich und in eingeschränktem Maße zu Großbritannien in Deutschland eine Ausnahmeerscheinung, sie hatte sich noch keineswegs als selbstverständlicher Teil des Wissenschaftssystems und der Wissenschaftsorganisation etablieren können, als mit der Machtergreifung der Nationalsozialisten etwa die Hälfte der ungefähr 70 habilitierten Frauen aus rassischen oder politischen Gründen entlassen, ins Exil gezwungen, deportiert oder ermordet wurde.[47] Auch nach dem Zweiten Weltkrieg stieß die Frau als Wissenschaftlerin bei ihren Kollegen nach wie vor auf massive Ablehnung auf der Basis irrationaler Vorurteile. Noch in den 1950er Jahren hält mehr als ein Drittel der befragten Professoren Frauen für unfähig, eine wissenschaftliche Laufbahn einzuschlagen.[48] Im internationalen Vergleich wird deutlich, daß die Strukturen, die in der Gesellschaft und im Bildungssystem der anderen Länder vorhanden waren, den Zugang von Frauen zu Hochschulkarrieren – sehen wir von den Eliteinstitutionen ab – trotz aller Schwierigkeiten eher ermöglichten als die in Deutschland herrschenden Strukturen.

2.

Monika Meister

Über die Anfänge des Frauenstudiums in Bayern

1. *Männer und Frauen kämpfen um das akademische Terrain*

> «Der Mann ist mutig, kühn, heftig, trotzig, rauh, verschlossen, das Weib furchtsam, nachgiebig, sanft, zärtlich, gutmütig, geschwätzig, verschmitzt. Der Mann besitzt mehr Festigkeit, das Weib ist wandelbar und inkonsequent. [...] Sein Urteil ist befangen, oberflächlich, sein Wille schwach, das Handeln unbestimmt.»
> (Theodor von Bischoff, 1872)[1]

Im Jahre 1872 veröffentlicht der Münchner Anatomieprofessor Theodor von Bischoff (Abb. 4) eine Abhandlung «Über das Studium und die Ausübung der Medicin durch Frauen». Er spricht den Frauen jegliche Fähigkeit und damit das Recht zum akademischen Studium ab. Sein wissenschaftlicher Beweis: Das durchschnittliche weibliche Gehirn wiegt einige Gramm weniger als das Durchschnittshirn des Mannes. Der Professor erklärt daher kategorisch: «Ich bin fest entschlossen, weiblichen Zuhörerinnen zu meinen Vorlesungen niemals den Zutritt zu gestatten.»[2] Nur unter einer Bedingung ist er geneigt, allerdings ausschließlich in «unverfänglichen Disziplinen», seine Prinzipien umzustoßen: «Die Frau muß interessant, intelligent, und vor allem hübsch sein.» Zwei Jahre später antwortet die Schriftstellerin Hedwig Dohm (Abb. 5) mit einer ebenso scharfzüngigen wie intelligenten Schrift über «Die wissenschaftliche Emancipation der Frauen».[3] «Mir persönlich erscheinen diese Untersuchungen ebenso müßig, als wolle jemand fragen: Darf der Mensch seine Kräfte entwickeln? Soll er seine Beine zum Gehen gebrauchen?»[4]

Damit sind die Pole der Diskussion für und wider das Frauenstudium markiert: von der notdürftig wissenschaftlich ummantelten Verteidigung des akademischen Terrains als männerbündischer Raum bis hin zur moralisch begründeten Einklage eines Menschenrechtes für das weibliche Geschlecht. Um nichts Geringeres ging es Hedwig Dohm und ihren Mitstreiterinnen.

Abb. 3: Karikatur aus dem Münchener „Punsch“ von 1853.

> «Kommen wird der Tag, wo sie [die Frau] in die Tempel der Männer dringen, ihre Kanzeln besteigen und ein neues Evangelium predigen wird, die frohe Botschaft von der Menschwerdung des Weibes.»[5]

Dreißig Jahre später, 1903, standen den Frauen zwar nicht die Kanzeln, wohl aber die Hörsäle der bayerischen Universitäten offen. Keineswegs freiwillig hatten die Universitäten ihnen das Immatrikulationsrecht zugestanden. Es war ein politischer Akt. Ohne die Akteure und Aktivistinnen auf den verschiedenen Schauplätzen des öffentlichen Lebens – Universitäten, Politik und Publizistik – wäre er nicht zustande gekommen.

Nicht von ungefähr war seit Anfang der siebziger Jahre des 19. Jahrhunderts die Diskussion um eine Öffnung der Universitäten auch für die Frauen in aller Heftigkeit entbrannt. Im Herbst 1864 hatte die Universität Zürich Frauen erstmals zum Medizinstudium zugelassen. 1873 wurden die Studentinnen schließlich den männlichen Studierenden durch Gesetz gleichgestellt. Damit war die Schweiz als erstes deutschsprachiges Land dem Beispiel nahezu aller europäischen und vieler außereuropäischen Staaten gefolgt, die Frauen zum Hochschulstudium und zu den akademischen Prüfungen schon früher zugelassen hatten.[6] Dies stärkte nicht zuletzt die Frauenbewegung in ihren Kampagnen für die akademische Frauenbildung.[7]

Durch Resolutionen, Kundgebungen, Streitschriften, Presseartikel, Unterschriftensammlungen gelang es den Führerinnen, ihre Forderungen zu einem öffentlichen Thema zu machen. Zudem verknüpfte sich die Bildungsfrage immer dringlicher mit den Folgen des sozialen Wandels. Zunehmend mehr Frauen des mittleren und gehobenen Bürgertums standen vor der existenziellen Notwendigkeit, einen Beruf zu ergreifen. Während die Frage der Frauenerwerbsarbeit etwa in den Fabriken weit weniger heftig öffentlich diskutiert und politisch reguliert wurde – auch dies auf Kosten der Frauen, die weitgehend ohne gesetzlichen Schutz ausgebeutet wurden –, löste das Ansinnen nach akademischer Bildung eine solch leidenschaftliche und polemische Reaktion aus, daß sie nur eine Erklärung zuläßt: Weil allein sie den Zugang zu den akademischen Berufen eröffnete, war nicht nur ein altes Vorrecht der Männer in Gefahr, es drohte ihnen auch die Konkurrenz mit einem auf diesem Feld unbekannten Gegner, dem weiblichen Geschlecht. Da die Zulassung von Frauen zum Studium der Medizin und zum Beruf der Ärztin die vordringlichste Forderung der Frauenbewegung war, die auch die wohlwollendste Unterstützung der Öffentlichkeit erfuhr, ist es nicht verwunderlich, daß sich im Ärztestand die heftigsten Gegner (in der Mehrheit) sowie auch die engagiertesten Förderer (in Einzelfällen) fanden. Für die vorgeblich wissenschaftlichen Beweise, die insbesondere die Gelehrten an den Hochschulen ins Feld führten, gilt, was Hedwig Dohm schon 1874 aufdeckte: Sie sind leicht zu widerlegen. Das liegt «nicht an der Schwäche der Deduktionskraft der Professoren, [...] sondern an der Stärke der Sache, gegen die sie ankämpfen».[8]

Die Argumente, mit denen die Professoren die Privilegien der männlichen Akademiker zu schützen suchten, wirken heute vielfach grotesk und lächerlich. Für die Frauen hatten sie bittere Folgen, sie wurden persönlich und als Geschlecht gedemütigt. Seit der ersten öffentlichen nachdrücklichen Forderung nach Recht auf gleiche Bildungs- und Berufschancen wurde den Frauen noch dreißig Jahre lang diese Freiheit der Lebensplanung verwehrt.

2. *Männliche Abwehrstrategien*

> «Die Verleihung der Universitäts-Matricel [ist] an die Voraussetzung des männlichen Geschlechtes geknüpft.» (Universität Würzburg, 1870)

Im April 1869 wird erstmals in Bayern die allgemeine Forderung erhoben, Frauen zum Studium zuzulassen. Mit einer entsprechenden Bitte wendet sich der «Central-Vorstand des Allgemeinen Vereins für Volkserziehung und Verbesserung des Frauenloses» auch an die Universität Würzburg.[9] Dieses Ansinnen wird mit dem knappen Verweis auf die Satzung abgewehrt. Wenige Monate später bittet die Amerikanerin Laura Reusch-Formes darum, als Studentin der Medizin an der Universität Würzburg immatrikuliert zu werden, da sie ihr Doktorexamen ablegen wolle. Diese konkrete Anfrage löst aufgeregte Konsultationen zwischen Universität und Staatsmacht aus, an deren Ende eine ministerielle Entscheidung steht, die den *status quo* festschreibt, «wonach die Verleihung der Universitäts-Matricel an die Voraussetzung des männlichen Geschlechtes geknüpft ist».[10] Exakt diese Formulierung hatte zuvor der Senat der Universität in einem Schreiben an das Ministerium verwendet.

Diese Antwort offenbart, worum es in Wahrheit geht: um die Aussperrung des weiblichen Geschlechtes. So unverhüllt wird diese Wahrheit lange Zeit nicht mehr zutage treten. Denn im Gegensatz zu den publizierten (und – so kann wohl unterstellt werden – auch zu den persönlichen) Äußerungen einzelner Professoren, bedienten sich die Vertreter der Universitätsorgane einer strikt formalen Argumentation. Da bisher Frauen die satzungsgemäß geforderten Bildungsabschlüsse nicht nachweisen konnten, war es ein leichtes, sie abzuweisen. Nun aber war es nur noch eine Frage der Zeit, bis vermehrt ausländische oder deutsche Frauen, die an ausländischen Universitäten ordentlich immatrikuliert waren oder extern an Knabengymnasien die Abiturprüfung bestanden hatten, auch an die Tore der deutschen Universitäten klopfen würden. Da eine Ablehnung aufgrund des Geschlechtes aus den Satzungen aber keineswegs abgeleitet werden konnte, mußten andere Abwehrstrategien gefunden werden.[11] Und dies waren die zentralen Instrumente, die über Jahrzehnte erfolgreich eingesetzt wurden: Vermeidung von Präzedenzfällen, Nicht-Anerkennung von Vorbildungsnachweisen, Sicherung der stillschweigenden Koalition mit den politisch Verantwortlichen. Der stereotype Gleichlaut der Äußerungen auf allen Ebenen (vom einzelnen Dozenten bis hin zum Senat und zu ministeriellen Entscheiden) weist zudem darauf hin, daß es offensichtlich eine interne Sprachregelung gegeben haben muß.

Im Jahre 1873 nimmt die Universität München erstmals zur Frage des Frauenstudiums Stellung.[12] Am 16. Juni ergeht eine Rektoratsentschließung an die medizinische Fakultät, in der die taktische Linie festgeschrieben wird:

> «Die Satzungen für die Studierenden verbieten zwar nicht ausdrücklich, daß an den medizinischen Vorlesungen auch Frauen Antheil nehmen, andererseits gestattet § 13 f. das Recht zum Besuch der Vorlesungen und zur Benutzung der wissenschaftlichen Anstalten und Institute der Universität nur den immatriculierten Studierenden.»

Abb. 4: Professoren – *für* und *gegen* studierende Frauen: *oben links:* Franz von Winckel (Gynäkologe); *oben rechts:* Lujo Brentano (Soziologe); *unten links:* Theodor L. W. von Bischoff (Anatom); *unten rechts:* Franz Muncker (Germanist)

Frauen müßten folglich «mangels der in § 6ff. vorgeschriebenen Vorbedingungen» ausgeschlossen werden. Einer «langjährigen Übung zufolge» sei von seiten des Rektorats, «sofern dadurch keinerlei Störung» erwachse, einzelnen, nicht immatrikulierten Personen der Besuch einzelner Vorlesungen durch die betreffenden Lehrer, jedoch nur als «jederzeit widerrufliche Vergünstigung», gestattet worden.

> «In dieser Weise und unter diesen Voraussetzungen haben neuerdings auch gelegentlich Frauen, zumal an gewissen Vorlesungen der philosophischen Fakultät Antheil genommen. In neuester Zeit hat dem Vernehmen nach das Erscheinen einer Zuhörerin in einer Vorlesung der medizinischen Fakultät eine bedauerliche erhebliche Störung zur Folge gehabt, und es steht zu befürchten, daß ähnliche unliebsame Auftritte in gleicher Veranlassung sich wiederholen möchten. Unter diesen Umständen fühlt sich das unterzeichnete Rektorat, im Interesse der beteiligten Herren Lehrer, denen dadurch die Verweigerung einer erbetenen Erlaubnis erleichtert werden wird und im Interesse der Disziplin veranlaßt, den Mitgliedern der medizinischen Fakultät zu verfügen, bis auf weiteres etwaige Bitten von Frauen um Zulassung schlechthin abzuschlagen.»[13]

Ein Gerücht also reicht aus, um das Verdikt zu begründen. Zudem hat nicht die Studentin die Vorlesung gestört, sondern offensichtlich das Benehmen der Studenten. Einen Monat später wird die Anfrage der russischen Medizinstudentin Sinaida Okounesoff aus Zürich abgelehnt. Es ist übrigens das älteste Gesuch, das in den Universitätsakten von München erhalten ist.[14] Bis zum Jahre 1896 schweigen die Universitätsakten zum Thema «Frauenstudium»: keine Anfrage, keine Ablehnung, keine prinzipielle Stellungnahme ist dokumentiert. Die Frauen, die sich mit einem Studium den Zugang zu einem akademischen Beruf eröffnen wollten, gingen ins Ausland, vornehmlich in die Schweiz. Dieses hochgesteckte Ziel aber war nur mit äußerster Selbstdisziplin und Durchsetzungskraft zu erreichen.

3. *Die Kampagnen der Frauenbewegung*

> «Ob wir unser Ziel: die Erschließung der Universitäten und der gelehrten Berufsarten für die Frau erreichen, davon hängt es ab, ob wir uns jemals als vollwertige Menschen fühlen werden, ob wir jemals das Brandmal der geistigen Inferiorität, das wir noch immer tragen, werden auszulöschen vermögen.» («Verein Frauenbildungs-Reform»)

Während die Universitäten schweigen, verstärkt die Frauenbewegung Ende der 1880er Jahre ihre bisher rein publizistische Agitation durch politische Kampagnen. Mit Petitionen an den Reichstag, die Länderregierungen und -parlamente will sie endlich eine gesetzliche Regelung herbeiführen. Am 30. März 1888 hatte Hedwig Kettler in Weimar den «Frauenverein Reform» gegründet, er wurde 1891 in «Verein Frauenbildungs-Reform», 1895 in «Frauenbildung – Frauenstudium» umbenannt.[15] Der Verein fordert die Gymnasialbildung für Mädchen mit anschließender Abiturprüfung und die Zulassung von Frauen zu allen Studienfächern an den Hochschulen sowie Zugang zu den akademischen Berufen. Schon im November 1888 richtet der Verein eine Petition mit diesen Forderungen an die zuständigen Ministerien in Preußen, Württemberg und Bayern.[16] Vier Monate später, am 1. März 1889, folgt eine Petition des «Allgemeinen Deutschen Frauenvereins» (ADF). Dieser verlangt nur die Zulassung zum Medizinstudium sowie zum «wissenschaftlichen Lehrberuf». Es sei sozial und ethisch geboten, Ärztinnen zuzulassen, da «zahlreiche Frauen sich durch ihr Zartgefühl abhalten lassen bei den ersten Symptomen gewisser Krankheiten, einen Arzt zu befragen». Viele Frauen bezahlten ihr Schamgefühl mit dem Leben. Einer Zulassung stünde zudem rechtlich nichts im Wege, da die Gewerbeordnung, die auch die Approbation regele, von «Personen» und nicht von «Männern» spreche. Der Beschränkung der Forderung auf die beiden Berufe, Ärztin und Lehrerin, lag sicherlich die taktische Überlegung zugrunde, erst einmal ein Teilziel zu erreichen. Doch sie entsprach wohl auch einem Weiblichkeitsbild, das insbesondere die bürgerliche Frauenbewegung kaum in Frage stellte, ja zur Bekräftigung ihrer Forderungen häufig einsetzte, indem sie darauf verwies, daß gerade die «natürlich-weiblichen» Fähigkeiten des Sorgens, Pflegens und Einfühlens im Beruf der Ärztin wirksam werden könnten. Damit wurde das Geschlechtsmerkmal «weiblich» oder «männlich» als Zugangsvoraussetzung für Bildung und Beruf nicht grundsätzlich in Frage gestellt. Dies aber machte es den Gegnern (und Gegnerinnen, die es ja auch immer gegeben hat) leicht, rein männliche (oder auch weibliche) Berufsbilder zu konstruieren. Der «Frauenverein Reform» geht in seiner Petition an die Bayerische Regierung einige Schritte weiter, indem er den Zugang zu allen Studien fordert. Der Verein, so heißt es jedoch auch in dieser Eingabe einschränkend, hege dabei nicht die Absicht, «alle daraus folgenden Berufe anzustreben». Ausgenommen werden solche Berufe, «welche den Naturgegebenheiten der Frau tatsächlich, (nicht angeblich) widersprechen, oder an einer jedenfalls vorläufig unabdingbaren feindlichen Stimmung unseres Volkes oder unserer Zeit scheitern würden».[17] Dazu zählt der Verein zum Beispiel den Beruf des Richters, Verwaltungsbeamten und des evangelischen Geistlichen.

Preußen und Bayern führen übrigens eine umfangreiche Korrespondenz über die Behandlung dieser Petitionen, in der das Bayerische Ministerium mitteilt, daß es nicht beabsichtige, dem Verein zu antworten, da dies «nur zu unnötigen Erörterungen führen würde».[18] Der ADF erhält allerdings dennoch ein kurzes Antwortschreiben, darin wird ihm «eröffnet», daß das Bayerische Ministerium «Bedenken trägt», den Frauen den Besuch der Landesuniversitäten zum Zwecke des «Studiums der Medizin oder Pharmacie sowie dem höheren Lehramt frei zu geben, und ihnen Zutritt zu den Prüfungen zu eröffnen».[19] Ebenso wirkungslos blieben die späteren Petitionen sowohl des Vereins «Frauenbildungs-Reform» wie des ADF in den Jahren 1890 bis 1892 an den Bayerischen Landtag. Allein der SPD-Abgeordnete Georg von Vollmar versuchte 1894, das Thema im Landtag im Sinne der Frauen zur Sprache zu bringen. Vergeblich, die überwiegende Mehrheit der Parlamentarier sah keinerlei Diskussionsbedarf. Ähnlich erging es den Petitionen an die übrigen Länderregierungen, nur Baden signalisierte eine wohlwollend abwartende Haltung. Auch die Eingaben an den Reichstag erfuhren die gleiche Mißachtung: Übergang zur Tagesordnung, da die Angelegenheit allein in der Kompetenz der Länderregierungen liege. Selbst eine Massenpetition des ADF mit rund 60000 Unterschriften, davon ein Drittel von Männern, wurde, trotz Befürwortung der Petitionskommission, nicht behandelt.[20]

4. Die ersten Hörerinnen – ausnahmsweise

> «Dieses Spießrutenlaufen bedeutete eine Auslese härtester Art. Und ist es nicht wunderbar, daß dieser Kampf ums akademische Dasein nur die härtesten Naturen übrig gelassen und die Härtesten noch mehr gehärtet hat.» (Max Hirsch, «Über das Frauenstudium», 1920)[21]

Erst 1896 muß sich der Senat der Universität München wieder mit dem Thema Frauenstudium befassen. Es liegt ein Gesuch der Engländerin Ethel Gertrude Skeat vor. Das «Königlich Bayerische Staatsministerium des Innern für Kirchen- und Schulangelegenheiten» schreibt nun grundsätzlich folgendes Verfahren vor:[22] Die Gesuchstellerin muß in einem schriftlichen Antrag ihre Vorbildungsnachweise vorlegen, den Studienzweck begründen und genau angeben, welche Vorlesung sie bei welchem Dozenten zu hören wünscht. Nach gutachterlichen Äußerungen des Senats, des Rektorats und der Fakultät entscheidet das Ministerium, genauer: es gewährt im günstigen Fall «Dispens» von den «gesetzmäßigen Universitätsvorschriften». Somit war die Willkür dieser Prozedur in einen legalistisch ummäntelten Gnadenakt gewandelt worden. Hatte das Ministerium den Besuch einer Vorlesung «ausnahmsweise» genehmigt, konnte der betreffende Dozent seine Zustimmung immer noch verweigern. Der Gang des Gesuchs von Ethel Gertrude Skeat macht das Argumentationsraster für die Gewährung einer Genehmigung deutlich. Er hat darüber hinaus prinzipielle Bedeutung, da zum ersten Mal die Zulassung zu naturwissenschaftlichen Studien zur Entscheidung stand. Professor Karl Alfred von Zittel, Ordinarius der Paläontologie, stellte in diesem Fall sogar selbst den Antrag an den Senat. Ethel Gertrude Skeat war ihm von seinem Cambridger Kollegen als hochqualifiziert wärmstens empfohlen worden, ihre Abschlüsse seien, wie er betonte, dem deutschen Gymnasialexamen «mindestens gleichwertig», außerdem habe sie ein Stipendium für die spezielle Ausbildung in Geologie und Paläontologie erhalten, mit dem Auftrag, ihre Studien in München fortzusetzen. Unabhängig von seiner persönlichen Haltung zur Frage des Frauenstudiums wäre eine Ablehnung gegenüber dem englischen Kollegen und der renommierten Universität wohl höchst blamabel gewesen. Da dem Gesuch jedoch gefährliche Merkmale eines «Präzedenzfalles» anhafteten – es handelte sich schließlich nicht um allgemeinbildende Studien, und auch das Konstrukt der mangelnden Vorbildung ließ sich kaum aufrechterhalten –, verwies der Senat «in Anbetracht der prinzipiellen Tragweite» die Angelegenheit an die Naturwissenschaftliche Fakultät, damals noch die II. Sektion der Philosophischen Fakultät, zur Stellungnahme. Die Fakultät bemühte sich, weder den Ordinarius zu brüskieren noch den *status quo* zu gefährden. Es wurden keine Einwände gegen die Zulassung von Fräulein Skeat erhoben,

> «vorausgesetzt, daß es jedem einzelnen Dozenten freisteht, seine Einwilligung zu verweigern, oder die gegebene Einwilligung zurückzuziehen, falls die Gegenwart der Dame in einer Vorlesung zu Mißständen Veranlassung geben sollte. Diese Einschränkung scheint uns notwendig, weil unsere Studierenden noch nicht daran gewöhnt sind, Damen in den Hörsälen zu sehen und die Zulassung des Frl. Skeat darum nur als Versuch betrachtet werden kann.»

Die Studenten müssen also vor dem Störfaktor Frau geschützt werden. Der Verweis auf zu befürchtende Mißstände läßt zudem jegliche Willkür zu, einen solchen Mißstand zu konstatieren oder gar zu konstruieren. Im übrigen betont die Fakultät, daß sie mit diesem Votum keinesfalls eine «grundsätzliche Stellungnahme in der Frage des Frauenstudiums» abgegeben habe. In dem Gutachten, das der Senat schließlich dem Kultusministerium vorlegte, wird deutlich, wie sehr man einen Dammbruch fürchtete. Damit nicht der geringste Hauch eines Rechtsanspruches von dieser «ausnahmsweisen» Genehmigung abgeleitet werden könnte, wurde dem Ministerium nahegelegt,

> «formell nicht dem Frl. Skeat die Erlaubnis zum Besuch von Vorlesungen zu erteilen [...], sondern nur demjenigen Dozenten, bei welchem sie Vorlesungen zu besuchen wünscht, [soll] die Befugnis eingeräumt werden, sie zuzulassen».

Das Ministerium läßt schließlich Ethel Gertrude Skeat «ausnahmsweise» zu «einzelnen Vorlesungen» zu, nicht ohne jedoch ausdrücklich zu bemerken,

> «daß die Genannte nicht als Studierende immatrikuliert, sondern nur als Hörerin angenommen werden kann und die Genehmigung auf einzelne Vorlesungen beschränkt und überdies an die Voraussetzung der Einwilligung der betreffenden Dozenten geknüpft ist».[23]

Mit dieser Formel oder mit einem lapidaren «nicht genehmigt» entscheidet das Ministerium fortan über das Schicksal der ersten Studienanwärterinnen. Im Falle der Zulassung muß die gesamte Prozedur zudem jedes Semester wiederholt werden.

Dieses erste Genehmigungsverfahren hat auch insofern Beispielcharakter, als vornehmlich Ausländerinnen Gesuche stellten. Die meisten von ihnen hatten bereits in ihren Heimatländern (zum Teil ausgezeichnete) Hochschulqualifikationen erworben und wollten an deutschen Universitäten ihre speziellen Forschungsgebiete vertiefen. Für die dem Frauenstudium aufgeschlossenen Professoren widerlegten diese Pionierinnen die These von der Unfähigkeit des weiblichen Geschlechts zu wissenschaftlichem Arbeiten, ihre prinzipiell voreingenommenen Kollegen hingegen benutzten selbst diese Leistungen zur Festigung ihrer Ablehnung, indem sie sie zur «Ausnahme» stilisierten, also als geschlechtsuntypisch darstellten.

Sechs Anträge werden in diesem Sommersemester 1896 gestellt, drei werden genehmigt, drei abgelehnt. Die amerikanischen Schwestern Alice und Edith Hamilton (Abb. 2), beide hochqualifiziert, hatten zuvor in Leipzig studiert, werden zugelassen. Zwei russischen Studentinnen der Nationalökonomie wird die Zulassung verweigert,[24] obwohl die staatswissenschaftliche Fakultät unter ihrem Dekan Lujo Brentano (Abb. 4) sich damit einverstanden erklärt hatte, daß «ausnahmsweise und versuchsweise» Hörerinnen zu den Vorlesungen der Fakultät zugelassen werden. Die allgemeinen Vorbehalte speziell gegen russische Studentinnen machen sich später in einer regelrechten öffentlichen Diffamierungskampagne Luft.

Von prinzipieller Bedeutung ist die Ablehnung des letzten Gesuches. Zum ersten Mal stellte eine deutsche Frau einen Antrag, dazu noch in der Juristischen Fakultät! Zudem war die Kandidatin in München durchaus keine Unbekannte: Anita Augspurg (Abb. 35), eine der herausragenden Führerinnen der radikalen Frauenbewegung, die nicht nur gleiche Bildungsrechte, sondern auch die uneingeschränkte politische und rechtliche Gleichstellung der Frauen forderte.[25] Um diesen Kampf mit größerer Kompetenz führen zu können, war Anita Augspurg 1894 – im Alter von 37 Jahren – von München nach Zürich gegangen und hatte dort ein Jurastudium begonnen. Da zum Jahrhundertwechsel die Reform des Bürgerlichen Gesetzbuches in Kraft treten sollte, war es wichtig, den rechtlichen Forderungen der Frauen Geltung zu verschaffen. Anita Augspurg war sowohl die Vorsitzende der bayerischen Sektion des Vereins «Frauenbildungs-Reform» wie des Vereins «Frauenstimmrecht».

Die Juristische Fakultät lehnt ihr Gesuch ab.[26] Der taktische Aufbau der Ablehnung erhellt die Begründungsnot der Professoren. Einleitend werden nahezu wörtlich (wohlgemerkt von der juristischen Fakultät!) die dadurch geradezu unabweisbar erscheinenden Qualifikationen von Ethel Gertrud Skeat aufgezählt. Dagegen habe Anita Augspurg «lediglich ihr Collegbuch» beigefügt. Demnach sei sie seit dem Wintersemester 1893/94 bis Sommersemester 1895 in Zürich immatrikuliert und im darauffolgenden Semester in Berlin als Hörerin zugelassen worden. Mangels Kriterien, mit der der Antragstellerin die Fähigkeit zum juristischen Studium abgesprochen werden können, wird ihr bisheriger Studiengang beanstandet. «Die Reihenfolge der belegten Vorlesungen [entspricht] nicht in jeder [!] Beziehung den Anforderungen, die man an einen geordneten juristischen Studiengang zu stellen gewöhnt ist.» Die Herren bezweifeln zudem, daß Anita Augspurg in Berlin sich wirklich ihren juristischen Studien gewidmet habe, «da sie während des Winters durch Agitationen gegen den Entwurf des BGB in München und Nürnberg sich in nicht ganz vorteilhafter Weise bekannt gemacht habe». Im Wintersemester 1897/98 promoviert Anita Augspurg als erste deutsche Juristin an der Universität Zürich.[27]

Nach der Disqualifizierung der Antragstellerin gibt die juristische Fakultät ihre prinzipielle Ablehnung zu Protokoll. Frauen sollen zu juristischen Studien «überhaupt nicht» zugelassen werden, «da denselben der Beruf eines Richters, Verwaltungsbeamten, Rechtsanwaltes, Notars, überhaupt jede praktische Tätigkeit, verschlossen sei». Damit hatte nun auch die Juristische neben der Medizinischen Fakultät ihr «ausnahmsloses» Verdikt gegen die Frauen ausgesprochen.

Die Medizin-Professoren gerieten jedoch zunehmend unter Druck, denn in der öffentlichen Diskussion zeichnete sich ein deutlicher Umschwung zugunsten der Zulassung von Ärztinnen ab, so daß sich schließlich auch die Politiker zu einem Zugeständnis gezwungen sahen. Sie folgten nun der Argumentation der Frauenverbände, daß aus der Reichsgewerbeordnung der Ausschluß von Ärztinnen nicht abzuleiten sei. Im April 1899 erging ein Bundesratsbeschluß, wonach Frauen zum ärztlichen, zahnärztlichen und pharmazeutischen Staatsexamen fortan zuzulassen seien, vorausgesetzt, die Universitätsbehörden bescheinigten nach Vorlage der vorgeschriebenen Hospitantenscheine den regulären Verlauf des Studiums.[28] Damit blieb zwar die Entscheidung über die Frage der Immatrikulation weiterhin geschickt ausgesetzt und die betroffenen Studentinnen vom Wohlwollen der Professoren abhängig, gleichzeitig aber, und das spürten die Gegner sehr wohl, war in der Mauer der Abwehr ein gefährlicher Riß entstanden. Zum ersten Mal war auch die Allianz der Hochschulen mit der Politik brüchig geworden und den Frauen der Zugang zu einem akademischen Beruf eröffnet worden. In der Folge versteckten sich die Universitäten nicht mehr ausschließlich hinter Formalien, sondern bedienten sich auch offen diskriminierender Argumente oder führten «Sachzwänge» an. So sah der Vertreter der Juristischen Fakultät durch die geschlechtsspezifische Geschwätzigkeit der Frauen gar das Arztgeheimnis in Gefahr.[29]

Die Medizinische Fakultät unterlief den Bundesratsbeschluß einfach dadurch, daß sie zwar vereinzelt Frauen in allgemeinen Fächern zuließ, deren Teilnahme an den Anatomie- und Präparierkursen aber verweigerte. In diesen Fächern sei aus sittlichen Gründen nur ein nach Geschlechtern getrennter Unterricht zu vertreten. Dazu fehlten aber allein schon die nötigen Räume. Mit dem Verweis auf «Raummangel» bzw. «Überfüllung» war eine weitere, in Zukunft immer häufiger benutzte Variante vorgeblicher Sachzwänge gefunden.[30] In geneigtem Tone knüpfte man also einen Doppelknoten, beide Enden der Schnur fest in der Männerhand haltend, damit er von den Frauen nicht gelöst werden konnte. Das Ministerium folgte dieser Stellungnahme und genehmigte den Besuch nicht.

Die Vertreterinnen der Frauenbewegung hatten in diesen Jahren nicht nur Petitionen verfaßt, sondern waren auch zur Selbsthilfe geschritten. Um das Argument der «mangelnden Vorbildung» zu entkräften, wurden, beispielsweise in Berlin und Karlsruhe, Mädchengymnasien gegründet, und Ende der 1890er Jahre waren die ersten Absolventinnen mit Abitur zu erwarten.[31] Zudem mehrten sich die Gesuche von Frauen an den bayerischen Universitäten, speziell in München, obwohl auch dort die absolute Zahl der Hörerinnen bis zur Gewährung der Immatrikulation nie über zwei Dutzend hinausging, gegenüber mehr als 4000 Studenten.[32] Doch erst am 18. September 1901 entschließt sich das Bayerische Kultusministerium, die Vorbedingungen für die Zulassung von Hörerinnen verbindlich zu fixieren und das Verfahren geringfügig zu verkürzen. Die Rektorate werden «ermächtigt, die ministerielle Genehmigung als stillschweigend gegeben anzunehmen und die Zulassung zu verfügen, wenn der Vorbildungsnachweis eines deutschen Gymnasiums» vorliegt. Für die «übrigen Fälle bleibt besondere ministerielle Genehmigung vorbehalten».[33]

Zu dieser Zeit hatten die ersten drei Frauen an der Universität München schon die akademische Doktorwürde errungen. Am 25. Juli 1900 legten die Geowissenschaftlerin Maria Ogilvie-Gordon und die Zoologin Agnes Kelly das Rigorosum ab und promovierten mit der Note *summa cum laude*. Beide Naturwissenschaftlerinnen kamen aus Schottland und waren aufgrund ihrer wissenschaftlichen Qualifikation ihren männlichen Kollegen weit überlegen. Die 24jährige Agnes Kelly studierte seit 1899 in

Abb. 5: Drei Generationen – Hedwig Dohm, emanzipierte Schriftstellerin und scharfe Kontrahentin von Theodor L. W. von Bischoff; ihre Tochter Hedwig Pringsheim, Gattin des Mathematikprofessors Alfred Pringsheim, Gasthörerin an der Münchner Universität; die Enkelin Katia Pringsheim – Mathematikstudentin seit 1903, seit 1905 verheiratet mit Thomas Mann.

München. Ein Jahr später stellte sie einen Antrag auf Zulassung zur Promotion an die Fakultät. Der Dekan, Professor Richard Hertwig, leitete seine befürwortende Stellungnahme mit der Erklärung ein: «Wir haben es hier mit einem Novum zu tun.» Das Kultusministerium antwortete erstaunlich großzügig, «daß grundsätzliche Bedenken gegen die Zulassung von Damen zur Doktorpromotion bei Erfüllung der vorgeschriebenen Vorbedingungen nicht bestehen».[34] Die dritte Frau, die ein Jahr später, am 23. Juli 1901, erfolgreich die Doktorprüfung bestand, ist Margarete Heine in der Philosophischen Fakultät. Sie ist damit die erste Deutsche, die an einer bayerischen Universität promoviert. Noch vor der regulären Zulassung von Frauen zum Studium im September 1903 gelingt sogar einer Frau in der Medizinischen Fakultät der Durchbruch. Im Juli 1903 erwirbt Margarete Schüler den Doktor der Medizin.[35]

5. *Arthur Kirchhoffs Umfrage zum Frauenstudium*

> «Vor einer Überflutung der akademischen Fächer brauchen wir uns in Deutschland nicht zu sorgen. Denn – so trivial es klingt – es ist doch das punctum saliens – eine Frau ist eben kein Mann.» (Professor M. Hofmeier, Pädiater an der Universität Würzburg, 1897)[36]

Im Jahre 1897 bat der Berliner Professor Arthur Kirchhoff zahlreiche Kollegen an allen deutschen Universitäten um eine persönliche Stellungnahme zum Thema Frauenstudium und veröffentlichte die Ergebnisse unter dem Titel «Die akademische Frau». In seinem Vorwort zieht Kirchhoff den Schluß, «daß die Zahl der entschiedenen Gegner bereits in bedeutender Minorität ist». Der genau umgekehrte Befund wäre der Realität näher gekommen: Die entschiedenen Befürworter sind immer noch eine verschwindende Minderheit. Zwar sprachen in der Tat die Professoren nicht immer ein eindeutiges Nein, das Repertoire ihrer Bedenken aber ist unerschöpflich und kaschiert nur notdürftig die Absicht, ihr Revier vor unerwünschten Eindringlingen zu schützen. Unter den Medizinern finden sich übrigens immer noch die striktesten Verfechter einer frauenfreien Universität. Wenn auch die Aufrechterhaltung der Gleichung «Gehirnmasse gleich Studierfähigkeit» den Professoren zunehmend peinlich wurde, so variierten sie alle anderen Argumente um so ausführlicher. Ob plump-polemisch oder «fürsorglich» gewendet, Ziel bleibt es, den gleichberechtigten Zugang des weiblichen Geschlechts zum Universitätsstudium zu verhindern. Der Münchner Hygiene-Professor Hans Buchner sieht «keine Gründe» für einen Ausschluß der Frauen mehr, da sie den Beweis ihrer Befähigung längst erbracht hätten, aber es handle sich eben um eine

«Minderheit», für die er sogar «Gerechtigkeit» fordert.[37] Das Frauenstudium dürfe aber nicht «Mode» werden. Folglich hält er auch die Einrichtung von Mädchengymnasien für «gefährlich» und warnt vor einem «gelehrten Frauenproletariat». Der Pädiater Hofmeier von der Universität Würzburg hält solche Vorsichtsmaßnahmen für überflüssig, ja taktisch unklug, da sie der «Agitation» der Frauenrechtlerinnen Vorschub leisteten, wonach die Männer aus Angst vor der Konkurrenz den Frauen den Zugang zu Studium und akademischen Berufen verweigerten. Die Praxis werde schnell erweisen, daß die Mehrheit der Frauen scheitern werde.[38] So ganz traut die Mehrheit der Professoren den «natürlichen» Schranken nicht. Sie fordern selbst für diese «Ausnahmestudentinnen» (die selbstverständlich die allgemeinen Vorbildungsvoraussetzungen erfüllt haben müssen) besondere Hürden. Die Einfälle reichen von der Idee, ausschließlich Frauen mit «Einser-Examen» zuzulassen,[39] bis hin zu Forderungen nach Sonderprüfungen vor den betreffenden Professoren, ein Vorschlag des Staatswissenschaftlers Lujo Brentano.[40]

Doch auch unter Vertretern des männlichen Geschlechts finden sich Ausnahmen. So setzt sich der Direktor der Münchner Universitäts-Frauenklinik, Professor Franz von Winckel (Abb. 4) uneingeschränkt für die Frauen ein. Sein Wohlwollen beruht auf Erfahrung, denn in den vergangenen 20 Jahren hat er sowohl in Dresden als auch in München insgesamt 40 Medizinerinnen, die meisten aus dem Ausland, als Volontärärztinnen beschäftigt. «Auch die zartesten unter ihnen waren imstande, schwierige Operationen glücklich zu Ende zu führen.»[41]

Professor Isidor Rosenthal von der Universitätsklinik Erlangen richtet an alle, die den Frauen die Fähigkeit zu logischem Denken und wissenschaftlicher Arbeit absprechen, die Fragen:

> «1. wieviel Männer besitzen denn diese Eigenschaften und 2. wie würden sich denn die Verhältnisse gestalten, wenn die Vorbereitung der Mädchen zu wissenschaftlichen Studien seit Jahrhunderten ernstlich versucht worden wäre?»

Obwohl er die Zulassung von Frauen zum Medizinstudium sogar für «geboten» hält, rät er allerdings jeder Frau davon ab, denn

> «den meisten wird sehr viel Enttäuschung nicht erspart bleiben. Nur solche, die mit bescheidenen Stellungen sich zufrieden geben, als Assistentinnen an Krankenhäusern oder wissenschaftlichen Anstalten, werden auf Erfolg rechnen können».[42]

Die Kirchhoffsche Sammlung bietet ein Kompendium der auch sonst in der Presse und in Publikationen vertretenen Ansichten. Die persönlichen Äußerungen der Professoren stehen allerdings in einem auffallenden Kontrast zu den formelhaften Verlautbarungen der bayerischen Universitätsorgane, die geschlechtsspezifische Zuschreibungen eher vermieden als betonten. Hinter jenen vorgeblich legalistischen Entscheidungen stand also eine Geisteshaltung, die die Mehrheit der Professoren einte, ihren Status sicherte und der die einzelne Studentin ohne jedes Rechtsmittel ausgeliefert war.[43]

6. Frauen erhalten das Recht zur Immatrikulation – in Baden

> «Weder das Gesetz über die Rechtsverhältnisse der Studierenden noch die akademischen Vorschriften bezeichnen die Immatrikulation von Frauen als ausgeschlossen.» (Badisches Ministerium für Justiz, des Kultus und Unterricht, 28. Februar 1900)[44]

An keiner deutschen Universität gewährte man den Frauen das Recht zur Immatrikulation, die Kriterien für die Zulassung bzw. Aussperrung als Hörerinnen variierten jedoch reichsweit. Anfragen von Universität zu Universität, von Landesregierung zu Landesregierung dienten nicht nur der Information über die jeweilige Handhabung, sondern wohl vor allem der Grenzsicherung des akademischen Reservats.[45] Allein die Regierung des Großherzogtums Baden, speziell die Beamten im Unterrichtsministerium, stellte sich nicht uneingeschränkt auf die Seite der Universitäten. Sowohl in der Reaktion auf die Petitionen der Verbände der Frauenbewegung[46] als auch durch die Anerkennung des Karlsruher Mädchengymnasiums hatte Baden gegenüber den Interessen der Frauen «volles Wohlwollen» signalisiert. Als 1897 Margarete Heine, die ein Jahr zuvor in Düsseldorf als wohl erste deutsche Frau an einem Knabengymnasium die Reifeprüfung bestanden hatte,[47] von der Universität Heidelberg nicht immatrikuliert wurde, intervenierte das Ministerium und gab zu bedenken, ob nicht in diesem «Ausnahmefall» die Zulassung zum regulären Studium allein schon deshalb erwogen werden müßte, weil nur so Erfahrungen zu sammeln seien, die in einer «doch nicht mehr zu umgehenden Stellungnahme zum Problem des Frauenstudiums» verwertet werden könnten.[48] Die Universität Heidelberg lehnte dieses Ansinnen jedoch ab.

Im Oktober 1897 initiierte die Universität Freiburg eine Umfrage, um eine Bestandsaufnahme der derzeitig gültigen Regelungen an den deutschen Universitäten «hinsichtlich des Frauenstudiums» zu erstellen.[49] Das Ergebnis wurde in einer Zusammenfassung allen Universitäten zugesandt. Keine Universität hatte bisher eine Frau immatrikuliert, nirgendwo wurde ihnen die «allgemeine Berechtigung» erteilt, Vorlesungen als Gasthörerinnen zu besuchen. In Jena und Straßburg wurden Frauen überhaupt nicht als Hörerinnen zugelassen. Die Entscheidung über die Anerkennung der Vorbildung lag überall im «freien Ermessen» der Instanzen. An fast jeder

Universität gab es andere Modalitäten, nur in einem Punkt stimmten sie alle überein: Grundvoraussetzung für eine Zulassung war immer die Zustimmung des betreffenden Dozenten. Die bayerischen Universitäten Erlangen und Würzburg betonten in ihrer Antwort, daß die Zulassung nur «ausnahmsweise» gewährt werde, und die Philosophische Fakultät Erlangen fügte das schon stereotype «ohne Präjudiz für die Zukunft» hinzu. In Baden enthielt sich, dem Bericht zufolge, das Ministerium jeder «Mitwirkung». Die «freieste Handhabung» sprach sich die Universität Freiburg selbst zu, da die Entscheidung über die Zulassung allein Sache des Dozenten sei.

Rechtzeitig zur Jahrhundertwende setzt Baden ein zukunftsweisendes Signal. Am 28. Februar 1900 verfügt das Ministerium: «Frauen, welche ein anerkanntes Reifezeugnis vorzulegen vermögen, sind versuchs- und probeweise zur Immatrikulation an den beiden Landesuniversitäten zugelassen.»[50]

Bemerkenswert ist, daß man nun auch die Satzung wieder richtig zu lesen versteht, denn zur Begründung wird angeführt: «da weder das Gesetz vom 20. Februar 1868 über die Rechtsverhältnisse der Studierenden, noch die akademischen Vorschriften [...], die Immatrikulation von Frauen als ausgeschlossen bezeichnen.»[51]

7. *Die Debatte um das Frauenstudium im Bayerischen Landtag*

> «Ich bin niemals ein solcher Träumer gewesen, der da glaubte, daß unser liebes Bayernland in allen Dingen an der Spitze der Zivilisation marschieren müsse; aber ich habe die Meinung, daß es gut wäre, wenn wir in derartigen Angelegenheiten nicht immer unter den Letzten sein, noch hinter Preußen nachhumpeln würden.» (Georg von Vollmar vor der Abgeordnetenkammer des Bayerischen Landtags, am 23. April 1900)

Wenige Wochen nach dem Badischen Durchbruch, im April 1900, befaßt sich die Bayerische Abgeordnetenkammer mit dem Thema Frauenstudium. Der Sozialdemokrat Georg von Vollmar hatte schon einmal, sechs Jahre zuvor, die Frage zur Sprache gebracht. Damals waren die Kollegen spöttisch zur Tagesordnung übergegangen.[52] Er fordert die Bayerische Regierung auf, nachdem nun das Land Baden vorausgegangen sei, ohne Rücksicht auf «die persönlichen Gefühle irgendwelcher Professoren» nicht mehr lange «zu zaudern». Scharf geißelt er den Ärztestand, der den Frauen aus schierer Konkurrenzangst den Zugang zu Studium und Beruf verweigere. Die Willkür der Zulassungsgenehmigungen, die «über den ganzen Lebensgang einer Frau» entscheide, müsse beendet werden.

Dies bleibt jedoch in der Debatte, die sich über zwei Tage hinzieht, das einzige uneingeschränkte Plädoyer für die Frauen. Die folgenden Redner (übrigens alle Akademiker mit Doktortitel) bewegen sich zwischen vorsichtiger Befürwortung (aber «gegen schrankenlose Zulassung») und strikter Ablehnung («keine Experimente!»). Erhellender als diese wenig überraschenden Voten sind das geistige Niveau und der Stil, durch die sich diese Debatte auszeichnet. Sie läßt keines der geläufigen sexistischen Klischees aus und gibt das Geschlecht der Frauen der Lächerlichkeit preis. Immer wieder vermerkt das Protokoll: «Heiterkeit», «allgemeine Heiterkeit», «große Heiterkeit».

Die größten Lacherfolge erzielt der katholische Geistliche Dr. Zimmern. Großzügig gesteht er zu, daß es Frauen gibt,

> «die talentvoller und gescheiter sind als viele Männer. Wir Katholiken und Geistliche brauchen uns in dieser Beziehung aber vor den Damen nicht zu fürchten. Wir sind von ihrer Seite in der angenehmen Lage, daß wir ganz und gar keinen Konkurrenzneid zu empfinden brauchen. Denn Priesterinnen in der katholischen Kirche werden sie ja wohl nicht werden und auch keine Domkapitularien. Ausnahmsweise dürfen wir solchen Damen, welche die Anlage dazu haben und noch dazu heilig sind, dieses Recht zum höheren Studium nicht absprechen. Ich verlange sogar nicht einmal die Heiligkeit.»

Mit der Herausstellung einzelner Frauen als «Auslese ihres Geschlechtes» läßt sich die drohende Katastrophe nicht aufhalten: «Wenn Sie aber einmal dieselben in hellen Scharen hereinlassen zum Studium, [...] dann werden auch die anderen, minderwertigen kommen.» («sehr richtig!») Dieser schlichten Dramaturgie bedienen sich nahezu ausnahmslos alle weiteren Redner und warnen vor «uferlosem Hereinströmen» von Frauen in die Hochschulen. Ihre «geistige und körperliche Veranlagung» stehe zudem einem «schablonenhaften Hineindrängen» in alle «Berufsarten des Mannes» entgegen.

Erniedrigung und Überhöhung der Frau waren (und sind) komplementär benutzte Instrumente männlicher Machterhaltung. So fühlt sich schließlich der Abgeordnete Orterer berufen, das ganze Geschlecht vor «Entweiblichung» zu retten, denn die Bewegung führe in den «Niedergang, ja sogar Untergang der Frauen». Neben solch schwerwiegenden Argumenten verblassen die Hinweise auf Raumnot, ja selbst auf das Schamgefühl der Professoren, die, so wird berichtet, klagen: «Wir können die Vorlesungen nicht mehr so halten, wie wir sie gewohnt sind.» («Heiterkeit») Als Masse verlieren zudem Studentinnen ihr erotisches Stimulans. Mit diesem Hinweis bereichert der Geistliche Dr. Zimmern die Debatte:

> «Wenn man haben will, daß die Damen wirklich ein Muster und Beispiel bleiben sollen, gewissermaßen das Salz, oder wenn Sie lieber wol-

len, der Zucker, («große Heiterkeit») die Würze für die Studentenschaft, dann wollen wir es bei diesen Ausnahmen belassen.»

Die ganze Tragweite der zur Diskussion stehenden Frage (die auch die Schärfe der Abwehr, weniger ihre Qualität erklärt) bringt der Kammerpräsident Dr. Orterer auf den Punkt. «Die Bewegung läuft schließlich hinaus auf die völlige Emanzipation des Weibes.» Dieser Scharfblick macht ihn zum entschiedenen Gegner selbst geringfügiger Zugeständnisse. Schließlich werde man den Frauen sogar das Wahlrecht zugestehen müssen. Dann aber drohe «Gynäkokratie», Frauenherrschaft.

Zwei Jahre später, am 2. Juni 1902, wird sich der Finanzausschuß im Zuge der Beratung des Hochschuletats wieder mit der Frage des Frauenstudiums befassen. Ein deutlicher Meinungsumschwung zugunsten der Frauen tritt selbst bei den Konservativen zutage. Sowohl Ausschußreferent Dr. Franz Xaver Schädler als auch sein Stellvertreter Dr. Leopold von Casselmann fordern, daß die Frauen in bezug auf die Vorbedingungen den männlichen Studenten gleichgestellt und zur Immatrikulation zugelassen werden sollen. Selbst Minister von Landmann erklärt, er stehe der Bewegung im ganzen «freundlich» gegenüber, nur die russischen Studentinnen seien «zu fürchten».

Am 24. Februar 1903 erhalten die Senate der drei bayerischen Universitäten ein Schreiben des Ministeriums, das die Professoren offiziell über die aktuelle politische Stimmungslage zur Frage der Immatrikulation von Frauen informiert. «Weitere Erwägungen» sollten jedoch erst nach einer Stellungnahme der Professoren erfolgen, zu der sie hiermit aufgefordert werden. Das Schreiben weist noch einmal daraufhin, daß der Minister einen «Zudrang von Ausländerinnen, vornehmlich in München», befürchte.[53]

An der Philosophischen und der Staatswirtschaftlichen Fakultät der Münchner Universität votiert die Mehrheit der Professoren für die Zulassung zur Immatrikulation der Studentinnen, «sofern sie dieselben Voraussetzungen wie männliche Studenten erfüllt haben». Die Medizinische, Theologische, Naturwissenschaftliche und die Juristische Fakultät sowie der Senat beharren auf dem *status quo*. Drei der Stellungnahmen begründen ihre Ablehnung mit dem «übermäßigen Zudrang von Ausländerinnen».[54] Doch die bewährte Stichwortübernahme zwischen Politik und Hochschule funktioniert nicht mehr: Am 21. September 1903 unterzeichnet Prinzregent Luitpold mit einem knappen «Genehmigt» eine Vorlage des Bayerischen Kultusministeriums, nach der

> «vom Wintersemester 1903/1904 an Damen, welche das Reifezeugnis eines deutschen humanistischen Gymnasiums oder eines deutschen Realgymnasiums besitzen, zur Immatrikulation an den bayerischen Universitäten zugelassen werden».[55]

Am 8. April 1905 teilt Kultusminister Anton von Wehner dem Rektor der Technischen Hochschule München in einem «allerhöchsten Erlaß» mit, daß von nun an auch dort Studentinnen mit der entsprechenden Vorbildung zum Studium zugelassen sind.[56]

8. Akademische Bürgerrechte zweiter Klasse

> «Die Immatrikulation verleiht dem Studierenden das akademische Bürgerrecht.» (§ 13 der Bayerischen Universitätssatzung von 1849)[57]

Die Studentinnen bleiben jedoch lange Zeit weiterhin Bürgerinnen zweiter Klasse. Zwar überschritt die Zahl der immatrikulierten Studentinnen schon im Sommersemester 1907 die Hundertermarke, doch in wohlerprobtem Zusammenspiel sorgten Universität und Ministerium dafür, daß der Zuwachs sich in Grenzen hielt. Das Instrumentarium lieferte ihnen – wie gehabt – der Vorbildungsnachweis. Zum Beispiel wurden Absolventinnen des Karlsruher Mädchengymnasiums erst nach Protesten auch des Badischen Ministeriums und nur unter Vorbehalt immatrikuliert, da das Reifezeugnis dieser Anstalt noch nicht reichsweit als Zulassung zur Hochschule akzeptiert wurde.

Auch ausländische Studentinnen wurden mit dem Bescheid abgewiesen, daß ihr Abiturzeugnis eines Mädchengymnasiums nicht anerkannt werden könne. Da nur eine verschwindende Minderheit deutscher Frauen überhaupt ein solches nachweisen konnte, blieb den allermeisten studierwilligen Frauen weiterhin nichts anderes übrig, als – anstelle der Immatrikulation – sich darum zu bemühen, als Hörerin zugelassen zu werden. Dazu mußten sich die Studentinnen aber immer noch dem zuletzt 1901 festgeschriebenen Verfahren unterziehen,[58] das 1902 durch ministeriellen Entscheid dahingehend verschärft wurde, daß Lehrerinnenprüfungen für neuere Sprachen und der erfolgreiche Abschluß eines Mädcheninstituts als Vorbildungsnachweis für die Zulassung als Hörerin nicht ausreiche. Und als 1907 der Senat der Universität München den Fakultäten empfahl, den von Ministerium und Rektorat zugelassenen Hörerinnen die Einholung auch der Zustimmung des jeweiligen Dozenten zu erlassen, lehnten die Medizinische und die Juristische Fakultät dies ab.[59] Im Wintersemester 1903/1904 wurde jedes dritte Gesuch auf Zulassung als Hörerin abgewiesen.[60]

Die formale Benachteiligung der Studentinnen blieb eingebettet in frauenverachtende Anschauungen. Keineswegs hatten sich mit der Öffnung der Universitäten die Ressentiments der Professoren gegen das Frauenstudium verflüchtigt. Je normaler im Laufe der Jahre das Erscheinen von

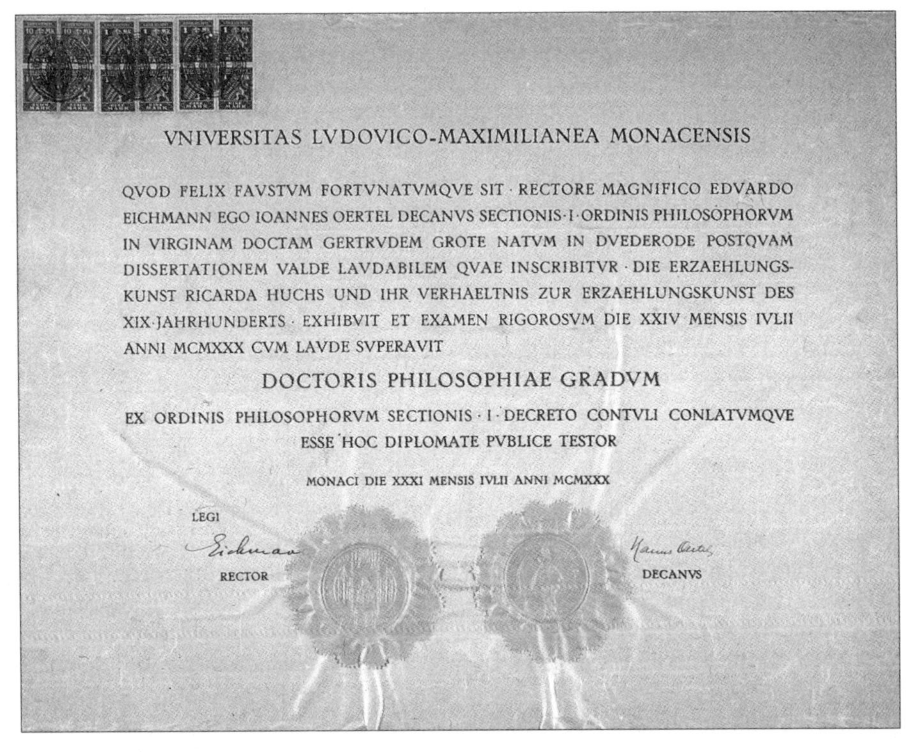

VNIVERSITAS LVDOVICO-MAXIMILIANEA MONACENSIS

QVOD FELIX FAVSTVM FORTVNATVMQVE SIT · RECTORE MAGNIFICO EDVARDO EICHMANN EGO IOANNES OERTEL DECANVS SECTIONIS · I · ORDINIS PHILOSOPHORVM IN VIRGINAM DOCTAM GERTRVDEM GROTE NATVM IN DVEDERODE POSTQVAM DISSERTATIONEM VALDE LAVDABILEM QVAE INSCRIBITVR · DIE ERZAEHLUNGSKUNST RICARDA HUCHS UND IHR VERHAELTNIS ZUR ERZAEHLUNGSKUNST DES XIX · JAHRHUNDERTS · EXHIBVIT ET EXAMEN RIGOROSVM DIE XXIV MENSIS IVLII ANNI MCMXXX CVM LAVDE SVPERAVIT

DOCTORIS PHILOSOPHIAE GRADVM

EX ORDINIS PHILOSOPHORVM SECTIONIS · I · DECRETO CONTVLI CONLATVMQVE ESSE HOC DIPLOMATE PVBLICE TESTOR

MONACI DIE XXXI MENSIS IVLII ANNI MCMXXX

LEGI

Eichmann

RECTOR

Hanns Oertel

DECANVS

Abb. 6: Promotionsurkunde der Germanistin Gertrud Grote von 1930. Noch nach 30 Jahren des Zusammenlebens hat die Philosophische Fakultät Schwierigkeiten mit dem weiblichen Geschlecht, auch mit dem grammatischen (vergleiche Zeile 3 *virginam* und *natum*!).

Studentinnen in den Hörsälen wurde, desto stärker formierte sich der Widerstand, der schließlich in einer in aller Öffentlichkeit geführten Kampagne gegen das Frauenstudium mündete. Wieder war es ein Mediziner, der Berliner Gynäkologe Professor Ernst Bumm, der mit einer vielbeachteten Rektoratsrede im Jahre 1917 die Diskussion eröffnete und die Gegner mit neuer Munition aus dem alten Repertoire versorgte.[61] Die «stärkere Erregbarkeit», die insgesamt psychische Labilität der Frau, ihre «sexuelle Bindung» behinderten, so der Professor, ihre geistigen Fähigkeiten. «Der vollen dauernden Hingabe ans Werk wirft sich der Körper entgegen.» Wenn die Frauen nicht mehr von den Universitäten ausgeschlossen werden könnten, dann müsse zumindest versucht werden, ihre Zahl[62] zu begrenzen. Das Stichwort vom «Modestudium» aus der Kampfzeit gegen das Frauenstudium wird wieder aufgegriffen und wirkungsvoll in die Debatte eingeführt.

«Das sieht so aus, als ob das Frauenstudium Mode werden wollte, und das wäre nicht gut. Allen den Frauen, die das heilige Feuer in sich fühlen, sollen die Pforten der Universitäten weit offen stehen. [...] Aber die Mehrzahl der Frauen, und gerade der Frauen der mittleren Stände, die der Anreiz zum Studium am ehesten trifft, muß ihrer natürlichen Bestimmung erhalten bleiben. Unsere Kinder sollen von Müttern geboren werden, die ein ausgeruhtes Gehirn und genug Zeit zur Aufzucht einer zahlreichen Nachkommenschaft haben.»[63]

Noch 1926 beruft sich die «Nürnberger Zeitung» in einem Bericht über «Das Schicksal weiblicher Akademiker» ausdrücklich auf Professor Bumm. Der Artikel endet mit dem Vorwurf: «Von zehn akademisch gebildeten Frauen empfängt das Land nur sechs Kinder, während es nahezu 40 erhalten würde, wenn die studierten Frauen den anderen glichen.»[64]

In den Jahren der Weltwirtschaftskrise verschärfte sich die Polemik gegen das Frauenstudium zunehmend. In dem Pamphlet «Die Frau im Lebensraum des Mannes» von Dr. Josef Rompel werden die Studentinnen als die Schuldigen für die auch unter Akademikern wachsende Arbeitslosigkeit ausgemacht. Mehr noch, sie sind für die «Entmannung» des Geistes- und Staatslebens verantwortlich. «Die unvermeidliche Folge des weiblichen Massenstudiums und das Eindringen der Frau in alle männlichen Berufe sind Blaustrumpfkultur und Frauenherrschaft.»[65] Gewiß, dies waren extreme Auswüchse, aber an der öffentlichen Kampagne gegen die Akademikerinnen beteiligte sich sogar das Deutsche Studentenwerk, das eigentlich die Aufgabe hatte, sich für die Interessen der Studentinnen einzusetzen.[66]

Die Führerinnen der bürgerlichen Frauenbewegung entlarvten zwar die eindeutige Zielrichtung der Kampagne – die geschlechtsspezifische Teilung des Arbeitsmarktes –, plädierten aber selbst für eine schärfere «Auslese» unter den Studentinnen:

«Eine Problematik des Frauenstudiums wird von uns keinesfalls geleugnet. Im Gegenteil sehr klar gesehen. Diese Zuvielen sind nach unserer Überzeugung auf der weiblichen Seite noch eine besondere Gefahr, weil sie, für das Studium ungeeignet [...] die Haltung der wirklich Berufenen erschweren.»[67]

Dieses Geistesklima bereitete den Nationalsozialisten den Boden für die rechtliche Umsetzung ihrer Frauenverachtung, die in besonderem Maße den Akademikerinnen galt. 1933 begrenzten sie mit dem «Gesetz gegen die Überfüllung der Hochschulen» den Anteil der neu zu immatrikulierenden «nichtarischen» Studenten und Studentinnen auf 1,5 Prozent, den der Frauen pro Semester auf zehn Prozent.[68]

3.

Gisela Kaiser

Studentinnen in Würzburg, München und Erlangen

Ein Vergleich

1903, als die in Frankreich tätige Wissenschaftlerin Marie Curie bereits ihren ersten Nobelpreis für Physik erhielt, gestattete das Königreich Bayern Frauen die Immatrikulation an den damals bestehenden drei Landesuniversitäten München, Würzburg und Erlangen. Einen entscheidenden Beitrag zur lang erkämpften Öffnung der bayerischen Hochschulen leistete ein aktiver Frauenbildungsverein in Würzburg im Zusammenspiel mit einer Gruppe reformfreudiger Professoren der dortigen Universität. Diesen Professoren, Ehegatten der Mitglieder des Frauenvereins und häufig auch noch Väter studierwilliger Töchter, und einer Gruppe beharrlicher Bürgerinnen gelang es um die Jahrhundertwende, einen Stimmungsumschwung an der Würzburger Hochschule zu bewirken, der nicht zuletzt auch die Ministerialentscheidungen über Anträge auf Zulassung studierwilliger Frauen günstig beeinflußte.

1. *Von der «Gasthörerin» zur «Studentin»: Frauenbewegung und Frauenstudium*

1.1 *Die ersten erfolgreichen Anträge – von Ausländerinnen*

Bereits 1869, als die Amerikanerin Laura Reusch-Formes das für Bayern älteste erhalten gebliebene Gesuch einer Frau um Zulassung zum Studium an die Medizinische Fakultät der Universität Würzburg richtete, setzte sich ein aufgeklärter Würzburger Professor, der renommierte Anatom Albert von Koelliker, für die Zulassung der Petentin ein.[1] Der Senat jedoch beschloß mehrheitlich gegen die Stimme von Koellikers, folgenden Antrag an den Prinzregenten zu stellen:

> «Eure Königliche Majestät wolle auszusprechen geruhen, daß es bezüglich der Fragen der Zulassung von Frauen zum Studium der Medizin an bayerischen Universitäten bei dem status quo zu verbleiben habe, wonach die Verleihung der Universitäts-Matricel an die Voraussetzung des männlichen Geschlechtes geknüpft ist.»[2]

Abb. 7: Professor Theodor Boveri, seine Frau, Professor Marcella O'Grady und ihre Tochter Margret mit den Doktorandinnen Edna Carter und Barbara Heffner, 1909.

Professor von Koelliker hingegen erklärte «sich gegen jedes Präjudiz, so daß es ihm freistehe, Frauen ohne Immatrikulation zu seinen Vorlesungen und Cursen privatim zuzulassen.»[3] Das Gesuch von Laura Reusch-Formes wurde abgewiesen.

Erst ab 1896 wurden in München und Würzburg, ab 1897 dann auch in Erlangen Frauen zu einzelnen Vorlesungen als Gasthörerinnen zugelassen. Obwohl zwischen 1896 und 1899 eine Reihe von Gesuchen von Frauen um Hörerscheine bei den drei bayerischen Landesuniversitäten eingingen, wurden nur wenige Anträge bewilligt, da den meisten weiblichen Studierwilligen aus Deutschland nach wie vor mangelnde Vorbildung attestiert wurde. Als «Hörerinnen» zugelassen wurden in dieser Zeit an bayerischen Landesuniversitäten vor allem einige wenige Wissenschaftlerinnen aus Amerika, England und Rußland, die bereits in ihrem Heimatland ein Studium mit einem akademischen Examen abgeschlossen hatten und denen das Bayerische Kultusministerium hinreichende Vorbildung zugestand. An der Universität München waren davon fünf Ausländerinnen betroffen, in Würzburg nur eine einzige: 1896 wandte sich die Amerikanerin Marcella O'Grady (Abb. 7), Professorin der Zoologie am Frauencollege von Vassar, an den Senat der Würzburger Universität mit der Bitte, ein Forschungsfreijahr am Zoologischen Institut verbringen zu dürfen. Der Ordinarius für Zoologie, Theodor Boveri (Abb. 7), unterstützte den Antrag erfolgreich, und so wurde die Professorin Marcella O'Grady

Abb. 8: Luise Kiesselbach um 1919. Die Erlanger Professorengattin und spätere Münchner Stadträtin engagierte sich im Verein „Frauenwohl“ für Mädchengymnasien und Frauenstudium.

als erste Frau zu Forschungsarbeiten an der Universität Würzburg zugelassen, wenn auch nur im Status einer Gasthörerin.[4]

1.2 Frühe Vereinsgründungen zur Förderung der Frauenbildung

Die Aufnahme der amerikanischen Wissenschaftlerin an die Würzburger Hochschule im Juni 1896 hatte Signalwirkung vor allem in den Kreisen, die sich für die höhere Mädchenbildung und die Zulassung von Frauen zum Studium einsetzten. Im gleichen Jahr fanden sich Frauen aus dem Würzburger Adel und dem Bürgertum zusammen, «um einen Verein ‹Frauenheil› zu gründen, der namentlich Bildungsgelegenheiten schaffen und den Meinungsaustausch unter Frauen verbessern sollte».[5] Im Mai 1898 schließlich wurde die Gründung des Vereins besiegelt, der «die Förderung hoherer Bildung des weiblichen Geschlechts und der Erwerbstätigkeit der auf eigenen Unterhalt angewiesenen Frauen»[6] zum Ziel hatte. Zeitgleich stellte der Ordinarius für Hygiene, Karl Bernhard Lehmann, am 5. Mai 1898 beim Kultusministerium in München den Antrag, «einen 6stündigen populärwissenschaftlichen Vortragscyclus für Damen über die Elemente der Bacteriologie abhalten» zu dürfen.[7] Das Gesuch wurde vorbehaltlos genehmigt. Von da an organisierte der Verein «Frauenheil» regelmäßig in jedem Semester Veranstaltungen mit Dozenten der Würzburger Universität. Alle Anträge gingen ohne jede Gegenstimme sowohl durch den Senat als auch durch den Verwaltungsausschuß der Universität und wurden vom Kultusministerium genehmigt. Auch erklärte Gegner des Frauenstudiums tolerierten diese speziellen Kurse und die damit verbundene regelmäßige Anwesenheit einer größeren Zahl von Frauen an der Universität Würzburg.

In Erlangen wurde erst 1906 ein Ableger des bereits seit 1893 bestehenden Nürnberger Bildungsvereins «Frauenwohl» gegründet.[8] Vergleichbare Aktionen in bezug auf das Frauenstudium fanden hier nicht statt. An der Universität Erlangen sind daher für diese Zeit nur wenige Einzelgesuche studierwilliger Frauen registriert. 1898 bewarb sich zum Beispiel Margarete Schüler aus Fürth, die im gleichen Jahr an einem Nürnberger Knabengymnasium ihr Abitur bestanden hatte, an der Erlanger Hochschule um Zulassung zum Medizinstudium. Da die Medizinische Fakultät sowie die Mehrheit des Senats der Universität Erlangen der Aufnahme von Frauen zum Studium ablehnend gegenüberstanden, die Naturwissenschaftliche Sektion jedoch für eine Gleichbehandlung von Frauen mit Reifezeugnis votierte, genehmigte das Ministerium der Kandidatin schließlich den Besuch von Vorlesungen in Chemie, Physik und Biologie, aber nicht den Besuch von Vorlesungen in Anatomie und von Präparierübungen. Margarete Schüler absolvierte daraufhin ihr Studium der Medizin in Zürich und Halle. 1901 erhielt sie eine Zulassung an der Universität München, wo sie 1903 als erste Frau in Medizin promovierte.[9]

In München existierte seit 1891 der Verein «Frauenbildungs-Reform», dessen Vorsitz ab 1894 Ika Freudenberg innehatte. Im Gegensatz zum gemäßigten Verein «Frauenheil» in Würzburg, dessen Mitglieder vorsichtig taktierten und in kleinen Schritten vorwärtsgingen, zählte der Münchner Verein «Frauenbildungs-Reform» zum sogenannten radikalen Flügel der Frauenbewegung. Ika Freudenberg und ihre Mitstreiterin Anita Augspurg (Abb. 35)

> «sahen nicht in Reformansätzen einen Ausweg aus der Bildungsmisere, sondern propagierten konsequent gleiche höhere Schulbildung für Mädchen wie für Knaben und generelle Zulassung der Frau zu allen Studienfächern – ein zum damaligen Zeitpunkt überaus radikales und utopisches Bildungsziel».[10]

Ein Einschleusen von Frauen an die Universitäten gewissermaßen durch die Hintertüre, wie das der Verein «Frauenheil» in Würzburg mit Unterstützung einer Reihe von aufgeschlossenen Professoren tat, war keine praktikable Strategie für die radikale Positionen vertretenden Münchner Aktivistinnen. Letztlich leisteten jedoch beide Vorgehensweisen einen wichtigen Beitrag dazu, die Öffnung der Universitäten in Bayern durchzusetzen: Die radikale Frauenbewegung startete reichsweit vielfältige Kampagnen, richtete zahlreiche Petitionen an die Parlamente, organisierte umfangreiche Unterschriftenlisten und mobilisierte dadurch eine breite bürgerliche Öffentlichkeit, die sich für eine Bildungsreform aussprach. In diesem Klima fiel es den gemäßigten Frauengruppen dann leichter, ihre Politik der kleinen Schritte zu verwirklichen.

Als wichtige Etappe auf dem Weg zur Zulassung des Frauenstudiums konnte die Frauenbewegung den Beschluß des Bundesrats vom 24. April 1899 verbuchen, der das Hörerinnenstudium in der Prüfungsordnung für Medizin anerkannte und Frauen zu allen ärztlichen und pharmazeutischen Berufen zuließ. Gerade um die Zulassung von Frauen zum Medizinstudium und um ihre Approbation als Ärztinnen war lange Jahre erbittert gerungen worden. Zahlreiche Vertreter der Medizinischen Fakultäten und der Ärzteschaft versuchten mit zum Teil absurden Argumenten und pseudowissenschaftlichen Untersuchungen, die geistige Minderwertigkeit der Frau und ihre Unfähigkeit zum Arztberuf nachzuweisen.[11] Doch auch konservative Kreise, die den Verfall von Moral und Sittlichkeit an den deutschen Universitäten heraufbeschworen, falls Frauen studieren dürften, konnten sich dem Gegenargument nicht verschließen, daß es eine «Wohlthat für Frauen und namentlich für junge Mädchen [wäre], sich von Frauen untersuchen und behandeln lassen zu können», wie es der Würzburger Mediziner Karl Bernhard Lehmann in einem 1898 veröffentlichten Zeitungsartikel formulierte.[12] Für studierwillige Frauen war der Bundesratsbeschluß vom April 1899 zwar ein Schritt in die richtige Richtung, aber noch kein endgültiger Erfolg, denn für die Medizinischen Fakultäten der Hochschulen bestand keine Pflicht, Frauen im Gaststudium aufzunehmen.

Noch im Oktober 1899 lehnten die Universitäten München und Erlangen das Gesuch von Jenny Danziger um Zulassung zum Medizinstudium mit der Begründung ab, daß mangels geeigneter Räume Präparierübungen der Studierenden nicht nach Geschlechtern getrennt stattfinden könnten. Jenny Danziger wandte sich daraufhin im Oktober 1899 an die Universität Würzburg und fand hier Unterstützung. Das Kultusministerium genehmigte «ausnahmsweise» das Gesuch, weil Jenny Danziger «Bayerin ist und das Absolutorium eines bayerischen Gymnasiums besitzt».[13] Jenny Danziger wurde so die erste (Medizin-)Studentin an der Universität Würzburg, wenn auch nur im Hörerinnenstatus; trotz formal einwandfreier Vorbildungsnachweise durfte sie sich nicht regulär immatrikulieren.

1.3 Erfolgreiche Initiativen Würzburger Lehrerinnen

Die örtliche Frauenbildungsbewegung reagierte prompt auf die Zulassung der ersten Studentin zu allgemeinen Vorlesungen und Kursen und versuchte, daraus einen Präzedenzfall zu konstruieren: Keine drei Wochen später, am 13. November 1899, stellten 13 Würzburger Lehrerinnen – allesamt Mitglieder des Vereins «Frauenheil» – einen gemeinsamen Antrag, ebenfalls eine öffentliche Vorlesung an der Würzburger Universität besuchen zu dürfen.[14] Nachdem der betroffene Dozent seine Zustimmung gegeben hatte, unterbreitete der Senat das Gesuch dem Kultusministerium, das sich mit der Forderung von entsprechenden Vorbildungsnachweisen aus der Affäre ziehen wollte.

Acht weitere Lehrerinnen schlossen sich der Aktion an und ersuchten um generelle Zulassung zu Vorlesungen in der Geographie. Sie baten in ihrem Antrag um Gleichstellung mit ihren männlichen Kollegen, die von jeher das Recht besaßen, sich an der Hochschule weiterzubilden. Auch diesen Antrag versuchte das Kultusministerium mit dem Hinweis auf formale Mängel abzuweisen. Daraufhin wandten sich zwölf erboste Lehrerinnen mit einem Protestschreiben direkt an das Kultusministerium. Vor allem die Forderung nach qualifizierenden Vorbildungsnachweisen wurde heftig attackiert, mußte doch gerade der Kultusminister am besten über die fehlenden Möglichkeiten einer höheren Schulbildung für Frauen dieser Generation informiert sein.

> «Nachdem bisher eine Vorbildung, wie die Gymnasien sie bieten, für Frauen unerreichbar war, können die Bittstellerinnen als Befähigungsnachweis nur das zur Anstellung im Staatsdienst benötigte Seminaraustrittszeugnis in Vorlage bringen.»[15]

Die Lehrerinnen forderten den uneingeschränkten Zugang zu allen ihre Unterrichtsfächer betreffenden Vorlesungen. Die Mehrheit der Philosophischen Fakultät der Würzburger Universität unterstützte mit dem Hinweis auf die Zulassung Jenny Danzigers die Aufnahme der Lehrerinnen.

> «Nachdem die Kgl. Staatsregierung durch die Zulassung einer Dame zu allen für das Studium der Medizin einschlägigen Vorlesungen und Uebungen dokumentiert hat, daß gegen das gemeinsame Studium von Männern und Frauen an unserer Universität keine Bedenken prinzipieller Art bestehen, ist die Fakultät in ihrer überwiegenden Mehrheit der Ansicht, daß die geprüften Lehrerinnen in gleicher Weise wie die geprüften Lehrer, nemlich als Hörer zu dem Besuch der Vorlesungen unserer Hochschule zugelassen werden sollten.»[16]

Am 28. März 1900 – vier Monate nach der ersten Antragstellung – genehmigte das Kultusministerium schließlich die generelle Zulassung von Lehrerinnen «der Stadt Würzburg» zu Vorlesungen der Geisteswissenschaftlichen und der Naturwissenschaftlichen Sektion der Philosophischen Fakultät.[17] Im darauffolgenden Monat beantragten 15 Lehrerinnen, von denen die älteste bereits über 60 Jahre alt war, Hörerscheine für das Sommersemester 1900.

Vor allem die Würzburger Hochschule verzeichnete einen relativ starken Andrang an Gasthörerinnen. Im Wintersemester 1900/01 waren 27, im Wintersemester 1902/03 bereits 58 Hörerinnen registriert, die bis auf ganz wenige Ausnahmen alle Lehrerinnen waren. An der Universität München dagegen lag die Zahl der Bewerberinnen niedriger. Hier besuchten im Schnitt zwischen 20 und 33 (im Sommersemester 1903) Frauen die Hochschule als Gasthörerinnen. Dabei handelte es sich meist um ausländische Wissenschaftlerinnen oder Mitglieder der örtlichen Frauenbewegung. Eine konzertierte Aktion einer bildungspolitisch aktiven Gruppe ist in München und auch in Erlangen nicht nachweisbar.

An der Erlanger Universität wurden 1897 die ersten drei Gasthörerinnen zugelassen. Diese waren, wie fast alle Hospitantinnen, die bis 1903 die Universität Erlangen besuchten, städtische Lehrerinnen. Der Höchststand an Gasthörerinnen wurde im Wintersemester 1902/03 mit zehn Frauen erreicht. Im Sommersemester 1903 waren nur mehr vier Hospitantinnen verzeichnet.[18]

2. Unterschiedliche Entwicklungen an den drei Landesuniversitäten seit 1903

Anfang 1903 wurden die drei Landesuniversitäten aufgefordert, Stellungnahmen bezüglich der Zulassung von Frauen zur Immatrikulation abzugeben. Das mehrheitlich positive Votum der Universität Würzburg gab schließlich den Ausschlag für die lang ersehnte Öffnung der bayerischen Hochschulen. In Würzburg hatten sich mit Ausnahme der Theologischen alle Fakultäten sowie der Senat dafür ausgesprochen, daß Frauen, die ein Reifezeugnis eines deutschen Gymnasiums vorlegen konnten, zur Immatrikulation zugelassen werden sollten. An den Universitäten München und Erlangen fiel die Abstimmung dagegen wesentlich ungünstiger aus: In München votierten nur die Geisteswissenschaftliche Sektion und die Staatswissenschaftliche Fakultät für die Immatrikulation von Studentinnen; alle anderen Gremien entschieden sich eindeutig dagegen. In Erlangen hielten sich die Pro- und Contrastimmen die Waage.

Im Wintersemester 1903/04 immatrikulierten sich insgesamt 6.881 Studierende an den drei Landesuniversitäten in Bayern, darunter 30 Frauen. 4609 Studierende (67 Prozent aller Studierenden) verzeichnete allein die Universität München, 26 davon waren Frauen. In Würzburg, das 1289

Studierende (19 Prozent aller Studierenden) beherbergte, schrieben sich drei Frauen ein. In Erlangen, der damals mit 982 Studierenden (14 Prozent aller Studierenden) kleinsten Landesuniversität in Bayern, immatrikulierte sich lediglich eine Nürnbergerin in Medizin; sie blieb nur ein Semester, dann war die Universität Erlangen zunächst wieder frauenlos.[19]

Während die Studierendenzahlen in Würzburg und Erlangen bis 1913/14 nur langsam auf 1520 bzw. 1356 Einschreibungen anstiegen, expandierte die Universität München gewaltig. Im Wintersemester 1913/14 waren bereits 6859 Studierende immatrikuliert, was einem Zuwachs von fast 50 Prozent innerhalb von 10 Jahren entspricht. Einen regelrechten Boom erlebte hier die Medizinische Fakultät, die die ehemals führende Juristische Fakultät wie auch die Geisteswissenschaften schnell überholte. 1913 lag die Medizinische Fakultät mit doppelt so vielen Studierenden wie die Juristische an der Spitze.

Auch die Frauen bevorzugten zum Studium von Anfang an die Universität München. Bis zum Wintersemester 1913/14 stieg ihre Zahl dort auf 443 an; in Würzburg studierten zu diesem Zeitpunkt nur 36, in Erlangen 32 Frauen. Über 87 Prozent aller Studentinnen in Bayern wählten also die Münchner Hochschule zum Studium. Auffällig ist dabei der Wechsel bevorzugter Fächer: Schrieb sich im Wintersemester 1903/04 noch der größte Teil aller Münchner Studentinnen in Medizin ein, so wurde das Studium der Lehrämter im Verlauf von zehn Jahren immer gefragter. Im Wintersemester 1913/14 immatrikulierten sich rund 41 Prozent aller Münchner Studentinnen in den Geisteswissenschaften und nur mehr rund 38 Prozent in der Medizin.

Anders die Situation an der Universität Würzburg: Diese Hochschule galt von alters her als ‹Medizineruniversität›; 1903/04 war etwa ein Drittel aller Studierenden in Würzburg in Medizin immatrikuliert. Die Juristische Fakultät war die zweitgrößte mit rund 30 Prozent aller Studierenden. Relativ niedrig lag dagegen der Anteil der Immatrikulationen in den Geisteswissenschaften mit rund 12 Prozent. In den kommenden zehn Jahren bis zum Wintersemester 1913/14 wuchs der Anteil der Mediziner unter den Studierenden auf rund 44 Prozent, während die Einschreibungen in den Geisteswissenschaften stagnierten.

Auch die Frauen kamen vor allem zum Studium der Medizin und der Naturwissenschaften nach Würzburg. In den zehn Jahren zwischen 1903 und 1913 immatrikulierten sich insgesamt 68 Studentinnen an der Würzburger Hochschule, davon weit über die Hälfte in Medizin (54,4 Prozent) und Zahnmedizin (11,8 Prozent), einem Fach, das weder in München noch in Erlangen in diesem Zeitraum von Frauen studiert wurde. Nur knapp 15 Prozent der Frauen absolvierten in Würzburg ein geisteswissenschaftliches Studium.

Wie in Würzburg lief auch an der Universität Erlangen, die noch bis

Ende des 19. Jahrhunderts eine Hochburg der evangelischen Theologie war, die Immatrikulation von Frauen nur zögerlich an. Die durchschnittlich vier Studentinnen, die sich ab dem Wintersemester 1904/05 hier einschrieben, verteilten sich gleichmäßig auf Medizin, Natur- und Geisteswissenschaften. Erst ab 1908 stieg die Zahl der Studentinnen in Erlangen auf elf und dann kontinuierlich bis 1913 auf 32 an. Dabei hielt sich die Verteilung zwischen der Medizin und den Geisteswissenschaften relativ konstant bei ungefähr 60 zu 40.

Aufgrund des zögerlichen Ausbaus der Mädchengymnasien in Bayern fehlte den meisten Frauen hier nach wie vor die formale Voraussetzung zur Immatrikulation – das Abitur. Allein der Zustrom von Studentinnen aus anderen deutschen Staaten – vor allem aus Preußen – begründete den allmählichen zahlenmäßigen Anstieg des Frauenanteils. Im Wintersemester 1903/04 kamen elf (37 Prozent) der insgesamt 30 eingeschriebenen Frauen aus Bayern, im Wintersemester 1913/14 dagegen lag der Anteil der bayerischen Studentinnen nur mehr bei rund 25 Prozent. An der Universität Erlangen fällt zudem der relativ hohe Anteil an Russinnen und Bulgarinnen auf. Der insgesamt schwache Zulauf von Frauen an die Hochschulen in Würzburg und Erlangen lag wohl nicht zuletzt an der Tatsache, daß beide Universitäten als «Korporationshochburgen» galten, in denen unter den Studenten ein traditionell konservatives, von oft rechtslastigen Burschenschaften geprägtes Klima vorherrschte.

3. Zum Zusammenhang von politischen Konstellationen und der Entwicklung des Frauenstudiums

«Der Mangel an verfügbaren männlichen Kräften während des Krieges sowie die mit dem Währungsverfall nach Kriegsende zusammenhängende Notwendigkeit für ehemals begüterte Kreise, sich einem Berufe zuzuwenden, begünstigte das Eindringen des weiblichen Elements ins Erwerbsleben [...]. Das Hochschulstudium der Frauen hat denn auch gegenüber der Vorkriegszeit bedeutend, zum Teil um ein Vielfaches zugenommem.»[20]

Diese Darstellung in der «Zeitschrift des Bayerischen Statistischen Landesamts» aus dem Jahr 1923 umreißt kurz die Entwicklung des Frauenstudiums ab dem Wintersemester 1913/14. Seit 1914 ist ein allgemeiner Anstieg der Studienzahlen zu verzeichnen, an dem auch die Frauen beteiligt waren, jedoch in wesentlich geringerem Umfang als die offizielle Darstellung glauben machen will. Die Universität München zählte nach dem Ersten Weltkrieg 699 Studentinnen (= elf Prozent aller Studierenden der Ludwig-Maximilians-Universität). Die Würzburger Universität verzeichnete im Sommersemester 1918 lediglich 115 (= sechs Prozent aller an der

Abb. 9: Emmy Noether, die prominenteste Absolventin der Erlanger Universität mit ihren Brüdern (vor 1918).

Würzburger Universität Immatrikulierten), Erlangen sogar nur 68 Frauen (= 4,5 Prozent). Doch mit dem reichsweit sprunghaften Anstieg der Studierendenzahlen nach dem Ersten Weltkrieg, der einmal durch die Rückkehr der beurlaubten (Alt-)Studenten, zum anderen durch die Neueinschreibung der vier Kriegsjahrgänge ausgelöst wurde, entbrannte erneut eine unerfreuliche Debatte um das Frauenstudium. Vor allem von seiten der Burschenschaften wurde eine «Überfüllungskrise», die «Vermassung und «Proletarisierung» der Hochschulen heraufbeschworen, Studentinnen als «geistige Kriegsgewinnlerinnen» diffamiert und ihr Ausschluß von den Hochschulen gefordert.[21] Studienplätze und vor allem die akademischen Berufe sollten nach Vorstellung konservativer Kreise wieder ausschließlich Männern vorbehalten sein.

Mit dem rapiden Rückgang der Studierendenzahlen bis zur Mitte der zwanziger Jahre und dem Abklingen der Wirtschaftskrise ebbte die gegen Studentinnen angezettelte Diffamierungskampagne wieder ab. Die Forderung, das Frauenstudium je nach Konjunktur zur Disposition zu stellen, schlief jedoch nie ganz ein und lebte mit dem erneuten Ansteigen der Immatrikulationszahlen und einer gleichzeitigen Verschlechterung der Wirtschaftslage ab 1927 schnell wieder auf.

> «Die gesellschaftlich immer brisanter werdende Frage der Arbeitslosigkeit und das drohende Schreckgespenst einer ‹Proletarisierung› der gebildeten Stände mündete in eine breit angelegte und äußerst öffentlichkeitswirksame Kampagne gegen das ‹Doppelverdienertum›.»[22]

Trotz der öffentlichen Hetze gegen berufstätige Frauen und der immer schlechter werdenden Chancen auf dem Arbeitsmarkt stiegen die Studentinnenzahlen weiter an. Begründet wurde dieses Wachstum zum einen durch die Schulreform und durch den damit verbundenen breiten Ausbau von Mädchengymnasien zu Beginn der zwanziger Jahre, der es nun Mädchen erlaubte, ihr Abitur abzulegen und ein Studium zu beginnen. Zum anderen stammten die Studentinnen von Anfang an durchweg aus höheren, finanziell besser gestellten Bevölkerungsschichten, die sich ein Studium der Tochter trotz der Baisse in der Konjunktur in den zwanziger Jahren immer noch leisten konnten.[23]

Der Höhepunkt in der Entwicklung der Studentinnenzahlen war 1932/33 erreicht. 14714 Studierende waren in diesem Wintersemester an den drei bayerischen Landesuniversitäten immatrikuliert, der Frauenanteil hatte sich seit Kriegsende im Landesdurchschnitt nahezu verdoppelt auf nunmehr 16,6 Prozent. 71 Prozent der insgesamt 2442 Studentinnen hatten München als Studienort gewählt, 21 Prozent Würzburg und nur acht Prozent Erlangen. An der Universität München lag der Frauenanteil mit 19,5 Prozent über dem Reichsdurchschnitt von 18,6 Prozent, in Würzburg mit 14,2 Prozent darunter. Erlangen gehörte nach wie vor zu den am schwächsten von Frauen besuchten Universitäten, ihr Anteil lag bei nur neun Prozent.[24] Erwähnenswert ist, daß zehn der insgesamt 203 Erlanger Studentinnen zum Studium der Evangelischen Theologie an diese Universität gekommen waren. Daneben verteilten sich die Frauen hier wie folgt: 28,6 Prozent waren in Medizin, 9,4 Prozent in Zahnmedizin, 14 Prozent in Naturwissenschaften und 36 Prozent in den Geisteswissenschaften immatrikuliert. Die restlichen 15 Frauen studierten Jura (6), Volkswirtschaft (4) und Pharmazie (5).

An die Universität Würzburg kamen Frauen nach wie vor vor allem zum Studium der Medizin. Über 45 Prozent aller 510 Studentinnen waren hier in diesem Fach eingeschrieben, weitere 21 Prozent in Zahnmedizin. Nur 17,6 Prozent hatten sich im Wintersemester 1932/33 in Würzburg für ein Studium der Geisteswissenschaften entschieden. Pharmazie (26), Jura (10) und Volkswirtschaft (3) waren hier ebenso wie in Erlangen nur von wenigen Frauen belegt.

In München ähnelte die Verteilung der insgesamt 1729 Studentinnen auf die einzelnen Fächer der in Erlangen: 33 Prozent aller Frauen studierten an der Ludwig-Maximilians-Universität ein geisteswissenschaftliches Fach, 31 Prozent Medizin, 8,3 Prozent Zahnmedizin, 14 Prozent Naturwissenschaften. Immerhin noch 5,6 Prozent waren hier in Jura immatrikuliert, rund vier Prozent in Volkswirtschaft und 3,5 Prozent in Pharmazie. Sogar eine Studentin der Katholischen Theologie war im Wintersemester 1932/33 in München verzeichnet – eine absolute Seltenheit für die Zeit vor 1945.

Mit dem Wintersemester 1932/33 war der Zenit in der Entwicklung der Studierendenzahlen überschritten. Im weiteren Verlauf der dreißiger Jahre gingen die Studentinnenzahlen an den drei bayerischen Landesuniversitäten zunächst stark zurück, stiegen aber mit Kriegsbeginn wieder etwas an. Der Mangel an (qualifizierten) männlichen Arbeitskräften ermöglichte zum Teil eine bessere Ausbildung von Frauen, «so daß der Anstieg der Studentinnenzahlen an den Hochschulen geduldet und teils auch erwünscht war».[25]

Vor dem Zweiten Weltkrieg hatten sich die Frauen im Landesdurchschnitt mehrheitlich für ein medizinisches Studium entschieden. 1932/33 zum Beispiel belegten rund 45 Prozent aller Studentinnen in Bayern Medizin oder Zahnmedizin. Nur 30 Prozent schrieben sich in den Geisteswissenschaften ein. Damals wie heute waren es vor allem neben den Lehrämtern die medizinischen Berufe, in denen es Frauen halbwegs gelang, Fuß zu fassen. In der Industrie, den Banken und der öffentlichen Verwaltung dagegen hatten und haben es selbst hochqualifizierte Frauen schwer, eine ihrer Ausbildung adäquate Beschäftigung zu finden.

4.

Christl Knauer-Nothaft

Bayerns Töchter auf dem Weg zur Alma mater

Das höhere Mädchenschulwesen

1. *Hochschulzugang auf verschlungenen Wegen*

> «Dem Wunsche, daß weiblichen Studierenden, welche die satzungsmäßigen Vorbedingungen für die Immatrikulation erfüllen, die Möglichkeit zur Immatrikulation eröffnet werde, kann eine innere Berechtigung nicht wohl abgesprochen werden.»[1]

Mit diesem zögerlich wohlwollenden Kommentar leitete im September 1903 der bayerische Kultusminister Dr. Anton von Wehner den Antrag auf Zulassung von Frauen zum Studium an Prinzregent Luitpold zur Genehmigung weiter.

Bis zum Wintersemester dieses Jahres hatten Frauen in Bayern nur als Hörerinnen, nicht als immatrikulierte Studentinnen Zugang zur Universität gefunden. Die Zulassungsgesuche, die einige Frauen ab Mitte der neunziger Jahre an bayerische Universitäten stellten, wurden entsprechend Paragraph 10 der 1891 nur für Männer konzipierten Universitätssatzungen behandelt. Sie fielen unter den Passus:

> «Persönlichkeiten [...] und andere wissenschaftlich gebildete Männer reiferen Alters können durch den Rektor unter Zustimmung des betreffenden Dozenten ohne Matrikel zum Besuche einzelner Vorlesungen zugelassen werden (Hörer).»[2]

Da es aber für Mädchen in den deutschen Ländern die Gymnasial- oder Realschullaufbahn mit dem Abschluß der staatlich geregelten Absolutorialprüfungen – ein anerkanntes Kriterium wissenschaftlicher Vorbildung für Knaben – noch kaum gab, versuchten Frauen mit Zeugnissen spezifisch weiblicher Bildungsanstalten Zugang zur Universität zu erhalten. Die «höhere» Schulbildung für Mädchen verlief in der Regel über die Töchterschule oder das «Institut» (für Sechs- bis Sechzehnjährige) zum Lehrerinnenseminar oder zur Ausbildung als Sprachlehrerin.[3] Die Trennung nach Geschlechtern war ein jahrhundertealtes Erbe. Seit dem frühen 19. Jahrhundert wurde sie auch in den Volksschulen angestrebt, weshalb

Volksschullehrerinnen und -lehrer eine getrennte Ausbildung erhielten. Bewerberinnen aus Staaten, in denen Abitur und Studium für Frauen längst institutionalisiert waren, konnten Abschlüsse vorweisen, die den Anforderungen der Universitäten entsprachen. Die ersten Hörerinnen an der Münchner Universität waren deshalb zumeist Amerikanerinnen, Engländerinnen oder Frauen, die bereits in der Schweiz einen akademischen Grad erreicht hatten. In dieser Anfangszeit erhielt in München nur Frieda Duensing, die spätere Leiterin der Deutschen Zentrale für Jugendfürsorge in Berlin, «ausnahmsweise» aufgrund des Abschlußzeugnisses an einem Lehrerinnenseminar die Zulassung als Hörerin.[4] Wegen der sehr unterschiedlichen Voraussetzungen, die Frauen mitbrachten, wurde anfänglich bei jedem Antrag vom Senat und der zuständigen Fakultät sorgfältig überprüft, ob die Vorbildung der Antragstellerin als ausreichend einzuschätzen sei. Letztlich behielt sich das Ministerium die Zu- oder Absage vor. Wegen der generellen Rechtsunsicherheit wandte sich im Juni 1897 die Philosophische Fakultät der Münchner Universität an das Ministerium mit der dringenden Bitte, allgemeine Normen für die Zulassung von Frauen als Hörerinnen aufzustellen.

Erst vier Jahre später reagierte das Kultusministerium mit entsprechenden Instruktionen «im Interesse gleichmäßigen Verfahrens»[5] und behielt sich selbst nur noch bei Ausländerinnen und Frauen ohne Abitur die Entscheidung über die Zulassung vor.

1.1 Durch Privatstudien zum externen Abitur

Bis um die Jahrhundertwende konnte nur eine verschwindend geringe Zahl von finanziell privilegierten Frauen in den Besitz eines Reifezeugnisses gelangen. Als erstes Mädchen in Bayern ließ die Fürtherin Margarete Schüler am 20. Mai 1897 durch ihren Großvater und Vormund, den Kaufmann S. Haßberger, das Gesuch um Zulassung zur Absolutorialprüfung an einem humanistischen Gymnasium einreichen. Sie war von Gymnasialprofessoren privat auf die Prüfungsfächer des Abiturs vorbereitet worden. 1898 bestand sie als einziges Mädchen gemeinsam mit 27 Schülern das Abitur am staatlichen «Neuen Gymnasium» in Nürnberg. Die Neunzehnjährige schnitt dabei als beste im deutschen Aufsatz ab. Kultusminister Dr. von Landmann hatte anläßlich dieses Gesuches vom Prinzregenten die Zustimmung erwirkt,

> «daß künftighin weibliche Privatstudierende, welche die bayerische Staatsangehörigkeit besitzen, – vorbehaltlich des Nachweises der entsprechenden Vorbildung – an den bayerischen Gymnasien zur Absolutorialprüfung zugelassen werden dürfen».[6]

Neben dem erwähnten Nürnberger Gymnasium erhielt vor 1900 in Bayern

K. Ludwigs-Gymnasium, München.

Gymnasial-Absolutorium.

Adele Hartmann,

Tochter des K. Generalarztes Herrn Richard Hartmann in München,

geboren den 9. Januar 1881 zu Neu-Ulm, protest.

— Konf., welche durch die höchste Ministerialentschließung vom 15. Mai 1906

Nr. 10338 dem K. Ludwigsgymnasium zur Ablegung der Absolutorialprüfung zugewiesen worden war, hat sich der im Juni und Juli d. J. abgehaltenen Absolutorialprüfung unterzogen und ist nach den Ergebnissen derselben für

befähigt zum Übertritt an eine Hochschule

erklärt worden.

Das Ergebnis der schriftlichen Prüfung war mit Ausnahme des Deutschen und Lateinischen, worin sie jedoch noch genügte, ein erfreuliches. Ihr deutscher Aufsatz erging sich zu sehr in die Breite und nahm vielfach zu wenig Bezug aufs Thema. Ihre Darstellung ließ Geschick und Frische vermissen. Dagegen gelang ihr die mündliche Übersetzung der vorgelegten Schriftsteller sehr wohl und auch in der Geschichte zeigte sie gute Kenntnisse.

Im einzelnen lassen sich ihre Kenntnisse nach den bei der Prüfung gegebenen Proben folgendermaßen bezeichnen:

In der Religion sehr gut
In der deutschen Sprache genügend
In der lateinischen Sprache gut
In der griechischen Sprache gut
In der französischen Sprache sehr gut
In der Mathematik und Physik sehr gut
In der Geschichte gut

München, am 14. Juli 1906.

Der K. Ministerialkommissär: Der K. Rektor: Dr Ohlenschlager

Abb. 10: Reifezeugnis über die extern abgelegte Abiturprüfung von Adele Hartmann, der ersten habilitierten Frau in Deutschland.

noch das Maxgymnasium in München die Erlaubnis, Frauen, die sich privat vorbereitet hatten, am Abitur teilnehmen zu lassen. Ähnliches geschah in anderen deutschen Städten.

Bis 1903 strebten auf diese Weise in den Ländern des Deutschen Reichs ungefähr 500 Schülerinnen das Abitur an.[7] Unter diesen fanden sich auch die ersten acht Schülerinnen, die im Sommer 1903 in München das Abitur gemeinsam mit den Knaben am humanistischen Maxgymnasium ablegten.

In dieser Situation entschied sich das bayerische Kultusministerium, das sich wie die obersten Schulbehörden anderer deutscher Länder bereits seit einem Jahrzehnt dem ständig stärker werdenden Druck von Frauenvereinen und Abgeordneten des Landtags ausgesetzt sah, die nötigen Konsequenzen zu ziehen. Kultusminister Dr. Anton von Wehner stellte sich –

trotz erheblichen Widerstands der bayerischen Universitäten – hinter die Entscheidung, daß sich vom Wintersemester 1903/04 an Frauen unter Vorlage eines deutschen Reifezeugnisses immatrikulieren konnten.[8]

Dazu hatte nicht zuletzt auch eine Eingabe aus dem Jahr 1902 von elf Hörerinnen der Philosophischen und Medizinischen Fakultät der Münchner Universität beigetragen. Überraschenderweise finden sich später einige Argumente dieser Frauen wortwörtlich im Antrag des Kultusministeriums an den Prinzregenten.

Aus der Argumentation des Kultusministers wird deutlich, daß die Verordnung von 1903 eher einen Kompromiß als ein großes Zugeständnis an die Forderungen der Frauen darstellte, denn mit der Zulassung zur Immatrikulation verband sich keinesfalls die Zulassung zu den Staatsprüfungen (außer zu den medizinischen), weshalb die Neuerung «von keiner praktischen Bedeutung» (von Wehner) war. Darüber hinaus bedeutete die Einschränkung, daß nur das deutsche Abitur an humanistischen Gymnasien und Realgymnasien Gültigkeit hatte, erstens die Ausgrenzung von Ausländerinnen und zweitens, daß auch deutsche Frauen in Ermangelung solcher Schulen für Mädchen nur unter erschwerten Bedingungen die Voraussetzung für eine Immatrikulation erfüllen konnten. Wie strikt die Zugangsvorschriften als Regulans gegen zu viele Studentinnen eingesetzt wurde, zeigt auch der wiederholte Versuch der Münchner Universität und des Kultusministeriums, Frauen nicht zur Immatrikulation zuzulassen, die das Abitur am Karlsruher Mädchengymnasium abgelegt hatten. Dieses Gymnasium, das die Reifeprüfung im eigenen Haus durchführte, entspreche nicht den neunklassigen staatlichen Knabenanstalten, weil es in nur sechs Kursen zum Abitur führe, lautete das Argument.[9] Auch die Vorschrift, daß Mädchen, die nicht die bayerische Staatsbürgerschaft besaßen, nicht in München das Abitur ablegen durften, zielte wohl auf eine zahlenmäßige Regulierung ab. Eine weitere Benachteiligung gegenüber männlichen Studierenden bestand darin, daß Absolventinnen von Oberrealschulen keine Zulassung an bayerischen Universitäten erhielten. Dies war gegen Abiturientinnen anderer deutscher Länder gerichtet, denn Bayern öffnete erst ab 1919 seine Oberrealschulen für Frauen.

1.2 Von der Volksschullehrerin zur «Hörerin»

Auch nach der Zulassung zur Immatrikulation blieben – in Ermangelung eines Abiturzeugnisses – diejenigen Frauen in der Mehrzahl, die als Hospitantinnen an Vorlesungen teilnahmen. Im Wintersemester 1902/03 besuchten 101 Hörerinnen Vorlesungen an den drei bayerischen Universitäten, im folgenden Jahr, als erstmals die förmliche Einschreibung möglich war, 107 Hörerinnen und 29 Studentinnen. Noch 1910/11 überstieg die Gesamtzahl der Hörerinnen (301) die der Studentinnen (236) erheblich.[10]

Die meisten dieser Hospitantinnen waren Volksschullehrerinnen. Bereits in den letzten Jahrzehnten des 19. Jahrhunderts hatten Lehrerinnen begonnen, für die gleichen Ausbildungs- und Anstellungsmöglichkeiten zu kämpfen, wie sie ihre männlichen Kollegen besaßen.[11] Sie waren jedoch nicht so erfolgreich wie ihre Kolleginnen in Preußen, wo sich seit der Kulturkampfzeit ein starker homogener weltlicher Lehrerinnenstand entwickeln konnte.

In Bayern hingegen fehlten jegliche Reformansätze, die Ausbildungsmöglichkeiten zur Oberstufenlehrerin geschaffen hätten. Der Tradition entsprechend unterrichteten weiterhin Lehrerinnen mit seminaristischer Ausbildung an Volksschulen und höheren Mädchenschulen. Sprachlehrerinnen besuchten im Gegensatz zu Preußen keine Lehrerinnenseminare.[12] Obgleich in Bayern für Lehrerinnen keine verbesserten Berufsaussichten mit dem Besuch von Hochschulen verbunden waren, argumentierten sie zu Recht, daß nicht nur von den männlichen Kollegen, die längst als Hörer zugelassen waren, sondern auch von ihnen die ständige berufliche Fortbildung erwartet werde. Eine besonders aktive Rolle spielten dabei diejenigen Lehrerinnen, die ihre Ausbildung an den großen städtischen/staatlichen Lehrerinnenbildungsanstalten in München und Aschaffenburg absolvierten.[13] Eine kleine Gruppe erkämpfte sich bereits im Frühjahr 1900 erfolgreich den Zugang zur Universität Würzburg. (Vergleiche den Beitrag 3 von Gisela Kaiser in diesem Band.) Auf wiederholte Eingaben hin genehmigte das Ministerium, daß Lehrerinnen der Stadt nach Bestehen der Anstellungsprüfung Vorlesungen an der Philosophischen Fakultät hören durften. Im folgenden Jahr ließ es auch «Schuldienstexpektantinnen» zu, die gerade ihre Seminarschlußprüfung in Aschaffenburg bestanden hatten.[14] Im Sommersemester 1903 befanden sich an der Universität Würzburg 41 Lehrerinnen unter insgesamt 45 Hörerinnen.[15] Wegen Restriktionen in München stieg die Zahl der Würzburger Lehrerinnen im Wintersemester sogar auf 75.

Die Universität München jedoch wehrte sich seit der Zulassung von Frauen zur Immatrikulation gegen eine Zunahme von Hörerinnen. «Wenn alle», so schrieb der Rektor an den Kultusminister,

> «welche ein Mädchen-Institut besucht oder eine Lehrerinnen-Prüfung in neueren Sprachen abgelegt haben, zum Universitätsbesuch zugelassen würden, so würde das bei dem Andrange von jungen Frauenzimmern, welche aus mancherlei Gründen um denselben nachsuchen, für die hiesige Universität sehr bedenkliche Folgen haben».[16]

Anlaß für die befürchtete Überfüllungskrise konnten allerdings kaum die Frauen geben: An der Münchner Universität befanden sich im Wintersemester 1903/04 25 immatrikulierte Studentinnen und 22 Hörerinnen unter insgesamt 4700 Studierenden.[17] Das Münchner Rektorat bestand nun aber darauf, für Lehrerinnen die gleiche Regelung wie für Lehrer anzuwenden, das hieß, die Vorlage des Zeugnisses der (erst nach einigen Berufsjahren abzulegenden) Anstellungsprüfung für das Amt an Volksschulen zu verlangen.

Trotz Bedenken von seiten der Universität kam das Kultusministerium einige Jahre später den Lehrerinnen weiter entgegen. 1907 wurden die Rektorate «ermächtigt», Hörerinnen zu Vorlesungen an der Philosophischen Fakultät ohne ministerielle Genehmigung – bis dahin für alle Frauen ohne Abitur notwendig – zuzulassen, wenn sie das Seminar abgeschlossen oder nach dem Besuch einer höheren Mädchenschule die Sprachprüfung abgelegt hatten.[18] Diese Maßnahme ist im Zusammenhang mit einer Erhebung über den Stand der höheren Mädchenschulen zu sehen, die ergeben hatte, daß die dort wirkenden Lehrerinnen nicht den Ansprüchen genügten. Presse und Frauenverbände forderten seitdem verstärkt eine Reform der Lehrerinnenausbildung, die zwar seit 1905 in Aussicht gestellt worden war, aber nicht zustande kam. Daher sollte den fortbildungswilligen Lehrerinnen zumindest der Zugang zur Universität erleichtert werden. Die Hörerinnenzahlen in München stiegen ab 1907 sprunghaft an: von 52 im Jahr 1906/07 auf 131 zwei Jahre später. 1910/11 hatte sich die Zahl vervierfacht.[19] Der Zuspruch, den diese Weiterbildungsmöglichkeit erfuhr, erklärt sich zum Teil auch aus mangelnden Berufsaussichten für Lehrerinnen: Im öffentlichen Volksschulwesen standen Frauen noch 1912 nur 20 Prozent aller verfügbaren Schulstellen offen. Da häufig Klosterfrauen die Schulen in den größeren Städten führten, wurden weltliche Lehrerinnen oft auf entlegenen Posten in der Provinz eingesetzt.[20] Diese Berufswirklichkeit sowie das Heiratsverbot ließen viele nach anderen beruflichen Möglichkeiten suchen.

Lehrerinnen, denen an einem beruflichen Fortkommen lag, erkannten bald, daß der Weg über die Weiterbildung an Universitäten ohne Abschluß nicht zu einem konkreten Ziel führte. Sie zogen deshalb vor, das Abitur nachzumachen und ein vollwertiges Studium zu absolvieren.[21] Teilweise kehrten sie mit dem Doktortitel in den Lehrberuf zurück, engagierten sich in Standesverbänden und schafften bisweilen den Sprung in höhere Positionen. Stellvertretend sei hier auf die in München zur Volksschullehrerin ausgebildeten Dr. Bertha Kipfmüller und Dr. Rosa Kempf hingewiesen, deren Lebensläufe zeigen, daß qualifizierte Frauen in einer Zeit der beginnenden Chancengleichheit sehr schnell ihre Karrieremöglichkeiten nutzten. Die als Tochter eines Goldschmieds in Franken geborene Bertha Kipfmüller, Mitbegründerin des «Bayerischen Lehrerinnenvereins», promovierte in Germanistik und nach ihrer Pensionierung als Hauptlehrerin 1928 in Rechtswissenschaften.[22] Die niederbayerische Arzttochter Rosa Kempf wurde nach 1917 Direktorin an der Sozialakademie in Düsseldorf und 1919 in den bayerischen Landtag gewählt.[23] Andere ehemalige Volksschullehrerinnen nahmen Studiengänge auf, in denen Frauen bereits der Zugang zu den Staatsprüfungen offenstand: unter den bis 1910 in Deutschland approbierten Ärztinnen hatten 23 Prozent das Lehrerinnenexamen abgelegt.[24]

2. *Der Kampf um die Einrichtung von Mädchengymnasien*

Baden ließ Frauen 1900 zur Immatrikulation zu, fünf Jahre später hatte es seine Mädchenschulen einer Reform unterzogen. In Württemberg wurde die Schulreform ein Jahr vor der förmlichen Zulassung von Frauen an die Hochschulen (1904) durchgeführt. In Preußen erfolgte die entsprechende Neuordnung der Schulen zwar erst 1908, aber dafür wurde die volle Hochschulzulassung im gleichen Jahr gewährt.[25] In Bayern sollten hingegen nach der Berechtigung zur Immatrikulation noch acht Jahre vergehen, bis endlich 1911/12 die Reorganisation der höheren Mädchenschulen eingeleitet wurde.[26]

2.1 *Der Verein «Frauenbildungs-Reform»*

Der bayerische Kultusminister sah sich bereits 1892 mit der Bitte um Errichtung eines Mädchengymnasiums konfrontiert, als im Petitionsausschuß des Landtags ein Antrag des Vereins «Frauenbildungs-Reform» behandelt wurde.[27] Von den in vielen Städten bestehenden Frauenvereinigungen trieb dieser überregionale Verein (in Bayern durch das Vorstandsmitglied Anita Augspurg präsent) am entschiedensten die öffentliche Auseinandersetzung um den Zugang von Frauen zu einer wissenschaftlichen Ausbildung voran. Der Verein kämpfte nicht nur um die Zulassung «des weiblichen Geschlechts zum Besuch deutscher Universitäten», sondern «in logischer Folgerung» zugleich auch für die Errichtung von Mädchengymnasien. 1893 gelang es dem Verein nach langen Vorbereitungen und unter einer liberalen Regierung, in Karlsruhe/Baden das erste humanistische Mädchengymnasium unter seiner (vorläufigen) Trägerschaft zu eröffnen.

Den bayerischen Petitionsausschuß von 1892 interessierte diese Lösung nicht: Der Antrag, «nicht geeignet zur Erörterung, da ein Bedürfnis zur Errichtung solcher Anstalten nicht vorliegt», wurde gegen eine Stimme angenommen.[28] Auch als zwei Jahre später der Sozialdemokrat Georg von Vollmar den Landtag über die Fortschritte der Mädchenbildung in Baden informierte, ging sein Vortrag unter im Gelächter des Plenums über einen despektierlichen Witz zum Thema Frauen und Studium.[29]

2.2 *Der «Verein zur Gründung eines Mädchengymnasiums» in München*

Mochten sich auch Regierung und Landtagsabgeordnete nicht mit weiblicher höherer Schulbildung befassen, die Probleme, die Erwerbslosigkeit und Armut unverheirateter Frauen auch in bildungsbürgerlichen Schichten – bis zu 40 Prozent blieben wegen des Frauenüberschusses unverheiratet[30] – aufwarfen, harrten einer dringenden Lösung. Daher gründeten in den Universitätsstädten München und Würzburg einige fortschrittliche Lehrer aus allen Schularten, zusammen mit ihren Frauen und Töchtern, Vereine mit dem Ziel, Schulen mit Abiturberechtigung für Mädchen durchzusetzen. In Würzburg rief 1896 ein Kreis um den Mediziner Professor Karl Bernhard Lehmann den «Sophienschulverein» ins Leben, um die Schulbildung der Töchter der Vereinsmitglieder zu heben.[31] Der Münchner «Verein zur Gründung eines Mädchengymnasiums», am 18. März 1894 von 17 Initiatoren gegründet, wurde bereits zwei Monate später von 122 Mitgliedern, im Jahre 1900 von der doppelten Zahl sowie mehreren Frauenvereinen unterstützt.[32] Zu den Mitgliedern der ersten Jahre zählten die Hochschulprofessoren Franz von Winckel (Abb. 4) und Sigmund Günther, der Dichter Paul Heyse, Stadtschulrat Wilhelm Rohmeder, die Verleger Rudolf von Oldenbourg und Georg Hirth, die Literaturwissenschaftlerin Charlotte Lady Blennerhassett (Abb. 1b), die Lehrerinnen Clemente von Braunmühl, Therese Schmid und Helene Sumper sowie die Ärztin Elise Winterhalter.[33] Anna Sickenberger, die aus einer Lehrerdynastie stammende Vorsitzende, versuchte mit den besonders aktiven Mitgliedern Heyse und von Winckel bereits 1894/95 die Regierung in Zugzwang zu bringen. Der Vorstand ließ von Gymnasiallehrern eine Schulordnung mit Lehrplänen für ein humanistisches Mädchengymnasium entwerfen. Es sollte zehn- bis zwölfjährige Mädchen aufnehmen, acht Jahreskurse und wöchentlich 25 Unterrichtsstunden umfassen. Noch Ende des Jahres 1895 legte der Verein dem Kultusministerium eine 40seitige «Schulverfassung des Mädchengymnasiums München» zusammen mit einer Etataufstellung vor. Der Verein als Träger des Unternehmens bot finanzielle Sicherheit, die Kosten sollten aus Mitgliedsbeiträgen und Schulgeld gedeckt werden.

In einem Begleitschreiben wurde auf die Dringlichkeit der Einrichtung hingewiesen: Viele Frauen müßten inzwischen ihren Lebensunterhalt selbst verdienen, nicht alle könnten aber in mechanischen, kaufmännischen oder kunstgewerblichen Berufen tätig sein. Frauen aus höhergebildeten Kreisen fehlten zu diesen Erwerbszweigen teils die körperlichen Vorbedingungen, teils sei ihnen eine geistige Begabung verliehen, die sie zu Lebensstellungen auf der Grundlage einer höheren wissenschaftlichen Ausbildung befähigten. Gedacht wurde an Assistentinnen in Fabriken, Apothekerinnen, Elektrotechnikerinnen und Lehrerinnen an höheren

Schulen.[34] Man war also weit gemäßigter als der Verein «Frauenbildungs-Reform»: Von Forderungen auf Zulassung zu allen akademischen Berufen, wie sie zur gleichen Zeit vor allem Anita Augspurg vertrat, konnte keine Rede sein, denn es ging dem Verein vordringlich um Schaffung von erweiterten Berufsmöglichkeiten für Frauen, weniger um den Gedanken der Frauenemanzipation.

Die Eingabe an das Kultusministerium, die notwendig war, da auch die Gründung privater Schulen staatlich genehmigt werden mußte,[35] wurde abschlägig beschieden. Deutlich läßt sich aus den ersten Sondierungen des Kultusministeriums bezüglich der Akzeptanz eines Mädchengymnasiums eine ablehnende Haltung derjenigen akademischen Berufsstände fassen, denen als ersten eine Konkurrenz durch Frauen drohte: Gymnasiallehrer und Ärzte. Es stand zum einen zu befürchten, daß Frauen, die bisher den Volksschullehrerinnenberuf erlernten, in die höhere Laufbahn der Gymnasiallehrerin drängen würden. Zum anderen praktizierten im Ausland ausgebildete Ärztinnen bereits im Deutschen Reich. Wie vehement besonders der ärztliche Stand eine adäquate weibliche Schulbildung ablehnte, zeigt sich deutlich darin, daß Professor Franz von Winckel, dieser Exponent des Ärztestandes, der als Privatmann aktiv im «Verein zur Gründung eines Mädchengymnasiums» tätig war und auch als Direktor der Universitätsfrauenklinik in München Medizinerinnen durchaus wohlwollend gegenüberstand, in seinem Gutachten für den Obermedizinalausschuß keine klare Aussage wagte: Er glaube zwar, daß angesichts der Entwicklung im Ausland die Errichtung staatlicher Mädchengymnasien in Deutschland, und damit auch in Bayern, nur eine Frage der Zeit sein könne, er empfehle dem Medizinalausschuß aber, da es genügend männliche Frauenärzte gebe, das Bedürfnis «der Zulassung von Frauen zum ärztlichen Berufe zur Zeit zu verneinen», und somit habe auch das Mädchengymnasium in München «keine Eile».[36] Da der Medizinprofessor im Ministerium bat, das Gutachten nicht zu veröffentlichen, dürfte Paul Heyse nicht erfahren haben, daß ausgerechnet sein Vereinskollege Professor von Winckel die Begründung für eine erneute Ablehnung des Gymnasiums geliefert hatte.[37] Paul Heyse konstatierte nach fast vierjährigem vergeblichem Einsatz im Dezember 1897, daß das,

> «was den Frauen in anderen civilisierten Ländern zugestanden wird, auch dem weiblichen Geschlecht in Bayern nicht vorenthalten werden dürfe».[38]

Im Dezember 1899 ging der Kampf in seine letzte Runde. Der Verein beantragte bei den Kammern des Landtags einen Staatszuschuß für das Mädchengymnasium, da dessen Ablehnung stets mit dem Argument der ungenügenden finanziellen Absicherung gekoppelt worden war. Dies setzte eine erneute Diskussion in Gang, wobei der Finanzausschuß im März

1900 zwar den Antrag ablehnte, aber zu erkennen gab, daß man sich eher mit dreijährigen Gymnasialkursen als mit einem humanistischen Vollgymnasium für Mädchen anfreunden könnte. In der Landtagssitzung im Mai 1901 wies insbesondere Georg von Vollmar darauf hin, daß die bisherige Regelung, Frauen nur über Privatstudien zum Abitur zuzulassen, das Frauenstudium zu «einem Vorrecht der Reichen» mache. Obgleich der Kultusminister auf seiner Ablehnung beharrte, hatte die Rede von Vollmars doch gewirkt. Auch der Minister sprach sich endlich für Gymnasialkurse aus, aber möglichst unter der Trägerschaft der Stadt München.[39] Doch die Stadtgemeinde, die bereits eine große, sehr renommierte Höhere Töchterschule führte, war – ohne den nötigen Nachdruck von seiten der Elternschaft – an der Angliederung von Gymnasialkursen vorerst nicht interessiert. Trotz zähem Einsatz haben die fortschrittlichen Kreise des Münchner Bürgertums den Kampf gegen die Ministerialbürokratie nicht gewonnen. Nur mit Hilfe von progressiven Landtagsabgeordneten und Presseorganen wurde nun die inoffizielle Duldung einer Privatinitiative erreicht, wobei aber eine erhebliche Qualitätsminderung gegenüber dem ursprünglichen innovativen Plan eines achtjährigen Vollgymnasiums in Kauf genommen werden mußte.

2.3 *Auf Sonderwegen zum Abitur: die privaten Gymnasialkurse in München*

Adolf Sickenberger, Mitglied des «Vereins zur Gründung eines Mädchengymnasiums» und pensionierter Gymnasialrektor, baute nun einen dreijährigen Schultyp auf – dies in einer Zeit, in der in acht deutschen Städten bereits Gymnasialkurse von viereinhalb- bis sechsjähriger Dauer üblich wurden. Das Kultusministerium kam dem Unternehmer insoweit entgegen, als es die zuständige Aufsichtsbehörde, die Regierung von Oberbayern, anwies, hierin keine genehmigungspflichtige Einrichtung zu sehen,[40] weil «es sich in der Hauptsache nur um einen individuell zu gestaltenden Privatunterricht, nicht aber um eine klassenweise organisierte Anstalt handeln kann». Der Zusatz «staatlich genehmigte Lehranstalt» sei nicht gestattet.[41] Da sich der Unterrichtsbetrieb anfänglich nicht aus Schulgeldern finanzieren ließ, wurde auf Antrag Sickenbergers im Februar 1901 ein Vertrag mit dem «Verein zur Gründung eines Mädchengymnasiums» ausgehandelt. Sickenberger übernahm die Organisation, der Verein die Finanzierung. Ein Kuratorium aus Vorstandsmitgliedern sollte getreu dem ursprünglichen Vereinsziel an einem weiteren Ausbau zum Vollgymnasium arbeiten, eine beschwichtigende Geste gegenüber denjenigen Mitgliedern, die die neue Lösung nicht akzeptierten. Denn durch die Blockade des Ministeriums war nun genau das entstanden, was die Mehrheit der Geldgeber nicht wollte: Die Schülerinnen mußten sich wegen der kurzen

Ausbildungszeit wieder großteils im Selbststudium vorbereiten. Bei dreijähriger Schulzeit waren wöchentlich nur zwölf Stunden Unterricht vorgesehen. Das früheste Eintrittsalter war 16, lag aber wegen des Nachholbedarfes vieler Frauen häufig darüber. Die Kenntnisse einer höheren weiblichen Bildungsanstalt wurden vorausgesetzt (eine vage Angabe, da es keine genormten Abschlüsse gab). Den Unterricht erteilten Lehrer von Münchner Knabengymnasien nebenamtlich. Ab 1909 gehörten drei Gymnasiallehrerinnen zum Lehrpersonal, Abiturientinnen des ersten Abiturjahrgangs dieser Schule.

Nachdem im Juli 1903 die ersten acht Schülerinnen der Kurse das staatliche Abitur als Externe am Maxgymnasium bestanden hatten – gerade rechtzeitig zur Immatrikulationszulassung von Frauen in Bayern –, erteilte das Kultusministerium den Sickenbergerschen Kursen die Anerkennung als staatlich genehmigte Privatlehranstalt, die Erlaubnis zur Aufstockung eines vierten Kurses und zur Erhöhung der Wochenstunden auf 20 bis 22.[42]

Als «Sonderweg zum Abitur»[43] blieben die bayerischen Gymnasialkurse bis zur Schulreform 1911/12 private Pilotprojekte. Das Ministerium machte der Münchner Trägerschaft nur nach und nach Zugeständnisse, immer gerade so viel, daß der Stand der gymnasialen Mädchenbildung wenigstens in der bayerischen Hauptstadt einigermaßen mit dem allgemeinen Fortschritt mithalten konnte. Dabei leistete der Staat keinerlei finanzielle Zuschüsse.

Die Schülerinnen der Gymnasialkurse bildeten eine kleine Elite.[44] Einige Eltern der ersten Generation zukünftiger Abiturientinnen empfanden das hohe Schulgeld von 450 Reichsmark[45] als große Ungerechtigkeit und beantragten deshalb die Aufnahme ihrer Töchter in Knabengymnasien. Abschlägige Bescheide, weil staatliche Gymnasien für Mädchen grundsätzlich nicht zugänglich seien, erhielten beispielsweise das Arztehepaar Dr. Karl und Dr. Hope Bridges Adams Lehmann (Abb. 21), oder die Professorengattin Marie Simm für ihre Tochter Ida.[46]

Bis 1917 bestanden insgesamt 252 Schülerinnen der Münchner Kurse das Abitur, fast alle im ersten Anlauf. Wie sich Agnes Schwessinger, Abiturientin von 1908 und spätere Studienrätin, erinnerte, hatten die Gymnasiallehrer es in der ersten Zeit des Frauenstudiums «mit einer Auslese reifer, fast durchaus hochbegabter und bereits durchgebildeter, zielbewußter Schülerinnen» zu tun;[47] die Mehrheit von ihnen nützte anschließend die Berechtigung zum Hochschulstudium.

Der Staat, nicht bereit, die rein gymnasiale Lehranstalt finanziell zu unterstützen, hatte die Weichen bereits in eine andere Richtung gestellt. Nach Inkrafttreten der bayerischen Schulreform konnte der «Verein zur Gründung eines Mädchengymnasiums» die rückläufigen Schülerinnenzahlen und damit die Minderung der Einnahmen nicht mehr durch Mit-

Abb. 11: Absolventinnen der „Höheren Mädchenschule" feiern ihren Abschluß im Institut der Englischen Fräulein in Regensburg (VI. Klasse, Jahrgang 1910/11).

gliedsbeiträge ausgleichen. Unter dem Druck von Frauenvereinen, Parlament und fortschrittlicher Presse hatte sich das Konzept einer Reform der höheren Mädchenschulen herauskristallisiert. Damit stand auch eine Lösung der Gymnasialfrage auf breiterer Basis in Aussicht.

3. Städte und Klöster als Träger der ersten Mädchengymnasien

3.1 Das Mädchenschulwesen als ‹Aschenbrödel staatlicher Schulpflege›

Die bayerische Regierung ließ den höheren Mädchenschulen bis über die Jahrhundertwende hinaus große Organisationsfreiheit. Das den Kreisregierungen zukommende Aufsichtsrecht wurde nur in geringem Maß ausgeübt, zumeist den lokalen Schulbehörden überlassen.[48] Wegen der unterschiedlichen örtlichen Verhältnisse seien «einheitliche Vorschriften über den Umfang und Betrieb des Unterrichts» nicht möglich.[49]

Erst 1899, fünf Jahre nach der ersten preußischen Mädchenschulreform, ließ das bayerische Ministerium eine statistische Erhebung über den Stand der «über das Lehrziel der Volksschule hinausgehenden» Mädchenschulen durchführen.[50] Josef Heigenmooser, Kreisschulrat und Direktor der Lehrerinnenbildungsanstalt in München, auch Mitglied des «Vereins zur Gründung eines Mädchengymnasiums», erhielt im Mai 1903 den Auftrag, unter strenger Geheimhaltung das Material auszuwerten. Die Umfrage betraf 192 Mädchenlehranstalten.[51] Darunter befanden sich eine staatliche, 34 gemeindliche und 157 private höhere Schulen. Im privaten Bereich unterstanden 78 Einrichtungen weiblichen Kongregationen und Orden, 59 Einzelpersonen, die übrigen Vereinen und Stiftungen. Der Abschlußbericht deckte zahlreiche Mißstände auf.[52] Der Ende 1903 vorliegende Bericht wäre eine Grundlage für sofortige Reformen gewesen, wobei die Zulassung von Frauen zur Immatrikulation in diesem Jahr einen dringenden Anlaß gegeben hätte. Auf die massiven Vorwürfe der Vorsitzenden des «Vereins für Fraueninteressen» – Ika Freudenberg sprach von einer «Verwahrlosung» der höheren Mädchenschulen – folgten heftige Debatten in der Abgeordnetenkammer. Eine Initiative für Reformen wurde jedoch vertagt. Die Regierung war, wie schon bei der Finanzierungsfrage des Mädchengymnasiums deutlich wurde, nicht bereit, größere Summen für höheren Mädchenunterricht auszugeben. So konterte ein Ministerialreferent noch 1904 auf die Forderung, auch Mädchenschulen staatlich zu finanzieren:

> «Der männliche Teil der Bevölkerung muß zuerst erwerbsfähig gemacht werden [...]. Seine Heranbildung verursacht erhöhte Kosten [...]. Das eigene Interesse des Staates ist beteiligt, insoferne er tausende von besser geschulten Beamten und Dienern nötig hat.»

Die höhere Mädchenbildung sei deshalb zweitrangig und müsse weiterhin «Privaten und Gemeinden» überlassen werden.[53] Die «Privaten» aber, insbesondere die Klöster als traditionelle Träger der Mädchenbildung, konnten den neuzeitlichen Anforderungen kaum mehr entsprechen.[54]

3.2 Reformen: die staatliche Schulordnung

Am 8. April 1911, drei Jahre nach Preußen, erließ die bayerische Regierung endlich die lang erwartete Schulordnung mit einem Lehrplan für die «Höhere Mädchenschule», um «ein Unterrichtsgebiet, das bis jetzt in Bayern der einheitlichen Gestaltung entbehrt hat», zu regeln.[55] Die Neuordnung nahm auf die Besonderheiten der bestehenden Verhältnisse Rücksicht und erreichte nicht die Qualität der weitaus differenzierteren Entwürfe, die die Kultusbehörde vorher an die Direktorate der Mädchenschulen zur Begutachtung geschickt sowie in der Abgeordnetenkammer zur Diskussion gestellt hatte. Es wurde nur ein sechsklassiger Schultyp geschaffen, der eine Kompromißlösung zwischen traditioneller Töchterschule und Knabenrealschule darstellte. Die «Höhere Mädchenschule» schloß sich an vier Volksschulklassen an. Sie war somit nicht zehnklassig, wie in Preußen, wo Mädchen bereits mit sechs in diese Schule eintraten.[56] Erst 1924 wurde die sechsklassige «Höhere Mädchenschule» durch eine zweite Fremdsprache aufgewertet, als wissenschaftliche Lehranstalt unter

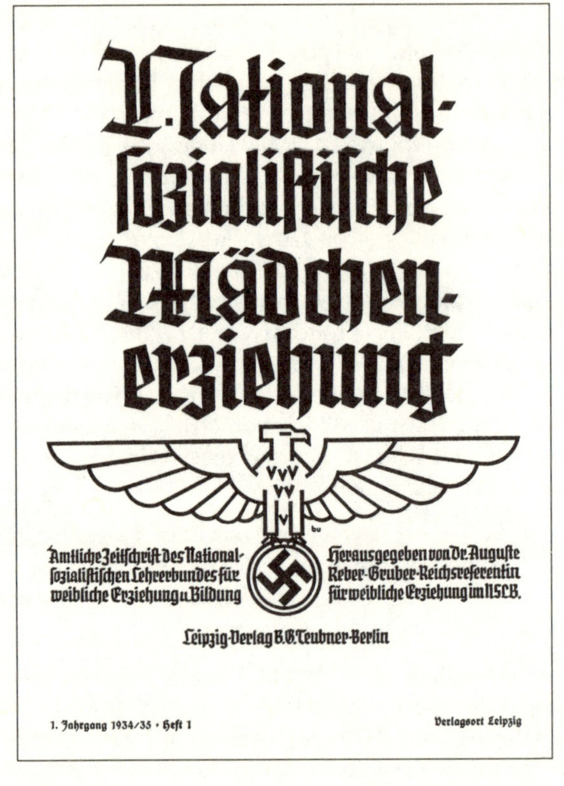

Abb. 12: Die erste Nummer der von Auguste Reber-Gruber, Professorin für weibliche Erziehung, gegründeten Zeitschrift.

die direkte Aufsicht des Kultusministeriums gestellt und «Lyzeum» genannt. Die Rechtsgleichheit mit Knabenrealschulen zeigte sich in den mit dem Zeugnis des Lyzeums verbundenen Berechtigungen und in der Zuerkennung der kleinen Matrikel für Lyzeumsabsolventinnen.[57]

In unserem Zusammenhang von Bedeutung ist die «Höhere Mädchenschule» (später Lyzeum), weil sie die Basis bildete für die Gymnasialkurse. Paragraph 28 der Schulordnung von 1911 bestimmte: «An die höhere Mädchenschule können, wo hierfür ein besonderes Bedürfnis besteht, mit Genehmigung der obersten Aufsichtsstelle humanistische oder reale Gymnasialkurse angeschlossen werden.» Die sechsjährigen Kurse folgten – wie schon seit 1909 bei den Münchner Privatgymnasialkursen erprobt – auf die dritte Klasse der «Höheren Mädchenschule» (I–III + I–VI). Seit 1924 wurden die Gymnasialklassen durchgängig (IV–IX) gezählt und mit dem Namen «Mädchengymnasium» belegt.[58] Der systematische Aufbau des weiblichen Schulwesens wurde 1927 abgeschlossen: Mit der Einführung von grundständigem Latein erhielt je ein Gymnasium in München und Regensburg den Charakter einer neunklassigen Vollanstalt, durch den Anschluß von Oberrealschulklassen an einige Lyzeen wurde auch der naturwissenschaftlichen Begabung von Mädchen Rechnung getragen. Die Einführung eines sogenannten «Vierten Wegs» zur Hochschulreife, der in Preußen und Sachsen über ein «Oberlyzeum» führte, scheiterte in Bayern am Einspruch der Universitäten.[59]

3.3 Die ersten Abiturientinnen an höheren Mädchenschulen

Die Einrichtung von Gymnasialkursen wurde nicht von oben verordnet: Es blieb den einzelnen Schulträgern einer Höheren Mädchenschule überlassen, ob sie ihren Schülerinnen das gymnasiale Bildungsangebot ermöglichten und das damit verbundene finanzielle Risiko auf sich nahmen.

Eine erste Initiative ging von den Englischen Fräulein aus, die seit dem 17. Jahrhundert in Bayern auf dem Gebiet der höheren Mädchenbildung führend waren. Dieser Tradition verpflichtet, hatten sie unter dem Druck der neuen Schulordnung keine andere Wahl, als gymnasiale Kurse zu schaffen, vor allem auch zur Vorbildung eigener zukünftiger Gymnasiallehrerinnen.[60] An ihrer Regensburger Mädchenschule richtete deshalb die Kongregation bereits 1910/11 einen ersten als Privatunterricht deklarierten Gymnasialkurs ein, so daß mit Inkrafttreten der Schulordnung bereits zwei Kurse anlaufen konnten. Die Zusatzverordnung vom 1. Juli 1916, daß das Abitur nicht mehr wie bisher an einem staatlichen Knabengymnasium, sondern in der Mädchenschule abzuhalten sei, wurde erstmals auf die gymnasialen Kurse in Regensburg angewendet, allerdings unter dem Vorbehalt, daß ein Ministerialkommissär die Leitung übernahm.[61] Dieser Vorbehalt galt bis Ende der zwanziger Jahre an allen Mädchengymnasien, auch an den städtischen. Zwischen 1911 und 1917 wurden in München, Nürnberg, Augsburg, Ludwigshafen und Würzburg solche Gymnasialkurse eingerichtet. In kleinen und mittleren Städten ließen sich eigene Mädchengymnasialkurse, zumal in schlechter Wirtschaftslage, nicht finanzieren. Vor allem den Schülerinnen, die nicht im Einzugsbereich großer Städte wohnten, wurde deshalb ab 1919 die Aufnahme an Knabengymnasien gestattet, somit auch erstmals in Bayern Mädchen der Zugang zu vollen humanistischen Studienanstalten und Oberrealschulen ermöglicht.

Nach jahrzehntelangem Kampf standen Ende der zwanziger Jahre alle Schulzweige, deren Abschluß zum Hochschulstudium berechtigte, Frauen offen. Eine der großen Errungenschaften des ersten Drittels des 20. Jahrhunderts, die wissenschaftliche Schulbildung für Mädchen bis zum Abitur, wurde aber noch lange nur von einer Minderheit in Anspruch genommen.

5.

Hiltrud Häntzschel

Zur Geschichte der Habilitation von Frauen in Deutschland

Die Geschichte vom hindernisreichen Eintritt der Frauen in das Kollegium der deutschen Hochschulprofessoren ist noch nicht geschrieben – aus sehr plausiblen Gründen. Das Habilitationsverfahren spielte und spielt sich auch heute noch weitgehend in einem rechtsfreien Raum ab. Bei der Selbsterneuerung des Professorenkollegiums können Wohlwollen oder Willkür maßgebend sein, und weder das eine noch das andere hinterläßt einen Niederschlag in den Protokollen. Entscheidungen finden vor der Tür statt, stillschweigende Übereinkünfte der Zunft werden nicht aktenkundig. Was in Universitätsarchiven dokumentiert ist, sind überwiegend Anträge, Lebensläufe, Gutachten – die Formalia geglückter Habilitationsverfahren. Mühsamer und seltener sind gescheiterte Anträge zu ermitteln, erst recht solche von Frauen, die keine weiteren Spuren hinterlassen haben. Die Argumente der Abwehr in gescheiterten Verfahren sind am aufschlußreichsten: für das Selbstverständnis der Professoren ebenso wie für die Ausschlußstrategien einer Fakultät, einer Universität, eines Ministeriums, einer bestimmten historischen Situation. Aber besonders sie müssen interpretiert, gegen den Strich und zwischen den Zeilen gelesen werden. Denn nur selten werden die wahren Gründe für die Ablehnung explizit benannt. Wo sie negativ auf den Argumentierenden zurückstrahlen könnten, werden immer Scheinargumente vorgeschoben. Nur aus persönlichen Dokumenten, Briefen oder Autobiographien von Professoren oder betroffenen Wissenschaftlerinnen können wir schließlich von Habilitationsbemühungen erfahren, die schon im Wunschstadium gescheitert sind. All diese Faktoren setzen Archivarbeit von enormem Umfang, setzen detaillierte Kenntnisse vom Klima einer Fakultät und Einblick in die Dissertationen und Forschungsvorhaben der Studentinnen und angehenden Wissenschaftlerinnen voraus, was nur in einem sehr begrenzten Umfang von einzelnen Forscherinnen, Forschern geleistet werden kann. Viele solcher Einzeluntersuchungen sind notwendige Steine eines Mosaiks, das am Ende ein Bild ergeben wird von der Geschichte der Hochschullehrerin in Deutschland.

Mein Beitrag wird nach Art einer Engführung vorgehen: Vor dem Hintergrund des Selbstverständnisses des deutschen Professors und der Profilierung des Privatdozenten taucht im Deutschen Kaiserreich die Forderung nach einer «weiblichen Dozentur» auf. Warum und wo kollidiert sie mit jenem Selbstverständnis? Wie sieht die Situation in Bayern im Vergleich mit den anderen Ländern aus, welche Rolle spielt die Münchner Universität? Schließlich soll die Praxis im Umgang mit Habilitationsvorhaben am Beispiel der Münchner Philosophischen Fakultät, I. Sektion, der Geisteswissenschaften also, im Detail rekonstruiert werden. Den religiösen bzw. rassistischen Vorbehalten gegen Jüdinnen gilt der Beitrag 6 in diesem Band, weshalb dieser Aspekt hier trotz seiner zentralen Bedeutung für die Habilitationsgeschichte zwar ausgespart bleiben, aber immer mitbedacht werden muß.

1. Der deutsche Professor – der höchste Repräsentant der Bildungselite

Die einschneidendste Veränderung der deutschen Universitätsstruktur vollzog sich mit der Institutionalisierung der Habilitation und der Privatdozentur (von Berlin 1816 über Bayern 1842 bis Tübingen 1855). Mit der Durchsetzung der Habilitationspflicht wurde die wissenschaftliche Forschung und ihre Spezialisierung zum «karriererelevanten Selektionskriterium»[1] für den Hochschullehrerberuf im Unterschied zum vorausgegangenen allgemeinen und zugleich praxiserfahrenen Gelehrtentum. Mit der geglückten Habilitation war das Tor zur mühsamsten Wegstrecke aufgetan: In Einsamkeit und Freiheit mußte sich der Privatdozent einzig am Erfolg seines wissenschaftlichen Œuvres bewahren. Über die ökonomischen Entbehrungen mochte ihn das charismatische Sendungsbewußtsein von der Außerordentlichkeit seiner wissenschaftlichen Leistungen tragen, auf deren Anerkennung er nur hoffen konnte. Die Struktur dieses charismatischen Ausleseprinzips galt zugleich als «Garant für die Weltgeltung deutscher Wissenschaft».[2] Verständlich, daß die nach langer Entbehrung Erfolgreichen auch jene waren, die sich den Auflösungserscheinungen dieser Struktur am vehementesten widersetzten; als Lohn für die Entbehrungen erbten sie als Ordinarien die Macht, über die Erneuerung ihres Kollegiums mittels des Kooptationsverfahrens selbst zu bestimmen, die Kriterien für die Qualität einer wissenschaftlichen Leistung selbst zu definieren und unerwünschte Konkurrenz auszugrenzen – bei nur sehr eingeschränkter Kontrolle, eine Konstellation, wie sie der Autonomie der Universität systemimmanent ist. Eine überdeutliche Homogenität der Gruppe mußte sich zwangsläufig herausbilden, abzulesen etwa daran, daß die erdrückende Mehrheit der Professoren männerbündisch organisiert war, das heißt einer studentischen Korporation angehörte, über die sich die Nachfolger rekrutierten.[3] Aus dem Bewußtsein von der Außerordentlichkeit der wissenschaftlichen Leistung leitete sich das Privileg der Lehre ab. Hierarchisch verstanden als höchster erreichbarer Status und also selbstverständlich männlich, konnte er von einer Frau nicht eingenommen werden; die Teilhabe der Frauen an diesem Status würde diese Hierarchie in Frage stellen und damit den Männern ein Indiz ihrer Männlichkeit rauben.[4]

Der Zugang zum Beruf des Hochschullehrers und die diesbezüglichen Bemühungen der Frauen sind also qualitativ zu unterscheiden sowohl von der Diskussion um den Zugang der Frauen zum Hochschulstudium als auch um den Zugang von Universitätsabsolventinnen zu akademischen Berufen, seien sie nun vom Staat kontrolliert wie bei den Lehrerinnen und auch überwiegend bei den Juristinnen oder von berufsständischen Vertretungen wie bei den Ärztinnen oder Apothekerinnen. War nach anfänglichem Widerstreben die Vorstellung von der wissenschaftlich neugierigen, interessierten Schülerin für viele Professoren akzeptabel, für manche auch recht reizvoll geworden, so bedeutete die Vorstellung vom Geschlechterrollentausch – eine wissenschaftlich ausgewiesene Frau unterrichtet junge Männer – für das Selbstverständnis des deutschen Professors ein unerträgliches Skandalon – ein Infragestellen der eigenen Position.

Dieser Befund erklärt auch, warum es um die Frage der Hochschullehrerin keine öffentliche, also mit Männern geführte Diskussion gegeben hat, lediglich eine leise Kontroverse innerhalb des «Verbandes der Studentinnenvereine Deutschlands» 1912 (siehe unten) und gelegentliche Äußerungen aus dem Kreis der Frauenbewegung. Das Ansinnen von Frauen, Wissenschaft zum Beruf zu machen, widersprach noch im Kaiserreich so sehr dem Selbstverständnis des Berufsstandes Professor, daß sich eine allgemeine Diskussion jenseits von Einzelfällen wie selbstverständlich erübrigte. Und diese Tatsache, daß nämlich die gleichrangig lehrende Wissenschaftlerin jenseits des Vorstellungsvermögens lag, erklärt auch, daß es – entgegen aller anderslautenden Behauptungen in der Forschungsliteratur zur Wissenschaftsgeschichte von Frauen in Deutschland – nie ein rechtsverbindliches Verbot der Habilitation von Frauen gegeben hat und also auch keinerlei förmliche Aufhebung eines solchen Verbotes und keine formelle Zulassung nach 1919. Der seit der Arbeit von Elisabeth Boedeker und Maria Meyer-Plath immer wieder als «Erlaß» zitierte und als rechtliche Zulassung der Frauen zur Habilitation interpretierte Brief vom 21. Februar 1920, mit dem der spätere preußische Kultusminister Carl Heinrich Becker auf eine Anfrage der Philosophin Edith Stein reagierte, hat folgenden Wortlaut:

> «Der in Ihrer Eingabe vom 12. Dezember 1919 vertretenen Auffassung, daß in der Zugehörigkeit zum weiblichen Geschlecht kein Hindernis

> gegen die Habilitierung erblickt werden darf, trete ich bei. Ich habe aus Anlaß des von Ihnen vorgetragenen Einzelfalls sämtliche Stellen hiervon in Kenntnis gesetzt.»[5]

Die Tatsache, daß zwischen 1918 und 1920 bereits sechs Wissenschaftlerinnen,[6] und davon drei an preußischen Universitäten, ein Habilitationsverfahren mit der *Venia legendi* erfolgreich abschließen konnten, hätte in der Forschung über die Rechtslage Irritation auslösen müssen. Was dieser Brief von nun an und ohne jede juristische Verbindlichkeit – lediglich (und nur in Preußen) – untersagt, ist das stillschweigend in Anspruch genommene und bisher mehrfach angewandte Gewohnheitsrecht der Universitätsgremien, die Ablehnung eines Habilitationsantrages mit dem Geschlecht zu begründen. Was diese Auffassung des Preußischen Kultusministers in der Folge praktisch wert war, hat Edith Stein bei vier gescheiterten Habilitationsanträgen (in Göttingen, Hamburg, Breslau und Freiburg)[7] und haben viele angehende Wissenschaftlerinnen erfahren.

2. *Die erste Generation von Hochschullehrerinnen und solchen, die es werden wollten*

Nach den Recherchen von James C. Albisetti[8] stammt das erste Habilitationsgesuch in Preußen von Adeline Rittershaus-Bjarnason, die 1900 die Philosophische Fakultät in Bonn um die Erteilung der *Venia legendi* für Alt- und Neuisländische Sprache ersuchte. Wie es ihr mit den deutschen Bildungsgremien ergangen ist, hat sie in einem Aufsatz geschildert mit dem gewiß ironisch gemeinten Titel «Kann eine Frau in Deutschland Privatdozentin werden?»:

> «Wie ich nun aus sicherer Quelle erfuhr, wurde nicht meine wissenschaftliche Befähigung geprüft (eine Anzahl der Züricher Professoren hatte noch extra für mich Empfehlungsbriefe nach Bonn geschrieben), sondern es wurde die Frage gestellt, ob die Herren der Fakultät mit einer Dame zusammen arbeiten wollten. 14 bejahten diese Frage, 16 verneinten sie.»[9]

1902 erhielt sie dann die *Venia legendi* als erste Frau der Philosophischen Fakultät I an der Universität Zürich.[10] Hätte es einen rechtsverbindlichen Ausschluß der Frauen von der Habilitation gegeben, hätte eine solche Abstimmung, erst recht das Ergebnis, keinerlei Sinn gemacht.

Der zweite Versuch 1906 fand ebenfalls in Bonn statt, und zwar wurde er von der Zoologin Maria Gräfin von Linden unternommen. Er zog trotz eines deutlich positiven Abstimmungsergebnisses in der eigenen Fakultät[11] eine Umfrage unter den Kuratoren aller preußischen Universitäten (am

19. Januar 1907) nach sich, mit durchaus unterschiedlichen, in der Mehrzahl freilich ablehnenden Stellungnahmen. Das Argument der Göttinger Juristischen Fakultät, «daß die bewaffnete akademische Jugend nicht von Frauen als Lehrer und Erzieher zu Männern herangebildet werden könne»,[12] macht deutlich, wie weit die Selbstdefinition des Männlichen durch die Militarisierung im Kaiserreich das Verständnis der Geschlechterrollen schon deformiert hatte. Anders zum Beispiel die Philosophische Fakultät der Universität Münster, die sich «mit überwältigender Mehrheit für die Zulassung» aussprach.[13] Freilich fiel die schließliche Ablehnung des Gesuchs «aus grundsätzlichen Bedenken» und mit der Begründung, daß «die Zulassung von Frauen zur akademischen Laufbahn weder mit der gegenwärtigen Verfassung noch mit den Interessen der Universität vereinbar sei», leicht angesichts der Tatsache, daß Frauen in Preußen zu diesem Zeitpunkt noch gar nicht zur regulären Immatrikulation zugelassen waren.[14] Bei den folgenden Habilitationsanträgen wird auf diesen sogenannten «Erlaß» immer wieder Bezug genommen. Zu fragen wäre aber, wie weit die Fakultäten überhaupt an ihn gebunden waren.

1912 nahmen sich die im «Verband der Studentinnenvereine Deutschlands» organisierten Studentinnen der Forderung nach einer «weiblichen Dozentur» an. Zum Verbandstag formulierte der Studentinnen-Verein Breslau eine Petition an das Preußische Abgeordnetenhaus «mit der Bitte um Schaffung völliger Gleichberechtigung von Männern und Frauen in Bezug auf die akademische Laufbahn» und baten «um die Erschließung der weiblichen Dozentur».[15] In der Begründung weisen die Studentinnen auf die Praxis in Österreich und der Schweiz und auf die hinlänglich bewiesene Lehrbefähigung von Frauen hin sowie auf ihre hohen Leistungen in der Forschung. Im nächsten Heft ihrer Verbandszeitschrift «Die Studentin» widerspricht der Studentinnenverein Halle dem Breslauer Antrag, wohl aus noch mangelndem Selbstbewußtsein, mehr aber aus strategischen Überlegungen. Da die voreilige Forderung nach einer weiblichen Dozentur einen Vergleich weiblicher mit den entsprechenden ‹genialen› männlichen Leistungen akzeptieren müßte, stünde zu befürchten, daß «die geringe Zahl von Frauen, die in dieser Beziehung tatsächlich angeführt werden können, sehr leicht vom Gegner als Beweis für die durchschnittliche geistige Inferiorität der Frau ausgenutzt werden».[16] Ein Leitartikel «Zur Frage der weiblichen Dozentur» im Oktoberheft derselben Zeitschrift versuchte, die offensichtlich auf dem Weimarer Verbandstag diskutierten und von den Gremien vorgebrachten Bedenken zu zerstreuen, nachdem in Berlin gerade ein Habilitationsantrag abgelehnt worden war.[17] Der Artikel entlarvt die Bedenken als vorgeschoben: daß das Ansehen der Universität schaden nehmen könnte (in Wahrheit die Befürchtung einer Abwertung des Professorenprestiges durch seine ‹Feminisierung›), daß das wissenschaftliche Niveau leiden würde (das doch durch die Gutachten der eigenen Gremien ebenso wie bei männlichen Bewerbern bestimmbar ist – in Wahrheit also das tiefe Mißtrauen gegen bedrohliche weibliche intellektuelle Fähigkeiten), schließlich das Szenario eines Andrangs von weiblichen Kandidaten für eine Dozentur (in Wahrheit die Angst vor der Konkurrenz). Der Artikel schließt mit der Beruhigung: «Die Frauen sind von unseren Professoren an viel zu große Leistungen und Anforderungen an die eigenen Fähigkeiten gewöhnt worden, als daß sie leichtfertig daran dächten, sich in ihre Reihen zu stellen.»[18]

Mit dem Ersten Weltkrieg setzt auch im Geschlechterverhältnis an der Universität eine klimatische Veränderung ein, am Ende stehen mit dem Untergang des Kaiserreichs der Zusammenbruch bürgerlicher Werte, das Scheitern seiner Eliten und wenig später das ökonomische Desaster für einen großen Teil dieser bürgerlichen Schichten. Die Abwehr von Eindringlingen in die geschlossenen bürgerlich-elitären Gruppen, hier in die *scientific community*, gelingt nur noch unter erheblichem Legitimationsaufwand.

Anschauliches Beispiel für diesen Klimawandel sind in unserem Zusammenhang die Bemühungen der in Erlangen promovierten Mathematikerin Emmy Noether (Abb. 9 und S. 128), mit Unterstützung eines Großteils ihrer Kollegen in drei Anläufen zwischen 1915 und 1919 an der Universität Göttingen die *Venia legendi* zu erlangen. Die Vorgänge sind von Claudia Tollmien minutiös verfolgt worden.[19] Aufmerksam zu machen ist vor allem auf die Argumentationsstrategien von Befürwortern wie Gegnern. Die Göttinger Universitätsgremien, auch ein großer Teil der Befürworter von Noethers Habilitation, sind schroffe Gegner der Öffnung der Hochschullaufbahn für Frauen, und zwar auch noch 1919. Ein bei dieser Haltung immer wieder zu beobachtender Schachzug zur Abwehr von lästigen Habilitationswünschen ist die Forderung nach ganz außerordentlichen, über dem Durchschnitt der männlichen Kollegen anzusiedelnden wissenschaftlichen Leistungen – gewissermaßen als Ausgleich für die vermeintliche geschlechtsgenuine Minderwertigkeit. Dieses Argument aber haben im Falle Emmy Noethers die Kollegen, die beim Ministerium den Antrag auf Dispens von dem «Erlaß» von 1908 stellten, schon für sich reklamiert: «die Leistungen von Fräulein Noether stehen *über* dem Durchschnitt des Niveaus der bisher in Göttingen zugelassenen Privatdozenten der Mathematik».[20] Die Gegner müssen nun Klartext sprechen. Sie befürchten die Schaffung eines Präzedenzfalls und sehen damit den ganzen Berufsstand gefährdet: «Verwerflich wäre es, wenn man einen ganzen großen Beruf, der bisher Männern vorbehalten war, gerade jetzt ohne Not den Frauen ausliefern würde» (Gutachten Prof. Johannes Hartmann 1915), «die wissenschaftliche Höhe der deutschen Universitäten würde durch die fortschreitende Verweiblichung zweifellos sinken». Und sie äußern ungeschminkt die Angst, daß mit der Zulassung zur Habilitation auch über «die Zulassung von Frauen zu den weiteren Stufen der akademischen Laufbahn, zum Ordinariat, folglich zum Mitglied von Fakultät und Senat» entschieden würde (Sondervotum der Gegner 1915).[21] Aber auch die Argumente der Antragsteller sind durchaus vom selben Geist geprägt, nur können sie die Befürchtungen im Falle Noethers zerstreuen: Sie wird «keinem der aus dem Felde zurückkehrenden Dozenten noch künftigen Privatdozenten der Mathematik Platz» wegnehmen.

> «[...] Es scheint uns bei Frl. Noether alles ausgeschlossen, was bei einzelnen Vertreterinnen wissenschaftlicher Tendenzen in unliebsamer Weise hervorgetreten ist. Sie ist in einem Gelehrtenhause aufgewachsen und wird eine eifrige und stille Arbeiterin auf dem Felde ihres Berufes sein.»[22]

Nach einer weiteren, diesmal beim Ministerium eingereichten und rasch abschlägig beschiedenen Anfrage der Mathematischen Abteilung 1917 ist es wohl der hartnäckigen Intervention Albert Einsteins und David Hilberts sowie den veränderten politischen Verhältnissen zu verdanken gewesen, daß der dritte Antrag der Abteilung, «Frl. Dr. Emmy Noether ausnahmsweise zur Habilitation zuzulassen», endlich am 4. Juni 1919 mit der Ernennung zur Privatdozentin Erfolg hatte. Ihre geglückte Habilitation ist demnach nicht einer Einsicht in die fatale Geschlechterasymmetrie, sondern letztlich wohl der politischen Verunsicherung zu danken.

Während des Ersten Weltkrieges hatte die Archäologin Margarete Bieber schon in Berlin vertretungsweise die archäologischen Übungen übernommen und den Plan gehabt, sich zu habilitieren: «Acht Jahre lang hatte sie ständig eine druckfertige Arbeit als Habilitationsschrift liegen und gab sie erst in Druck, wenn eine neue fertig gedruckt war.»[23] Als sie sich dann im Februar 1919 in Giessen mit einem offiziellen Habilitationsgesuch an die Philosophische Fakultät wandte, war diese ratlos, wie sie sich hierzu verhalten sollte und beschloß, ein juristisches Gutachten einzuholen und außerdem folgende Anfrage an die Philosophischen Fakultäten der deutschen Universitäten zu richten:

> «Spektabilität beehre ich mich die ganz ergebene Bitte um geneigte Mitteilung darüber vorzutragen, ob und in welchem Sinn Ihre Fakultät schon, besonders seit der Revolution, zu der Frage der Habilitation von Frauen Stellung genommen hat.»[24]

18 der 22 angefragten Fakultäten antworteten – fast alle in dem Tenor, daß sie noch keinen Anlaß gehabt hätten, sich mit dieser Thematik zu beschäftigen, zeigten sich eher unsicher und abwartend. Eindeutig gegen eine Zulassung von Frauen sprach sich keine der Fakultäten aus. München, Münster und Rostock entschieden sich befürwortend, in Frankfurt sah die Fakultät «keine Möglichkeit zu einer grundsätzlich ablehnenden

Stellungnahme». Auch das Gutachten der Juristischen Fakultät Giessen vom 27. März 1919 bestätigt, daß das bisher geltende

> «Gewohnheitsrecht nicht mehr als fortbestehend angenommen werden kann. [...] Auch aus der Natur des Berufs kann kein Hindernis abgeleitet werden: Die Frauen vermögen sich die vorgeschriebene Vorbildung ebensogut anzueignen wie die Männer, und viele Frauen stehen in der Fähigkeit zur Ausübung des Lehrberufs hinter den Männern nicht zurück. Daher ist die Zulassung von Frauen zur Habilitation als rechtlich zulässig zu bezeichnen. Eine durch das Ministerium zu genehmigende Änderung der Satzungen ist hiernach nicht erforderlich.»

Diese letzte Formulierung ist ein weiterer Beleg dafür, daß ein festgeschriebenes Verbot der Habilitation nicht bestanden hat, lediglich ein «Gewohnheitsrecht». Am 18. Mai 1919 erhielt Margarete Bieber die *Venia legendi* für das Fach Klassische Archäologie, im selben Jahr erhielt sie Hedwig Kohn in Breslau für Physik,[25] am 4. November 1919 wurde die Sprachwissenschaftlerin Agathe Lasch zur Privatdozentin ernannt aufgrund ihrer bereits bewiesenen Qualifikation «in einem Verfahren, in dem ihr sämtliche Habilitationsleistungen bis auf die Antrittsvorlesung erlassen wurden».[26] Die Biologin und Genetikerin Paula Hertwig habilitierte sich ebenfalls 1919 an der Berliner Universität.

3. Die Hierarchie der Geschlechter und die Hierarchie der Disziplinen

Je jünger ein Fach, je weniger traditionsbelastet eine Institution war, um so eher fanden Frauen Aufnahme in das Kollegium. Und auch der Umkehrschluß gilt: Die traditionsreichsten und ehrwürdigsten Disziplinen sperrten sich am vehementesten und erfolgreichsten gegen die Anmutungen der Frauen. So erhält bereits im Deutschen Kaiserreich (1908) die fünf Jahre zuvor in Zürich promovierte Wirtschaftswissenschaftlerin Elisabeth Altmann-Gottheiner einen Lehrauftrag an der Handelshochschule Mannheim, 1925 eine Titularprofessur. Die ebenfalls in Zürich (1896) promovierte Biologin und Begründerin der Fischpathologie Marianne Plehn (Abb. 13) wurde 1914 in München Titularprofessorin an der Tierärztlichen Hochschule, zu einer Zeit also, als das Fach Veterinärmedizin selbst sich die universitäre Anerkennung, Promotions- und Habilitationsrecht, eben erst erkämpft hatte und man es daher im übrigen mit den Voraussetzungen, etwa dem Reifezeugnis, nicht sehr genau nahm.[27] Schließlich wurde von den ersten beiden Ordinariae Deutschlands die Agrikulturchemikerin Margarethe von Wrangell nicht an eine Universität, sondern an die Landwirtschaftliche Hochschule Hohenheim berufen, und Mathilde Vaerting

Abb. 13: Die ersten Frauen auf der Hochschullaufbahn in Bayern *(jeweils von links nach rechts)*: Marianne Plehn, 1914 die erste (Titular-)Professorin; Adele Hartmann, habilitiert 1918/19 in Medizin; Ruth Beutler, habilitiert 1930 in Zoologie; Liesel Beckmann, habilitiert 1941 in Betriebswirtschaftslehre an der Technischen Hochschule München.

erhielt – nichthabilitiert – den neugeschaffenen Lehrstuhl für Erziehungswissenschaften an der Universität Jena. Dieser Lehrstuhl war ein Produkt sozialdemokratischer Schul- und Lehrerbildungsreformpolitik, eingerichtet gegen den Willen der Philosophischen Fakultät, die denn auch Vaertings Ernennung nie anerkannt hat.[28] Chancen eröffneten sich den Wissenschaftlerinnen in neu sich entwickelnden randständigen Fächern wie der Sozialpädagogik, an den pädagogischen Akademien (später Hochschulen), in den halbuniversitären Instituten für Psychoanalyse.

Die erste (und bis 1953 einzige) Habilitation in Philosophie, der Perle unter den geisteswissenschaftlichen Disziplinen, gelang Katharina Kanthack, geborene Heufelder, 1932 in Berlin.[29] Die Würzburgerin Magdalene Schoch habilitierte sich als erste (und auf lange Zeit einzige) Juristin 1932 in Hamburg. Erst nach dem Zweiten Weltkrieg müssen sich schließlich auch die Theologischen Fakultäten dem veränderten Geschlechterverständnis beugen: 1952 habilitiert sich Marie-Louise Henry an der Rostokker und 1965 Annelies Sprengler-Ruppenthal an der Göttinger Evangelisch-Theologischen Fakultät, und 1969 findet an der Pädagogischen Hochschule (!) des Rheinlandes die weltweit erste Habilitation einer Frau, Uta Ranke-Heinemanns (Dr. theol. in München 1954), in Katholischer Theologie statt.

4. Königreich und Freistaat Bayern

In Bayern scheint die Welt zunächst noch in Ordnung und ungestört gewesen zu sein: Die Bescheide des preußischen Kultusministeriums tangierten Bayern nicht; weder in den Akten der Universitätsarchive noch in den Unterlagen des Königlich Bayerischen Staatsministeriums des Innern für Kirchen- und Schulangelegenheiten finden sich Dokumente, die auf einen Antrag oder auch nur eine Diskussion um die Zulassung von Frauen zur Habilitation hinweisen.

Zu erwähnen ist allerdings eine bemerkenswerte Debatte zwischen einigen Fakultäten der Münchner Universität und dem Kultusministerium um eine Modifizierung ihrer Habilitationsordnungen 1914/15. Die Philosophische Fakultät I (Geisteswissenschaften) hatte in ihrer Neufassung den Passus aufnehmen wollen: «Es besteht für die Fakultät keine Verpflichtung, ein Habilitationsgesuch anzunehmen»,[30] die Juristische ergänzte die ihre um die Schlußbestimmung: «Im übrigen ist es in allen Fällen Sache des pflichtmässigen Ermessens der Fakultät, ob sie einem Habilitationsgesuch entsprechen will.»[31] In einem ausführlichen Brief erläuterte der Dekan der Philosophischen Fakultät II (mathematisch-naturwissenschaftliche Fächer) seinem Kollegen von der Medizinischen Fakultät, der bei der Besprechung der Dekane verhindert war, den Sachverhalt:

Die erste deutsche Universitätsdozentin.

Erst die Revolution hat sie geschaffen, die erste Privatdozentin in Deutschland. Dr. Adele Hartmann ist in München — in der vorkommunistischen Zeit — als Anatomin zu den Vorlesungen zugelassen worden!

Trotz aller Redensarten hatte es die bisherige „demokratische" Universitätsverfassung verhindert, daß der Aufstieg der Tüchtigen bei den studierten Frauen die schwindelnde Höhe des Universitätslehrers erreichte. Und es ist bezeichnend, daß es die Mediziner waren, dieselben, die weibliche Kollegen am längsten auf der Unisität kannten, die eine Aenderung dieses höchst unmodernen Standpunktes zuerst vornahmen. Waren doch im unoffiziellen Lehrbetriebe Frauen hier schon längst bewährt. Assistentinnen gab es in jeder Klinik, in den meisten Instituten der Krieg brachte sie hier wie in allen anderen Berufen in den Vordergrund. In Berlin z. B. war der älteste anwesende Assistent der Hautklinik eine Frau und sie ließ es sich nicht nehmen, an Stelle des verstorbenen Chefs das Kolleg zu lesen! Und in einer inneren Klinik der Charité war der erste weibliche medizinische Professor auch oft als Lehrerin zu sehen. Doch nie offiziell! Man fand Frauen im Vorlesungsverzeichnis nicht enthalten, denn die Dozentenschaft als solche war „weiberrein".

München hat in der Gleichberechtigung der Frauen einen guten Schritt weiter getan, mögen die anderen Hochschulen diesem guten Beispiel bald folgen. Und möge dies ein Anfang sein in der Modernisierung unserer höchsten Bildungsstätten in wahrhaft demokratischem und sozialem Sinne, alle an sich zu ziehen ohne Ansehung der Herkunft und des Geschlechts, die wert sind, dem ganzen Volk Kultur und Wissenschaft zu lehren.

Dr. med. Erwin Loewy.

— Die erste deutsche Universitätsdozentin. Die Medizinerin Dr. Adele Hartmann, die auf Grund einer Arbeit aus dem Gebiete morphologischer Wissenschaft in München habilitiert worden ist, bestreitet in einer Zuschrift an uns, daß die Revolution die erste Privatdozentin in Deutschland geschaffen habe. Diese Möglichkeit sei „schon lange vorher" gegeben gewesen. Ihre Arbeit habe mehrere Jahre intensiver Tätigkeit gefordert und sei im Einverständnis ihres Chefs unternommen worden, in der Absicht, sie der medizinischen Fakultät zwecks Zulassung zur Habilitation einzureichen. „Ich habe die Arbeit Ende des Jahres 1915 begonnen, dieselbe der Fakultät vorgelegt im Mai 1918. Die Fakultät entschied für Annahme am 21. Juni 1918, der Habilitationsakt war am 29. November 1918 zu Ende.

Die Revolution ist nicht aus blauer Luft hereingebrochen. Dieselben Ursachen aber, die den 9. November reif werden ließen, haben auch mitgewirkt, der weiblichen Dozentenschaft in Deutschland endlich die Hindernisse aus dem Wege zu räumen, die bisher unüberwindlich waren. Was Adele Hartmann erreichte, ist nicht eine Folge des 9. November, aber ein Revolutionszeichen bleibt es, und darauf kommt es an.

«Man einigte sich über folgende Punkte: 1) Wünschenswert ist es, dass ein Habilitationskandidat aus anderen als wissenschaftlichen Gründen abgewiesen werden kann (z. B. Persönlichkeit, Überfüllung, körperliche Gebrechen etc.).»[32]

Von Frauen ist nirgendwo die Rede, das Argument der Überfüllung aber weist das Ministerium, das sich etwas pikiert und durch eine solche Regelung übergangen fühlt, gerade für diesen Zeitraum als unbegründet zurück. Man einigt sich schließlich mit dem Ministerium darauf, daß die vorgeschlagenen Zusätze nicht in die neuen Habilitationsordnungen aufgenommen werden, da «nach bestehendem Brauch» sowieso «dementsprechend verfahren» wird, «auch wenn die Habilitations-Ordnung keine ausdrückliche Bestimmung darüber enthält».[33] Gegen welche Personengruppen oder Einzelfälle (etwa hinsichtlich politischer Einstellung, Religionszugehörigkeit oder Geschlecht Unerwünschte) sich die Fakultäten hier ein legales Abwehrinstrument schaffen wollten, ist aus den Akten nicht zu rekonstruieren.

Dann aber beantragt – als wäre es eine Selbstverständlichkeit – im Juni 1918, also noch vor der politischen Umwälzung, die Assistentin am Anatomischen Institut der Münchner Universität, Dr. med. Adele Hartmann (Abb. 13), die Zulassung zum Habilitationsverfahren. Die Anfrage wird in den Fakultätssitzungen behandelt wie jede andere auch, das Verfahren geht nach glänzenden Gutachten anscheinend ohne jede außerfachliche Diskussion seinen Instanzenweg. Am 20. Dezember 1918 hält Adele Hartmann ihre Antrittsvorlesung und wird am 18. Februar 1919 als erste regulär habilitierte Frau in Deutschland zur Privatdozentin ernannt, und dies an einer Fakultät, die sich seit mehreren Jahrzehnten durch besonders bornierte Argumente gegen die Öffnung der Universitäten für Frauen hervorgetan hatte.[34] Wenige Tage später begrüßt der sozialdemokratische «Vorwärts» dieses Ereignis als einen Erfolg der Revolution (Abb. 14).[35] Adele Hartmann verwahrt sich gegen diese ihr unerwünschte Allianz; ihre Habilitation sei kein Produkt der Revolution, diese Möglichkeit sei «schon lange vorher» gegeben gewesen.[36] Zwei nicht gering einzuschätzende Vorteile neben ihrer hohen wissenschaftlichen Qualifikation mögen den ungewöhnlichen Vorgang an der Ludwig-Maximilians-Universität München erleichtert haben: Adele Hartmann stammte aus einer bayerisch-katholischen Offiziersfamilie, und sie besaß in ihrem Lehrer Siegfried Mollier einen einflußreichen Förderer, der, nach allen Gutachten zu schließen, immer uneingeschränkt hinter ihr gestanden hatte.

Abb. 14: Der sozialdemokratische „Vorwärts“ begrüßt am 27. Februar 1919 die erste Habilitation einer Frau in Deutschland als Erfolg der Revolution – und fordert damit am 12. März Adele Hartmanns heftigen Widerspruch heraus.

Dieser ersten Habilitation einer Medizinerin in Bayern (und der ersten überhaupt in Deutschland) folgte eine weitere Pionierleistung: 1932 habilitierte sich mit Maria Schug-Kösters die erste Zahnmedizinerin an einer deutschen Universität, in München. Bis 1945 kamen noch die Habilitationen von Ruth Beutler (Abb. 13, 29, 46) in Zoologie (1930) und von Elisabeth Dane in Chemie (1934) an der Münchner Universität und von Liesel Beckmann (Abb. 13) 1941 in Allgemeiner Betriebswirtschaftslehre als erste Frau an der Technischen Hochschule hinzu. In Würzburg hatte sich schon 1929 Maria Schorn im Fach Psychologie (die zweite nach Charlotte Bühler) habilitiert.

Drei Pionierleistungen für die Wissenschaft als Beruf von Frauen in Bayern (Adele Hartmann, Maria Schug-Kösters, Liesel Beckmann) – das scheint eine stattliche Bilanz, aber nur sechs Habilitationen an den vier bayerischen Hochschulen bis 1945 (Erlangen folgte erst 1950 mit der Habilitation der Historikerin Gisela Freund) – das nimmt sich angesichts des hohen Studentinnenanteils (insbesondere an der Münchner Universität) doch eher bescheiden aus.

5. Einblicke in die Praxis – am Beispiel der Geisteswissenschaftlichen Fakultät (Phil. Fak. I) der Ludwig-Maximilians-Universität

Aufschlußreicher als die generelle Leistungsbilanz ist für die Geschichte der Wissenschaftlerinnen an den deutschen Universitäten der genaue Blick auf einen gerade noch übersichtlichen Schauplatz. Erst dort wird erkennbar, was die in der Forschung immer wieder zitierten Regelungen in der Praxis wert waren.

Die Münchner Universität hatte in den ersten Jahrzehnten des 20. Jahrhunderts für Studierende geisteswissenschaftlicher Fächer eine hohe Anziehungskraft weit über Bayern hinaus: Heinrich Wölfflins Name leuchtete in der Kunstgeschichte, Karl Vossler (Abb. 17) galt als führender Romanist seiner Zeit, in der Deutschen Philologie wurde durch Carl von Krauss, Franz Muncker (Abb. 4), Fritz Strich und den unkonventionellen Außenseiter Arthur Kutscher eine breite Methodenpalette angeboten, Geschichtswissenschaft und vor allem Philosophie genossen (noch) einen hohen Ruf. Die Philosophische Fakultät I hatte sich 1903 mit großer Mehrheit für die reguläre Zulassung von Frauen ausgesprochen. Auch die Stellungnahme des Dekans vom 1. April 1919 auf die Giessener Anfrage in Sachen Frauen-Habilitation von Margarete Bieber war auffallend zustimmend ausgefallen:

«Euer Spektabilität beehre ich mich, in Folge der politischen Verhältnisse sehr verspätet (ich war als Geisel verhaftet, die Hochschule geschlossen) auf ihr Schreiben vom 11. März zu antworten, dass unsere Fakultät in ihrer Sitzung vom 28. März sich dahin ausgesprochen hat, dass an sich für eine Habilitation einer Frau kein Hinderungsgrund vorliegt. Es wurde auf den Vorgang unserer medizinischen Fakultät hingewiesen. Fr. W. Freiherr von Bissing»[37]

Diese Anfrage vom März 1919, aus einer Zeit also, da der Revolutionäre Hochschulrat die Professoren ein wenig das Fürchten lehrte, findet ihren Niederschlag im Sitzungsprotokoll der Philosophischen Fakultät I unter: «Universitätsreformen. a) Habilitation von Frauen. Die Fakultät nimmt zustimmend zur Kenntnis, dass nach der Neuordnung der Dinge eine allgemeine Verhinderung in diesem Sinne nicht mehr gegeben ist»[38]: eine Formulierung von subtiler Hinterlist und eine wohl rein opportunistische Entscheidung, wie die weitere Geschichte lehrt.

An der Philosophischen Fakultät I der Münchner Universität nämlich hat sich bis 1947 keine Frau habilitiert, und es hat auch kein offiziell gescheitertes Verfahren gegeben. Durch minutiöse Recherchen ließen sich sechs Habilitationsanträge ermitteln, die sämtlich schon im Anfragestadium abgeschlagen worden sind. Sie reichen bis in die Zeit des Nationalsozialismus und spiegeln auch politische Einflüsse, von latentem Antisemitismus bis zur Abwehr NS-ideologischer Indoktrination. Immer aber waren die Abwehrargumente der Hochschullehrer trotz des grundsätzlich zustimmenden Votums geschlechtsspezifisch determiniert, wenngleich verdeckt. Im Falle der Habilitation Emmy Noethers in Göttingen waren sich fast alle Kollegen, auch die Befürworter, einig in ihrer entschiedenen Haltung gegen eine generelle Öffnung der Hochschullaufbahn für Frauen. Die oft zitierte Aussage David Hilberts mag für die wenigen sprechen, die nicht einsehen konnten, «daß das Geschlecht des Kandidaten für die Habilitation eine Rolle spielen solle, schließlich befinde man sich an einer Universität und nicht in einer Badeanstalt».[39] Weil auch die Fürsprecher Emmy Noethers die Dozentur als Männerprivileg grundsätzlich verteidigten, mußten die Gegner offen Stellung beziehen: Da die Wissenschaftlerin über jeden Zweifel erhaben war, mußten sie gegen die Frau argumentieren. Die umgekehrte Strategie in München: Da man sich zunächst (angesichts der bedrohlichen politischen Ereignisse im Frühjahr 1919) und wohl übereilt in eine liberale Haltung hatte hineinmanövrieren lassen, war man gezwungen, mit Scheinargumenten das Votum zu unterlaufen, was aufgrund der Autonomie der Fakultäten bis 1947 gelang.

Der erste aktenkundige Antrag[40] auf Zulassung zur Habilitation, gestellt am 21. Juli 1921, stammt von der Historikerin Paula Lányi, geb. Geist,[41] die 1918 in München mit einer noch heute beachteten Arbeit über

«Das Nationalitätenproblem auf dem Reichstag zu Kremsier 1848/49» promoviert worden war. Ihr Lebenslauf ist aus ihren Akten verschwunden, aber die Immatrikulationskarte vermerkt unter Konfession «isrl.». Aus der Einleitung ihres Gesuchs spricht ein Rechtfertigungszwang, der das ‹Anmaßende› ihres Unterfangens erst erkennbar macht:

> «An die philosophische Fakultät erlaube ich mir, das Gesuch um Zulassung zur Bewerbung um eine Privatdozentur für mittlere und neuere Geschichte zu richten. Das Ungewöhnliche, das in diesem Gesuch für die philosophische Fakultät der Münchner Universität darin liegen mag, dass ich eine Frau bin, möchte ich durch Hinweis auf die Tatsachen, dass an der Münchner Universität in der medizinischen Fakultät bereits eine Privatdozentin (Adele Hartmann) wirkt und dass in Berlin eine Zoologin (Paula Hertwig), in Göttingen eine Mathematikerin (Emmy Noether), in Giessen eine Archäologin (Margarete Bieber), in Hamburg eine Germanistin (Agathe Lasch), in Wien eine Romanistin (Elise Richter), in Zürich eine Zoologin (Marie Daiber) und eine Medizinerin (Hedwig Frey), in Bern eine Medizinerin (Sophie Getzowa) und eine Chemikerin (Gertrud Woker) als Privatdozentinnen tätig sind, abschwächen.»

Das Gesuch trägt den Aktenvermerk «abgelehnt». Das Protokoll, der Debatte in der Fakultät erwähnt ausschließlich nichtfachliche Argumente (auch «die noch bestehende Ehe» der Bewerberin «mit einem Ausländer»):

> «Der Dekan empfiehlt die Zulassung von Frauen zur Habilitation grundsätzlich zu erörtern. Nach seiner Meinung sei die Zulassung zur Habilitation die notwendige Folge der Zulassung zur Promotion. Auch Herr Marcks hat kein grundsätzliches Bedenken. Herr v. Grauert dagegen empfiehlt die Zulassung nicht, befürwortet mindestens Hinausschiebung der Habilitation von Damen so lang als möglich, Herr Döberl weist auf die Lage der männlichen Anwärter hin und verneint das Bedürfnis weiblicher Dozenten im gegebenen Augenblick.»

Die Fakultät stellt sich einstimmig auf den Standpunkt,

> «daß die erste Zulassung einer Dame durch deren ganz ausnahmsweise wissenschaftliche Bedeutung gerechtfertigt werden müßte [...]. Gründe der Abweisung sollen nicht angegeben werden, um Weiterungen zu vermeiden.»

Mit diesem Beschluß, wonach die erste Zulassung einer Frau nur durch eine ganz außerordentliche vorherige wissenschaftliche Leistung gerechtfertigt sei, hatte sich die Fakultät ein Instrument geschaffen, mit dem sie ihr anderslautendes Votum von 1919 jederzeit nach Gutdünken und unter dem Anschein einer liberalen Haltung außer Kraft setzen konnte.[42]

Am 17. Dezember 1926 wurde nach langer Diskussion der Anfrage einer Historikerin («Frl. Krüger») um Zulassung zur Habilitation zugestimmt. Ein weiterer Vorgang war nicht zu ermitteln.[43]

1930 geht der anläßlich von Paula Lányi-Geists Antrag gefaßte Beschluß offiziell in die «Richtlinien für die Behandlung von Habilitationsgesuchen» ein. Dort heißt es: «Habilitation von Frauen ist nicht prinzipiell ausgeschlossen, doch ist die erste Zulassung nur durch deren ganz außerordentliche wissenschaftliche Bedeutung gerechtfertigt», eine Regelung, ebenso willkürlich wie unanfechtbar, da die Fakultät die Meßlatte jeweils auf die ihren Interessen nützliche Höhe legen konnte. Entgegen dem sogenannten «Erlaß» des preußischen Kultusministeriums von 1920 verordnete sich die Münchner Geisteswissenschaftliche Fakultät also eine eindeutig geschlechtsdiskriminierende Regelung, eine Regelung, die in den Naturwissenschaften wohl nicht praktikabel gewesen wäre, da die Leistungsbemessung hier weit weniger subjektivem Gutdünken ausgeliefert ist.[44]

Muß man bei den negativen Entscheidungen in den zwanziger Jahren ein latent wirksames Abwehrbedürfnis gegenüber dem Vordringen jüdischer weiblicher Intelligenz mitvermuten,[45] so scheinen die Fakultätsmitglieder in den dreißiger Jahren mit einer ganz anderen ‹Zumutung› konfrontiert worden zu sein.

1932 hatte sich die Fakultät wieder mit der Voranfrage einer Historikerin zu beschäftigen, Dr. Hedwig Fitzler.[46] Man erinnert an den Beschluß über die erwartete hervorragende Leistung, «begrüsst besonders, dass neben Kolonialgeschichte auch Auslandsdeutschtum in Aussicht genommen wird» und entscheidet einstimmig für Zulassung. Im folgenden Wintersemester berichtet das Protokoll über die Sitzung der engeren Fakultät, am 18. November 1932:

> «Fräulein Dr. Hedwig Fitzler ist von der Habilitation zurückgetreten auf Anregung der Kommission. Die Erkundungen über Frl. Fitzler als Persönlichkeit waren so ungünstig ausgefallen, dass die Kommission zu dem Rücktritt raten musste, obschon das günstige Urteil über die wirklich vorliegenden wissenschaftlichen Arbeiten dadurch nicht berührt werde.»

Die Hintergründe dieses Urteils sind nicht schlüssig aufzuklären, offen bleiben muß daher, ob Hedwig Fitzlers Arbeiten zur Kolonialpolitik und zum Auslandsdeutschtum dabei eine Rolle gespielt haben. Ohne weiteres Hintergrundwissen können dieser ebenso wie der folgende ‹Fall› nur unkommentiert vorgestellt werden.

Ebenfalls 1932 wagte es erstmals eine Frau, die *Venia legendi* in Philosophie zu beantragen: Gertrud Kahl-Furthmann aus Hamburg, die 1926 in München mit einer Untersuchung über «Das Ideal des sittlich reinen

Menschen dargestellt an Gedanken von Plato und Kant» promoviert hatte. Das Protokoll über die Voranfrage hält die wahrlich denkwürdige Diskussion vom 22. Juli 1932 mit ihren schwach kaschierten Scheinargumenten minutiös fest und spiegelt deutlich die Verlegenheit der Fakultät in der Handhabung eines selbstgefaßten fragwürdigen Beschlusses: Obgleich der Referent die eingereichte Arbeit für «bedeutend» hält und sogar bestätigt, die Kandidatin «stehe nicht hinter anderen Bewerbern zurück», wird der Antrag abgelehnt, da «für weibliche Bewerber besonders scharfe Bedingungen gestellt sind, vor allem, um sie von dem Beginn einer aussichtslosen Laufbahn fern zu halten», um der Frauen willen möchte man «diese nicht in diese Konkurrenz hereinziehen».[47] Die angestrengte Bemühung um Besitzstandswahrung versteckt sich auf subtile Weise im lange eingeübten männlichen Rollenspiel der selbstlosen Fürsorglichkeit: Das Verfahren ist nicht eröffnet worden. – Gertrud Kahl-Furthmann ist 1935 hervorgetreten als Mitarbeiterin der Reichsleitung des Nationalsozialistischen Lehrerbundes mit der Publikation «Hans Schemm spricht. Seine Reden und sein Werk», die 1942 in Bayreuth in 13. Auflage erschien. Darin versammelte sie in weihevollem Ambiente das nationalsozialistische Gedankengut des 1935 tödlich verunglückten ersten Vorsitzenden des NS-Lehrerbundes und ersten bayerischen NS-Kultusministers, das Gedankengut zu Bildung, Erziehung, Universität, zur Rolle der Frau und zur Rassenideologie.[48] Der Fall Gertrud Kahl-Furthmanns illustriert die Tatsache, daß Frauen die Diskriminierung qua Geschlecht oft gar nicht wahrgenommen haben oder nicht wahrnehmen wollten. 1939 wandte sie sich schriftlich an das Bayerische Kultusministerium mit der Bitte, ihren Lehrer Joseph Geyser zu seinem bevorstehenden siebzigsten Geburtstag öffentlich zu ehren. Sie verteidigt ihn mit verqueren ideologischen Argumenten gegen «schwerste Angriffe» von seiten der «katholischen Philosophie» und fügt hinzu: «Angriffe, die auch ich als seine Schülerin spüren mußte und die scheinbar nur gegen mich gerichtet wurden, weil ich eben seine Schülerin bin».[49]

Von 1934 bis Januar 1937 schließlich müssen sich die Philosophische Fakultät I und der Rektor mit einer Habilitationsangelegenheit befassen, in der die Oppositionen weit komplizierter angeordnet sind als nach dem gängig kolportierten Muster: NS-Männerpolitik versus Frauen. Die Kontroversen finden ihren Niederschlag in einem 75 Seiten umfassenden (und dennoch lückenhaften) Aktenkonvolut aus Briefen und Stellungnahmen der Philosophischen Fakultät I, des Rektors, des Kultusministeriums, der Reichsleitung des Nationalsozialistischen Lehrerbundes und der Kandidatin, der Altphilologin Dr. Johanna Schmidt.[50] Sie reichte Anfang November 1934 eine Habilitationsschrift zur Erlangung einer Privatdozentur an der Universität München im Fach Klassische Philologie ein. Im weiteren sich verzögernden Verfahren bestand sie darauf, ihre Habilitation nach der alten Ordnung durchzuführen, und nicht nach der neuen Reichshabilitationsordnung von 1934, die nur zum Titel Dr. phil. habil., nicht aber zur Privatdozentur führte. Damit geriet sie aber mit der alten Klausel von der außerordentlichen wissenschaftlichen Leistung, die bei der ersten Frau erwartet wurde, in Konflikt. Unterstützt wurde sie offenbar von Kultusminister Hans Schemm, der ihr eine Mitarbeit im Nationalsozialistischen Lehrerbund (in der Abteilung Hochschulreform mit den Bereichen ‹Wertlehre› und ‹weltanschauliche Grundlagen der Erziehung›) in Aussicht stellte, aber wohl auch eine Berichterstatter-, das heißt Spitzeltätigkeit[51]. Schemms Tod am 5. März 1935, der Wechsel im Dekanat (auf Karl Alexander von Müller folgte Walter Wüst, entschiedener Nationalsozialist und von 1941 bis April 1945 Rektor der Universität) und der Widerstand der Fakultät verzögerten das Verfahren weiter. Die Kandidatin, eine glühende Nationalsozialistin, sah in den schließlich vernichtend ausfallenden fachlichen Gutachten «eine Unterbewertung aus politischen Gründen»,[52] sich selbst (so der Rektor am 17. Dezember 1936 an den Kultusminister) als «von der Professorenschaft verfolgte politische Märtyrerin». Auf alle Fälle verärgerte sie die Universitätsgremien durch ihre denunziatorischen Einlassungen und durch den Druck, den sie wohl über die Reichsleitung des Nationalsozialistischen Lehrerbundes ausüben ließ, schließlich durch ihre Beschwerde beim Stellvertreter des Führers in Berlin. Neben den wohlvertrauten Vorbehalten, dem Hinweis auf fünf männliche Bewerber, wird sie einigen Fakultätsmitgliedern als Nationalsozialistin und parteitreue Denunziantin ein Dorn im Auge gewesen sein.[53] Wüsts Einwände wiederum zitierte sie in einem Beschwerdebrief an den Kultusminister mit den Worten, «der neue Staat wünsche keine weiblichen Lehrkräfte». Dem Gutachter Wolfgang Schultz, frisch berufener – genauer: vom NS-Kultusminister Schemm der Fakultät aufgezwungener und keineswegs hinreichend qualifizierter – Professor für Philosophie[54] und Nationalsozialist der ersten Stunde, war die Arbeit gerade nicht politisch-linientreu genug (ein taktischer Schachzug?). Alle Gutachter beziehen sich auf den alten Habilitationsordnungsbeschluß von der außergewöhnlichen Leistung, die Frauen zu erbringen haben, und bescheinigen der Kandidatin eine noch nicht im mindesten durchschnittliche Arbeit. Mit einer deutlichen Zurückweisung der Beschwerde durch das Ministerium in Berlin scheint der Fall sein Ende gefunden zu haben.

Der Vollständigkeit halber sei schließlich auch die letzte aktenkundige Bemühung einer Frau um die Habilitation in dieser Fakultät erwähnt. In ihrer Sitzung vom 15. Mai 1939 behandelte die Fakultät die Voranfrage der Historikerin Hermine Kühn-Steinhausen. «Die Fakultät und der Dozentenschaftsvertreter erklären sich für einverstanden. Die Fakultät nimmt zur Kenntnis, daß Frau Dr. Kühn-Steinhausen keine Dozentur anstrebt.»[55] Ein Semester später, am 18. November 1939, wird mitgeteilt, daß sie und ein weiterer Kandidat ihre Habilitationsschriften zurückgezogen hätten. Über ihre Gründe war nichts in Erfahrung zu bringen, aber es steht zu vermuten, daß der Kriegsbeginn der Anlaß zur Aufgabe des Vorhabens war.

Wer – wie offensichtlich die Fakultät – noch immer mit Spannung auf die Spitzenhabilitation wartet, sieht sich getäuscht. Wieder – wie nach dem Ende des Ersten Weltkrieges – bestimmte auch nach 1945 «die Neuordnung der Dinge» die Wissenschaftspolitik. Die erste erfolgreiche Habilitation einer Frau in den Geisteswissenschaften in München kann man – ohne jemanden zu diskreditieren – nicht anders denn als eine Trümmer-Habilitation charakterisieren. Die von NS-Politik, Krieg und Amtsenthebungen ausgedünnte Fakultät saß auf den Scherben ihres Renommees. Sie brauchte dringend Dozenten, um den Lehrbetrieb wieder ordnungsgemäß in Gang zu bringen. Die Osteuropa-Spezialistin Irene Grüning, die von 1940 bis Kriegsende Referentin der Publikationsstelle Ost in Berlin war, bittet – von Kollegen ermuntert – am 9. Juli 1946 um Zulassung zur Habilitation.[56] Als Habilitationsschrift reicht sie einen Bruchteil ihrer Arbeit über die russische Ostkirche von 998–1943 ein. Unklar ist, ob der größere Teil der Arbeit verlorengegangen war oder zur Vorlage nicht geeignet war. Obwohl zwei Gutachter zwischen den wohlwollenden Zeilen deutliche Vorbehalte erkennen ließen, wurde das Verfahren erfolgreich abgeschlossen: «Eine Diskussion über den Vortrag fand wegen der [...] eingetretenen Dunkelheit nicht mehr statt.» Irene Grüning ist 1955 in München als Privatdozentin gestorben.

Im hier recherchierten Zeitraum zwischen 1919 und 1945 haben sich 30 männliche Wissenschaftler an der Philosophischen Fakultät I habilitiert.[57] Gab es keine hervorragende Nachwuchswissenschaftlerin? Die Lektüre der Dekanatsprotokolle bis 1947 gibt keinen Anhaltspunkt für die tatsächliche wissenschaftliche Leistung der Kandidatinnen. Es sind ja mit Ausnahme des Falles Johanna Schmidt gar keine schriftlichen Gutachten erstellt, sondern nur mündliche Anfragen vorgebracht worden. Vermutlich muß man davon ausgehen (und autobiographische Äußerungen belegen die Vermutung), daß darüber hinaus eine unbekannte Zahl von Frauen den Weg zum Dekanat gar nicht erst gegangen ist.

Exemplarisch sei an eine jener Wissenschaftlerinnen erinnert (zu ihnen gehören auch Selma Stern, Eva Fiesel und Käte Hamburger), die den in München zum Scheitern verurteilten Versuch (zumindest offiziell) nicht unternommen haben, deren überdurchschnittliche wissenschaftliche Leistungen aber durch die spätere Anerkennung ausgewiesen sind.

1912 wurde der Philosophiestudentin Hedwig Martius (1888–1966, Abb. 15) als Verfasserin der Preisaufgabe der Göttinger Universität zum Thema «Die erkenntnistheoretischen Grundlagen des Positivismus» der 1. Preis zuerkannt. Sie hatte in Rostock und Freiburg Literatur, dann in

Abb. 15: Die Philosophische Gesellschaft in Göttingen 1911/12 mit der Philosophiestudentin Hedwig Martius , neben ihr (mit Hut) Max Scheler und ganz rechts daneben ihr späterer Ehemann Theodor Conrad.

München bei Moritz Geiger und – auf seine Empfehlung hin – in Göttingen, dem Zentrum der Phänomenologie, bei Edmund Husserl Philosophie studiert. Doch zur Promotion wurde die 24jährige Tochter einer bekannten Medizinerfamilie wegen ihres angeblich unzureichenden Reifezeugnisses vom Berliner Helene-Lange-Realgymnasium nicht zugelassen, während man bei männlichen Doktoranden zahlreiche Ausnahmen machte. «So ging ich nach München und promovierte dort innerhalb von vier Wochen mit der gleichen Arbeit bei Pfänder.»[58] Im selben Jahr heiratete sie den Philosophen Theodor Conrad, den Begründer der «Philosophischen Gesellschaft». Die angestrebte Habilitation muß sie wegen ihrer prekären wirtschaftlichen Lage vorerst zurückstellen. Gleichwohl erscheint als erstes zentrales Werk 1924 die «Realontologie». Die Notgemeinschaft der Deutschen Wissenschaft lehnte 1931 ein Stipendium trotz hervorragender Befürwortungen von Edmund Husserl, Moritz Geiger, Alexander Pfänder, Georg Misch aus «grundsätzlichen Überlegungen» ab. Ein erneuter Antrag zur Habilitation (diesmal in Tübingen) scheiterte; auch Bewerbungen um *Research Fellowships* an englischen Colleges hatten keinen Erfolg. Wegen des nicht erbrachten Ariernachweises («Vierteljüdin») wurde sie aus der Reichsschrifttumskammer ausgeschlossen und mit einem Publikationsverbot für Schriften von mehr als 20 Seiten belegt.

Fern von der Universität, mit bescheidensten Mitteln arbeitete sie an ihrem philosophischen Werk, entwickelte die Phänomenologie zu einer eigenständigen Naturphilosophie weiter. Nach dem Krieg war sie mit 57 Jahren zu alt, um sich zu habilitieren. Sie wurde 1949 noch Lehrbeauftragte und 1955 schließlich die erste (und in den Geisteswissenschaften bis heute einzige) Honorarprofessorin in München.

Der Zugang der Frauen zum Hochschullehrerberuf – das mag das Fallbeispiel einer einzigen Fakultät gezeigt haben – hatte mit gesetzlichen Regelungen so gut wie nichts zu tun. Die Bereitschaft, Frauen als Kolleginnen zu akzeptieren oder gar sie zu wünschen, hängt einzig vom Selbstverständnis der Repräsentanten der Institution Universität ab. Und wenn nach dem Zweiten Weltkrieg die explizit geschlechtsspezifische Behinderung gesellschaftlich nicht mehr akzeptiert wurde, so fanden und finden sich noch immer genügend subtil greifende Mechanismen, die die Hürde Habilitation in einer weiblichen Lebensplanung höher ansiedelten und ansiedeln als bei den männlichen Kollegen. Die Statistiken über die letzten Jahrzehnte Hochschulentwicklung in Deutschland belegen dies anschaulich.

6.

Hiltrud Häntzschel

Frauen jüdischer Herkunft an bayerischen Universitäten

Zum Zusammenhang von Religion, Geschlecht und ‹Rasse›

1. *Frauen an den Universitäten zwischen Antisemitismus und bayerischer Liberalitas*

> «Die Zahl der jüdischen Forscher und Lehrer an den deutschen Hochschulen ist bekanntlich stets durch Maßnahmen der Zurücksetzung gedrosselt worden. Fakultäten vieler Universitäten und der technischen Hochschulen in Deutschland verschlossen oder erschwerten den jüdischen Gelehrten den Zutritt zum Gelehrtenberuf und Lehramt – nicht im Sinne der deutschen Verfassung, nicht gemäß den Hochschulstatuten, nicht mit Mitteln, die volles Licht vertrugen. Meine Erfahrungen erstrecken sich auf die letzten vierzig Jahre. In den Jahren vor meinem Rücktritt vom Lehramt begegnete ich wohl oftmals in München, an den Plakatsäulen, in der Vorhalle meiner Universität, bei besonderen Anlässen auch in den Korridoren meines Instituts, den neuartigen roten Plakaten, die das deutsche Volk zum Rassenkampf aufhetzten. Aber viel tieferen Eindruck, entscheidenden, hat auf mich die Haltung von Fakultäten gemacht, nämlich der häufige Fall, daß die Berufung hervorragender jüdischer Gelehrter bekämpft und verhindert wurde, und die Art und Weise, in der dies geschah.»[1]

1934 zog der Münchner Nobelpreisträger Richard Willstätter, rückblikkend, dieses bittere Fazit über die Erfahrungen an seiner Universität, nicht ahnend, welche verheerenden Folgen dieser «Rassenkampf» noch zeitigen würde. Aus Protest und aus Scham über die verdeckt antisemitische Berufungspolitik seiner Fakultät hatte er sein Hochschullehreramt in München schon 1924 niedergelegt.

Der erbitterte Widerstand gegen die Öffnung der Universitäten für Frauen im letzten Viertel des 19. Jahrhunderts war vermutlich nicht nur aus patriarchalen Rollenzuschreibungen und Geschlechterkonkurrenz, sondern auch aus einem latenten Antisemitismus gespeist. Das abschrekkende Zerrbild der intellektuellen Frau ist von Anfang an mit Attributen des Jüdischen markiert. Eine der frühesten Karikaturen zum Thema Studentin, ein anonymer Holzstich in den Münchner «Fliegenden Blättern» von 1847, zeigt eine häßliche pfeiferauchende, waffentragende Studentin vor einem Haus mit dem Davidstern (Abb. 16).[2] Das seit Anfang des 19. Jahrhunderts virulente Schlagwort von der ‹Emanzipation› – handelte es sich nun um die Emanzipation der Juden oder später die der Frauen – barg für viele eine Bedrohung. Beide Bewegungen stießen auf lange verinnerlichte Vorurteile, stellten für die Etablierten wohlvertraute und höchst vorteilhafte Hierarchien in Frage, rüttelten an Privilegien, die sich mit dem eigenen Selbstverständnis eng verbunden hatten. Und der zähe Kampf um die Teilhabe der Frauen an höherer Schulbildung und akademischer Professionalisierung ist maßgeblich mit den Namen bedeutender Frauen jüdischer Herkunft verbunden, von Fanny Lewald über Hedwig Dohm (Abb. 5) bis Anita Augspurg (Abb. 35). Die Analogie der Polemik spricht für sich, mit der der Historiker Heinrich von Treitschke 1879 in seinem hämischen Angriff auf die Juden den Berliner Antisemitismusstreit auslöste und 1897 zugleich die «unglückliche Idee einer Emanzipation der Weiber» geißelte, die selbst Männer erfasse, «daß sie angesichts der Schreierei der Zeitungen davon reden, unsere Universitäten der Invasion der Weiber preiszugeben und dadurch ihren ganzen Charakter zu verfälschen».[3]

Allerdings begegnen uns in der Diskussion um die Öffnung der Universitäten für Frauen nie explizit antisemitische Argumente. In der heftigen Abwehr gegen die Ausländerinnen, die Russinnen vor allem, die in ihrer ganz überwiegenden Mehrzahl mosaischen Glaubens waren,[4] kann man freilich solche Motive vermuten. Erst mit dem historischen Rückblick werden die lichtscheuen, subtil diskriminierenden Strategien sichtbar. Auf der anderen Seite steht der enorm hohe Anteil der Töchter jüdischer Familien, die von der Öffnung der Universitäten profitierten, stehen Chancen und Förderung jüdischer Akademikerinnen, die ihnen außerhalb der Universität nicht zuteil geworden wären.

1.1 Methodische Barrieren

Die relativ frühe Öffnung der bayerischen Universitäten für Frauen, das Selbstverständnis der Münchner und der Würzburger Hochschulen als katholische Universitäten, eine von der preußischen abweichende Bevölkerungsstruktur, die Kulturkampfdebatten im Kaiserreich und die Stellung der Juden, alle diese Faktoren lassen auf ein höchst komplexes Bild in Bayern schließen, das sehr behutsam und sehr differenziert zu zeichnen ist.[5] Doch stehen dem Versuch, dem Ort der ‹jüdischen› Studentinnen und Wissenschaftlerinnen in den ersten drei Jahrzehnten des Jahrhunderts an den bayerischen Universitäten, ihrer Rolle, ihren Leistungen und ihrem weiteren Weg Gestalt zu geben, massive methodische Hindernisse im Wege.

Abb. 16: Karikatur über „Emancipirte Frauen“ aus den Münchner „Fliegenden Blättern“ von 1847.

Als Kriterium der Zugehörigkeit zum Judentum gilt bekanntlich bis 1933 das Bekenntnis zum jüdischen Glauben, auch und vor allem in den Bevölkerungsstatistiken. Alle zum Christentum übergetretenen oder religionslosen ehemaligen Juden werden staatlicherseits erst durch die Rassegesetze der NS-Regierung wieder zu Juden ‹gemacht›.[6] Zu ihnen gehört ein großer Teil der Studentinnen und Wissenschaftlerinnen, deren akademische Laufbahn 1933 in Deutschland abgebrochen worden ist. Ihre Zahl läßt sich aber aus den genannten Gründen keineswegs auch nur annähernd feststellen. Denn als die sogenannten Nürnberger Gesetze in Kraft traten, hatten die meisten von ihnen mehr oder weniger erzwungenermaßen die Universität bereits verlassen. Ihr weiteres Schicksal ist nur schwer rekonstruierbar, auch aus Gründen, die zur generellen Problematik der Geschichtsschreibung über Frauen gehören. Ein großer Prozentsatz der als Studentinnen eingeschriebenen Frauen hat später durch Heirat den Namen gewechselt und ist daher nur noch zufällig ermittelbar. Sie werden allenfalls erwähnt als die Ehefrauen ihrer Männer. Ihre Unterrepräsentanz in biographischen Nachschlagewerken ist ein mittlerweile bekanntes, aber durchaus noch nicht revidiertes Skandalon. Das gilt auch für das «Biographische Handbuch der deutschsprachigen Emigration nach 1933»,[7] die Forschungsgrundlage für den weiteren Werdegang emigrierter Wissenschaftlerinnen und Wissenschaftler.

Abgesehen davon, daß viele studierende Töchter ehemals jüdischer Familien religionslos oder getauft sind, fehlen für die Münchner Universität umfassende Unterlagen zur Konfessionszugehörigkeit. Die Lebensläufe in den Promotionsunterlagen nennen sie nur gelegentlich. Außerdem ist der Promotionsabschluß nicht repräsentativ, da die Absolventinnen, die Staatsprüfungen ablegten, etwa für das Lehramt, und nicht promovierten, überwiegend christlichen Konfessionen angehörten, denn Jüdinnen sind nur ganz vereinzelt in den Schuldienst übernommen worden. Die Immatrikulationsbögen waren mir erst für die späteren dreißiger Jahre zugänglich. Der Jahrgang 1911 des Bayerischen Statistischen Jahrbuchs stellt das Frauenstudium erstmals für die Jahre 1904/05 bis 1909 in einer Tabelle dar, die jedoch die Konfession nicht berücksichtigt.[8] Die Hochschulstatistiken dieses Jahrbuchs bilanzieren zwar die Konfessionszugehörigkeit, differenzieren aber nicht nach Geschlecht. Für zwei Semester immerhin (die Wintersemester 1913/14 und 1921/22) sind alle nur erdenklichen Daten über Herkunft, Konfession, Studienfächer, Mobilität bayerischer und in Bayern Studierender, in der Mehrzahl nach Geschlechtern und Hochschulen getrennt, erfaßt und ausgewertet.[9] Die neuere Forschung bezieht sich zumeist auf die differenzierten Erhebungen und statistischen Auswertungen von Hartmut Titze,[10] der für meine Frage aber ausschließlich Zahlenmaterial aus Preußen zur Verfügung hat und die für Bayern dokumentierten Zeiträume gerade überspringt, so daß die Daten nur annäherungsweise aufeinander bezogen werden können.

1.2 Die Töchter aus Familien jüdischer Herkunft an deutschen Hochschulen

Daß unter den Studentinnen der ersten Generationen Jüdinnen prozentual sehr viel stärker vertreten waren als Juden unter ihren männlichen Kommilitonen, ist bekannt, obgleich es auch prozentual, das heißt gemessen am Anteil an der Gesamtbevölkerung, mehr jüdische als nichtjüdische Studenten gab. Im Wintersemester 1908/09, dem ersten, in dem Frauen an den preußischen Universitäten regulär zugelassen waren, studierten dort 102 Jüdinnen (wohlgemerkt Glaubensjüdinnen) gegenüber 41 Katholikinnen, bei den Studenten waren es dreimal soviel Katholiken wie Juden. 1911/12 gaben über 11 Prozent aller Studentinnen in Preußen jüdische Konfession an.[11] In der überwiegend protestantischen Stadt Breslau sollen im Sommersemester 1909 64 Frauen, davon 21 Protestantinnen, 27 Israelitinnen und 6 Katholikinnen, eingeschrieben gewesen sein.[12] In Wien waren nach dem Ersten Weltkrieg durch den Zulauf der Töchter der ostjüdischen Einwanderer vorübergehend über 50 Prozent, in der medizinischen Fakultät sogar 70 Prozent der studierenden Frauen mosaischen Glaubens.[13]

In der Tat versprach der Zugang zu den akademischen Berufen den Frauen endlich die Hoffnung auf Arbeits- und Verdienstmöglichkeiten, die ihren Neigungen und Fähigkeiten entsprachen, den ‹Jüdinnen› die lang ersehnte Chance eines respektablen Eintritts in das gebildete Bürgertum. Die Gründe hierzu liegen wohl im ‹Aufstiegsdruck› der jüdischen, besonders ihrer städtischen und besitzenden Bevölkerung und der damit verbundenen Hoffnung auf eine Überwindung der gesellschaftlichen Ausgrenzung, aber wohl auch in einem besonders ausgeprägten Bildungsbedürfnis;[14] andere Ursachen mögen in der von der christlich-deutschen Familie abweichenden Sozialstruktur der jüdischen Familien, auch in ihrer deutlich niedrigeren Kinderzahl liegen, aufgrund deren auch für die Töchter ein Studium finanzierbar war.[15] In den Familien, die den jüdischen Glauben verlassen hatten, verstärkten sich diese Faktoren noch; diese Familien entwickelten eine größere Liberalität Frauen gegenüber, die im patriarchalisch orientierten orthodoxen Judentum fehlte. Jedenfalls ist die Zahl der aus der Tradition dieses Bildungsbürgertums stammenden Studentinnen und Akademikerinnen noch ungleich höher. (›Markiert‹ und damit erkennbar wird diese Gruppe erst wieder mit den sogenannten Rassegesetzen nach 1933.) Schließlich mag die stärkere Förderung intellektueller Fähigkeiten in diesem Herkunftsmilieu die auffällig hohen wissenschaftlichen Leistungen der ‹jüdischen› Hochschulabsolventinnen miterklären. Die Überrepräsentanz glich sich nach einigen Jahren etwas aus. Im Wintersemester 1932/33 betrug der Anteil der Studierenden beiderlei Geschlechts, die der jüdischen Konfession angehörten, an deutschen Universitäten und Hochschulen nur noch 3, 78 Prozent, unter den Studentinnen ist der Anteil der Jüdinnen mit 6,8 Prozent immer noch auffällig höher.[16] Freilich besitzt diese Statistik im Hinblick auf die bevorstehende Politik wenig Aussagewert, weil sie noch nicht mit der absurden Kategorie ‹Rasse› operiert.

1.3 Die Lage der Juden in Bayern und der Anteil jüdischer Studierender an den bayerischen Universitäten um 1900

Die Statistiken, die für Preußen gelten, können nicht umstandslos auf Bayern übertragen werden. Die durch das Judenedikt von 1813 festgeschriebene sehr ungünstige rechtliche Situation der Juden in Bayern änderte sich erst mit der Einführung des Reichsgesetzes vom 22. April 1871: «Alle noch bestehenden, aus der Verschiedenheit des religiösen Bekenntnisses hergeleiteten Beschränkungen der bürgerlichen und staatspolitischen Rechte sind aufgehoben.»[17] Durch die fränkischen jüdischen Gemeinden war der jüdische Bevölkerungsanteil in Bayern vergleichsweise hoch. Da es sich aber um ein wenig gebildetes Landjudentum handelte, war der Prozentsatz jüdischer Studenten an den bayerischen Hochschulen niedrig. Das lag auch an der katholisch-jesuitischen Tradition der Universitäten in München und Würzburg.[18] Im Kaiserreich wuchsen die jüdischen Gemeinden in den Städten, besonders in München, rasch an. Mit ihnen veränderte sich ihre Sozialstruktur. Ein bildungsinteressiertes und aufstiegsmotiviertes Besitzbürgertum schickte vermehrt seine Söhne, dann auch die Töchter an die Universitäten. Der hohe Anteil an Frauen aus jüdischen Familien unter den ersten Münchner Studentinnen verdankt sich freilich noch anderen Voraussetzungen. Das Großherzogtum Baden, das den ersten Schritt zur Öffnung der Universitäten für Frauen getan hatte, besaß mit Freiburg eine katholische und mit Heidelberg eine protestantische Landesuniversität, die von jüdischen Studierenden stark besucht wurde. Als dann aber mit der Ludwig-Maximilians-Universität die erste ‹Großstadt›-Hochschule den Frauen ihre Tore öffnete, war dies ein Signal für bildungshungrige Studentinnen aus dem ganzen deutschen Reich. Die Städte Frankfurt und Hamburg mit ihren mächtigen und vermögenden jüdischen Gemeinden gründeten ihre eigenen Universitäten erst 1914 bzw. 1919. Und auch die Berlinerinnen – unter ihnen waren prozentual die meisten Jüdinnen – mußten noch bis 1908 auf eine reguläre Immatrikulation an der dortigen Universität warten. Kein Wunder also, daß der Zustrom nach München beachtlich war. Schließlich spielt in Bayern angesichts der sehr verzerrten Konfessionsstatistik der Studentinnen gegenüber der Bevölkerungsstatistik der Katholizismus eine Rolle, die es genauer zu untersuchen gilt.

1.4 Der Katholizismus und die Diskussion um das Frauenstudium

Seit der Reichsgründung 1871 und durch den Verlust der katholischen habsburgischen Gebiete sah sich der Katholizismus in Deutschland deutlich geschwächt, vom preußischen Kulturprotestantismus und seinem Feindbild «Ultramontanismus» majorisiert. Der Konflikt kulminierte im Kulturkampf der siebziger Jahre. Die autoritären Beschlüsse des Ersten Vatikanischen Konzils fanden innerhalb der Katholiken in München und an der Münchner Universität ihre schärfste Opposition durch den Kirchenhistoriker Ignaz Döllinger und seinen Kontrahenten, den Philosophieprofessor Georg von Hertling, der sich später als Reichstagsabgeordneter in Berlin in die Diskussion um das Frauenstudium einschaltete. Zumal die katholische Wissenschaft geriet unter scharfen Rechtfertigungsdruck. Die Forderung nach Emanzipation der Frau, nach verbesserter weiblicher Bildung bis hin zum Hochschulzugang, rüttelte an den

Grundfesten der katholischen Lehre, wurde doch Emanzipation verstanden als Abfall von der gottgewollten patriarchalen Ordnung, von der Hierarchie in der Ehe und von der gottgewollten Rolle der Frau als Mutter und Dienende. Maßgebliche Kirchenmänner haben sich in der Debatte um das Frauenstudium zu Wort gemeldet, vor allem in Grundsatzreden auf den Katholikentagen zwischen 1887 und 1913.[19] Die nach Emanzipation rufende, über ihren häuslichen Kreis hinaus agierende, in die Männerberufe strebende Frau wird hier durchweg in Opposition zur einzig wahren, zur christlichen Frau gezeichnet: «Denn nichts dürfte gefährlicher in der Welt sein als eine emanzipierte Frau, eine sogenannte ‹Weltdame›, ohne Glauben und Gottesfurcht, ohne Religion und Sinn für heilige Sitte»,[20] das Ergebnis sei «der weibliche Freimaurer».[21] Nach der Jahrhundertwende und besonders seit den ersten regulären Immatrikulationen wurde freilich den hellsichtigen Katholiken bewußt, daß sie den Zug der Zeit verpaßten:

> «Die Zeit läßt sich nicht aufhalten. Sie wartet nicht, bis wir ihr nachkommen; sehen wir nicht müßig zu, bis lauter radikale Elemente in die höheren weiblichen Bildungsstufen und Berufszweige eingerückt sind, sonst geraten wir wieder einmal ins Hintertreffen.»[22]

Der Kolumnist im «Bayerischen Kurier und Münchner Fremdenblatt» vom 9. Juli 1898 hatte in seinem Artikel über «Das Medizinstudium der Frauen» diese Gefahr schon frühzeitig kommen sehen:

> «So viel darf schon jetzt als sicher angesehen werden, daß die Zulassung der Frauen zum höheren Studium, wenigstens des Lehramts und der Medizin, nur noch eine Frage der Zeit ist. Der Versuch wird gemacht werden. Daß er sich bewährt, ist noch nicht sicher. Wird er aber gemacht, so sollen die katholischen Mädchen nicht wieder warten, bis der Rahm von der Milch abgeschöpft ist, sondern rechtzeitig *sich betheiligen.*»

Alarmiert berichtete Michael Faulhaber (seit 1903 Professor der Theologie in Straßburg, 1917 Erzbischof von München und Freising und seit 1923 Kardinal) auf dem Würzburger Katholikentag 1907, daß von den 1800 in Deutschland studierenden Frauen kaum 200 Katholikinnen seien und in München das Verhältnis 100:27 betrage.[23] Sein Interesse am Frauenstudium gilt nicht so sehr den Belangen der Frauen als vielmehr denen der katholischen Kirche, die ihre Einflußmöglichkeiten in Schule und Gesellschaft schwinden sah. Er forderte zur verstärkten Unterstützung des 1906 gegründeten Hildegardis-Vereins auf, eines Zusammenschlusses katholischer Studentinnen, der einen Hort und Schutzraum bieten sollte gegen die Einflüsse der ungläubigen und sittenlosen Studentinnen an der Universität. «Um diesen ‹falschen Prophetinnen› entgegenzutreten, brauche man christliche Streiterinnen mit gleichwertigem Bildungsniveau.»[24] Ein Jahr später zeichnet Faulhaber auf dem Katholikentag in Breslau noch einmal das Horrorszenario an der Universität, dem es durch stärkere Beteiligung katholischer Studentinnen Einhalt zu gebieten gelte, diskriminiert «russische oder deutsche Elemente ohne genügende Vorbildung, ohne sittlichen Ernst, ohne die Maturität des Charakters» als «Parasiten der Alma mater».[25] Das Negativprofil der Studentinnen – radikal, ungläubig, sittenlos; Parasiten, Weltdamen, weibliche Freimaurer – ist nicht explizit antisemitisch, aber diese Zuschreibungen präludieren ein Vokabular, das wenig später für eindeutig antisemitische Diskriminierungen Verwendung findet. Der auch unter Katholiken sich ausbreitende Antisemitismus argumentiert aber auch später überwiegend mit den Vorurteilen des alten Antijudaismus, kaum mit den rassistischen Abwertungen.[26]

Katholische Studentinnen mußten ihren Gang zur Universität nach zwei Seiten verteidigen: Die katholische Kirche, und das heißt auch ihre katholischen Familien, Brüder und Kommilitonen, lehnten den gleichberechtigten Bildungszugang und die Abweichung von der Hausfrauen- und Mutterrolle im Grunde weiterhin ab, und auf der anderen Seite mußten sie mit den von der Kirche selbst aufgebauten Vorurteilen gegen die angeblich ungläubigen, sittenlockeren Studentinnen kämpfen. Es ist denn auch kaum verwunderlich, daß der Anteil der nichtbayerischen Studentinnen an der Münchner Universität sehr hoch war (im Sommersemester 1906 22 Bayerinnen gegenüber 33 Nichtbayerinnen), daß die Chancen für Frauen, im deutschen Kaiserreich ein Hochschulstudium aufzunehmen, statistisch im Königreich Bayern am schlechtesten und in einer norddeutschen Hansestadt fünfmal größer waren. Auf 100.000 Frauen kamen im Jahr 1917 in Bayern 8,9 Studentinnen, in Preußen 21,3 und in Lübeck 50.[27]

Dennoch zeigte der Katholizismus in München und Bayern ein breites Spektrum – von liberaler Weltoffenheit bis zum orthodoxen Konservativismus. Und dieses Spektrum prägte die Atmosphäre, die die ersten Studentinnen – Katholikinnen, Protestantinnen, gläubige Jüdinnen und solche, die zu einer christlichen Religion übergetreten waren, Bayerinnen, Preußinnen und Amerikanerinnen – um die Jahrhundertwende in München vorfanden und in autobiographischen Texten überlieferten. Sie reicht von einem auch Frauen zugewandten schöngeistigen Klima in Literatur (Franz Muncker, Abb. 4), Philosophie (Theodor Lipps)[28] und Kunstgeschichte (Heinrich Wölfflin)[29] über bigotte Abschottung der Priesterkandidaten bis zur bierdumpfen Borniertheit der Verbindungsstudenten.[30]

Paradigmatisch für die studierenden und in akademischen Berufen arbeitenden Frauen in Bayern mag Charlotte Lady Blennerhassett (Abb. 1) stehen, der als erster (und bis 1993) einziger Frau 1898 die Ehrendoktorwürde in den Geisteswissenschaften an der Münchner Universität verliehen wurde. Die Herkunft dieser bedeutenden Literatin mag zu ihrem liberalen Weitblick beigetragen haben, eine Mischung aus dem bayerisch-katholischen Beamtenadel der Grafen von Leyden und der einstmals jüdisch-bayerischen Hofbankiersfamilie Aaron Elias Seligmann, Freiherr von Eichthal. Die 1843 in München geborene, außerordentlich belesene junge Frau stand dem papstkritischen, liberalen bayerischen Katholizismus nahe, sie wurde von Ignaz Döllinger gefördert. Mit der Zeitschrift «Hochland» und ihrem Herausgeber Carl Muth verband sie das Interesse für eine undogmatische zeitgenössische Kultur.

1.5 Die bayerischen Universitäten und ihre ‹jüdischen› Studentinnen

Frauen an den bayerischen Hochschulen nach ihrer Konfession[31]

Hochschule	Gesamt	Katholisch	Protestantisch	Israelisch	Sonstiges
Wintersemester 1913/14					
München	443	114	249	63	17
	100 %	25,7 %	56,2 %	14,2 %	3,8 %
Würzburg	36	3	17	16	–
	100 %	8,3 %	47 %	44,4 %	
Erlangen	32	5	14	11	2
	100 %	15,6 %	43,7 %	34,3 %	6,2 %
TH	7	2	4	–	1
München	100 %	28,5 %	57,1 %		14,2 %
Wintersemester 1921/22					
München	1004	347	477	120	60
	100 %	34,5 %	47,5 %	11,9 %	5,9 %
Würzburg	162	65	64	27	6
	100 %	40,1 %	39,5 %	16,6 %	3,7 %
Erlangen	73	16	53	2	2
	100 %	21,9 %	72,6 %	2,7 %	2,7 %
TH	30	10	13	2	5
München	100 %	33,3 %	43,3 %	6,6 %	16,6 %

Besonders auffällig an dieser Statistik ist der extreme Rückstand der Katholikinnen im Wintersemester 1913/1914 dort, wo es sich um eine katholische ‹Provinzuniversität› wie Würzburg handelt, der dann zu einem unverhältnismäßig hohen Anteil der Jüdinnen mit 44,4 Prozent führt. Und auffällig ist auch der starke Rückgang von Einschreibungen jüdischer Studentinnen in Erlangen nach dem Ersten Weltkrieg, die einzige Zahl, die deutlich unter dem Reichsdurchschnitt liegt. Allerdings ist die Aussagekraft dieser Statistik sehr begrenzt, da bei diesen niedrigen Zahlen eine einzige Immatrikulation die Prozentanteile stark verschiebt.

Vor dem Ersten Weltkrieg scheint der Antisemitismus an der Münchner und den anderen bayerischen Universitäten zwar latent vorhanden, aber nicht dominant gewesen zu sein. Juden, wenn sie assimiliert – und darunter verstand man am liebsten auch getauft – waren, hatten kaum Schwierigkeiten. Davon berichten übereinstimmend Autobiographien von Gelehrten und Studierenden.[32] Mit dem aufbrechenden Chauvinismus im Weltkrieg und der Katastrophe seines Endes, mit der Revolution in München, die – so lautete der Vorwurf der konservativen Seite – von Juden geführt wurde, änderte sich das Klima, vor allem unter den Studenten, aber auch im Lehrkörper, zuungunsten der Juden.

Liberale Positionen vertraten in München in den Staatswissenschaften Lujo Brentano (Abb. 4) und während seiner nur kurzen Lehrtätigkeit dort Max Weber. Unter ihren Studentinnen waren zahlreiche Jüdinnen, oft die Töchter von Fabrikbesitzern, Rechtsanwälten und Bankiers: Recha Rothschild, Luise Herrmann und Käthe Mende (Promotion 1912), Paula Weiner-Odenheimer (Promotion 1914 mit einer Arbeit über «Die Berufe der Juden in Bayern», S. 129), Julie Meyer-Frank (die 1922 in Erlangen promovierte und nach ihrer Emigration an der New School for Social Research in New York lehrte[33]), Else Schönberg (Dr. rer. pol. 1924), Gertrud Baruch (Promotion 1925), Ruth Hope (Promotion 1929) und viele weitere.

Hoch ist der Anteil von Frauen jüdischer Herkunft unter den Juristinnen. An die kleine Erlanger Universität kamen Frauen aus dem ganzen Reich, um ihr Jurastudium mit der Promotion abzuschließen. Von den ersten acht dort promovierten Frauen (1914–1924) sind sieben jüdischer Herkunft. Ihr Einfluß auf die Durchsetzung der Zulassung der Frauen zu den Rechtsberufen, im Familien- und Scheidungsrecht ist ungleich größer, als uns heute bewußt ist. Emigration und Ermordung haben diese Zusammenhänge in unserem Wissen verschüttet. Als endlich 1922 per Reichsgesetz Frauen zu den Ämtern und Berufen der Rechtspflege zugelassen wurden, fanden Jüdinnen wie schon seit langem ihre männlichen Kommilitonen im freien Rechtsanwaltberuf eine prestigeträchtige Tätigkeit. Anna Selo zum Beispiel legte als zweite Frau in Bayern das Zweite juristische Staatsexamen ab, seit 1926 war sie als Rechtsanwältin in München tätig und emigrierte im Herbst 1933 nach England. Ihre Kollegin Elisabeth Kohn (Abb. 18 und S. 135) praktizierte seit 1928 als Mitarbeiterin in der Münchner Kanzlei Hirschberg/Löwenfeld, die während der Weimarer Republik in vielen Prozessen Sozialdemokraten und Pazifisten gegen Nationalsozialisten erfolgreich verteidigt hatte. Ihrer Mutter zuliebe schlug sie Fluchtmöglichkeiten aus und wurde zusammen mit ihrer Schwester, der Künstlerin Marie Luiko, und der Mutter im November 1941 deportiert und in Kovno erschossen.

Schon seit der ersten medizinischen Promotion einer Frau in München, von Margarete Schüler 1903, gehörten ‹jüdische› Medizinerinnen in auffällig großer Zahl zu den Absolventinnen dieser Fakultät und zu den niedergelassenen Ärztinnen. Die Folgen der Rassenpolitik des Nationalsozialismus waren denn auch für diese Berufsgruppe besonders verheerend.

In der Philosophischen Fakultät I, den Geisteswissenschaften, hat sich der Romanist Karl Vossler (Abb. 17) um den demokratischen und republikanischen Geist an der Universität München die größten Verdienste erworben, freilich nicht immer die Zustimmung seiner Kollegen. Als in seinem Rektoratsjahr 1926/27 die deutsch-nationalen Studentenverbindungen für einen Ausschluß der jüdischen Studentenverbindungen von der Teilnahme bei der Reichsgründungsfeier plädieren, hält er ihnen eine Standpauke, in der er jede rassistische Diskriminierung des «akademischen Judentums» als einer Universität für unwürdig erklärt: «Von der Rasse lassen Sie mich schweigen, denn dies ist ein zoologisches, kein humanes Argument, und wer sich im menschlichen Tierreich zu bewegen wünscht, der mag immerhin sich vor den Juden verschließen, als vor einer Tiergattung, die seiner Tiergattung schädlich ist. Aber eine Universität ist keine Menagerie.»[34]

Daraufhin boykottierten die studentischen Verbindungen und viele Kollegen die Reichsgründungsfeier. «Zur Festrede von Vossler war die Aula fast leer. Es fehlten auch alle nationalen oder konservativen Professoren.»[35] Die Zahl der Doktorandinnen von Vossler ist unübersehbar, und keinerlei Bedeutung hatte ihre Herkunft.

Ähnlicher Beliebtheit erfreute sich bei den Literaturwissenschaft Studierenden Fritz Strich, der – selbst Jude – in Deutschland nie einen Ruf bekam und dem antisemitischen Klima der späten zwanziger Jahre schließlich auf einen Lehrstuhl nach Bern ausweichen konnte. Zahlreiche bedeutende Literaturwissenschaftlerinnen und Literatinnen, die ins Exil flüchten mußten, verdankten diesem Lehrer ihre Förderung und richtungsweisende methodische Anstöße: Käte Hamburger (S. 132) und Alice Rühle-Gerstel (S. 132), Eva Fiesel (Abb. 44 und S. 131), Lore Feist und Marga Bauer (S. 129).

Nicht wenige der Professoren dieser Fakultät waren mit Frauen jüdischer Herkunft verheiratet und mußten dies nach den Nürnberger Rassegesetzen mit dem Hinauswurf aus der Universität bezahlen: Walter Brecht (Deutsche Philologie), Rudolf Pfeiffer (Klassische Philologie), Aloys Fischer (Pädagogik); Franz Muncker (Deutsche Philologie)[36] starb schon 1926. Richard Hönigswald, «Volljude», war noch 1930 nach zähen Verhandlungen auf den philosophischen Lehrstuhl der Münchner Universität berufen worden.

Mehr als die (unzureichenden) Statistiken könnten hier die Lebensläufe ‹jüdischer› Frauen gerade in dieser Fakultät erzählen von ihren intellektuellen Leistungen, deren Rezeption mit dem Jahr 1933 abgebrochen ist.[37]

Abb. 17: Karl Vossler 1936 in Fiesole mit seiner ehemaligen, nun emigrierten Münchner Doktorandin Susanne Eisenberg.

Wenigstens erwähnen möchte ich die Philosophin, Lyrikerin und prominenteste Rezensentin der «Frankfurter Zeitung» Margarete Susman (S. 130), die sich im Exil in der Schweiz bis ins hohe Alter mit dem Schicksal des jüdischen Volkes auseinandersetzte, sowie ihre Freundin, die Kunsthistorikerin Gertrud Kantorowicz, die wie Susman zum engsten Kreis um Georg Simmel in Berlin gehörte und deren zu später Fluchtversuch gescheitert ist. Zu nennen ist auch die Kunsthistorikerin und ausgewiesene Kunstsammlerin Grete Ring (S. 129), zweite Doktorandin von Heinrich Wölfflin, die die Kunsthandlung Paul Cassirer im Londoner Exil neu aufbauen konnte, dann die Historikerin Selma Stern-Täubler (S. 128) und ihr umfangreiches wissenschaftliches und literarisches Œuvre zur jüdischen Geschichte, die Psychologinnen und ehemaligen Münchner Studentinnen Helene Deutsch, Charlotte Bühler (S. 128) und Margaret Mahler.

Erinnert sei schließlich an die bedeutendste Tochter der Erlanger *Alma mater*, an die Mathematikerin Emmy Noether (Abb. 9 und S. 128), die hier als Professorentochter und zeitweilig einzige Studentin 1908 promovierte. (Zu ihrem Habilitationsverfahren vergleiche den Beitrag 5 in diesem Band.) Nach ihrer Habilitation 1919 hatte sie nie mehr als einen Lehrauftrag bekommen. Mit Hilfe der *Rockefeller Foundation* und des *Emergency Committee in Aid of Displaced Foreign Scholars* gelang ihr die Rettung in die USA und die Sicherung ihrer Existenz am *Bryn Mawr College* in Pennsylvania und am *Institute of Advanced Studies* in Princeton. Ihr plötzlicher Tod 1935 beendete ihre erst in den USA möglich gewordene Karriere als renommierte Wissenschaftlerin und gleichgestellte Kollegin.[38]

1.6 ‹Jüdische› Wissenschaftlerinnen und die Hochschullaufbahn

Werfen wir einen Blick auf das Schicksal der ersten habilitierten Frauen in Österreich und Deutschland, deren akademischer Werdegang ausführlich in Beitrag 5 dieses Bandes dargestellt ist: Die erste Professorin der Germanistik, Agathe Lasch, galt als *die* Kapazität für die Sprachwissenschaft des Niederdeutschen in Hamburg. 1934 wird sie zwangspensioniert und 1942 zusammen mit ihren Schwestern deportiert. Sie ist in Polen verschollen. Als Pionierin der Hochschullaufbahn gilt die renommierte Romanistin Elise Richter aus Wien, die nach erschwertem Habilitationsverfahren 1907 schließlich die *Venia legendi* erlangt hatte; sie starb, verhungerte vermutlich, 1943 als 78jährige in Theresienstadt. Ihre vier Jahre ältere Schwester Helene Richter (S. 131), eine bedeutende Anglistin, wurde noch 1931 von der Erlanger (und der Heidelberger) Universität mit der Ehrendoktorwürde geehrt. Sie überlebte die gemeinsame Verschleppung nach Theresienstadt 1942 nur um wenige Wochen. In den biographischen Daten zu Margarete Biebers Habilitationsantrag heißt es: «Sie gehörte der jüdischen Religionsgemeinschaft an, ist jedoch aus dieser ausgetreten», und darüber als handschriftliche Ergänzung: «und gehört der *altkatholischen* Gemeinde in Frankfurt a. M. an».[39] Ich kann diese Ergänzung nicht anders lesen denn als notwendig gewordene eilige Konversion, hinter der sich die ganze Tragödie des Assimilationsversprechens verbirgt, die Tilgung des Makels ‹Jude› durch die Taufe und damit die Beseitigung der größten Aufstiegshürde in bürgerliche Elitepositionen. Margarete Bieber konnte rechtzeitig ins Exil entkommen und in den USA hohe akademische Ämter bekleiden. Edith Stein, deren mehrfache Habilitationsversuche trotz des sogenannten Erlasses des Preußischen Kultusministeriums gescheitert sind, ist 1942 in Auschwitz ermordet worden. Jürgen Schmude hat in seinem Aufsatz «Professorinnen und weibliche Habilitierte an deutschen Hochschulen» eine Formulierung gebraucht, die eine schlimme Entsorgung der Geschichte darstellt: «Weitere Dozentinnen wurden durch das NS-Regime verfolgt (etwa Edith Stein)», suggeriert sie doch den Unkundigen, Edith Steins Habilitationsvorstoß sei erfolgreich gewesen, und nennt den Weg ins Gas von Auschwitz, die Wahrheit entstellend, ‹Verfolgung›.[40] Von den 56 Frauen, die 1933 als Hochschullehrerinnen tätig waren, sind 32, also über die Hälfte, in den zwangsweisen Ruhestand versetzt oder entlassen worden, davon fast alle aus «rassischen» Gründen.[41]

An keiner bayerischen Universität ist eine Frau jüdischer Herkunft habilitiert worden: Die Biologin Mathilde Hertz promovierte zwar 1925 in München, habilitierte sich dann aber 1930 in Berlin, die Medizinerin Berta Ottenstein wechselte nach der Promotion von München nach Freiburg, die Münchnerin Hedwig Guggenheimer (seit ihrer Heirat mit ihrem Lehrer Otto Hintze heißt sie Hintze-Guggenheimer) begann ihr Studium als Hörerin in ihrer Heimatstadt, legte dann in Berlin die Reifeprüfung ab und promovierte und habilitierte sich dort in Geschichte. Sie hat sich in der Emigration das Leben genommen. Nach Paula Lányi-Geists vergeblichem Habilitationsversuch (vergleiche den Beitrag 5 in diesem Band) notiert der Münchner Literat Carl Georg von Maassen, als er sie gerade kennengelernt hatte, in sein Tagebuch: «Sie erzählt, daß sie nun den Versuch mache, sich in Leipzig zu habilitieren, schildert all die blöden Schwierigkeiten, wie sie ihr in Bonn passierten, auch im kathol. München ist es ausgeschlossen.»[42] Ihre Lebensspuren führen nach Frankfurt und enden in Auschwitz. Ob ihre Ablehnung durch die Fakultät die wissenschaftliche Leistung, die Frau oder in Wahrheit (die nicht «das volle Licht vertrug») die Jüdin meinte, können wir nicht mehr entscheiden. Paula Lányi hatte sich später protestantisch taufen lassen.

Grelles Licht auf das Münchner Klima werfen die öffentliche Beachtung der ersten Habilitation einer Frau in Deutschland, Adele Hartmanns in München, sowie ihre Replik (Abb. 13, 14). Dr. med. Erwin Loewy (ich meine, aus dem Namen und dem Tenor seines Artikels im «Vorwärts» auf eine jüdische Herkunft schließen zu können) würdigt ihre Pionierleistung, sieht sie erst möglich geworden durch die Revolution und weist darauf hin, daß in der Praxis Frauen schon längst dozierten. «Doch nie offiziell! Man fand Frauen im Vorlesungsverzeichnis nicht enthalten, denn die Dozentenschaft als solche war ‹weiberrein›.» Damit ist eine Vokabel gefallen, die uns zu fatalen Analogien zwingt. Daß sie keineswegs abwegig sind, wird bestätigt einerseits durch Loewys Aufforderung an die Universitäten, «alle [Begabungen] an sich zu ziehen ohne Ansehung der Herkunft und des Geschlechts», und andererseits vom politischen Klima, das in Adele Hartmanns Arbeitsumfeld herrschte. Ihr «Chef», auf den sie sich in ihrer heftigen Zurückweisung an den «Vorwärts» dankbar beruft, der Anatom Siegfried Mollier, ist außer mit seinen hervorragenden wissenschaftlichen Leistungen auch deshalb in die Geschichte der Ludwig-Maximilians-Universität eingegangen, weil er in einer Schweigeminute die «große Menschlichkeit» des Studenten Anton Graf Arco-Valley würdigte, der am 19. Februar 1919 Kurt Eisner, den jüdischen Sozialdemokraten, ermordet hatte.[43]

All diese Streiflichter, Stimmungsbilder, Anekdoten und Miniaturporträts widersetzen sich der Zusammenfügung zu einem Gesamtgemälde mit dem Titel «Jüdische Studentinnen und Wissenschaftlerinnen in Bayern». Teile des Bildes widersprechen einander, sie heben sich auf, überlagern sich. Vielleicht läßt sich zumindest eine gemeinsame Grundierung erkennen: Für ‹jüdische›, urban orientierte Studentinnen war die Münchner Universität außerordentlich attraktiv, in einzelnen Disziplinen fanden die Frauen besonders entgegenkommende Fachvertreter vor. Jüdische Professoren, die eine ‹Normalität› des Status hätten verkörpern können, gab es in Bayern verhältnismäßig wenige. Ein Weiterkommen auf der akademischen Leiter war für Frauen jüdischer Herkunft in Bayern allerdings ausgeschlossen.

1.7 Der doppelte Makel – Frau und Jüdin

Shulamit Volkov ist in ihrem Essay über «Soziale Ursachen des jüdischen Erfolgs in der Wissenschaft»[44] durch einen Blickwechsel zu überraschenden Ergebnissen gekommen: Gerade der Ablehnung, die den Juden von ihrem ersten Schultag an entgegenschlug, schuldeten die Ehrgeizigen und Begabten unter ihnen auch den Erfolg. Aus der Erfahrung der Diskriminierung erwuchs früh die Einsicht, daß Durchschnittlichkeit nicht ausreichte, daß nur die Spitzenleistung den ‹Makel› der Geburt allenfalls ausgleichen konnte. Dieselbe Erfahrung förderte eine stark ausgeprägte Aufstiegsmentalität. Wo sich den Juden Aufstiegschancen zeigten, zum Beispiel über das Medizinstudium in den akademischen Arztberuf, nützten sie sie stärker als Nicht-Juden. Hochbegabte Wissenschaftler – so Volkov –, die aufgrund ihres Judentums nach der Habilitation auf der Hochschulkarriereleiter überlange steckenblieben, nutzten diese Zeit, um sich auf einem Seitenzweig ihres Faches derart zu spezialisieren, daß daraus eigenständige neue Fächer und neue Lehrstühle entstanden, auffällig oft an Technischen Hochschulen, den Anstalten mit dem geringeren Prestige.

Ein Stück weit ist die Parallele verblüffend: Auch von den Frauen werden nicht die entsprechenden, sondern die überragenden Leistungen erwartet, wenn sie mit den männlichen Kollegen konkurrieren wollen, auch die Frauen müssen sich den Aufstieg in die akademischen Berufsfelder Schritt für Schritt erkämpfen und können innerhalb der Universität zunächst an den Hochschulen ‹zweiter Klasse›, in neuen und randständigen Fächern Fuß fassen. Frauen aus jüdischen Familien sind die Karrieren verstellt mit Hindernissen auf zwei Seiten. Und so ist es kein Wunder, daß die Mehrzahl der Frauen, die wissenschaftlich arbeiten wollten und eben die Habilitationshürde aus dem einen oder anderen Grund nicht übersteigen konnten, immer zugleich innerhalb und außerhalb der Universität standen. Sie fanden mit ihrer Begabung, ihrer Qualifikation und ihrem Beruf in der Universität keine Heimat, sie waren, soweit es die *scientific community* betrifft, schon in der Weimarer Republik im Exil. Monika Richarz weist aber auch auf die positive Seite hin: Die (soweit möglich) erfolgreichen unter ihnen wie Emmy Noether, Lise Meitner, Margarete Susman, die engagierten Ärztinnen und die ersten Juristinnen der zwanziger Jahre schufen für ihre Generation «an den Universitäten, in der Sozialarbeit und in der bürgerlichen Frauenbewegung neue Leitbilder und Rollenmodelle für Frauen, die weit über den Kreis des deutschen Judentums hinauswirkten».[45]

2. Die rassistische Politik seit 1933 und die Folgen für die Frauen an der Universität und in akademischen Berufen

Spätestens mit dem Jahr 1933 muß die Analogie ‹weiberrein›/‹judenrein› ihr striktes Ende haben, will man sich nicht eine ungehörige Parallelsetzung von Diskriminierung und dem mit nichts zu vergleichenden Genozid zuschulden kommen lassen.

Bei den sofort mit der Machtübernahme durch die Nationalsozialisten einsetzenden antijüdischen Maßnahmen an den Hochschulen[46] spielte das Geschlecht keine Rolle. Daß sie Frauen prozentual dennoch stärker trafen, ist die selbstverständliche Folge ihrer Überrepräsentanz innerhalb der jüdischen Studentenschaft. Claudia Huerkamp aber hat auf einen entlarvenden Aspekt aufmerksam gemacht: Das «Gesetz gegen die Überfüllung der deutschen Schulen und Hochschulen» vom 25. April 1933, das einen *Numerus clausus* für Frauen mitenthielt, trug in seiner Entwurffassung «bis wenige Tage vor seiner Verabschiedung noch den Titel: ‹Gesetz gegen die Überfremdung der deutschen Hochschulen›».[47] In den Ausführungsverordnungen dieses Gesetzes wird die Neuaufnahme «nichtarischer» Studenten auf 1,5 Prozent begrenzt und die Höchstzahl an einer Fakultät immatrikulierter «Nichtarier» auf 5 Prozent festgesetzt.

An der Münchner Universität waren im Wintersemester 1932/33 unter 189 Studentinnen (im Verzeichnis der Studierenden die Buchstaben A-C) nachweislich 12 (aber vermutlich noch mehr), die nach der Definition der Nationalsozialisten «Nichtarierinnen» waren, also jede 15. bis 16. Studentin oder 6,3 Prozent. Zehn dieser zwölf Studentinnen hatten sich sofort 1933 exmatrikuliert, die letzte, Tochter eines Münchner TH-Professors, im Oktober 1935.[48] Damit erfüllte sich das «Gesetz gegen die Überfüllung» über die ‹freiwillige› Exmatrikulation der «Nichtarierinnen» ganz automatisch.[49]

Claudia Huerkamp hat die Folgen der rassistischen Gesetze für die praktizierenden Ärztinnen akribisch nachgerechnet. Ihre These lautet, «daß die jüdischen Akademikerinnen im Kaiserreich und in der Weimarer Republik mehr Nachteile aufgrund ihres Geschlechts als aufgrund ihrer Konfession hinnehmen mußten»,[50] während der Rassismus der nationalsozialistischen Politik für die Frauen in der Wissenschaft und in akademischen Berufen viel verheerendere Folgen hatte als der Antifeminismus.[51] Der erste Teil dieses bemerkenswerten Befundes muß aber doch wohl für Bayern, vor allem, soweit er die Hochschullaufbahn betrifft, revidiert werden, wobei man eben immer vermuten muß, daß sich hinter dem frauenfeindlichen Argument auch ein antisemitisches verbergen kann.

2.1 *Die Vertreibung*

Die meisten jüdischen Studierenden haben sich also für das Sommersemester 1933 schon gar nicht mehr eingeschrieben. Die offizielle Universitätsstatistik gibt einen Eindruck vom Tempo, mit dem die rassistischen Ausschlußvorschriften gegenüber den verbliebenen ‹nichtarischen› Studierenden dann Wirkung zeigten. Ungewöhnlich hoch bleibt bis zuletzt der Anteil der Frauen unter den Betroffenen.[52]

Semester	Nichtarier	Gesamtanteil der Frauen unter allen Studierenden
WS 34/35	86 (61 m + 25 w = 29 %)	19,31 %
SS 1935	85 (61 m + 24 w = 28,2 %)	18,54 %
WS 1935/36	66 (47 m + 19 w = 28,7 %)	18,03 %
SS 1936	52 (36 m + 16 w = 30,7 %)	18,22 %

In den folgenden 4 Semestern endet ein Stück gemeinsamer deutsch-jüdischer Bildungsgeschichte auch in München: Es bleiben 10, dann 6, 4, 2 nichtarische deutsche Studierende, bis der Rektor «in Befolgung der nach dem 9. November verordneten Verschärfungen dem letzten eingeschriebenen Studenten am 12. November 1938 das Betreten der Universität» verbietet.[53] Der bei aller Liberalität immer latent vorhandene Antisemitismus war gegen Ende der zwanziger Jahre manifest geworden, nun konnte er seine zerstörerische Wirkung ungehemmt entfalten.

Als Kollektivschicksal ist das Beispiel der Ärztinnen am bedrückendsten. Da in diesem freien Beruf die Herkunft keine Rolle gespielt hatte, war hier der Anteil der Jüdinnen ebenso hoch wie dann die rassistischen Vorurteile. Und ebenso heftig reagierte der neue Gesetzgeber: Den Reichsgesetzen noch zuvorkommend, erließ der bayerische Innenminister bereits am 4. April ein Immatrikulationsverbot für nichtarische Medizinstudenten, am 25. April 1933 wird die Kassenzulassung für nichtarische Ärzte aufgehoben, ab dem 13. Dezember 1935 erhalten Nichtarier keine Approbation mehr, und am 30. September 1938 schließlich erlischt die Bestallung jüdischer Ärzte. In München sind neben einer unbekannten Zahl von Medizinstudentinnen (die ihr Studium nicht mehr abschließen konnten) mindestens 28 praktizierende Ärztinnen von den Berufseinschränkungen und -verboten betroffen.[54]

Das Klima in Würzburg zeigt sich darin, daß rechtsextreme Gruppen in der Würzburger Studentenschaft schon seit 1928 – freilich ohne Erfolg – versucht hatten, einen *Numerus clausus* für jüdische Studierende und den Ausschluß von jüdischen Studentenvertretern im Asta durchzusetzen.[55] Von den zehn 1933 in Würzburg niedergelassenen Ärztinnen waren sechs Jüdinnen.[56]

In Erlangen hatte sich vor den Asta-Wahlen 1932 eine «Linke Studentengruppe» mit 22 Mitgliedern gebildet, als Gegenkraft gegen den zunehmenden Einfluß von Nazi-Studenten und antisemitischen Übergriffen gegen jüdische Studierende. Die sechs weiblichen Mitglieder stammten sämtlich aus jüdischen Familien und wurden im Mai 1933 sofort von der Universität relegiert.[57]

Wenige ‹nichtarische› Doktorandinnen konnten noch nach der Machtergreifung ihre Promotion abschließen, zum Beispiel die Literaturwissenschaftlerin Lilli Rahn 1934 in Erlangen bei Benno von Wiese. (Später wurde ihr freilich der Doktortitel wieder aberkannt.[58]) Und noch 1941, kurz bevor ein Erlaß auch die ‹Mischlinge 1. Grades› von der Universität ausschloß, gelang es der Kunsthistorikerin Hanna Trautwein (verheiratete Lenz) – offensichtlich mit Hilfe von Münchner Professoren –, überstürzt und nur mit der halben Dissertation zu promovieren.[59] Rühmend zu erinnern ist schließlich an Professor Heinrich Wieland, Richard Willstätters Lehrstuhlnachfolger, der am Chemischen Institut der Münchner Universität den Nachwuchs – so lange als irgend möglich – bei sich arbeiten ließ ohne Rücksicht auf einen lückenlosen Ariernachweis. Zu seinen Studierenden gehörten Sympathisanten des «Weiße Rose»-Kreises wie Hans Konrad Leipelt, der am 29. Januar 1945 in München-Stadelheim enthauptet wurde, oder die Chemiestudentin Hildegard Brücher (später Hamm-Brücher), die unter seinem Schutz noch am 3. März 1945 promovieren konnte.[60]

2.2 *Aberkennung der Doktorwürden*

Als Folgeschritt der Aberkennung der deutschen Staatsbürgerschaft waren die Universitäten angehalten, die akademischen Titel der Ausgebürgerten abzuerkennen. Dieses Kapitel bayerischer Universitätsgeschichte ist von der Forschung noch nicht bearbeitet. Die verschärften Archivgesetze zum Schutz personenbezogener Daten werden diesen Zustand auch in den nächsten Jahrzehnten nicht ändern. Da diese Vorgänge für die Universi-

Kennort: München
Kennummer: A 03725
Gültig bis 6. März 1944.
Name: Dr. phil. Kohn
Vornamen: Elisabeth Sara
Geburtstag: 11. Februar 1902
Geburtsort: München
Beruf: Fürsorgerin
Unveränderliche Kennzeichen: fehlen
Veränderliche Kennzeichen: fehlen
Bemerkungen: keine

A 104

Rechter Zeigefinger
Linker Zeigefinger

Dr. Elisabeth Sara Kohn
(Unterschrift des Kennkarteninhabers)
München, am 6. März 1939.
Polizeipräsidium
(Ausstellende Behörde)
(Unterschrift des ausfertigenden Beamten)

Nur von deutschen Reichsangehörigen, nicht von Ausländerinnen auszufüllen. Datum der Ausfüllung: 18. 8. 1938
Für weibliche Personen 1 2 3 4 5 6 7 8 9 10 11 12 13 14

1 Geburtsjahr: 1902
Geburtstag: 11. II.
Geburtsort: München
Kreis:

2 Beruf jetziger: Angestellte
erlernter: Rechtsanwalt
Beruf des Ehemannes:
Sind Sie selbständig od. Angestellte, Arbeiterin usw.?

3 Besitzen Sie ein Arbeitsbuch? ja
Bejahendenfalls: Von welchem Arbeitsamt? A.-A. München
Verneinendenfalls: Hatten Sie früher ein Arbeitsbuch? Von welchem Arbeitsamt?

4 Sind Sie dauernd körperlich behindert? Wodurch?
Liegt amtlich festgestellte Erwerbsbeschränkung vor? Wieviel Prozent?

5 Familienname: KOHN Dr. phil.
geborene:
Rufname: Elisabeth Sara
Familienstand: ledig, verwitwet, geschieden (Zutreffendes unterstreichen)
verheiratet mit (Vorname, Familienname), geboren am
zu (Ort) (Kreis)
Zahl Ihrer in der häuslichen Gemeinschaft lebenden Kinder unter 15 Jahren: Geburtsjahre dieser Kinder:

6 Welche Schule (auch Berufs-, Berufsfach-, Fach-, Hochschule usw., Angabe der Fachrichtung!) haben Sie außer der Volksschule besucht? (Wieviel Jahre? – Bis zu welcher Klasse? – Welche Prüfung wurde abgelegt?) Human. Gymnasium Universität
Bei Hochschulstudium: Abgelegte Prüfungen: Doktor-Examen Staatsprüfung f. d. Höh. Justiz- u. Verw. Dienst
Reichs-Nr. (Studienfach) (ab SS. 1935 erteilt)

7 Waren Sie länger als drei Monate im Auslande? (Angabe des Landes [auch abgetrennte deutsche Gebiete], der ungefähren Aufenthaltsdauer, des Jahres und des Anlasses)
Sprechen Sie fremde Sprachen? – Welche? Englisch, Französisch

8 Welche Kenntnisse und Erfahrungen besitzen Sie?
a) in Bürotätigkeit, z. B. Buchhaltung, Kurzschrift, Maschineschreiben?
b) in der Hauswirtschaft, z. B. Nähen oder Kochen? Nähen
c) in der Landwirtschaft oder im Gartenbau?
d) in der Fabrikarbeit?
e) auf einem sonstigen, auch wissenschaftlichen Sondergebiet?

Vordr. R. Pol. Nr. 191 Din 476 A 6 (148 × 210 mm)

Abb. 18: Auf Berufsausschluß und Entrechtung folgt Deportation und Tod. Polizeiliche Meldekarte der Rechtsanwältin Dr. Elisabeth Kohn mit dem seit 1938 obligaten Juden-Stempel und dem Namenszusatz „Sara".

Abdruck.

Bekanntmachung.

Auf Grund des § 2 des Gesetzes vom 14.7.1933 (RGBl.I S.480) wurden der deutschen Staatsangehörigkeit für verlustig erklärt:

1. Bach Erika Sara, geb. Schwabacher, geboren am 31.1.1907 in München, promoviert in der medizinischen Fakultät am 31.1.1933,
2. Heinemann Henry Israel, geb. am 2.11.1883 in Lüneburg, prom. in der med.Fak. am 20.8.1908,
3. Levi Siegfried Salomon, geb.am 29.7.1900 in Hamburg, prom. in der phil.Fak.am 8.5.1923,
4. Lubinski Martin Israel, geb.am 3.9.1871 in Posen, prom. in der med.Fak. am 15.7.1895,
5. Lustig Fritz Israel, geb.am 13.2.1879 in Ratibor, prom. in der naturw.Fak. am 18.6.1906,
6. Panholzer Josef, geb. am 21.3.1895 in Weilheim, prom. in der jur.Fak. am 20.9.1926,
7. Weiner Pauline, geb. Odenheimer, geboren am 20.8.1889 in Karlsruhe, prom. in der staatsw.Fak.am 24.7.1914.

Diese Personen sind des Tragens eines akademischen Grades unwürdig. Es ist ihnen daher der von der Universität München verliehene Doktorgrad durch Beschluß des zuständigen Ausschusses entzogen worden.

Die Entschließung ist mit dieser Veröffentlichung wirksam. Ein Rechtsmittel ist nicht zugelassen.

München, 9. Dezember 1941.
Der Rektor der Universität:
W. Wüst.

Abb. 19: Aberkennung der Doktorwürde von Promovierten der Münchner Universität.

täten besonders beschämend sind, und da erst in allerjüngster Zeit über eine zumindest symbolische Rehabilitierung der Betroffenen nachgedacht wird, sollen hier wenigstens die Frauen genannt werden, von deren Entzug des Doktortitels (aufgrund der Ausbürgerung aus rassistischen Gründen) wir wissen. Grundsätzlich scheinen die Aberkennungsverfahren ganz willkürlich erfolgt zu sein, je nach dem Grad der Akribie, mit dem die Verwaltungsbeamten der zuständigen Kommunen Buch geführt und Akten über die Ausbürgerung an die Universitäten weitergeleitet haben. Im Verhältnis zur riesigen Schar der Emigrierten und Ausgebürgerten ist die Zahl niedrig. Auffällig ist, daß es sich in München fast ausschließlich um Medizinerinnen und in Erlangen um Sozialwissenschaftlerinnen, Philologinnen und eine Juristin handelt. An der Ludwig-Maximilians-Universität München waren es nach den Unterlagen die Ärztinnen Julie Arnheim (Dr. med. 1904!), Erika Bach, geb. Schwabacher, Eleonore Bergmann, Alice Bilski, geb. Lachmann (S. 133), Anna Bloch, geb. Großwirth, Karoline Blume, geb. Rosenberg, Lotte Lewinsohn, geb. Michel, Lilly Rebecca Meyer, geb. Wedell, Anna Sondheimer, geb. Ettlinger, Martha Wolf, geb. Ruben (S. 136) und die Nationalökonomin Paula Weiner, geb. Odenheimer.[61]

In Erlangen traf die Aberkennung Elisabeth Hölzl, Helene Luise Oppenheim, Louise Maria Rosenfeld, geb. Pitz, Margarete Ewinger-Schenk, die Juristin Josephine Hubertine Schmitz-Otto und Dr. phil. Lilli Rahn.[62] Von den Würzburger Absolventinnen wird (unter anderen?) den Ärztinnen Stephanie Dessauer[63] und Charlotte Bergmann[64] der Dr. med. aberkannt.

2.3 Antisemitische Vertreibungs- und Vernichtungspolitik und die Folgen für die Präsenz von Frauen an den deutschen Hochschulen

Wir wissen nicht, wie viele der Frauen, die einstmals hoffnungsvoll in Bayern studiert hatten und dann aus Studium und Beruf vertrieben wurden, die Shoa nicht überlebt haben. Beispiele freilich haben wir genug. Bei unseren Recherchen sind wir auch auf zahlreiche Lebensläufe gestoßen, die mit Selbstmord endeten. Der größere Teil der Frauen konnte ins Exil entkommen, und – das darf nicht vergessen werden – für eine nicht geringe Zahl von Wissenschaftlerinnen war der Weg in die Emigration der Weg nach oben. Wo sie in Deutschland ausgeschlossen waren, fanden sie in den USA und Palästina/Israel Arbeitsmöglichkeiten und Anerkennung, die ihren Fähigkeiten entsprachen, denken wir etwa an Lise Meitner und Emmy Noether, an Eva Fiesel oder Hannah Arendt und die noch jungen Frauen, die am Anfang ihrer Karriere standen und den rassistischen Ausschlußpraktiken entkommen waren.[65]

Dennoch gilt Barbara Hahns deprimierendes Resümee: «In keinem anderen Land gibt es daher in der Geschichte intellektueller Frauen einen so tiefen Riß wie in Deutschland.»[66] Ärztinnen und Rechtsanwältinnen waren aus ihren Berufen verschwunden. Die Mehrzahl (nicht alle) der entlassenen Geistes- und Sozialwissenschaftlerinnen war, auch sensibilisiert durch die Mühen und Diskriminierungen beim Zugang zu universitärem Wissen und Arbeiten, in der geistigen und politischen Einstellung weit progressiver, der Republik und sozialgerechtem Denken gegenüber weit aufgeschlossener gewesen als manche der etablierten Universitätslehrer. Die Folge: Ihre wissenschaftlichen Arbeiten wurden seit 1933 und auch nach 1945 nicht mehr rezipiert und somit vergessen. Remigration in das konservative Klima der Nachkriegszeit bot für Wissenschaftlerinnen kaum einen Anreiz. Für die Nachkriegsgeneration von Studentinnen gab es so gut wie keine weiblichen Vorbilder. Der Riß jedenfalls ist auch nach fünfzig Jahren noch nicht geheilt.

Frauen jüdischer Herkunft an bayerischen Universitäten und was aus ihnen wurde.[67]

Käthe Lange,
geb. Silbersohn (*1891),
Dr. med. 1917,
dann Praktische Ärztin in München.
1937 nimmt sie sich das Leben.

Beate Isserlin (*1906),
Dr. med. 1933 in München,
holt 1935 in der Emigration
in England das Examen
als Ärztin nach.

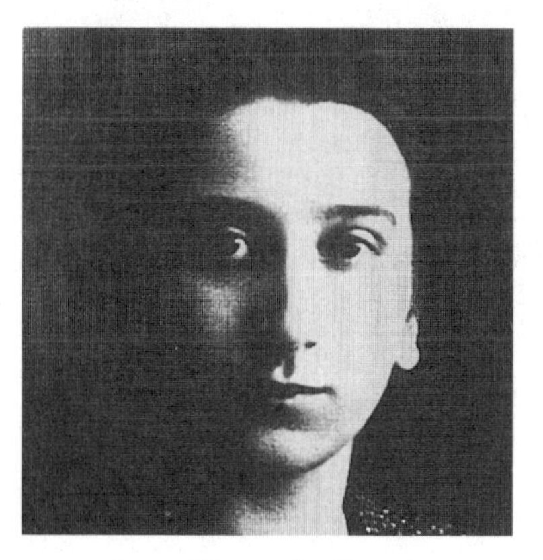

Jenny Thaustein (*1911),
aus Polen,
kann noch 1936 promovieren.
Nach dem Praxisverbot 1938
emigriert sie nach Haifa.

Helene Castrillon,
geb. Oberndorfer (*1908),
wird nach verweigerter
Approbation 1933 Kinderärztin
in Kolumbien.

Selma Stern,
verh. Täubler (*1890),
Judaistin und Schriftstellerin,
flieht 1941 in die USA,
beendet ihr Lebenswerk in Basel.

Emmy Noether (*1882),
Erlanger Mathematikerin,
wird 1933 in Göttingen entlassen,
lehrt im Exil
am Bryn Mawr College, USA.

Nelly Floersheim,
geb. Weinstock (*1899),
promoviert 1923 in ihrer
Heimatstadt Erlangen in Jura.
1938 emigriert sie in die USA.

Bella Müller (*1902),
promoviert 1931 in München
und wird Ärztin.
1935 emigriert sie
nach Haifa/Palästina.

Paula Weiner,
geb. Odenheimer (*1889),
Dr. rer. pol. 1914,
emigriert (mit Familie) nach Palästina,
1941 Aberkennung der Doktorwürde.

Käthe Brodnitz,
verh. Froehlich (*1884),
Literatin im Kreis
der Münchner Expressionisten,
ab 1938 Lehrtätigkeit in den USA.

Marga Bauer,
verh. Noeggerath (*1906),
Literatin, führt ein ruheloses Exilleben
zwischen Florenz, London,
Paris und Bern.

Grete Ring (*1887),
Dr. phil., Kunsthistorikerin,
baut in London nach der Emigration
die Kunsthandlung Paul Cassirer
neu auf.

Margarete Berent (*1887),
erste Anwältin Preußens,
betreut seit 1933 jüdische Gemeinden,
flieht 1939 ins Exil,
wird Anwältin in New York.

Benita Wolff (*1893),
1918 Dr. med.,
Augenärztin in München.
Sie nimmt sich einen Tag
vor der Deportation das Leben.

Charlotte Aschenheim,
geb. Lehmann (*1881),
erste Münchner Kunsthistorikerin.
Sie vergiftet sich 1941
mit Zyankali.

Margarete Susman (*1872)
vermittelt als Schriftstellerin
christlich-jüdisches Denken.
1933 emigriert sie
in die Schweiz.

Eva Fiesel,
geb. Lehmann (*1891),
findet als Etruskologin erst
im Exil in den USA den ihr
angemessenen Wirkungskreis.

Helene Richter (*1861),
Wiener Anglistin,
1931 erste Ehrendoktorin in Erlangen.
Sie stirbt 1943 (?) 82jährig
in Theresienstadt.

Charlotte Bühler,
geb. Malachowski (*1893),
lehrt seit 1920 als Psychologin
in Wien, kann ihre Karriere in
den USA fortsetzen.

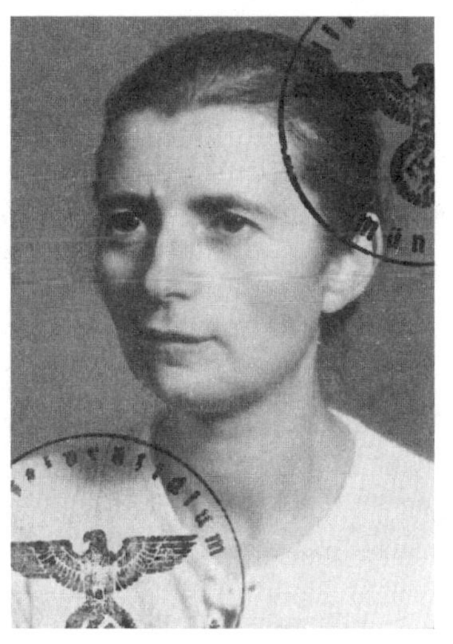

Rosa Silberschmidt (1892),
Dr. phil., Studienrätin,
nach 1933 an der
jüdischen Volksschule.
Deportation und Ermordung 1942.

Käte Hamburger (*1896),
Germanistin und Philosophin,
wird 1956 aus dem schwedischen
Exil nach Deutschland
zurückgeholt und habilitiert.

Alice Rühle-Gerstel (*1894),
Forschungen zur Frauenfrage
und Individualpsychologie.
Sie nimmt sich 1943
in Mexiko das Leben.

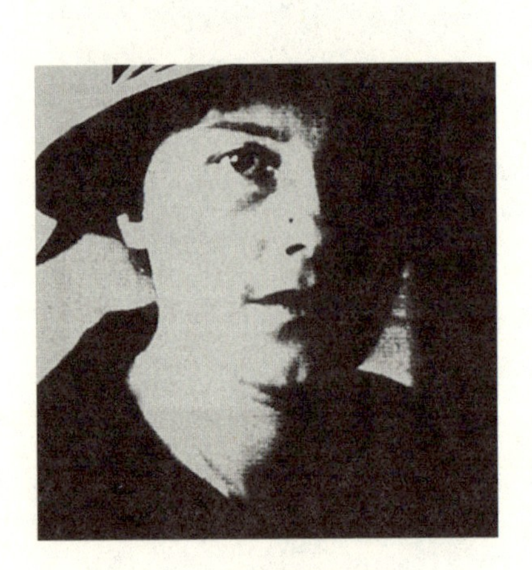

Hildegard Heim,
geb. Wiesenthal (*1884),
Praktische Ärztin in München,
emigriert 1938 über Zürich
in die USA.

Else Sonnemann (*1893),
Praktische Ärztin,
wird 1941 inhaftiert,
deportiert und in Kowno
bei Riga erschossen.

Grete Weil,
geb. Dispeker (*1906),
Studienabbruch, Exil in Holland,
ihr Schreiben umkreist seither
die Erfahrung der Shoa.

Alice Bilski,
geb. Lachmann (*1895),
Praktische Ärztin,
emigriert 1939 nach Palästina,
der Doktortitel wird aberkannt.

Leonie Zuntz (*1908)
kann ihre Dissertation
in Hethitologie 1934 noch beenden.
Sie nimmt sich 1942 im Londoner
Exil das Leben.

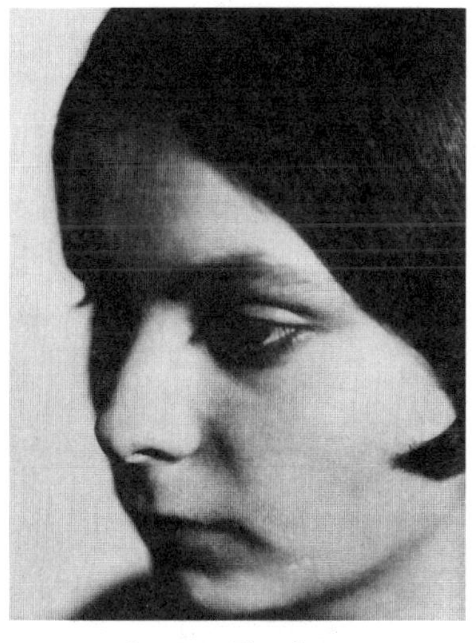

Susanne Eisenberg,
verh. Bach (*1909),
Romanistin, baut im brasiliani-
schen Exil einen internationalen
Buchhandel auf.

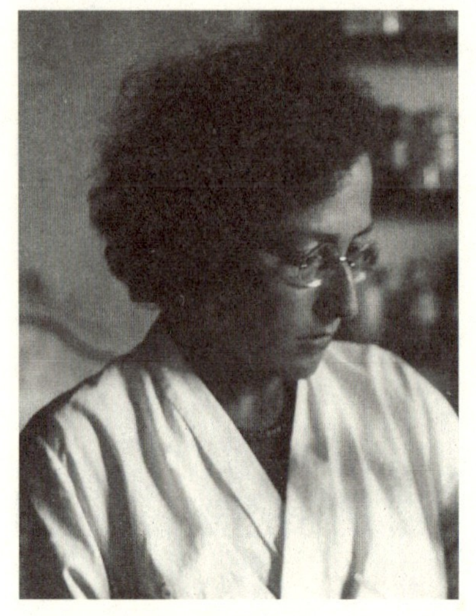

Ruth Kitzinger,
verh. Keller (*1907),
1934 Promotion bei Ruth Beutler
in Zoologie,
Emigration nach Basel.

Margarete Muehsam-Edelheim,
geb. Meseritz (*1891),
Dr. jur 1913, Pressejuristin,
arbeitet im Exil am Leo Baeck Institute
in New York.

Melitta Schiller,
verh. von Stauffenberg (*1903),
macht als Sturzflugpilotin
im NS-Regime
steile Karriere.

Margrit Gutmann,
geb. Rosenstern (*1903),
1928 Dr. phil. in München,
wird 1943 deportiert.
Ihr Ende heißt Auschwitz.

Hedwig Rothschild,
verh. Kandel (*1912),
muß 1933 am Tag
des Physikums emigrieren
und wird in Israel Malerin.

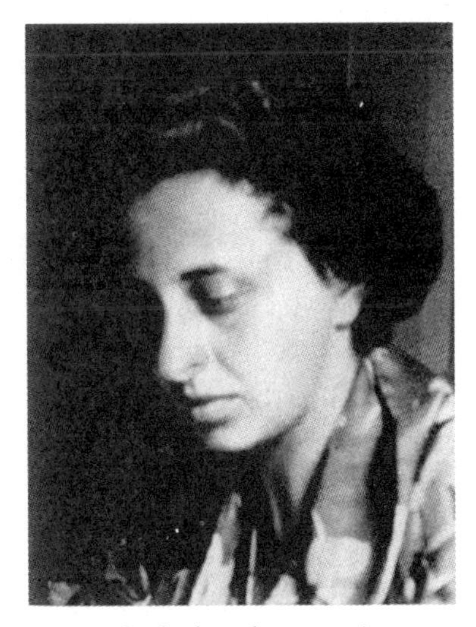

Elisabeth Kohn (*1902),
Entzug der Anwaltszulassung 1933,
wird 1941 mit Schwester
und Mutter deportiert
und erschossen.

Magdalena Schwarz (*1900),
geb. Buchwald,
Ärztin, entgeht – versteckt
in der psychiatrischen Anstalt –
der Deportation.

Sophie Mayer (*1897),
Praktische Ärztin in München,
überlebt seit 1942
im Untergrund und emigriert
später in die USA.

Paula Lányi-Geist,
verh. Keim (*1891),
Historikerin,
bemüht sich vergeblich um Dozentur.
In Auschwitz verschollen.

Dora Weiss,
geb. Kleinhaus (*1890),
emigriert nach fast zwanzigjähriger
Tätigkeit als Ärztin in München
1941 in die USA.

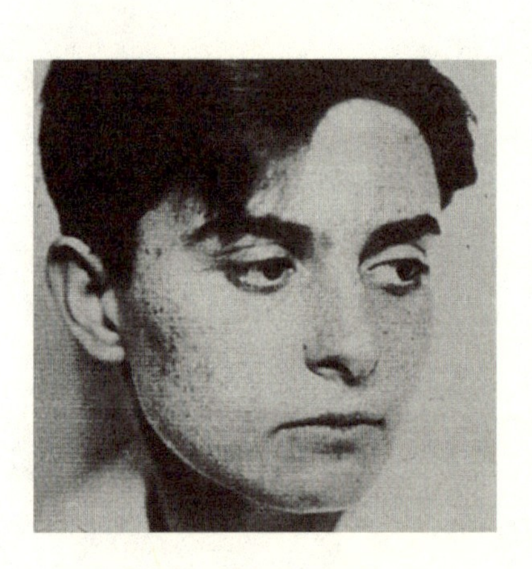

Irma Ortenau (*1905),
Staatsexamen 1936,
lebt seit 1940 in Rom
im Untergrund, 1947 Approbation
in München, Internistin.

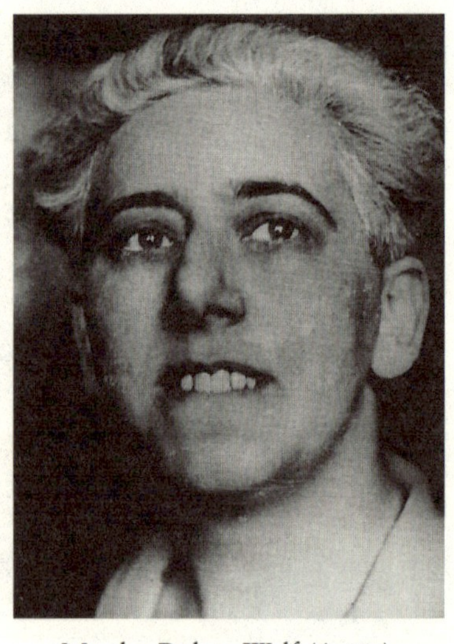

Martha Ruben-Wolf (*1887),
Dr. med., engagiert sich gegen § 218,
flieht als KPD-Anhängerin
in die UDSSR.
Selbstmord 1939.

II.
Geschlecht und Profession

Abb. 19a: Studentinnen im Labor 1939

7.

Marita Krauss

«Man denke sich nur die junge Dame im Seziersaal ... vor der gänzlich entblößten männlichen Leiche»

Sozialprofil und Berufsausübung weiblicher Ärzte zwischen Kaiserreich und Republik

> «Im allgemeinen ist es nicht wahr, daß Frauen sich scheuen, sich von männlichen Ärzten behandeln zu lassen, und es wäre schwer einzusehen, weshalb sie sich scheuen sollten. Die Wissenschaft hat kein Geschlecht. Ebensowenig aber ist einzusehen, weshalb die Männer sich scheuen sollten, sich von weiblichen Ärzten behandeln zu lassen. Das Geschlecht hat in dem einen Fall sowenig zu sagen wie in dem anderen. Auf die Leistungsfähigkeit allein kommt es an.»[1]

Als im Jahre 1896 Dr. Hope Bridges Adams Lehmann (Abb. 21), eine der ersten in Deutschland praktizierenden Ärztinnen,[2] in der «Deutschen Medizinischen Wochenschrift» für die Gleichbehandlung männlicher und weiblicher Ärzte plädierte, durften sich Frauen in Deutschland noch nicht an Universitäten immatrikulieren, sie konnten keine Staatsexamina ablegen und nicht den Doktortitel erwerben. Die 1880 in Bern promovierte und in Dublin approbierte Hope Adams Lehmann mußte offiziell als ‹Kurpfuscherin› arbeiten und sich ihre Rezepte, Impf- und Totenscheine von ihrem in Deutschland approbierten Mann unterschreiben lassen,[3] als sie sich 1896 in München als erste Ärztin niederließ: Eine Approbation für weibliche Ärzte gab es noch nicht; und erst nach einem Bundesratsbeschluß von 1899[4] konnten Frauen in Deutschland medizinische Staatsexamina ablegen und damit zur Approbation zugelassen werden. Noch 1894 war der Chefarzt der Münchner Universitäts-Frauenklinik, Professor Franz von Winckel (Abb. 4), deutlich vom bayerischen Kultusministerium gerügt worden, weil er einige im Ausland promovierte Frauen für je zwei Monate an seiner Klinik hatte volontieren lassen; die Klinik sei ein «Universitäts-Attribut» und «nach ihrer Zweckbestimmung nur Universitätsstudierenden zugänglich».[5]

Dies zeigt, daß sich nach einem hoffnungsvollen Anfang fast zwanzig Jahre lang wenig bewegt hatte: Bereits Mitte der siebziger Jahre war es Franz von Winckel gewesen, der als erster deutscher Klinikchef in Dresden angehenden Medizinerinnen die Möglichkeit des Praktizierens geboten hatte; sie kamen entweder von amerikanischen, englischen und Schweizer Universitäten zu ihm – wie die ersten deutschen Ärztinnen Franziska Tiburtius und Emilie Lehmus[6] – oder waren – wie Hope Bridges Adams – als Hörerinnen an der Universität Leipzig eingeschrieben. 1897 resümierte von Winckel in den von Arthur Kirchhoff zusammengetragenen Stellungnahmen zum Frauenstudium, er habe inzwischen rund 40 Medizinerinnen als Volontärärztinnen beschäftigt und «die meisten dieser Schülerinnen mit Freuden als mindestens gleichwertig anerkennen müssen».[7]

1. «Ich sage nein und abermals nein!» – Argumente für und gegen weibliche Ärzte

Mit seinem zustimmenden Urteil stand von Winckel im Gegensatz zu einem Großteil seiner Kollegen: Von seiten der Mediziner wurde ein erbitterter Kampf gegen das Frauenmedizinstudium geführt. Die Argumente reichten von der «geistigen Minderwertigkeit» der Frauen, die der Münchner Anatom Theodor Bischoff 1872 konstatierte,[8] über den «physiologischen Schwachsinn des Weibes», den der Gynäkologe Paul Möbius zu beweisen versuchte,[9] bis zur Sorge der Professoren um die Sittlichkeit aller Beteiligten. So antwortete der Königsberger Anatom Professor Stieda auf die Äußerung einer Studentin, sie geniere sich nicht bei dem gemeinsamen Unterricht von Männern und Frauen: «Aber ich geniere mich!»[10] Und der Berliner Pathologe Johannes Orth appellierte:

> «Man denke sich nur die junge Dame im Seziersaal mit Messer und Pinzette vor der gänzlich entblößten männlichen Leiche sitzen [...], man berücksichtige, daß das alles in Gegenwart der männlichen Studenten vor sich geht, daß die männlichen und die weiblichen in der ersten Zeit der Mannbarkeit stehen, wo die Erregung der Sinnlichkeit ganz besonders leicht und gefahrvoll ist [...]! Ich sage nein und abermals nein!»[11]

Hinter diesen öffentlich diskutierten Argumenten stand die heimliche Sorge der organisierten Medizinerschaft, durch Studienmöglichkeiten für Frauen gefährliche Konkurrenz großzuziehen und den eigenen Stand durch seine «Verweiblichung» abzuwerten: Vorurteil, Standesdenken und Konkurrenzangst bestimmten die Haltung vieler männlicher Kollegen, die bei einem höheren Frauenanteil Prestigeeinbußen und schlechtere eigene Beschäftigungsmöglichkeiten befürchteten.[12] In den verschiedenen Fachorganen[13] war immer wieder von der «Überfüllung» der Universitäten die Rede, vom «Überlebenskampf» der Ärzte und von der Notwendigkeit

Abb. 20: In Berlin richtet Professor Hans Virchow 1903/04 einen eigenen Sezierkurs für Frauen ein.

einer schlagkräftigen ärztlichen Standesvertretung zur Abwehr der Gefahren durch Frauen, Naturheilkundige oder Kurpfuscher.

Die Befürchtung, die Frauen könnten am Medizinstudium Gefallen finden, war nicht unberechtigt: 1903/04 studierten an den bayerischen Universitäten München, Würzburg und Erlangen 18 Medizinstudentinnen,[14] 1913/14 waren es 187,[15] 1921/22 schon 411 und damit über zehn Prozent aller Humanmedizinstudierenden und 1932/33 dann bereits 822 Frauen unter 4150 angehenden Ärzten.[16] Die Medizin, einschließlich der hier nicht angeführten Zahnmedizin, stellte damit noch vor der Ausbildung für das Höhere Lehramt das bevorzugte Studienfach für Frauen dar: So studierten in Würzburg im ersten Jahrhundertdrittel jeweils rund die Hälfte aller immatrikulierten Frauen Medizin.[17]

Auch die Frauenbewegung nahm sich der Thematik an. Doch die Parole «Weibliche Ärzte für weibliche Patienten!», mit deren Hilfe einige Frauenrechtlerinnen für das Medizinstudium von Frauen stritten, erwies sich als ambivalent. Akademische und besonders medizinische Ausbildung für Frauen wurde hier mit eben den Argumenten begründet, die andererseits dagegen ins Feld geführt wurden: mit dem bürgerlichen Frauenbild und dem viktorianischen Schamgefühl des 19. Jahrhunderts. Vorausschauende Ärztinnen wie Hope Bridges Adams Lehmann plädierten daher vehement gegen eine geschlechtsspezifische Einengung des Ärzte-

Abb. 21: Dr. med. Hope Bridges Adams Lehmann, die erste Münchner Ärztin, in ihrem Arbeitszimmer (um 1910).

berufs, die letztlich nur die Zweitklassigkeit von Medizinerinnen zementiert hätte. Sie hofften, das ‹weibliche Schamgefühl›, das oft den rechtzeitigen Gang zum Arzt verhinderte, durch Aufklärung und Reform zu vermindern und es nicht durch spezielle ‹Ärztinnen für Frauen› zu bedienen.[18]

Dennoch bot das Medizinstudium die Möglichkeit akademischer Qualifikation in einer geschlechtsspezifischen Nische, denn kaum jemand stellte ernsthaft die grundsätzliche weibliche Befähigung zum Heilberuf in Frage. Das Bild der Mann und Kinder pflegenden und umsorgenden Frau war fester Bestandteil bürgerlicher Wertvorstellungen und gehörte zum Repertoire von Unterhaltungsromanen, Medizinratgebern und illustrierten Zeitschriften. Angehende Ärztinnen mußten daher nicht von vorneherein befürchten, aufgrund ihres Studiums ganz und gar ihre weibliche Identität einzubüßen.[19] Im Gegensatz zu dem zweiten gesellschaftlich akzeptierten Feld weiblicher Betätigung, dem Beruf der Lehrerin, gab es bei den Medizinerinnen überdies keine Verpflichtung zu zölibatärer Lebensweise.

Hier entstand also ein neuer weiblicher Lebensentwurf: Akademisch qualifizierte Frauen gingen einer anstrengenden, aber hoch angesehenen Tätigkeit nach und verzichteten trotz aller damit verbundenen Probleme nicht auf Ehe und Familie. «Die kräftige Frau», schrieb Hope Adams Lehmann, «die reife Frau, die weibliche Frau, die Frau, die das Lieben gelernt hat, wird sich klar sein, daß ein Leben ohne Beruf für sie unmöglich ist. [...] Mit zerrissenem Herzen wird sie von den Kindern zu der Arbeit und von der Arbeit zu den Kindern gehen. Stets verfolgt von dem quälenden Bewußtsein, beiden Aufgaben nicht voll gerecht werden zu können, hin und her gezerrt von widerstrebenden Pflichten, muß sie dennoch ihr Geschick erfüllen und sich neben dem Mann in Reih und Glied stellen. [...] Die Menschwerdung des Weibes ist eine Signatur unserer Zeit.»[20]

2. *«Frl. Dr. med.» – ein Sozialprofil*

Wer waren nun die ersten Frauen, die an bayerischen Universitäten studierten und promovierten? Woher kamen sie, aus welchen Schichten stammten sie? Für die 156 Frauen, die seit der ersten Zulassung zur Universität 1903 bis einschließlich 1921, als eine zweite Etablierungsphase des Frauenstudiums begann,[21] in München in Humanmedizin promovierten, existieren zwar keine Promotionsakten, doch die Lebensläufe in den Dissertationen geben meist über Herkunft, Lebensalter und Studium Auskunft. Die weiteren 420 Frauen, die zwischen 1922 und 1933 an der Münchner Universität in Medizin promovierten, bleiben zunächst unberücksichtigt.[22] Würzburg und Erlangen sind zum Vergleich heranzuziehen: In Würzburg promovierten bis 1933 insgesamt 230 Frauen in Medizin oder Zahnmedizin, bis 1921 waren es 38 Medizinerinnen und 14 Zahnmedizinerinnen; in Erlangen schlossen bis 1933 insgesamt 75 Ärztinnen ihr Studium mit der Promotion ab, 17 Humanmedizinerinnen und fünf Zahnärztinnen bis 1921.[23]

Fast alle der untersuchten Münchner Doktorandinnen stammten aus Deutschland; nur 18 Ausländerinnen, darunter elf Russinnen, promovierten in München. Dies ist bemerkenswert, bedenkt man die vielfach artikulierte Sorge vor einer Überfüllung der Hochschulen durch Ausländer, in der das Zerrbild der zigarettenrauchenden, anarchistischen, russischen, womöglich noch jüdischen Studentin eine besondere Rolle spielte. Die Würzburger Doktorinnen kamen alle aus Ländern des Deutschen Reiches, in Erlangen promovierten jedoch auch zwei Russinnen und zwei Frauen aus der Habsburgermonarchie.

Über die Religionszugehörigkeit der Doktorandinnen lassen sich leider keine hinreichenden Daten ermitteln. Doch für rund hundert der Münchner angehenden Ärztinnen sind die Berufe der Väter zu eruieren. Um ihre Besonderheiten herauszuarbeiten, werden im folgenden die Zahlen der bayerischen Hochschulstatistik für 1913/14 und 1919 bis 1922, durch die alle bayerischen Medizinstudierenden erfaßt sind, mit den erarbeiteten

Abb. 22: Münchner „Fliegende Blätter" 1922.

Daten der Ärztinnen verglichen. Stammten 29 Prozent der Studierenden in diesen Jahren aus Akademikerfamilien, so waren es bei den Doktorandinnen 45 Prozent; aus den Bereichen des finanzkräftigen Handels und der Industrie kamen rund 33 Prozent der Studenten, jedoch 47 Prozent der Promovendinnen, wohingegen der bürgerliche und bäuerliche Mittelstand sowie Kreise ohne höhere Schulbildung zwar über 38 Prozent der Medizinstudierenden, aber nur acht Prozent der weiblichen Absolventinnen stellten.[24] Dies bestätigt einmal mehr die Annahme, daß nur Frauen aus höheren sozialen Schichten ein Medizinstudium beginnen und zu Ende bringen konnten: Ein Viertel der Absolventinnen kam aus den Familien höherer Beamter, gut ein Zehntel hatte einen Arzt zum Vater, nur je eine Doktorandin gab als Beruf des Vaters Landwirt, Maurermeister, Schreinermeister oder Postbeamter an.

Manche Medizinstudentin hatte zunächst die Lehrerinnen-Ausbildung absolviert und an einer Mädchenschule unterrichtet, bevor sie sich durch Privatlehrer, über Gymnasialkurse wie die von Helene Lange in Berlin und Leipzig oder von Adolf Sickenberger in München auf das Abitur vorbereitete. Hinzu kamen die ersten Abiturientinnen der wenigen Mädchengymnasien, so des 1893 eröffneten Gymnasiums in Karlsruhe: Dort hatte die dritte in München praktizierende Ärztin, Rahel Straus (Abb. 43), absolviert.

Die zwischen 1903 und 1921 in München promovierte Doktorin der Medizin, «Frl. Dr. med.», stammte also normalerweise aus dem gehobenen bürgerlichen Mittelstand, war nach 1880 geboren und knapp 30 Jahre alt. Sie hatte meist an mehreren deutschen Universitäten studiert, ihre klinischen Semester als Medizinalpraktikantin in den verschiedenen Fachabteilungen der Krankenhäuser absolviert und das Staatsexamen hinter sich gebracht. Sie war bereits im Besitz ihrer Approbation und arbeitete nun als unbezahlte Volontärassistentin an einer Klinik. Der Doktortitel bildete in der Regel den Abschluß ihrer Ausbildung, obwohl er formal zur Berufsausübung nicht nötig war. Nun stand sie vor der Frage, ob sie sich weitere Jahre als Volontärin finanziell leisten konnte, um sich fachlich weiterzubilden, ob sich für sie die Möglichkeit einer bezahlten Klinikstelle bot oder ob sie sich als Ärztin niederlassen wollte.

3. Ärztinnen in Kliniken – der mühsame Weg der Professionalisierung

Die ersten akademisch ausgebildeten Medizinerinnen praktizierten vorwiegend in Großstädten; nach Berlin stand München dabei an zweiter Stelle.[25] Mit seinen Universitätskliniken, städtischen Krankenhäusern und privaten Heilanstalten bot es einen guten Arbeitsmarkt für angehende Ärzte.[26] Es lohnt daher, am Münchner Beispiel zu untersuchen, wie es mit den Doktorinnen nach ihrem Abschluß weiterging: Konnten sie in Kliniken arbeiten und praktische Erfahrungen sammeln? Wie waren die Arbeitsbedingungen, die Bezahlung, die Möglichkeiten der Karriere, das Heiratsverhalten? Gab es geschlechtsspezifische Benachteiligungen?

Nach einer langen Anlaufphase bis 1914 bot sich den approbierten Frauen durch den Ausbruch des Ersten Weltkrieges zunächst eine einzigartige Chance zur Professionalisierung.[27] Überall in Deutschland und in den Kampfgebieten entstanden Lazarette, in denen man dringend ärztliches Personal benötigte. Überdies wurde ein beträchtlicher Teil der männlichen Ärzte eingezogen und konnte nur durch weibliche Kräfte ersetzt werden. Daher finden sich sogar im Personalverzeichnis der Münchner Universität im Sommersemester 1918 23 Frauen, die in den Münchner Universitätskliniken als Assistentinnen beschäftigt waren. Allein an der Psychiatrischen Klinik unter Professor Emil Kraepelin arbeiteten sieben

Frauen; nur der Klinikchef, der Oberarzt und der Leiter des serologischen Laboratoriums waren noch Männer. Diese Hochkonjunktur nahm nach Kriegsende jedoch ein jähes Ende: Waren bis zum 1. April 1919 noch 30 von rund 170 etatmäßigen Assistentenstellen – hinzu kamen 159 unbezahlte Volontärstellen – an den Universitätskliniken mit Frauen besetzt, so wurden diese erst auf 13, später noch stärker reduziert, um den heimkehrenden Kriegsteilnehmern Platz zu machen. Erst ab dem Winter 1925/26 ist ein Aufschwung zu erkennen, es sind nun immerhin wieder neun Assistenzärztinnen verzeichnet. Das ist als Zeichen für die beginnende Etablierung der weiblichen Ärzte zu werten. Dies änderte sich jedoch wieder 1933 mit den Maßnahmen der Nationalsozialisten gegen Frauenstudium und Frauenberufe, die vor allem auch gegen die jüdischen Studentinnen und Ärztinnen gerichtet waren.[28]

Weibliche Oberärzte oder gar Chefärzte gab es an keiner Münchner Klinik. Auch der Titel einer Privatdozentin, den im Wintersemester 1918/19 als erste in München und Deutschland Adele Hartmann (Abb. 13) durch ihre Habilitation erwarb, berechtigte nicht automatisch zu einer solchen Karriere. Einigen Frauen war es jedoch während des Ersten Weltkrieges immerhin gelungen, in städtischen Kliniken zu ersten Assistenzärztinnen oder Oberassistentinnen aufzusteigen; damit vertraten sie den Oberarzt während dessen Abwesenheit. Dies galt für Agnes Sickenberger, Oberassistentin in der Prosektur des Krankenhauses rechts der Isar, für Lili Margarete Salzberger im städtischen Gisela-Kinderspital, aber auch für Prisca Belz, verheiratete Schlick, Assistentin an der I. medizinischen Abteilung des Schwabinger Krankenhauses unter dem damaligen Oberarzt und späteren Klinikchef Hermann Kerschensteiner, der sich vielfach für die weiblichen Ärzte einsetzte.

Einige weitere Klinikkarrieren hingen eng mit persönlichen Verbindungen zusammen. So wurde Toni Schmidt-Kraepelin, Tochter des Chefarztes der Psychiatrischen Klinik, seit ihrer Approbation 1913 von ihrem Vater in der Klinik beschäftigt. In den zwanziger Jahren arbeitete sie an der Deutschen Forschungsanstalt für Psychiatrie, der ebenfalls ihr Vater vorstand.[29] Die 1913 promovierte Franziska Albrecht heiratete 1914 ihren Oberarzt Hermann Kerschensteiner und wirkte bis 1917 weiterhin als seine Assistenzärztin am Schwabinger Krankenhaus. In eine leitende Funktion stieg jedoch nur Ita Rüdin-Senger auf, die seit 1917 als Assistentin an der Psychiatrischen Universitätsklinik beschäftigt war, dort den Oberarzt Ernst Rüdin heiratete und nach dem Krieg zunächst als stellvertretende Leiterin, dann als Leiterin der Psychiatrischen Poliklinik arbeitete.[30]

Normalerweise sahen Chefärzte eine Heirat auch bei männlichen Assistenzärzten nicht gerne, da sie ein Nachlassen der Leistungsbereitschaft befürchteten; von Ferdinand Sauerbruch ist überliefert, daß er Assistenten entließ, die sich verlobten.[31] In jedem Falle mußte die Verehelichung of-

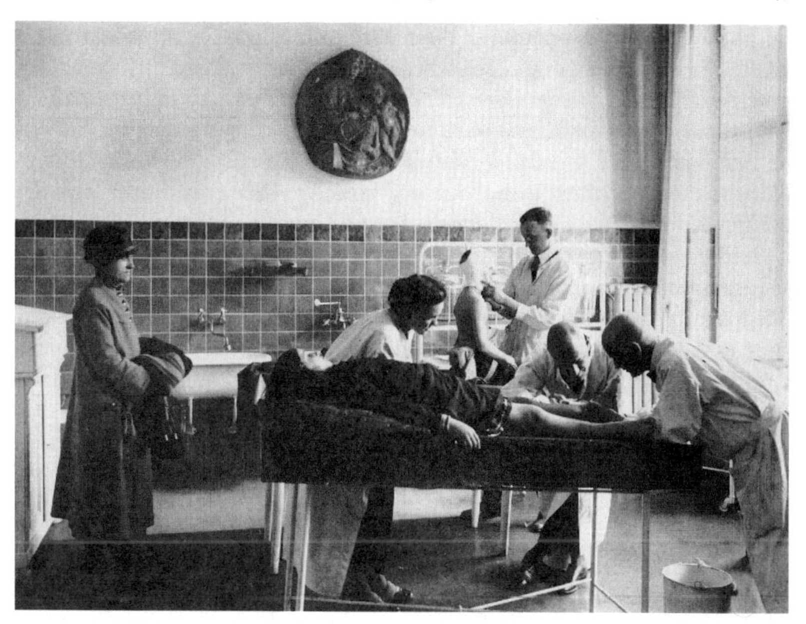

Abb. 23: Untersuchungsraum im Haunerschen Kinderspital München.

fiziell vom Vorgesetzten genehmigt werden. Es gab jedoch auch Einschränkungen, die nur Frauen betrafen: Auf dem genehmigten Gesuch von Luise Stark, die 1917 eine Kriegstrauung mit dem Assistenzarzt der Reserve Wolfgang Gerlach beantragte, findet sich 1917 die Anmerkung ihres Oberarztes aus dem Sanatorium Harlaching: «Im Falle der Gravidität hat die künftige Frau Gerlach rechtzeitige Kündigung in Aussicht gestellt.»[32] So wurde dies auch gehandhabt: Eine Ärztin kündigte vier Monate vor der Entbindung und nahm drei Monate nach der Geburt ihre Arbeit wieder auf, eine andere Assistenzärztin im Krankenhaus rechts der Isar erhielt zunächst unbezahlten Urlaub von drei Monaten für ihre Entbindung, kehrte dann aber doch nicht in die Klinik zurück.[33] Während der Kriegsjahre war man in den Krankenhäusern so sehr auf weibliche Arbeitskräfte angewiesen, daß selbst verheiratete Frauen mit Kindern weiterbeschäftigt wurden. Doch diese Toleranz hatte noch andere Gründe. So setzt eine Stellungnahme von 1918 ein weiteres zynisches Schlaglicht auf Frauenkarrieren während des Krieges:

> «Obwohl die Dame [Wilhelmine Lasser] verheiratet ist, glaube ich doch ihre Anstellung befürworten zu können, weil sie durch ihr Verheiratetsein nicht an der Erfüllung ihrer Pflichten verhindert ist – ihr Mann steht im Felde.»[34]

Bezahlt wurden Männer und Frauen in den Kliniken von Anfang an gleich. Es gab feste Sätze, die sich nach den Dienstjahren richteten. Um gute Ärzte zu bekommen, warben die städtischen Krankenhäuser durchweg mit soliden Grundgehältern, freier Kost und Logis – die auf Wunsch in bar ausbezahlt wurden – und mit Teuerungszulagen. Volontärärzte jedoch, die approbiert sein mußten, konnten sich erst in der zweiten Hälfte der zwanziger Jahre über die freie Unterkunft hinaus ein kleines monatliches Entgelt erstreiten.[35]

Insgesamt boten die Kliniken, die den Frauen während ihrer Zeit als Medizinalpraktikantinnen ohnehin offenstanden, einen wichtigen Einstieg in die medizinische Praxis. Über Volontärstellen gelang in Zeiten des Ärztemangels oft der Übergang zu Aushilfs- und letztlich zu vollwertigen Assistenzarztstellen, die zwar bei den Frauen nicht zur Habilitation, aber doch zu einer fundierten Fachausbildung führten. Diese bildete eine wichtige Voraussetzung für die spätere Niederlassung.

4. *Praktische Ärztin mit oder ohne Geburtshilfe*

Für die Frauen, die vor dem Ersten Weltkrieg ihre Ausbildung abgeschlossen hatten und über eine gewisse finanzielle Basis verfügten, war die Eröffnung einer eigenen Praxis oft die einzige Chance, ihren Beruf auszuüben, hatten sie doch kaum eine Aussicht auf Anstellung. Das galt dann auch 1919, als viele Medizinerinnen durch die Kriegsheimkehrer aus den Kliniken verdrängt wurden.

Etliche der in München angesiedelten Ärztinnen hatten dort auch promoviert oder in einer Klinik gearbeitet.[36] Es bleibt jedoch im Dunkeln, wie viele Medizinerinnen anderswo tätig wurden und wie viele ihren Beruf nie ausübten: Die 1930 für München erfaßten Frauen entsprechen nur etwa einem Zehntel der bis dahin an der Ludwig-Maximilians-Universität promovierten Ärztinnen.

Die Verdienstmöglichkeiten für niedergelassene Ärzte sind nur schwer zu eruieren.[37] Eine gutgehende Privatpraxis konnte sehr lukrativ sein, aber auch Kassenpatienten sorgten für ein regelmäßiges Einkommen. Da die Zahl der pflichtversicherten Patienten ständig zunahm, wuchs die Bedeutung der Kassenzulassung für Ärzte. Es gab dafür im Deutschen Reich eine Vielzahl unterschiedlicher Modelle. Die meisten Kassen stellten ursprünglich bestimmte Ärzte an, zu denen die Versicherten gehen mußten, wollten sie ihre Kosten von der Krankenkasse bezahlt bekommen. Dagegen wandte sich der «Verein für Freie Arztwahl», der in München ungewöhnlich früh zu Abschlüssen mit den Kassen gelangte.[38] Dies gab auch den Ärztinnen bessere Chancen für eine Zulassung: Sie wurden von den Kassen, die mit dem Verein zusammenarbeiteten, ohne Probleme akzeptiert.[39] In Würzburg hingegen war die Zulassung besonders für verheiratete Ärztinnen offenbar so gut wie unmöglich.[40] Voraussetzung war in jedem Falle die Approbation: Bevor Frauen sich in Deutschland approbieren durften, scheiterten die vereinzelten Versuche von Krankenkassen, Frauen als Kassenärztinnen für ihre weiblichen Mitglieder anzustellen, an den Einsprüchen der Aufsichtsbehörde, die oft von den Ärztevertretern aus Konkurrenzneid angerufen wurde.[41]

Aber die Kassenzulassung war nicht die einzige Hürde auf dem Weg zu einer einträglichen ärztlichen Praxis: Die ärztlichen Fachblätter der zwanziger Jahre sind voll von Artikeln zur «Facharztfrage».[42] Zunehmend wurde das Bedürfnis formuliert, die bis dahin von den Ärzten selbst bestimmten Spezialistenbezeichnungen formalen Kriterien und damit der Kontrolle der Standesorganisationen zu unterwerfen. Dies war vor allem deshalb interessant, da Spezialisten höhere Tarife verlangen konnten als Allgemeinmediziner. Nach langen Diskussionen trat 1924 eine Facharztordnung in Kraft, die genaue Bestimmungen für Ausbildung und Prüfung enthielt: So mußten Chirurgen, Gynäkologen und Fachärzte für Innere Medizin mindestens vier Jahre klinische Vorbildung für die Titelführung nachweisen können.[43] Dies traf viele alte Ärzte hart, die sich außerhalb der Kliniken selbst fortgebildet hatten, es stellte aber auch für niedergelassene Ärztinnen ein großes Problem dar.

Als Folge der schwierigen Stellensituation für Frauen an Kliniken ist es daher zu werten, daß 1930 die meisten Münchner Medizinerinnen, nämlich 56 von 87, als Praktische Ärzte mit oder ohne Geburtshilfe und nicht als Fachärzte praktizierten. Frauen konnten aufgrund ihrer absolvierten Klinikjahre meist nur bestimmte Fachgebiete abdecken: So waren 1930 unter den niedergelassenen Münchner Ärzten nur zwei von 65 Chirurgen weiblichen Geschlechts, jedoch zwölf von 29 Kinderärzten.[44] Fünf Frauen wurden als Fachärztinnen für Frauenkrankheiten geführt, ebensoviele als Spezialistinnen für Nervenleiden und psychische Störungen, vier als Augenärztinnen, drei als Fachärztinnen für Innere Medizin und zwei als Fachärztinnen für Haut- und Geschlechtskrankheiten. Urologinnen, Hals-, Nasen-, Ohrenärztinnen und Orthopädinnen gab es nicht.

Die Weiterqualifizierung der Frauen scheiterte jedoch nicht nur am Stellenmangel für weibliche Ärzte, hinzu kam bei verheirateten Medizinerinnen mit Kindern die Schwierigkeit, Klinikdienst und Familie zu verbinden. Auch mit einer eigenen Praxis gab es in dieser Hinsicht noch genügend Probleme, wie Rahel Straus anschaulich schildert. Viele dieser Frauen führten mit ihren Männern eine Gemeinschaftspraxis. Dies läßt vermuten, daß sich durch die Möglichkeit der gegenseitigen Vertretung die Berufstätigkeit der Frau leichter mit den Familienpflichten vereinbaren ließ oder aber, anders gewendet: Offenbar war es für verheiratete Ärztinnen fast unmöglich, unter anderen Bedingungen ihren Beruf weiter auszuüben. Möglicherweise stellte die Gemeinschaftspraxis auch einen Versuch dar, dem weitverbreiteten Vorurteil gegen weibliche Ärzte zu begegnen. Denn trotz aller Bemühungen um Gleichstellung ließen sich nach wie vor kaum Männer von Medizinerinnen behandeln. Rahel Straus schreibt dazu:

> «Patienten, die zu einer Ärztin kamen, waren in erster Linie berufstätige Frauen der gebildeteren Klasse: Lehrerinnen, Sekretärinnen, gehobene geschäftliche Angestellte. Sie, die zu sich selbst Vertrauen hatten, hatten auch Vertrauen zu der Frau, die sie beraten sollte. Dann kamen Frauen des kleinen Mittelstandes – sie sahen im Mann oft so etwas wie einen Gegner, der auf sie herabsah, der sie nicht ernstnahm. Dann kam die christliche bürgerliche Frau aus dem Mittelstand, nicht die reiche Frau, und zu allerletzt kam die jüdische Frau; sie fand den Weg zur Ärztin am schwersten.»[45]

Männer fanden diesen Weg offenbar gar nicht. Obwohl 1933 in Deutschland bereits 3376 Frauen als Ärztinnen praktizierten,[46] war die von Hope Bridges Adams Lehmann 40 Jahre zuvor erhobene Forderung nach einer Gleichstellung weiblicher und männlicher Mediziner in den Köpfen der Patientinnen und Patienten also nach wie vor nicht erfüllt: Der Arztberuf mit seinem besonderen Vertrauensbedarf erweist sich als sicheres Indiz für Kontinuität oder gesellschaftlichen Wandel in der Geschlechterfrage.

5. *Ausblick*

Nach 1933 wurde das Rad zunächst noch einmal zurückgedreht. Die ersten Maßnahmen gegen Ärztinnen betrafen sogenannte Nicht-Arierinnen: Rahel Straus, die seit einem Vierteljahrhundert in München praktizierte, war eine der 16 im Münchner Ärztehandbuch von 1930 aufgeführten Ärztinnen, die nach 1933 als Jüdinnen ausgegrenzt und vertrieben wurden; mindestens neun weitere angestellte Medizinerinnen kamen hinzu.[47] Viele von ihnen gehörten zur ersten Generation in München promovierter Frauen, darunter Mathilde Brauser, Margareta Buki, Hildegard Heim-Wiesenthal, Käthe Lange, Wilhelmine Lasser, Olga Schermann oder Benita Wolff. Einige von ihnen konnten ins Exil entkommen, andere wurden im Holocaust ermordet.[48]

Die staatlichen Beschränkungen von Studium und Berufsausübung durch die Nationalsozialisten galten zunächst auch für ‹arische› Frauen. Doch es gelang letztlich nicht, die Ärztinnen aus Universitäten und Beruf auszugrenzen, ein Ziel, das keineswegs nur als Folge des nationalsozialistischen Frauenbilds zu werten ist. Es war vielmehr vor allem die männliche Ärzteschaft, die mit Hilfe des Staates die weibliche Konkurrenz zu drosseln suchte. Spätestens seit Kriegsbeginn 1939 wurden Ärztinnen jedoch wie bereits im Ersten Weltkrieg wieder dringend gebraucht, und fast 41 Prozent der Studienanfängerinnen studierten nun Medizin. Die NS-Zeit wurde für viele ‹arische› Ärztinnen, die sich den neuen Verhältnissen anzupassen wußten, durchaus eine erfolgreiche Epoche beruflicher Integration.

Im Gegensatz zu den USA, wo die Berufsverbände unmittelbar Ausbildung und Zulassung der Ärzte kontrollierten, schützte die staatliche Kontrolle in Deutschland die Frauen letztlich auch vor der männlichen Konkurrenz. Dies erklärt, warum in der Jahrhundertmitte in Deutschland prozentual etwa zweieinhalbmal soviele Ärztinnen praktizierten wie in den USA, dem Ursprungsland der akademischen Professionalisierung von Frauen.[49]

Die zunehmende Zahl von Ärztinnen blieb nicht ohne Folgen für die medizinische Praxis. Themen wie Sexualaufklärung, Empfängnisverhütung oder Abtreibung wurden von Medizinerinnen meist anders diskutiert als von männlichen Ärzten: Die besonderen Bedürfnisse und die Not der Frauen hatten bei ihnen einen größeren Stellenwert. Hope Bridges Adams Lehmann schrieb 1896 einen Gesundheitsratgeber für Frauen, Rahel Straus 1930 ein Buch zur Sexualaufklärung.[50] Auch als 1914 Hope Lehmann in einem Strafprozeß mit über 70 betroffenen Zeuginnen angeklagt wurde, ungerechtfertigt medizinische Indikation für Schwangerschaftsabbrüche erteilt und damit «fortgesetzte Verbrechen wider das Leben» begangen zu haben,[51] ging es um ihre Haltung als Frau und Ärztin. Sie betonte gegenüber dem Gericht wie gegenüber ihren Fachkollegen, sie sei weit davon entfernt,

> «die Schwangerschaftsunterbrechung als einen idealen Eingriff zu betrachten. Sie ist vielmehr ein vorübergehender Notbehelf bei den schweren körperlichen Schäden, welche gegenwärtige Zustände in der Frauenwelt angerichtet haben. Unter den gesünderen wirtschaftlichen Verhältnissen, denen wir in absehbarer Zeit entgegenzugehen hoffen, wird es mit der Gebärtüchtigkeit der Frau sicher anders bestellt sein als heute. Das kann uns aber der Pflicht nicht entheben, den Frauen, die heute Hilfe verlangen, eben die Hilfe zu gewähren, welche die Not der Zeit erfordert.»[52]

Weibliche Ärzte wurden zu Vorkämpferinnen für das Recht der Frauen auf ihren eigenen Körper, auf ein selbstbestimmtes Leben. Ihre akademische Qualifikation erleichterte es ihnen, ihren Standpunkt öffentlich zu vertreten. Ihre Mahnungen zu Reformen fanden in den Weimarer Jahren zunehmend Widerhall.

8.

Christl Knauer-Nothaft

«Wichtige Pionierposten der einen oder anderen Weltanschauung»[1]

Die Gymnasiallehrerin

1. *Lehrerinnen im traditionellen höheren Mädchenschulwesen*

> «Also doch Fortschritt da und dort [...]. Kein Billigdenkender mißdeutet mehr den Frauen die Forderung auf Arbeit und damit auf Ermöglichung der notwendigen Ausbildung. Der billige Spott, mit welchem man ehedem erst den Blaustrumpf, später die höhere Tochter und zuletzt die Studentin und Frauenrechtlerin abtun zu können glaubte, hat seine Wirkung längst versagt. Kurzsichtige Vorurteile verblassen an der Macht der Tatsachen.»

Diese ermutigenden Worte gab Hans Winter, Direktor der städtischen Höheren Mädchenschule Münchens, den sechzehnjährigen Abschlußschülerinnen des Jahrgangs 1904 mit auf den Weg in eine unbekannte Zukunft. Unter den beruflichen Tätigkeiten, die für höhere Töchter in Frage kamen, stand der Beruf der Lehrerin an oberster Stelle. Direktor Winter wies darauf hin, daß Volksschullehrerinnen immer noch eine Anstellung sicher sei, während bereits zahllose Musik-, Zeichen- und Sprachlehrerinnen chancenlos auf Verwendung warteten.[2]

Lehrerinnen, die seminaristisch ausgebildet waren und die staatlichen Prüfungen abgelegt hatten, konnten in Bayern den Schuldienst an öffentlichen Mädchenvolksschulen antreten oder auch an höheren Mädchenschulen unterrichten. Sprach- und Fachlehrerinnen wurden nur an höheren Mädchenschulen gebraucht. Diese hatten anders als die Volksschulen keinen öffentlich-rechtlichen Status, sondern standen unter privater Trägerschaft, wobei auch die Städte bis in die zwanziger Jahre zu den privaten Trägern zählten.[3] Sämtliche höheren Knabenschulen blieben den Frauen beruflich verschlossen.

Hinter dem Berufsbild «Lehrerin» standen verschiedene Ausbildungswege. 1868 erließ das bayerische Kultusministerium erstmals eine einheitliche Regelung zur Ausbildung der Volksschullehrerin, 1879 wurde dieser Bildungsgang mit wenigen Abweichungen dem des Volksschullehrers

Abb. 24: Schulklasse des staatlichen Max-Joseph-Stifts in München 1913.

gleichgestellt[4]: Auf sieben bis acht Jahre Volksschule folgte die dreijährige Seminarvorschule, Präparandie genannt, darauf die zweijährigen, später dreijährigen Seminarkurse. Die Ausbildung in der Präparandie deckte sich vielfach mit dem Stoff der drei oberen Klassen der höheren Mädchenschulen, so daß nach deren Abschluß nur mehr das Seminar zu besuchen war. Nach der Seminarabschlußprüfung und vierjähriger Berufspraxis legte die Lehrerin in der Regel die Anstellungsprüfung ab.[5]

Die Prüfungsordnungen für Zeichenlehrerinnen (1878), für Lehrerinnen der Neueren Sprachen (1881) und für Musik- und Turnlehrerinnen (1882 bzw. 1904) an höheren Mädchenschulen enthielten keine Vorschriften über vorher zu absolvierende Schulabschlüsse. Wenn ein Mädchen mindestens 17 Jahre alt war, konnte es die staatliche Sprachlehrerinnenprüfung in Französisch und/oder Englisch ablegen. Zur Erteilung des Unterrichts genügte das Bestehen der Prüfung.[6] Dieser Berufsweg, den zumeist Absolventinnen höherer Mädchenschulen anstrebten, erfreute sich großer Beliebtheit, blieb aber den seminaristisch gebildeten Lehrerinnen, die mehr Zeit in ihre Ausbildung investierten, ein ständiges Ärgernis. Erst 1911 mußten sich Sprachlehrerinnen vor der Fachprüfung zur Volksschullehrerin ausbilden lassen und eine zweijährige Weiterbildung in den betreffenden Fremdsprachen nachweisen. Eine besondere Ausbildungsvorschrift für Schulvorsteherinnen oder Oberlehrerinnen für die höheren Klassen, wie sie in Preußen seit 1894/1900 als eine Art Vorstufe zur späteren Gymnasiallehrerin bestand, gab es in Bayern vor 1911 nicht.[7] Eine Erhebung von 1903 gibt Auskunft über Zahl und Ausbildung der den höheren Mädchenschulen und Lehrerinnenseminaren vorstehenden Direktorinnen in Oberbayern: Von insgesamt 49 Direktoraten wurden 44 von Frauen geleitet. 17 waren Volksschul-, acht Sprachlehrerinnen, sieben Volksschullehrerinnen mit zusätzlicher Sprachprüfung, drei Fachlehrerinnen, und neun hatten überhaupt keine Vorbereitung zum Lehrberuf.[8]

2. Die ersten Lehrerinnen für das Höhere Lehramt[9]

Bereits seit 1891 kämpfte der Verein «Frauenbildungs-Reform» dafür, daß die Länderregierungen die Zulassung von Frauen zum akademischen Lehrberuf regelten.[10] Wie aus einer lebhaften Korrespondenz Hedwig Kettlers mit dem bayerischen Polizeidirektor hervorgeht, durfte der Verein seine Hauptversammlung 1892 nicht in München abhalten, da ihm «politische und sozialistische Tendenzen» unterstellt wurden.[11] Die Forderung nach Zulassung zu den Lehramtsprüfungen erschien allein schon deshalb bedrohlich, weil die Mädchen aufgrund der Prüfung «Anstellung verlangen würden». Es reiche schon, daß man den Mädchen den Lehrberuf an den Volksschulen eingeräumt habe.[12]

1898 sah sich das bayerische Kultusministerium zum ersten Mal mit dem Antrag einer Frau auf Zulassung zur Lehramtsprüfung konfrontiert.[13] Die 1872 als Tochter eines preußischen Zollinspektors in Celle geborene Margarete Heine, seit dem Wintersemester 1897 an der Ludwig-Maximilians-Universität als Hörerin für Klassische Philologie zugelassen, steuerte nicht wie die meisten weiblichen Studierenden dieser Jahre in erster Linie die Promotion an, sondern auch das Staatsexamen. Sie begründete ihren Entschluß damit, daß sie kein Examen für Volksschullehrerinnen abgelegt habe und deshalb befürchte, daß bei einer Anstellung als Gymnasiallehrerin die Promotion als pädagogischer Befähigungsnachweis nicht ausreiche. Sie schien hier außerbayerische Verhältnisse vor Augen zu haben, denn in Bayern gab es noch keinerlei Anstellungsmöglichkeit über die Volksschullehrerin hinaus. Margarete Heine hatte zuvor bereits im fortschrittlichen Baden studiert. 1899 erhielt sie als erste Frau in Bayern die Zulassung zur Lehramtsprüfung nach der für Männer geltenden Prüfungsordnung.[14] Männliche Kandidaten mit den Noten eins und zwei – mit diesen Prädikaten hatte Margarete Heine die beiden Prüfungsabschnitte bestanden – erhielten die Bestätigung, daß sie für sämtliche Klassen der staatlichen Gymnasien geeignet seien. Ihr jedoch wurde die Zulassung zum nachfolgenden einjährigen pädagogisch-didaktischen

Kurs verweigert, wie auch in ihrem Zeugnis der übliche Zusatz «befähigt zur Verwendung und Aufstellung im philologisch-historischen Lehramt» fehlte.[15] Der Weg zur Anstellung im bayerischen Staatsdienst blieb einer Frau in einem auf Knaben und Lehrer ausgerichteten Gymnasialschulwesen verwehrt. Die geprüfte Lehramtskandidatin Margarete Heine wandte sich nun wieder ihren akademischen Studien zu und promovierte im Juli 1901 als erste Geisteswissenschaftlerin in Bayern.[16]

Obwohl sich die berufliche Situation in Bayern vorerst nicht änderte, strebten bis 1911/12 weitere 13 Studentinnen der Philosophischen Fakultät das akademische Lehramt an: Luise Lindhammer, Ida Simm und Anna Roscher für Klassische Philologie, Emilie Zumbusch, Barbara Heffner (Abb. 7), Helene Ritzerow und Paula Sachs für das Fach «Beschreibende Naturwissenschaften/Chemie». Die Prüfung in Mathematik und Physik legten drei Frauen ab, in Neueren Sprachen zwei, in «Deutsch, Geschichte und Geographie» nur eine, Berta Sachs, die später als Leiterin des Frankfurter Frauenseminars Karriere machen sollte.[17]

Die ersten akademisch ausgebildeten Lehrerinnen fanden anfänglich alle eine Anstellung, die meisten allerdings nicht in Bayern, nur Berta Sachs an der städtischen Höheren Mädchenschule in Nürnberg. Zeitweise arbeiteten Simm, Lindhammer, Roscher, Ritzerow an ihrer eigenen früheren Schule, den Münchner Privatgymnasialkursen.[18]

Wie wenige Studentinnen an den Philosophischen Fakultäten der drei Universitäten mit der bayerischen Lehramtsprüfung (die bis 1912 Frauen nicht offiziell, sondern nur «ausnahmsweise» offenstand) abschlossen, zeigt das Mißverhältnis zu den steigenden Zahlen der zwischen 1903 und 1911 studierenden Frauen: 1903/04 waren fünf, 1907/08 29, 1910/11 bereits 83 Frauen in der I. Sektion sowie fünf, 27 bzw. 43 Frauen in der II. Sektion (naturwissenschaftliche Fächer) der Philosophischen Fakultäten eingeschrieben.[19]

3. Staatliche Maßnahmen zur Einbeziehung von akademisch gebildeten Lehrerinnen in das höhere Schulwesen

3.1 Das Lehramt für Lehrerinnenbildungsanstalten (1908)

Seit der statistischen Erhebung über die höheren Mädchenschulen von 1903, deren desolates Ergebnis trotz versuchter Geheimhaltung an die Öffentlichkeit gedrungen war, wurde immer wieder die Forderung laut, die Ausbildung von Lehrerinnen zu verbessern. 1908 kam die Regierung im Zuge der Revision von Richtlinien für das Personal an Lehrer- und Lehrerinnenbildungsanstalten der Forderung nach akademischen Lehrerinnen erstmals entgegen. Wer hier Direktor oder Lehrer werden wollte, so die Verordnung, mußte – vorausgesetzt er hatte bereits die Anstellungsprüfung für den Volksschuldienst bestanden und auch schon eine Stelle an einer Seminaranstalt in Aussicht – die nun neu geschaffene Prüfung für das «Lehramt an den Lehrer- oder Lehrerinnenbildungsanstalten» ablegen. Für diese Prüfung mußte ein zweijähriges Hochschulstudium nachgewiesen werden. Ein kleiner Abschnitt im ersten Paragraphen der Verordnung bezog auch Frauen mit ein:

> «Was vorstehend für die K. Lehrerbildungsanstalten bestimmt ist, gilt in der Regel auch für die Übernahme der Stelle eines Direktors, eines Oberlehrers oder einer Oberlehrerin an einer K. Lehrerinnenbildungsanstalt.»[20]

Mit dieser Verordnung wurde zum ersten Mal offiziell eine akademische – viersemestrige – Lehrerinnenausbildung institutionalisiert. Das Kultusministerium behielt sich allerdings vor, den Zeitpunkt für den Vollzug der Vorschrift festzulegen. Vorerst wurde eine Übergangsregelung angeboten: Bis 1911 konnten Lehrpersonen, die seit mindestens drei Jahren an Seminaren tätig waren, die Prüfung auch ohne den Nachweis des viersemestrigen Studiums ablegen.

Diese Regelung betraf jedoch nur die öffentlichen Kreislehrerinnenbildungsanstalten, von denen in Bayern nur vier existierten.[21] Die übrigen 31 Lehrerinnenseminare waren privat, zumeist klösterlich. Die an den klösterlichen Lehrerinnenseminaren unterrichtenden Leiterinnen und Lehrerinnen waren in der Regel «seminaristisch» gebildet. Auch der Nachwuchs der Lehrorden wurde wiederum in den klostereigenen Seminaren herangebildet. Dieser Kreislauf hatte – unterbrochen nur durch die Jahre der Säkularisation – eine jahrhundertealte Tradition.[22] In dieser besonderen bayerischen Situation lag die strukturelle Problematik bei der Modernisierung der Lehrerinnenausbildung. Die Verordnung von 1908 zeigt deutlich, daß sich die Regierung hütete, kurzfristig in die klösterlichen Strukturen einzugreifen, trugen doch die Lehrorden die finanzielle Last für ihre schulischen Einrichtungen großenteils selbst. Für das weibliche Lehrpersonal der privaten Lehrerinnenseminare wurde die Oberlehrerinnenprüfung nicht zwingend vorgeschrieben.

Für weltliche Lehrerinnen machte die neue Verordnung nur Sinn, wenn sie bereits eine Stelle an einer Kreislehrerinnenbildungsanstalt inne oder in Aussicht hatten, das dürfte nicht auf viele zugetroffen haben: Bis Mitte 1912 hatten sich lediglich zwei Frauen dieser Prüfung unterzogen.

Den Klosterschulen wurde angeraten, ihre Nachwuchskräfte das zweijährige Studium für «Lehrerinnenbildnerinnen» – ab 1911/12 auch Vorschrift für die Leiterinnen Höherer Mädchenschulen – ergreifen zu lassen. Schließlich hätten die preußischen Ordensfrauen den Schritt in die neue

Abb. 25: Abiturfeier 1916 im ersten staatlich anerkannten Mädchengymnasium Bayerns, dem Institut der Englischen Fräulein in Regensburg, mit den lorbeerbekränzten Absolventinnen, der Leiterin und zwei Gymnasiallehrerinnen mit ihren Kollegen.

Zeit auch geschafft. Diese führten seit 1908, dem preußischen Reformjahr, 19 von insgesamt 108 Oberlyzeen mit wissenschaftlichen Klassen.[23] Eine der ersten Klosterfrauen, die in Bayern das viersemestrige Studium absolvierten – sie legte 1913 die Lehramtsprüfung in Mathematik, Physik und Chemie ab – war M. Celsa Brod. Sie leitete später die große Mädchenschule mit Lyzeum und humanistischen Gymnasialkursen der Armen Schulschwestern in München.[24]

3.2 Ausbildung zur Kandidatin für das Höhere Lehramt (ab 1912)

Mit der Schulordnung von 1911, die die Institutionalisierung von Mädchengymnasialkursen einleitete, wurden nun auch Frauen offiziell in die staatliche Prüfungsordnung für das Höhere Lehramt einbezogen.[25] Neu war, daß Frauen nun nach Bestehen der Staatsprüfungen auch an der praktischen Ausbildung teilhaben durften. Diese wurde in der Seminarordnung vom 1. September 1914 geregelt. Danach sollten «weibliche Kandidaten» (ab 1920 Studienreferendarinnen genannt) die Gelegenheit erhalten, ihre Lehrproben an Höheren Mädchenschulen abzulegen.[26] In der Praxis wurden sie zumeist den Seminaren an Knabenlehranstalten zugewiesen, weil selten eine größere Zahl geprüfter Anwärterinnen eines Fachs vorhanden war.[27] Frauen hatten nun gleiche Zulassungsbedingungen zu den staatlichen Lehramtsprüfungen wie Männer, wurden aber wie zuvor nicht in den Staatsdienst übernommen. Die Sicherheit ihres Arbeitsplatzes war – zumindest bis in die zwanziger Jahre – weitgehend abhängig von den Gesetzen des Marktes der privaten Schulen. Als Beispiel sei auf den Berufsweg der evangelischen Chemielehrerin Dr. Helene Ritzerow hingewiesen. Die seit 1909 an den Münchner Privatgymnasialkursen angestellte Lehrerin wurde, als die Kurse allmählich ausliefen, wie ihre Kolleginnen vor den männlichen Lehrern ausgestellt. Daraufhin fand sie keine volle Anstellung mehr, sondern unterrichtete stundenweise an verschiedenen Mädchenschulen. Nachdem ihre finanziellen Rücklagen durch die Inflation entwertet worden waren, mußte sie, ohne Aussicht auf Rentenbezüge, ihr Stundendeputat erhöhen. Sie unterrichtete nun wöchentlich 20 Stunden in elf Klassen und hatte zusätzlich allen damit verbundenen Verpflichtungen, wie dem Besuch von Schulkonferenzen, unentgeltlich nachzukommen.[28]

Anstellungsmöglichkeiten eröffneten sich an den Gymnasialkursen und an den zweiklassigen Realabteilungen, einer Abzweigung nach vier Klassen Höherer Mädchenschule, an denen akademische Lehrkräfte für die naturwissenschaftlichen Fächer eingesetzt werden sollten. In den Reformjahren nahm dieser Schultyp einen großen Aufschwung: Die Schülerinnenzahlen erhöhten sich – zumindest in den größeren Städten – deutlich. Der Erfolg beruhte auch darauf, daß sich mit dem Abschluß der sechsten Klasse der Höheren Mädchenschule zahlreiche Berechtigungen verbanden, die etwa zur Berufsausbildung der Erzieherin oder Fachlehrerin führten. Die Zahl der Lehramtsstudentinnen überstieg nun bald die Zahl der Frauen, die das anfänglich aussichtsreichere Medizinstudium wählten. Exemplarisch sei der erste Abiturientenjahrgang (1916) der Regensburger Gymnasialkurse genannt. Alle elf Abiturientinnen wählten ein Lehramtsstudium. Vier nahmen sprachliche und fünf naturwissenschaftliche Studien auf.[29]

Von seiten der Philologinnen setzte bald heftige Kritik an der Schulordnung von 1911 ein. Die Regelschule war nach wie vor die sechsklassige Höhere Mädchenschule, Gymnasialkurse und Realabteilungen gab es nur an wenigen dieser Schulen. Die Schulordnung sah für die sechsklassige Mädchenschule keine Bestimmungen über die Vorbildung der Lehrkräfte vor. Die Schulträger konnten hier weiterhin nur «seminaristisch», nicht akademisch ausgebildetes Personal oder Sprachlehrerinnen alter und neuer Ordnung in allen Klassen und Fächern verwenden. Da der Staat die Lehrkräfte nur «genehmigte», aber weder selbst einstellte noch die Gehälter bezahlte, mußte den Schulträgern ein breiter Spielraum gegeben werden, wollte der Staat nicht den finanziellen Ruin dieser Schulen in Kauf nehmen. «Die Buntheit der Verhältnisse», die an den sechsklassigen

Höheren Mädchenschulen herrschte, blieb bis Ende der zwanziger Jahre ein Ärgernis für die Standesverbände der akademisch gebildeten Lehrkräfte, zumal der Lehrkörper an den entsprechenden Knabenschulen wesentlich einheitlicher war.[30]

1921 waren an den höheren Mädchenschulen insgesamt erst 171 wissenschaftlich vorgebildete Lehrkräfte tätig,[31] darunter wesentlich mehr Männer als Frauen. Die Klöster stellten bis Anfang der zwanziger Jahre kaum akademische Lehrerinnen ein, sondern behalfen sich mit der Anstellung von nebenamtlich tätigen Gymnasiallehrer.

3.3 Die Quotenempfehlung von 1924

Einen großen Fortschritt für akademische Lehrerinnen brachte der Erlaß vom 3. April 1924, durch den die höheren Mädchenschulen weiter differenziert wurden: Der bis dahin sechsklassige Schultyp wurde nun entweder als Lyzeum oder als Höhere Mädchenschule neuerer Ordnung geführt. Da die weiterhin sechsklassigen Lyzeen nun einen wissenschaftlichen Status erhielten, mußte auch hier die Akademisierung des Lehrpersonals vorangetrieben werden. Die neue Vorschrift besagte, daß in den wissenschaftlichen Fächern der Klassen vier bis sechs nur Lehrkräfte mit der Befähigung für das höhere Lehramt unterrichten durften. Damit einher ging die Empfehlung, daß die Hälfte dieser Unterrichtsstunden von akademisch ausgebildeten Lehrerinnen erteilt werden sollte.[32]

Diese Verbesserung war dem «Fachreferat für weibliches Bildungswesen» zu verdanken. Dieses Referat war 1921 auf die Forderung des «Vereins akademisch gebildeter Lehrerinnen» und anderer Frauenverbände hin am Kultusministerium eingerichtet worden.[33] In den Jahren nach dieser Verordnung verdoppelte sich das akademische Personal auf 340 Lehrer und Lehrerinnen (1928/29), wobei der größere Teil an den städtischen und klösterlichen Vollanstalten in den Großstädten arbeitete. An den sechsklassigen Höheren Mädchenschulen neuerer Ordnung waren nur 24 Akademikerinnen und Akademiker angestellt.[34]

4. Beschäftigungsverhältnisse im Vergleich

Wie hatte sich die Empfehlung von 1924, die Hälfte der wissenschaftlichen Stunden akademischen Lehrerinnen zu übertragen, auf die Beschäftigungsverhältnisse an den Schulen ausgewirkt? In den kommunalen höheren Mädchenschulen hatten wie in Preußen schon seit Jahrzehnten männliche Lehrer dominiert, und mit der Verwissenschaftlichung hatte sich dieser Trend noch verstärkt. Dazu zwei Beispiele: Im Schuljahr 1918/19 setzte sich das akademische Lehrpersonal der städtischen Mädchenschule an der Luisenstraße in München aus zwölf Männern und zwei Frauen zusammen.[35] An der Maria-Theresia-Schule in Augsburg waren 1921 acht Männer und zwei Frauen beschäftigt. Bis 1926/27 zeigt sich eine Verschiebung zugunsten der Frauen: In Augsburg unterrichteten jetzt elf Männer und vier Frauen, in München 15 Männer und neun Frauen. Insgesamt waren in diesem Jahr an Lyzeen unter städtischer Trägerschaft 141 Studienräte und 52 Studienrätinnen angestellt. Die Akademikerinnen besetzten also an den kommunalen Schulen über ein Drittel der Stellen; die paritätische Besetzung war immer noch ein Fernziel.[36]

An den klösterlichen Lyzeen ging die Akademisierung in der Regel sehr langsam vor sich. Von den 13 weiblichen Orden und Kongregationen, die bis Ende der zwanziger Jahre in Bayern im höheren Schulwesen tätig waren, konnten nur die Englischen Fräulein und Armen Schulschwestern je eine Vollanstalt errichten. Die Regensburger Englischen Fräulein bewältigten die Anfangsjahre ab 1910/11 mit nebenamtlich tätigen Gymnasiallehrern. Im Herbst 1914 wurde erstmals eine Lehramtskandidatin eingestellt. Ab 1920/21 wirkte sich die Nachwuchsförderung im eigenen Haus aus: Zwei der Abiturientinnen des Jahrgangs 1916 dieser Schule übernahmen als Studienrätinnen Klassenleitungen, wobei eine der beiden inzwischen Klosterfrau geworden war. 1926/27 finden sich in der Personalliste nur noch vier Studienräte, aber sechs Studienrätinnen, je drei weltliche und klösterliche, unter letzteren die Germanistin Dr. M. Melchiora Staudinger als Direktorin.[37] Ähnlich verlief die Entwicklung an der Höheren Schule der Armen Schulschwestern, der seit 1918 Gymnasialkurse angegliedert wurden. In unserem Stichjahr unterrichteten hier vier hauptamtliche Studienräte, aber schon zehn Studienrätinnen, darunter vier Arme Schulschwestern.[38] Insgesamt finden sich 1926/27 in den Personallisten der klösterlichen Lyzeen (mit Gymnasien) 31 Studienrätinnen und 13 Absolventinnen der Prüfung für Lehrerinnenbildungsanstalten, dagegen nur noch acht Studienräte. An den übrigen privaten Lyzeen (einschließlich Diakonissen) war das Zahlenverhältnis von weiblichen zu männlichen Studienräten 27 zu 19.

Als Ergebnis zeigt sich, daß die Empfehlung von 1924, die auf eine Akademikerinnenquote abzielte, sich primär an die städtischen Schulen und nur bedingt an private Schulen richtete. Im Selbstverständnis der katholischen und evangelischen Schwesternschaften lag es ohnehin, ihre Schulen langfristig gesehen mit weiblichen Kräften zu besetzen. Die Richtlinie sollte bezwecken, daß an den großen, im Aufbau befindlichen kommunalen Schulen, an denen die Verdrängung von Frauen durch parteipolitische Einflüsse stark war, auch für Studienrätinnen adäquate Anstellungsmöglichkeiten eingeräumt würden.

5. Status, Besoldung und Aufstiegschancen

Nach einer Aussage von Johanna Gaab, die 1931 eine Abhandlung über die schulrechtlichen Grundlagen des bayerischen Mädchenschulwesens als Münchner Dissertation vorlegte, waren von 222 höheren Mädchenschulen 219 Ersatz für staatliche Schulen, nur das Max-Joseph-Stift (bis 1932 nur Lyzeum) in München und das Alexandrinum mit Lyzeum und Höherer Mädchenschule in Coburg unterstanden der Trägerschaft des Staates.[39] Das «Stift» erhielt traditionell eine vom Landtag bewilligte Pauschalsumme für Personal- und Sachkosten aus der Staatskasse. Die hauptamtlichen Lehrerinnen genossen seit jeher das Privileg staatlicher Pensionsbezüge.[40] Nur hier und in Coburg konnte der Staat die Stellenbesetzung selbst vornehmen.

Die Lehrerinnen und Lehrer an städtischen höheren Mädchenschulen waren seit 1919 in ihrer Mehrheit unwiderruflich angestellte Gemeindebeamte, anders als die Lehrkräfte an Volksschulen keine Staatsbeamte. Die Städte trugen Personal- und Sachlasten aus eigener Kasse ohne staatliche Hilfe. Das Lehrpersonal wurde vom Stadtrat angestellt. Die Gehälter waren von Stadt zu Stadt unterschiedlich hoch. Die Bezüge mußten den entsprechenden Besoldungsstufen der Staatsbeamten nur angeglichen sein.

Die privaten Träger stellten ihre Lehrerinnen und Lehrer nach eigenen Verträgen an. Mit zunehmender Geldentwertung und Akademisierung des Personals konnten die privaten Anstalten ihre Lehrkräfte kaum mehr besolden. Seit 1919 erstattete der Staat ihnen deshalb außerordentliche, seit 1922 ordentliche Teuerungszulagen.[41] Aufgrund der Zuschüsse griff der Staat 1919 in die privatrechtlichen Dienstverträge insoweit ein, als er eine «angemessene Besoldung» für das Lehrpersonal anordnete, die sich jedoch trotzdem nach der finanziellen Leistungskraft der Träger richtete. Nach dem Schlüssel der Zulagen erhielten die Klöster für ihre ordenseigenen Lehrerinnen nur die Hälfte des Gehalts, das für weltliche angesetzt wurde.[42]

Die Verpflichtung zur Ehelosigkeit (die sogenannte «Zölibatsklausel»), das heißt die Entlassung bei der Heirat, galt für die weltlichen Gymnasiallehrerinnen in kommunalen und klösterlichen Schulen ebenso wie für die verbeamteten staatlichen Volksschullehrerinnen, mit Unterbrechungen übrigens bis nach dem Zweiten Weltkrieg.[43]

1925 beschloß der preußische Landtag unter dem Druck der Lehrerinnenverbände, daß möglichst Frauen mit der Leitung von höheren Mädchenschulen zu betrauen seien.[44] Wie stand es in Bayern um die Besetzung der Direktoratsstellen? Die Bestandsaufnahme (1926/27) ergibt ein unterschiedliches Bild, je nachdem, welchen Schultyp man mit einbezieht: Bei

Gertrud Grote

Studentinnen

Roman

1927

Carl Reißner / Verlag / Dresden

Abb. 26: Der Roman der Münchner Studentin und Doktorandin Gertrud Grote erzählt von den hochfliegenden Erwartungen einer Abiturientinnenklasse an ihre studentische Zukunft und der düsteren Alternative danach, entweder traditionelle Hausfrau oder zur Ehelosigkeit verpflichtete Lehrerin zu werden.

den Lyzeen lag der Anteil der Direktorinnen bei 42,3 Prozent, in Vollanstalten (mit Gymnasialkursen) nur noch bei 25 Prozent. Einschließlich der nichtwissenschaftlichen «Höheren Mädchenschule neuerer Ordnung» lag der Anteil der Schulleiterinnen aber bei 67%.

Bei einer Aufschlüsselung nach Schulträgern ergibt sich, daß 86,6 Prozent der klösterlichen Lyzeen und 60 Prozent der übrigen privaten Lyzeen von Frauen geleitet wurden.[45] An den beiden staatlichen Lyzeen war das Verhältnis 1:1. Die Direktorate der kommunalen Mädchenlyzeen aber waren ausschließlich in Männerhand. Fast ein Viertel der Direktoren übte zugleich das Amt eines Stadtrates aus.[46]

Aufschlußreich ist ein Vergleich des Ausbildungsstandes von weiblichem und männlichem Leitungspersonal: Von den insgesamt 22 Direktorinnen der privaten Lyzeen und Gymnasialkurse waren nur zwei Vollakademikerinnen (eine weltlich, eine klösterlich), zehn besaßen den Ausbildungsnachweis für das Lehramt an Lehrerinnenbildungsanstalten, neun waren Sprachlehrerinnen und eine Volksschullehrerin. Von den 29 Direktoren der entsprechenden kommunalen Schulen waren 26 Vollakademiker und drei Absolventen des Lehramts für Lehrerbildungsanstalten.[47] Bei den Frauen lassen sich also immer noch die alten Strukturen erkennen.[48]

Da von den höheren Mädchenschulen in Bayern bis 1929 insgesamt erst ein Drittel zu den «wissenschaftlichen» Schulen gehörte,[49] waren die Anstellungschancen für akademische Lehrerinnen begrenzt. In Preußen gab es zur gleichen Zeit 519 höhere Mädchenanstalten, die mit den bayerischen Mädchenlyzeen vergleichbar waren. Umgerechnet auf die Einwohnerzahlen hätte Bayern demnach 100 statt 58 Lyzeen haben müssen.[50] Dieser Befund, der durchaus als Folge der traditionellen bayerischen Mädchenschulpolitik zu sehen ist, müßte in Zusammenhang mit der These vom «katholischen Bildungsdefizit» untersucht werden.[51] Im privaten Lyzealbereich dominierten die Lehrorden. Sie stellten nur in ihren großen städtischen Einrichtungen weltliche Akademikerinnen ein, doch dort erhielten nur klösterliche Lehrerinnen Leitungsfunktionen. Nur in den städtischen Lyzeen hatten Studienrätinnen die Möglichkeit, nach den für Gemeindebeamte üblichen Besoldungsklassen aufzusteigen, dies aber auch erst nach 1919. Hier standen die Frauen jedoch in deutlicher Konkurrenz zu den Männern und waren in den oberen Besoldungsklassen unterrepräsentiert. Die Posten der Oberstudiendirektoren gingen ausschließlich an Männer.

Die Situation der Studienrätinnen war geprägt durch den nichtstaatlichen Charakter des bayerischen Mädchenschulwesens. Die Standesverbände (mit Ausnahme der konfessionellen), die alle Unzulänglichkeiten auf den privaten Status zurückführten, wurden in den zwanziger Jahren nicht müde, die in anderen deutschen Ländern bereits weit fortgeschrittene Verstaatlichung der Mädchenschulen zu fordern. Daß mit solcher Verstaatlichung – bei allen Vorteilen für die Durchsetzung demokratischer und egalitärer Verhältnisse – auch die Gefahr der totalen Vereinnahmung verbunden sein konnte, wie wenig später durch die zentralistische Bildungspolitik des Dritten Reiches, war zu dieser Zeit noch nicht abzusehen. Allerdings machte diese Vereinnahmung auch vor den privaten Einrichtungen keineswegs halt.

9.

Sibylle Nagler-Springmann

Naturwidrige Amazonen[1]

Frauen und Naturwissenschaften

1. *Die ersten Studentinnen*

1.1 Das «Novum»

Vorausgesetzt, daß die «Gegenwart der Dame» in den Vorlesungen nicht zu «Mißständen» führe, erhält die Engländerin Ethel Gertrude Skeat am 8. März 1896 als erste offizielle Gasthörerin die Erlaubnis, naturwissenschaftliche Veranstaltungen an der Universität München zu besuchen. Allerdings betont der Senat, «daß es sich jedenfalls jetzt nur um den einzigen Fall handeln» könne.[2] Doch schon knapp einen Monat nach der Cambridge-Absolventin bittet die 27jährige promovierte Amerikanerin Alice Hamilton (Abb. 2) um die Erlaubnis, wissenschaftliche Arbeiten im bakteriologischen Labor von Professor Hans Buchner durchzuführen. Auch Alice Hamilton, die in den USA später eine angesehene Spezialistin auf dem Gebiet der Industriegifte werden soll, wird zugelassen. Im selben Jahr folgen ihr noch zwei weitere Naturwissenschaftlerinnen: Julia Platt aus Amerika und die Russin Gabriele Balicka-Iwanowska.[3]

Auch die ersten beiden Frauen, die im Juni 1900 am gleichen Tag an der Universität München mit Sondergenehmigung promoviert werden, Agnes Kelly und Maria Ogilvie-Gordon, sind Naturwissenschaftlerinnen, ebenso wie die erste Titularprofessorin in Bayern (1914), die Fischpathologin Marianne Plehn (Abb. 13). Die ersten Studentinnen in Bayern sind also neben Medizinerinnen eindeutig Naturwissenschaftlerinnen. Für München ist dies um so erstaunlicher, als sich noch 1903 die Mitglieder der Naturwissenschaftlichen Fakultät auf eine Umfrage des bayerischen Kultusministeriums mehrheitlich gegen das Frauenstudium aussprechen. Es wird als «eine der Extravaganzen der Frauenbewegung» abgetan.[4] Offenbar befürchten die Männer, «daß die Mutterliebe am Schwefeldunst physikalischer Experimente crepiere», wie die Frauenrechtlerin Hedwig Dohm (Abb. 5) 1874 sarkastisch die Ängste der Wissenschaftler beschrieb.[5] Allein der liberale badische Paläontologe und Geologe Karl Alfred von Zittel hält «Frauen zu naturwissenschaftlichen Studien ebenso befähigt wie Männer».[6] München ist traditionell ein Anziehungspunkt für Naturwissenschaftler. Das Botanische Institut gehört mit seinen hervorragenden Sammlungen im staatlichen Herbarium mit denen in Wien und Berlin zu den bedeutendsten Europas. Daneben ist die Zoologie unter Richard Hertwig speziell bei weiblichen Studierenden beliebt: Als Dekan und Doktorvater befürwortet Hertwig das «Novum» der ersten Frauenpromotionen an der Universität München. So ist hier mit Ausnahme der von der Inflation geprägten Jahre der Frauenanteil der Studierenden der Naturwissenschaften bis zum Ende der Weimarer Republik meist höher als ihr Anteil an der Gesamtstudentenschaft, und er ist höher als der Durchschnitt im gesamten Reich.[7] Im Wintersemester 1931/32, als knapp ein Fünftel aller Studierenden weiblich sind, haben sich in Bayern über 200 Frauen in naturwissenschaftlichen Fächern eingeschrieben; das entspricht einem Anteil von 28 Prozent der immatrikulierten Studentinnen, im Deutschen Reich liegt der Anteil bei 22 Prozent.[8]

1.2 Das Studium der Natur «dämmt die Lust zu frivolen Vergnügungen» ein[9]

Es gibt verschiedene Gründe, weshalb sich Frauen zu Beginn des Jahrhunderts in weit größerem Umfang als heute zu den Naturwissenschaften hingezogen fühlen und auch in den meisten Fächern auf relativ geringe Widerstände in der männlich dominierten Wissenschaftswelt stoßen. Sicherlich stehen die Naturwissenschaften seit dem 19. Jahrhundert mit ihren neuen Erkenntnissen und Erfindungen im Mittelpunkt eines allgemeinen Interesses, zumindest in Kreisen des Bildungs- und Besitzbürgertums, aus dem die weiblichen Studierenden fast ausnahmslos stammen. Der Erklärung Elisabeth Boedekers, «der Wunsch nach Erkenntnis der biologischen, dem Leben dienenden Zusammenhänge» entspräche dem «weiblichen Denken und Fühlen», kann ich nicht folgen, zumal bis 1933 in Deutschland über die Hälfte aller Naturwissenschaftlerinnen in Chemie promoviert wurden.[10]

Möglicherweise wirken die geistigen Traditionen des 18. Jahrhunderts nach, denen zufolge das Studium der Naturwissenschaften, speziell der Botanik und der Chemie, dem weiblichen Naturell und den Begabungen der Frau entgegenkomme.

Die im 18. Jahrhundert verbreitete Auffassung, das Botanikstudium halte die Frauen tugendhaft und passiv, prägt schließlich auch das Bildungsverhalten im gehobenen Bürgertum des 19. Jahrhunderts. Frauen veröffentlichen jetzt botanische Bücher, in England werden weibliche Wissenschaftler in botanische Gesellschaften aufgenommen, und bis zum Beginn des 20. Jahrhunderts haben sich Frauen sämtliche biologischen Fächer eröffnet.[11] Zu einem für Frauen geeigneten Betätigungsfeld wird zu

Beginn des 19. Jahrhunderts neben der Botanik auch die Chemie. Dazu tragen nicht unerheblich die von der Engländerin Jane Marcet speziell für das weibliche Geschlecht verfaßten «conversations» über verschiedene Naturwissenschaften bei. Die Chemie sei keine Paradewissenschaft, sondern eine Beschäftigung von unendlicher Vielfalt, sie verlange keine Körperkraft und könne in Zurückgezogenheit ausgeführt werden.[12]

Ganz in diesem Sinne empfiehlt dann auch der Würzburger Botanikprofessor Julius von Sachs 1897 in einem Beitrag über das Frauenstudium den besser situierten Frauen die Bereicherung ihrer Allgemeinbildung durch die Beschäftigung mit den Naturwissenschaften.[13]

Ein dritter Grund für das relativ große Interesse speziell der ersten Studentinnengeneration an den Naturwissenschaften ist sicher in ihrer Schulbildung zu suchen. Die bis etwa 1920 praktizierte ungeregelte, größtenteils in Privatunterricht von Gymnasiallehrern erteilte Abiturvorbereitung scheint viel mehr Raum für individuelle Begabungen und Interessen gelassen zu haben als die Ende der zwanziger Jahre institutionalisierte gymnasiale Mädchenbildung, die den Naturwissenschaften und der Mathematik sehr lange nur einen zweitrangigen Stellenwert beimaß.[14]

Fehlende Berufsaussichten können die von ihrem Fachgebiet begeisterten Studentinnen nicht schrecken, denn für den Großteil der ersten Studentinnengeneration bis etwa 1914 scheint die akademische Ausbildung mehr der Aneignung eines standesgemäßen «Bildungswissens» als konkreten Berufsabsichten zu gelten.

Katia Pringsheim (Abb. 5) zum Beispiel – die begabte Tochter des Münchner Mathematikprofessors Alfred Pringsheim – legt mit 17 Jahren nach privaten Gymnasialkursen ihr Abitur am Wilhelm-Gymnasium in München ab und hört anschließend Vorlesungen über Integral- und Differentialrechnung sowie Experimentalphysik. Im Dezember 1902 schreibt die 19jährige zusammen mit neun anderen Hörerinnen der Philosophischen und der Medizinischen Fakultät einen ausführlichen Brief an das Kultusministerium, in dem die jungen Frauen das Recht auf Immatrikulation fordern.[15] Ein Jahr später gehört Katia Pringsheim zu den ersten ordentlich eingeschriebenen Studentinnen. So ist sie auch gar nicht begeistert, als Thomas Mann Anfang 1904 um ihre Hand anhält, zumal er ihr gesteht, «daß ich im Grunde ein bißchen eifersüchtig auf die Wissenschaft bin».[16]

Nach ihrer Heirat mit Thomas Mann 1905 bleibt sie noch eine Zeitlang an der Universität eingeschrieben, und rückblickend fragt sie sich in ihren Lebenserinnerungen: «Vielleicht hätte ich auch zu Ende studiert. [...] Wie ich dann verheiratet war, kam bald das erste Baby und dann sofort das zweite Baby, und sehr bald kam dann das dritte und vierte. Da war's aus mit dem Studium.»[17]

Auch noch Mitte der zwanziger Jahre scheint sich die Haltung vieler großbürgerlicher Familien kaum geändert zu haben. Madeleine von Dehn hatte seit 1923 in Würzburg und München Biologie studiert. Nach vier Semestern fordert die Mutter sie auf, doch endlich nach Hause zurückzukommen, mit dem Argument: «Du hast doch jetzt genug studiert.»[18] Anders als Katia Mann fügt sich Madeleine von Dehn nicht mehr in das überkommene Rollenbild. Sie bleibt und wird schließlich Professorin für Zoologie.

Noch zu Beginn des 20. Jahrhunderts gelten die Frauen des Bürgertums – potentielle Ehefrauen und Mütter – als Trägerinnen des bildungsbürgerlichen Lebensstils und bleiben weitgehend abgelöst vom «Herrschaftswissen der Politik wie vom Leistungswissen der Berufsarbeit». Der mit dem Ersten Weltkrieg verstärkte Zwang zur Berufstätigkeit der Bürgertöchter verursacht jedoch die Auflösung dieses Frauenbildes, die zugleich deutlicher Ausdruck des Zusammenbruchs der bildungsbürgerlichen Lebensform ist.[19]

1.3 *«Töchter aus gutem Hause»*

Die ersten Studentinnen an den Universitäten sind nahezu alle «Töchter aus gutem Hause»: Ihre Väter sind finanzkräftige Fabrikanten, Kaufleute und Gutsbesitzer oder akademisch gebildete Lehrer, höhere Staatsbeamte, Ingenieure, Juristen und Ärzte. Von den männlichen Kommilitonen kommen schon viele aus den bürgerlichen Mittelschichten.[20] Während sich die soziale Herkunft der weiblichen Studierenden im Verlauf der Weimarer Republik zugunsten des Mittelstandes verschiebt,[21] gilt für die Naturwissenschaftlerinnen – ähnlich wie für die Medizinerinnen – nach wie vor, daß in erster Linie Frauen aus gehobenen sozialen Schichten ein solches Studium absolvieren können. (Vergleiche Beitrag 7 von Marita Krauss in diesem Band.)

Grundlage meiner Untersuchungen sind die Studentinnen, die zwischen 1900 und 1933 in naturwissenschaftlichen Fächern in München promoviert haben. Das sind 115 Frauen; bei 87 sind aus den Promotions- oder Personalakten Daten über Lebens- und teilweise Berufswege und über die Väterberufe bekannt. Aus diesen Daten geht hervor, daß sich die soziale Herkunft etwa auf 80 Prozent Bildungs- und Besitzbürgertum und 20 Prozent Mittelstand verteilt. Die meisten Mittelstandstöchter kommen aus mittleren und kleinen Beamtenhaushalten. Unter allen 87 Vätern findet sich kein einziger Arbeiter.

Ein Grund für den höheren sozialen Status der Naturwissenschaftlerinnen ist sicher in den hohen Studienkosten für diese Fächer zu sehen. Allein die pro Semester zu bezahlenden Kolleggelder sind doppelt so hoch wie in geisteswissenschaftlichen Fächern. Hinzu kommen speziell für die Chemiestudenten noch Materialgelder für den Laborverbrauch im Institut,

Aufwendungen für eigene Materialien und für den Ersatz zerbrochener Gerätschaften. Einer Untersuchung über die soziale Lage der Studentinnen in der Zeitschrift «Die Frau» zufolge liegen Studienkosten und Lebensunterhalt für Philologen im Sommersemester 1921 bei etwa 1830 Mark pro Semester, für Naturwissenschaftler jedoch bei rund 2350 Mark.[22] Ein so teures Studium muß bei den Mittelstandstöchtern daher weiterhin die Ausnahme bleiben, vor allem dann, wenn damit schlechte Berufsaussichten verbunden sind. Knapp ein Viertel der dokumentierten Naturwissenschaftlerinnen kommen schon als Lehrerinnen an die Universität. Durch Studium und Promotion qualifizieren sie sich für das höhere Lehramt. Da aber die Akademisierung des Lehrpersonals an höheren Mädchenschulen nur sehr langsam vorangeht, sind hier die Anstellungsmöglichkeiten begrenzt. (Vergleiche den Beitrag 8 von Christl Knauer-Nothaft in diesem Band.)

In Bayern geben dennoch 1931 drei Viertel aller Studentinnen der Naturwissenschaften als Berufswunsch das Lehramt an höheren Schulen an, bei den Männern sind es nur 65 Prozent.[23] Während einige der befragten männlichen Studenten Hochschullehrer werden wollen, erscheint auch gegen Ende der Weimarer Republik den Frauen dieses Berufsziel utopisch: Keine einzige nennt es. Realität ist ja auch: Nur ganz wenige Frauen haben eine Chance in Wissenschaft und Forschung. Auch in der Industrie zu arbeiten ist für akademisch gebildete Frauen noch äußerst schwierig.

2. *Die Fächer*

2.1 *Mäßige Berufsaussichten in der Chemie*

Eine Sonderstellung in bezug auf die Berufsmöglichkeiten jenseits des Lehrerberufs nimmt die Chemie ein. Bis 1933 studieren in Bayern die meisten Naturwissenschaftlerinnen dieses Fach, und hier werden auch die meisten Dissertationen von Frauen geschrieben. Der relativ kleine Frauenanteil von viereinhalb Prozent vergrößert sich zwischen 1914 und 1921 nicht, doch wächst die absolute Zahl der weiblichen Chemiestudenten genauso schnell wie die der männlichen. Im Wintersemester 1921/22 studieren 41 Frauen in Bayern Chemie, das sind fast dreimal so viele wie 1914. Der kriegsbedingte Aufschwung der chemischen Industrie wirkt sich also auch auf die Studienfachwahl junger Frauen aus. Reichsweit steigt während des Krieges der Frauenanteil unter den Chemiestudierenden von zwei auf acht Prozent.[24] In den Münchner chemischen Instituten sind zeitweise die Hälfte der Praktikanten weiblich gewesen, weil die immatrikulierten Männer als Soldaten an der Front waren.[25]

Der Krieg bleibt nicht ohne Folgen auch für die Personallage in der Industrie, die sich nicht länger der Beschäftigung von Akademikerinnen verschließen kann: Die Badische Anilin- und Soda-Fabrik (BASF) in Ludwigshafen stellt zwischen 1918 und 1933 insgesamt 27 Chemikerinnen ein,[26] zwei von ihnen kommen von bayerischen Universitäten.

Gegen Ende des Krieges erkennt auch der Verein Deutscher Chemiker nach langen kontroversen Diskussionen die Notwendigkeit qualifizierter Frauenarbeit in der Chemie. Der Chemikerverband betont jedoch, daß immer gewährleistet sein müsse, daß «Frauen einmal den Männern nicht die Stellen fortnehmen, oder sie in ihrer Entlohnung kürzen».[27] Daß diese Konkurrenzangst völlig unbegründet ist, zeigen die Zahlen: In den Berufszählungen von 1925 und 1933 bezeichnen sich im Reich nicht einmal 1000 Frauen als Chemikerinnen. Eine Promotion in Chemie, dem damals anerkannten berufsqualifizierenden Studienabschluß, haben zwischen 1903 und 1933 nur rund 600 Frauen gemacht.[28] Die Inflationsjahre dezimieren zunächst die Zahl der weiblichen Studenten, speziell in den Naturwissenschaften, da bei Geldmangel immer zuerst das Studium der Töchter beschränkt wird. Im Fach Chemie sind 1921 reichsweit nur noch sechs Prozent der Studierenden weiblich.

Bald aber entwickelt sich die Chemie trotz mäßiger Berufsaussichten zu einem beliebten Frauenfach. Schon lange vor dem 1928 erschienenen populären Roman von Vicki Baum «stud. chem. Helene Willfüer» steht die Chemie nach den medizinischen und geisteswissenschaftlichen Fächern an dritter Stelle der Beliebtheitsskala. Ein Drittel der Chemiestudentinnen will einer Umfrage an preußischen Hochschulen aus dem Jahr 1925 zufolge in der Industrie arbeiten.

Das Studium eröffnet den Frauen die Möglichkeit, schon ohne Abschluß – damals die Promotion – eine zwar schlecht bezahlte, aber dennoch fachorientierte Anstellung in der Wirtschaft zu finden. Anders als die nach Tarif zu bezahlenden Promovierten werden diese Frauen in der chemischen Industrie gerne in minder qualifizierten Positionen, beispielsweise als Laborhilfskräfte oder Chemietechnikerinnen, eingestellt. Offenbar wird diese Nische von zahlreichen Frauen genutzt.

Anders als die übrigen Naturwissenschaftlerinnen streben die Chemikerinnen nur etwa zu einem Drittel in den Lehrerberuf.[29] Aber auch der Weg in Wissenschaft und Forschung ist äußerst hindernisreich. Hochschulkarrieren wie die von Elisabeth Dane an der Universität München bleiben die Ausnahme. Die Lehrertochter aus München promoviert 1929 bei Heinrich Wieland und kann sich fünf Jahre später habilitieren. Nach dem Krieg bleibt sie als außerplanmäßige Professorin bis zu ihrer Pensionierung am Chemischen Institut in München.[30]

Den Zahlen von Christine Roloff zufolge arbeiten 1930 nur 71 Chemikerinnen in der Industrie, das sind schätzungsweise höchstens 15 Prozent

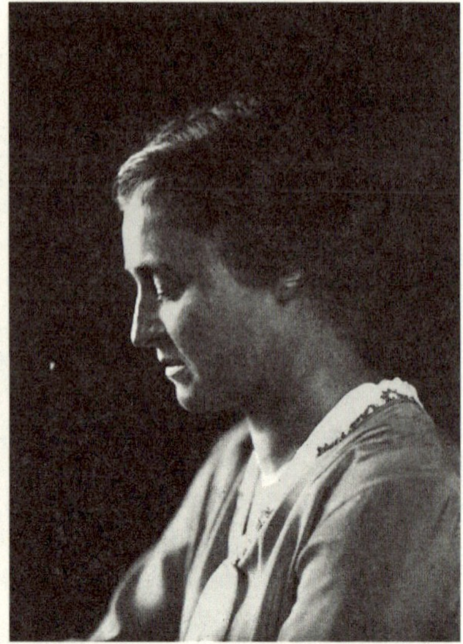

Abb. 27: Alma (1897–1976) und Emma (geb. 1899) Wolffhardt: Während die Mathematikerin Alma bald nach ihrem Studium heiratet, arbeitet ihre jüngere Schwester Emma bis zur Pensionierung bei der BASF in Ludwigshafen.

aller bis dahin Promovierten.[31] Dabei muß allerdings berücksichtigt werden, daß nicht nur im öffentlichen Dienst, sondern auch in der Wirtschaft der meist unausgesprochene Grundsatz herrscht, Frauen nur bis zu ihrer Verheiratung zu beschäftigen. So verlassen zum Beispiel bei der BASF zehn der bis 1933 im Unternehmen eingestellten Chemikerinnen nach weniger als fünf Jahren Berufstätigkeit das Unternehmen – «infolge Verheiratung».[32]

Zwei von den 27 Chemikerinnen bei der BASF haben in Bayern studiert. Ihre beiden unterschiedlichen Lebens- und Berufsverläufe sind typisch für die Frauen der Epoche: Die Notarstochter Aenne Harteneck hat nach dem Kriegsdienst im Rot-Kreuz-Lazarett in Pirmasens das neue Realgymnasium in München besucht und macht dort mit 23 Jahren das Abitur. Nach einem zehnsemestrigen Studium legt sie bei Heinrich Wieland Ende des Jahres 1925 eine gute Doktorprüfung ab. 16 Monate später wird sie bei der BASF in Ludwigshafen für Arbeiten im Laboratorium eingestellt. Sie bleibt dort drei Jahre, bis sie mit 34 Jahren heiratet und so vielleicht dem Schicksal so mancher Kollegin entgeht, die im Rahmen einer größeren Entlassungswelle in der Folge der Weltwirtschaftskrise ihre Arbeit aufgeben muß, ohne «versorgt» zu sein.

Abb. 28: Die Schwestern Steinheil um 1912:
Hedwig, Marianne, Margarete, Martha und Elsbeth (von links).
Vier der fünf Töchter des Diplomingenieurs und Fabrikbesitzers Steinheil
treten in die Fußstapfen ihres Vaters und studieren
naturwissenschaftlich-technische Fächer.

Die andere Bayerin ist Emma Wolffhardt (Abb. 27). Sie wird 1899 als dritte von insgesamt fünf Töchtern des ersten Rektors der Sophienschule in Würzburg geboren. Nach ihrem Abitur am Realgymnasium folgt sie ihren beiden älteren Schwestern Elisabeth und Alma an die Universität Würzburg. Alma studiert Mathematik und engagiert sich für das Frauenstudium, das an der kleinen Universität insbesondere nach Kriegsende noch viele Gegner hat. Auch die 20jährige Emma ist 1919 bei der Gründungsversammlung der «Studentinnenorganisation» dabei, deren Vorsitzende Alma Wolffhardt öffentlich für Frauen das Recht auf geistige Arbeit fordert.[33]

Während jedoch Alma Wolffhardt nach kurzer Tätigkeit als Mathematiklehrerin den Nachfolger ihres Vaters heiratet und anschließend zehn Kinder zur Welt bringt, ist ihre Schwester Emma fest entschlossen, ihren Beruf auch auszuüben. Seit März 1925 arbeitet sie bei der BASF, zunächst als wissenschaftliche Zuarbeiterin in der Dokumentation, später kann sie im Ammoniak-Laboratorium forschen. Emma Wolffhardt hat nie geheiratet, so daß sie bis zu ihrer Pensionierung bei der BASF bleiben kann. Da es den Frauen damals verwehrt war, eine Familie mit dem Beruf zu ver-

Abb. 29: Vor dem alten Zoologischen Institut um 1930, ganz rechts Ruth Beutler.

einbaren, trifft die begeisterte Chemikerin eine ungewöhnliche Entscheidung: Sie zieht 20 Jahre lang neben ihrer Berufsarbeit alleine ein Adoptivkind groß.[34]

Nur wenige der hochqualifizierten verheirateten Frauen haben es geschafft, später noch einmal in den Beruf zurückzukehren. So die Chemikerin Margarete Steinheil (Abb. 28), die 1922 in München promoviert. Wie Emma Wolffhardt hat auch sie vier Schwestern, Grund für ihren Vater, Diplomingenieur und Inhaber einer Fabrik für optisch-astronomische Geräte, bei den Töchtern naturwissenschaftliche Begabungen zu fördern. Bis auf eine folgen dann auch alle dem väterlichen Vorbild: Die älteste, Hedwig, studiert Mathematik und Physik und arbeitet bis zur Geburt ihres ersten Kindes im optischen Rechenbüro der Firma Steinheil. Auch Elsbeth, die zweite, tritt nach gutem Maschinenbau-Diplom, das sie als eine der ersten Frauen an der Technischen Hochschule München erlangt hat, in den väterlichen Betrieb ein, bis sie sehr bald heiratet. Eine andere Schwester wird Kunstlehrerin, und die jüngste bricht ihr Maschinenbaustudium wegen ihrer Heirat ab. Die 1895 geborene Margarete Steinheil studiert von 1916 bis 1922 an der Universität München und promoviert bei Richard Willstätter über das Atomgewicht des Quecksilbers. Während ihr Ehemann (und Kollege) Eduard Zintl an der Technischen Hochschule Darmstadt eine wissenschaftliche Karriere macht und schließlich Professor wird, erzieht sie zwei Kinder. Bis auf die Kunsterzieherin, die nicht heiratet, haben also alle Steinheil-Töchter ihren hoffnungsvoll begonnenen Berufsweg mit der Eheschließung abgebrochen. Allein Margarete kann nach dem frühen Tod ihres Mannes 1941 ihre Arbeit in der Chemie wieder aufnehmen. Sie forscht während des Krieges am Institut für Papierfabrikation in Darmstadt. Aber dieser Neuanfang als passionierte Chemikerin nimmt ein jähes Ende, als das Institut gegen Kriegsende zerstört wird. Margarete Steinheil zieht sich mit ihren Kindern auf den Familiensitz am Chiemsee zurück, wo sie schon 1949 stirbt. Ihre Tochter setzt heute fort, was Mutter und Tanten bei aller Begabung aufgrund der gesellschaftlichen Bedingungen nicht zu Ende führen konnten: Die Chemikerin hat einen Lehrstuhl für Umwelttechnologie an der Fachhochschule Coburg.

2.2 Professionalisierung in den biologischen Fächern

Die meisten Naturwissenschaftlerinnen an der Universität München werden neben der Chemie in Botanik und Zoologie promoviert. In diesen Fächern ist der Frauenanteil immer verhältnismäßig hoch, die absolute Zahl der Studentinnen jedoch niedrig. Von den 55 Frauen, die bis 1933 in München in einem biologischen Fach promovieren, sind – wie in der Chemie – ein Drittel Lehrerinnen. Außer im Lehramt und in der Forschung gibt es für Biologinnen kaum Berufsmöglichkeiten. Als Ausnahme gelten muß eine der ersten Zoologiestudentinnen an der Universität München, die schon 1902 mit «einer ganz vortrefflichen Leistung» promoviert und sich als freiberufliche Wissenschaftlerin behaupten kann: Fanny Moser bearbeitet das umfangreiche Material der deutschen Südpolarexpedition von 1901 bis 1903 für das Naturhistorische Museum in Berlin. Die Preußische Akademie der Wissenschaften schickt sie zu weiteren Studien nach Frankreich und Italien. Ihre erfolgreiche Forscherkarriere beendet sie 1914 selbst und wendet sich dem Okkultismus zu.[35]

Vier der Biologinnen schaffen den Sprung in eine Universitätslaufbahn: Rhoda Erdmann, die nach mehrjähriger Lehrerinnentätigkeit 1908 in München in Zoologie promoviert, habilitiert sich 1920 als eine der ersten Frauen in Berlin, wo sie zuvor den neuen Forschungszweig der experimentellen Zellforschung etabliert hat und wo sie schließlich Professorin wird. Ruth Beutler (Abb. 13, 29, 46) und Madeleine von Dehn habilitieren sich in München in Zoologie. (Siehe den Beitrag 17 von Sibylle Nagler-Springmann in diesem Band.) Berta Vogel (Abb. 30) ist eine der großen Münchner Wissenschaftlerinnen. Sie kann jedoch erst spät und im Ausland Karriere machen. Als 24jährige promoviert sie 1930 bei Karl von Frisch (Abb. 46) über ein Bienenthema und spezialisiert sich als Assistentin am Institut für Psychiatrie anschließend auf dem Fachgebiet der Neuro-

Abb. 30: Berta Scharrer, geb. Vogel, emigrierte 1937 aus politischen Gründen in die USA und machte dort als Professorin für Neuroendokrinologie Karriere; 1978 wurde sie in München mit der Kraepelin-Goldmedaille für Mikrobiologie ausgezeichnet.

endokrinologie. Nach einer dreijährigen Tätigkeit am Erdinger Institut in Frankfurt begleitet sie 1937 ihren Kollegen Ernst Scharrer (seit 1934 auch ihr Ehemann) zu einem Forschungsaufenthalt in die USA. Aus politischen Gründen kehrt das Paar nicht nach Deutschland zurück. Nach zahlreichen grundlegenden Forschungen auf dem Gebiet der Neurologie und der Endokrinologie wird sie schließlich 1955 an der Yeshiva Universität in New York Professorin für Anatomie und Neurologie. Berta Scharrer hat für ihre wissenschaftlichen Leistungen weltweite Anerkennung auch in Form hoher Auszeichnungen erfahren.[36]

Eine andere Bienenforscherin aus der Schule von Karl von Frisch – die 1929 in München promovierte Zoologin Ingeborg Beling – findet an der Biologischen Reichsanstalt für Land- und Forstwirtschaft in Berlin eine wissenschaftliche Anstellung. Sie gibt 1933 wegen Heirat ihre Berufstätigkeit auf. Mathilde Hertz, die 1891 geborene Tochter des Physikers Heinrich Hertz, promoviert 1925 in München in der Zoologie. Fünf Jahre später kann sie sich in Berlin habilitieren, muß aber schon bald nach der Machtergreifung emigrieren.

2.3 *Physik und Mathematik bleiben Männerdomänen*

Weitgehend verschlossen bleiben den Frauen die sogenannten «harten Fächer» Physik und Mathematik, in denen auch heute noch der Frauenanteil in Wissenschaft und Wirtschaft sehr klein ist. Bis 1933 promovieren in Bayern nur neun Frauen in diesen beiden Fächern: In München sind es drei in Mathematik, vier in Physik. Alle haben in diesen Wissenschaften reüssiert, weil sie sich durch eine außergewöhnlich gute Vorbildung und außerordentliche Begabung auszeichnen. Und alle heben sich zusätzlich durch einen besonderen familiären Hintergrund noch ein Stück von den anderen Naturwissenschaftlerinnen ab. Die berühmteste von ihnen ist die Mathematikerin Emmy Noether, die aus einer deutsch-jüdischen Erlanger Mathematiker-Familie stammt.

Die erste Frau, die sich in München im Fach Mathematik behaupten kann, ist die Professorentochter Else Schöll, die 1913 bei Alfred Pringsheim eine sehr gute Doktorprüfung ablegt. Die beiden Berlinerinnen Freda Hofmann und Agathe Carst promovieren zusammen 1924 als erste Frauen in München in Physik bei Wilhelm Wien. Nur von einer Physikerin aus München ist eine spätere Berufstätigkeit bekannt: Die Tochter des Chemie-Professors Richard Willstätter arbeitet nach ihrer Promotion über Wellenmechanik 1931 eine kurze Zeit am Kaiser-Wilhelm-Institut für Physikalische Chemie in Berlin-Dahlem. Insgesamt tendieren für weibliche Physiker und Mathematiker die Berufsaussichten jenseits von Forschung und Lehrerberuf gegen Null.

Mit Ausnahme dieser beiden Fächer etablieren sich jedoch im Laufe der Weimarer Republik Frauenstudium und Frauenerwerbstätigkeit in den Naturwissenschaften. Im Zusammenhang mit der Weltwirtschaftskrise werden ab 1929 die Angriffe speziell gegen die qualifizierte Frauenerwerbstätigkeit wieder schärfer. Obwohl 1932 von rund 300000 berufstätigen Akademikern erst etwa 12500 weiblich sind, ist von der drohenden «Entmannung unseres Geistes- und Staatslebens» die Rede.[37]

3. *Naturwissenschaftlerinnen im Nationalsozialismus*

3.1 *Physik ist nicht «wesensgemäß»*

In Anknüpfung an die Kampagne gegen das «Doppelverdienertum» kündigen die Nationalsozialisten schon in ihrer Wahlpropaganda an, insbesondere verheiratete Frauen vom Arbeitsmarkt fernzuhalten. Mit Ehestandsdarlehen, die ab 1933 an berufstätige Frauen vergeben werden, die bei der Heirat ihre Erwerbstätigkeit aufgeben, wollen sie den Arbeitsmarkt entlasten. Selbst ledige Frauen sollen nicht mit Männern um die gleichen Arbeitsplätze konkurrieren, sondern sich Beschäftigungen widmen, die laut Kultusminister Wilhelm Rust «der weiblichen Wesensart entsprechen».[38] Wesensgemäß ist es jedoch nach nationalsozialistischer Auffassung nicht, sich mit Physik, Chemie oder gar Technik zu befassen.

Die ausgeprägte Rollenzuweisung durch die nationalsozialistische Propaganda, Schulpolitik und Gesetzgebung wirkt sich bis zum Krieg deutlich auf die Studienfachwahl der jungen Frauen aus. Geblieben ist das Interesse an den medizinischen Fächern. Über 55 Prozent studieren 1938 Medizin, Pharmazie oder Zahnheilkunde. Zwar hatte der Führer des Reichsärztebundes 1933 erklärt, daß es Ziel der NSDAP sei, Deutschland von allen Ärztinnen und Medizinstudentinnen zu befreien, jedoch gelten die medizinischen Berufe nach wie vor für Frauen als «wesensgemäß». Naturwissenschaften studieren 1938 dagegen nur noch gut sieben Prozent. Zehn Jahre zuvor waren es dreimal soviel gewesen (21 Prozent). Und der Anteil der Chemiestudentinnen an der Gesamtzahl der studierenden Frauen im Reich sinkt um die Hälfte von 14 auf sieben Prozent. 1937 gibt es nur noch 200 Studentinnen in diesem Fach.[39]

3.2 Die Naturwissenschaftlerin – ein kriegswichtiger Frauenberuf

1936 wird mit dem Vierjahresplan und den ersten geheimen Kriegsvorbereitungen ein Arbeits- und Fachkräftemangel deutlich, der alle Wirtschaftssektoren – Industrie, Landwirtschaft und Dienstleistungen – betrifft.

Für die Durchführung des Planes werden nämlich weitaus mehr Ingenieure, Chemiker und andere Wissenschaftler benötigt, als in Deutschland verfügbar sind. Daher wird die von der NSDAP zuerst propagierte Einteilung in männliche und weibliche Studiengebiete zurückgenommen. «Zu sagen, eine Frau studiert nicht Jura oder nicht Physik, ist Unsinn», heißt es in einem Artikel von Wilhelmine Dreißig über das Frauenstudium in der Zeitschrift «Die deutsche Studentenschaft».[40]

Ab 1939 werden Frauen nicht nur für medizinische und geisteswissenschaftliche Fächer geworben, sondern auch für juristische und für naturwissenschaftlich-technische Studiengebiete. Jetzt wird betont, daß «das zwangsweise Hereinwachsen in frauenfremde Berufe» keineswegs das «Wesen der Frau» verändere.[41] Bereits im Wintersemester 1939 sind wieder rund 500 Chemiestudentinnen an deutschen Hochschulen eingeschrieben.

Eine deutliche Wirkung zeigt diese Werbung im Zusammenhang mit gezielten Maßnahmen erst nach Kriegsbeginn. Ab 1940 steigt die absolute und die relative Zahl der Studentinnen. Schon 1941 liegt in München der Frauenanteil unter den Studierenden bei fast 45 Prozent. An den deutschen Hochschulen steigt der Anteil der Frauen in den Naturwissenschaften auf über 60 Prozent.

In einem ganzseitigen Artikel über «Akademische Frauenberufe» in der Zeitschrift «Die Bewegung» bemüht sich die Reichsstudentinnenführerin Anna Kottenhoff 1941 um den propagandistischen Spagat zwischen dem Festhalten an fraulichen Wesensmerkmalen und dem Aufweichen der ursprünglichen ideologischen Festlegung der Frau auf Mutterschaft und soziale Arbeit. «Die Nachfrage nach akademisch geschulten Frauen», so heißt es, «wird auf allen Gebieten immer dringlicher. Die Frage, ob die Art der jeweiligen Tätigkeit der Wesensart der Frau voll entspricht, tritt dabei mehr und mehr zurück.»[42]

Ab 1943 sind die Nationalsozialisten bestrebt, «für den Sieg» alle verfügbaren akademischen Kräfte einzusetzen. Naturwissenschaftlerinnen werden jetzt in Forschungsprojekte der Wehrmacht einbezogen. Das Reich kann sich «die Verschwendung hervorragender Begabungen der Frauen auf wissenschaftlichem Gebiet nicht leisten», schreiben die «Münchner Neuesten Nachrichten» im September 1943.[43] Aufgrund des Mangels an geeignetem wissenschaftlichen Personal können sogar einige sogenannte «Halbjüdinnen» Fächer wie Physik oder Chemie weiterstudieren, wenn sie wehrmachtsrelevante Studienschwerpunkte haben.

Verbrämt werden diese kriegswirtschaftlichen Notwendigkeiten mit der auf den Kopf gestellten Argumentation vom «Wesen der Frau»: «Dieser letzte Zusammenhang mit dem Lebendigen, der noch der abstraktesten naturwissenschaftlichen Arbeit anhaftet, mag einer besonderen weiblichen Neigung entgegenkommen.»[44]

10.

Monika Bergmeier

«Vom Lebenswunsch, sozial zu arbeiten»

Nationalökonominnen in München bis 1933

Elisabeth Altmann-Gottheiner, 1908 mit einer Dozentur an der Handelshochschule Mannheim die erste an einer deutschen Hochschule lehrende Nationalökonomin, ging 1931 in einem kurzen Aufsatz über «Frauen in der Nationalökonomie»[1] auf die drei Fragen ein, mit denen sich Heinrich Herkner 1899 in seiner Züricher akademischen Antrittsrede befaßt hatte: «Was ist das Studium der Nationalökonomie imstande, den Frauen zu bieten? Was haben die Frauen auf dem Gebiete der wissenschaftlichen Nationalökonomie geleistet? Welchen Einfluß wird die Beschäftigung der Frau mit nationalökonomischen Fragen vermutlich auf die allgemeine gesellschaftliche Entwicklung ausüben?»[2] Dieser «Tradition» folgend, greift auch der vorliegende Beitrag die drei Fragen wieder auf. Sie sind durch die Forschung noch nicht beantwortet, das Thema ist weitgehend ein Desiderat.

1. «Was ist das Studium der Nationalökonomie imstande, den Frauen zu bieten?»

Die erste Frage öffnet den Blick auf die persönlichen Erwartungen, die Frauen an das Fach stellten, auf die Bedeutung ihrer schulischen Kenntnisse und beruflichen Erfahrungen für die Entscheidung zugunsten dieses Faches, auf den Einfluß der familiären Herkunft und des wirtschaftlichen Hintergrunds auf die Studienwahl, auf berufliche Perspektiven, die sie sich erhofften und die sich ihnen boten. Memoiren haben die Münchner Nationalökonominnen kaum hinterlassen,[3] so muß ihrer Studienmotivation anderswo nachgespürt werden: in den Anträgen auf Zulassung als Hörerin für die Jahre vor Erlaß des Immatrikulationsrechts, für die Zeit danach in den Promotionsakten, die Lebensläufe, Gutachten und sonstige Korrespondenzen umfassen. Auf diese aufschlußreichen, bisher in der Forschung viel zu wenig benutzten Quellen stützt sich vorliegender Beitrag. Betrachtet werden daher neben den Hörerinnen nur die Frauen, die ihr Studium mit einer Promotion beendeten – vor Einführung des Diploms für Volkswirte 1923 der einzig mögliche Abschluß an der Staatswirtschaftlichen Fakultät. Bis 1933 promovierten an der Münchner Universität 89 Frauen, davon 17 vor 1918; nur für 15 standen die Akten aus datenschutzrechtlichen Gründen nicht zur Verfügung. Die vorgestellten Fragen können so anhand einer geschlossenen Gruppe von Studierenden exemplarisch beantwortet werden. Dabei zeigen sich Kontinuitäten und Veränderungen zwischen den drei Generationen studierender Frauen: den Hörerinnen vor 1903, den Studentinnen, die *vor*, und denjenigen, die *nach* dem Ersten Weltkrieg promovierten.[4]

1.1 Die ersten Hörerinnen und ihre Studienmotivation

Über die Studienmotivation der frühen Hörerinnen liegen sehr viel mehr explizite Aussagen vor als für die beiden folgenden Generationen. Angesichts der strengen bayerischen Zulassungspraxis suchten sie ihren Anträgen auf Zulassung zum Studium durch eine Schilderung ihrer beruflichen Erfahrungen und Pläne Nachdruck zu verleihen. Eine von circa 30 Frauen, deren Gesuche[5] erhalten sind, war Klara Elben. 1865 in Petersburg geboren, bildete sie sich nach ihrer in Deutschland verbrachten Schulzeit eigenständig durch literarische Studien weiter und verfaßte seit 1895 für «Frauenblätter» sozialpolitische Artikel; um diese journalistische Arbeit vertiefen zu können, wollte sie Nationalökonomie studieren. Ein anderes Beispiel ist Recha Rothschild: Nach Abschluß des Lehrerinnenseminars unterrichtete sie mittellose Ausländer, arbeitete im Kindergarten und lehrte an der Abendschule für Berufstätige. Für Margarete Friedenthals, unser drittes Beispiel, lag der Besuch einer höheren Töchterschule bereits 20 Jahre zurück, als sie um Zulassung bat, doch hatte sie seither volkswirtschaftliche Vorlesungen in Berlin, Oxford und Cambridge gehört. Sie war Mitglied des Generalrats des Frauengewerkvereins Hirsch-Duncker, Schriftleiterin der Deutschen Arbeiterinnenzeitung, Vorsitzende der Zentralstelle für Arbeiterinnenorganisationen, erörterte in «Kreisen der gebildeten Frauen» die Lage der Arbeiterinnen und referierte vor Maschinenbau- und Metallarbeitern. Wie Recha Rothschild wollte sie durch ein «vertieftes Eindringen in die theoretische Materie» ihre praktische soziale Tätigkeit verbessern. Auch Ellen Ammann, eine der wichtigsten in der katholischen Wohlfahrtspflege nicht nur Münchens tätigen Persönlichkeiten, hörte als Gast.

Diese Frauen stellen mit ihrem Anliegen, wirtschafts- und sozialwissenschaftliche Kenntnisse zu erwerben, um «soziale Arbeit» professioneller gestalten zu können, anschauliche Beweise dafür dar, wie Frauen um die Jahrhundertwende zentrale Gedanken der zum gesellschaftlichen Modethema gewordenen «bürgerlichen Sozialreform» aufgriffen. Diese war im Zusammenhang mit der Nationalökonomie entwickelt worden, deren dominierende Richtung sich nicht am klassischen Konkurrenzprinzip, sondern an dem ethischen des Gemeinwohls orientierte. Sie beanspruchte, die Notwendigkeit sozialer Reformen angesichts der gesellschaftlichen Verschiebungen durch die Industrialisierung wissenschaftlich zu begründen, ein Instrumentarium sozialwissenschaftlicher Analyse zu entwickeln und auf der Basis ihrer theoretischen Erkenntnisse Vorschläge für die Lösung sozialer Fragen bereitzustellen. Vor der Institutionalisierung der Soziologie nach 1919 war die Nationalökonomie die primär für sozialwissenschaftliche Fragen zuständige Disziplin.[6] Gerade wegen ihrer Beschäftigung mit dem gesellschaftlich zentralen Problem gewann die Nationalökonomie im Kaiserreich hohe öffentliche Wertschätzung. Die bürgerliche Frauenbewegung griff die Inhalte dieser Reformdebatte auf, verband sie mit den herrschenden Vorstellungen vom «natürlichen Wesen» der Frau und argumentierte, gerade die mütterlichen und häuslichen Fähigkeiten prädestinierten die Frau für die Übernahme sozialer Aufgaben in der Öffentlichkeit. Mit dieser Begründung verband die Frauenbewegung die Hoffnung, ihre Forderungen nach Bildungs- und Berufsmöglichkeiten für Frauen nun endlich realisieren zu können und ihnen einen Platz im öffentlichen Leben zu sichern. In der Tat setzte sich soziale Arbeit als professioneller Frauenberuf durch und wurde auch für Nationalökonominnen zu einem wichtigen Arbeitsmarkt.[7] Daß «soziale Frauenarbeit» ursprünglich als «ein umfassendes Projekt ‹bürgerlicher Gesellschaftsreform› formuliert» worden war,[8] ging dabei allerdings verloren. Männlichen Vorstellungen hatte dieser «emanzipatorische» Anspruch ohnehin kaum entsprochen.

1.2 Die Studienmotivation vor und nach dem Ersten Weltkrieg

Von den beiden nächsten Generationen, den regulär immatrikulierten Studentinnen, liegen Aussagen über die Studienmotivation nur vereinzelt vor. Auf die Frage, ob sie dieses Fach auch aus der Überzeugung heraus studierten, um damit ihre spezifisch «weiblichen Fähigkeiten» zur Entfaltung bringen zu können, gibt es keine eindeutige Antwort. Die Anzeichen sprechen eher dagegen und legen mehr ein wirtschaftliches Interesse offen. Auffällig ist, daß diese Studentinnengenerationen, von Einzelfällen abgesehen, weder vor noch während ihres Studiums Erfahrungen im sozialen Bereich erworben hatten. Statt dessen verfügte aus der zweiten Generation ein Drittel über mehrjährige Erfahrungen als Lehrerinnen, nur zwei waren in anderen Berufen tätig gewesen.

Für die Generation nach dem Ersten Weltkrieg war eine theoretische Doppelqualifikation kennzeichnend. Knapp ein Drittel hatte bereits vor der Promotion eine erste Qualifikation erworben, die ökonomisch oder juristisch ausgerichtet war: Elf Doktorandinnen besaßen das Abschlußzeugnis einer Handels- bzw. Verwaltungshochschule, einer wirtschaftlichen oder sozialen Frauenschule, einer privaten Handelsschule oder eines Ausbildungsganges für Versicherungssachverständige. Vier hatten das juristische Staatsexamen abgelegt, eine verfügte über mehrjährige Erfahrungen in einer Handelskammer, eine war als Leiterin der Tarifabteilung der bayerischen Arbeitgeberverbände tätig gewesen. Eine zweite Art der Doppelqualifikation bedeuteten die während des Studiums geleisteten Praktika in Banken, Industriebetrieben, Handelskammern oder Arbeitgeberverbänden. Auch wenn in den schwierigen Nachkriegsjahren überwiegend finanzielle Gründe ausschlaggebend waren für die Arbeit als Werkstudentin, suchten viele Frauen auf Stellen zu arbeiten, die mit ihrem Studium in Verbindung standen. Fanny Gottlieb zum Beispiel konnte sich als selbständige Bücherrevisorin ihr Studium verdienen. Ein Fünftel der Frauen der dritten Generation erlangten so berufliche Kenntnisse, die sie in ihren Lebensläufen auch herausstellten.

In der Motivation für eine wirtschafts- statt sozialwissenschaftliche Ausrichtung des Studiums zeigt sich allerdings ein tendenzieller Unterschied: Die Studentinnen der Vorkriegsgeneration konzentrierten sich von Anfang an auf Nationalökonomie. Die der dritten Generation dagegen begannen zwar ebenfalls meist in unmittelbarem Anschluß an das Abitur ihr Studium, ein Drittel jedoch in einer anderen Disziplin. Nur aufgrund der «schlechten Aussichten» in anderen Fächern traten sie in die Staatswirtschaftliche Fakultät über. Es überrascht nicht, daß die meisten Wechsel in den Jahren 1918 bis 1923 stattfanden, in denen die Zahl der Studierenden der Nationalökonomie insgesamt sprunghaft anstieg. Die Zunahme an staatlichen Verwaltungsstellen im Rahmen des Ausbaus des Sozialstaates hatte bei Männern wie Frauen Hoffnungen geweckt.

Nicht ohne Einfluß auf die Entscheidung für Nationalökonomie als Studienfach dürfte ferner die familiäre Herkunft gewesen sein. Die Väterberufe unterschieden sich von denen anderer Fakultäten: 30 Prozent der Väter hatten Wirtschaftsberufe inne als Bankiers, Kaufleute, Fabrikanten oder leitende Angestellte in Verbänden, 24 Prozent waren selbständige Ärzte oder Juristen, 20 Prozent Beamte des höheren Dienstes. Eine Zunahme an Einschreibungen von Töchtern mittlerer Beamter, die generell zu beobachten war, zeigte sich in dieser Fakultät nicht. Ein Einfluß der Mutter auf das Bildungsverhalten und die Studienfachwahl ist nur in drei Fällen bezeugt.

1.3 Berufserwartungen

Gemeinsam ist den Frauen der drei Generationen nicht nur, daß ihre Lebensläufe den Eindruck großer Zielstrebigkeit vermitteln, mit der das Studium ergriffen und durchgeführt wurde.[9] Der Wechsel der Universitätsorte, den alle mindestens einmal unternahmen, war üblich und verlängerte das Studium offenbar nicht. Beeindruckend ist die Bewältigung der finanziellen Misere während der Kriegs- und Nachkriegsjahre. Manche gaben das Ziel der Promotion selbst dann nicht auf, wenn sie zu einer zwei- bis dreijährigen Unterbrechung des Studiums gezwungen waren, um sich die finanzielle Basis für die Endphase zu schaffen. In zwei Fällen hielten es sogar die Gutachter für angebracht, die sehr mißlichen Umstände des Studiums zu erwähnen und auf die häufigen Erkrankungen als Folge andauernder Unterernährung hinzuweisen.

Gemeinsam ist den drei Generationen vielmehr, daß sie Nationalökonomie immer im Hinblick auf eine berufliche Perspektive wählten. In dieser Hinsicht sind die Auffassungen von Heinrich Herkner und Elisabeth Altmann-Gottheiner partiell widerlegt: Herkner sah zwar durchaus, daß dieses Studium den Frauen neue Lebensstellungen eröffnete, stellte aber dennoch die Bedeutung der Nationalökonomie für die allgemeine Frauenbildung in den Mittelpunkt seiner Überlegungen. Für Elisabeth Altmann-Gottheiner war dagegen eindeutig, daß das Studium als «Leiter zu einem Beruf» diente; sie bezog dies jedoch nur auf die Generation nach dem Ersten Weltkrieg und vertrat die Ansicht, daß frühere Studentinnen das Fach meist nur zur Vertiefung ihrer allgemeinen Bildung betrieben hätten.

Unterschiede zwischen den Generationen gab es dagegen bei den Berufswünschen der Münchner Nationalökonominnen. Das Spektrum bewegte sich immer zwischen zwei Polen: dem Wunsch, «auf ökonomischem Gebiet» den Beruf zu suchen,[10] und dem «Lebenswunsch, sozial zu arbeiten», auch wenn das Studium mit seinen «für eine Frau besonders trockenen Fächern der allgemeinen und speziellen Volkswirtschaft, der Statistik und des Bürgerlichen Rechts» mit vielen «Entsagungen» verbunden war.[11] Doch die Schwerpunkte verschieben sich: Die erste Generation scheint stärker von einem «weiblichen» Interesse an sozialer Tätigkeit geleitet gewesen zu sein, wobei die entsprechenden Aussagen in den Zulassungsgesuchen nicht überinterpretiert werden dürfen, da sich dahinter möglicherweise Strategien verbergen, die auf die Entscheidung über die Zulassung positiv einwirken sollten. Bei den Frauen der zweiten Generation zeigt sich, daß nicht nur soziale Motive zum Studium der Nationalökonomie führten, der angestrebte Beruf keineswegs ausschließlich im sozialen Bereich gesucht wurde. Das Fach interessierte wegen der Verbindung von wirtschaftlichen und sozialen Themen. Gedanken der sozialen Reformbewegung wirkten weiter, zum Teil in Verbindung mit denen der Frauenbewegung. Besonders ausgeprägt waren diese wechselseitigen Einflüsse bei den ersten fünf Doktorandinnen der Fakultät, die vor 1911 promovierten. Ellinor Drösser, Rose Otto, Leonore Seutter, Elisabeth Hell und Rosa Kempf (Abb. 31) engagierten sich sowohl im «Verein studieren-

Abb. 31: Die Abgeordnete Rosa Kempf *(3. Reihe links)* in einer Sitzung des in Bamberg tagenden Bayerischen Landtags 1919.

der Frauen»[12] als auch im studentischen «Sozialwissenschaftlichen Verein». Elisabeth Hell und Rosa Kempf hatten zugleich Kontakte zum Institut für soziale Arbeit. Nach dem Studium publizierten etwa ein Drittel der Nationalökonominnen Beiträge zu Frauenthemen, Rosa Kempf kontinuierlich.

Für die dritte Generation sind Beziehungen zur Sozialreform- und Frauenbewegung nicht mehr zu belegen.[13] Nur noch 11 Prozent aus dieser Generation veröffentlichten nach dem Studium Beiträge zu frauenbezogenen Themen. Die Bildungswege sprechen sehr dafür, daß die Frauen dieser Generation stärker noch als die der zweiten eine Tätigkeit in der Wirtschaft anstrebten. Diese Orientierung mag spezifisch für die Münchner Universität gewesen sein, in der das Fach in einer eigenständigen Fakultät institutionalisiert und nicht, wie meist der Fall, in die Juristische (wie in Würzburg) oder die Philosophische Fakultät integriert war. Für sozialwissenschaftlich orientierte Studentinnen dürften die nach dem Ersten Weltkrieg neu gegründeten wirtschafts- und sozialwissenschaftlichen Fakultäten der Universitäten Frankfurt und Köln eine Alternative geboten haben, wenn sie nicht gleich an die sich entwickelnden Fachschulen abwanderten.

1.4 Berufswirklichkeit

Inwieweit die beruflichen Erwartungen erfüllt wurden, läßt sich nur für wenige Frauen beantworten, die nach dem Studium ausgeübten Berufe sind nur schwer zu ermitteln. Soweit dies gelang, sind die Berufswege jedoch Beispiele für Chancen und Grenzen weiblicher Karrieren und für die so oft zu beobachtende Tatsache, daß Freiräume, die sich Frauen zu Beginn einer Entwicklung schaffen konnten, in deren weiterem Verlauf im Sinne der Interessen einer männlich dominierten Gesellschaft reduziert und zum Nachteil der Frauen verändert wurden.

Die Beschäftigungsmöglichkeiten für akademisch gebildete Nationalökonomen waren breit, doch lag der Schwerpunkt auf sozial- und gewerbepolitischen Tätigkeiten, für die sowohl bei öffentlichen als auch bei privaten Einrichtungen Nachfrage bestand. Die private Wirtschaft und ihre Verbände meldeten erst seit den zwanziger Jahren langsam wachsenden Bedarf an, wobei sich die Nationalökonomen nur schwer gegen die Konkurrenz der Juristen durchsetzen konnten. Eine wirtschaftliche Orientierung der Frauen war daher ein Wagnis, die Berufsaussichten waren «durchaus nicht glänzend», wie Altmann-Gottheiner konstatierte und deshalb vor diesem Studium warnte.

Festhalten läßt sich, daß mindestens 47 Prozent der Frauen der zweiten Generation und mindestens 13 bis 20 Prozent der dritten im sozialen Bereich arbeiteten, einige eher mangels Alternative denn aus Überzeugung. Die Chancen, eine angemessene Stelle zu finden, scheinen für die dritte Generation in mancher Hinsicht schlechter geworden zu sein, auch wenn sich das Spektrum an Arbeitsmöglichkeiten erweiterte.[14]

Die Gunst der frühen Stunde nutzte Rosa Kempf. Sie bewarb sich 1914, drei Jahre nach ihrer Promotion, erfolgreich um die Direktorinnenstelle des neu gegründeten «Seminars für soziale Frauenberufe» in Frankfurt, das dank Kempfs Konzeption eine der anerkanntesten sozialen Frauenschulen wurde. Dieser Schultyp war Produkt der Frauenbewegung, die sich damit selbst neue Arbeitsmöglichkeiten eröffnete. Lehrtätigkeit an einer sozialen Frauenschule galt Ende der zwanziger Jahre als ein «die akademisch gebildete Frau persönlich und fachlich» ganz besonders zufriedenstellender Beruf.[15] Und mit der Position der Direktorin war gleichzeitig eine der wenigen den Frauen offenstehenden leitenden Positionen geschaffen. Da es bis 1917 aber nur elf, bis 1922 gerade 34 Schulen gab, waren diese Möglichkeiten für die nachfolgenden Generationen rasch erschöpft. Insgesamt neun Münchner Doktorandinnen dozierten, oft nur kurzfristig, an der katholischen sowie an der 1919 neu gegründeten Städtischen Sozialen Frauenschule in München, zwei bewarben sich dort vergeblich um die Direktorinnenstelle. Eine Tätigkeit in Wohlfahrtseinrichtungen läßt sich bisher für drei Frauen nachweisen. Die erste war die 1912 promovierte Bankierstochter Käthe Mende, die etwa seit 1916 in der Deutschen Zentrale für Jugendwohlfahrt, später dort in leitender Position, arbeitete. Seit Frühjahr 1917 gab sie deren Zeitschrift «Die Jugendfürsorge» heraus und publizierte darin bis 1933 zahlreiche Artikel zu den Themen Jugend- und Kinderfürsorge. Die zweite war Antonie Nopitsch, deren Lebenswerk bis heute existiert: Gemeinsam mit Elly Heuss-Knapp entwickelte sie die Idee zur Gründung des Deutschen Müttergenesungswerks, dessen langjährige Geschäftsführerin sie wurde.[16]

Im Gegensatz zu einer Stelle in einer privaten Wohlfahrtsorganisation galten Anstellungen bei Behörden als anspruchsloser, da nur wenige leitende Positionen zur Verfügung standen. Der Erste Weltkrieg brachte zwei Münchnerinnen eine Führungsstelle. Die 1915 mit 37 Jahren promovierte Gertraud Wolf (Abb. 33) wurde 1917 Leiterin des Referats Frauenarbeit im Bayerischen Kriegsministerium, nach dessen Auflösung 1919 aber vermutlich nicht in zivile Behörden übernommen.[17] Die ihr während des Kriegs unterstellte Florentine Rickmers dagegen wurde anschließend Frauenreferentin im Bayerischen Ministerium für Soziale Fürsorge. Ihre Doppelqualifikation als Juristin und Nationalökonomin dürfte eine wesentliche Rolle dabei gespielt haben, daß ihr als einer der ersten Frauen in Bayern eine Beamtenlaufbahn gelang. Repräsentativer für Karrieremöglichkeiten von Frauen in Behörden, und dies für zwei Epochen, ist der Lebenslauf von Elisabeth Bamberger.[18] Ein Jahr nach ihrer 1923 mit summa cum laude bestandenen Promotion bewarb sie sich auf die Stelle der Vorgesetzten der Wohlfahrtspflegerinnen im Sozialreferat der Stadt München, ausgerüstet mit dem Zeugnis ihres Doktorvaters Zahn, der ihr «hervorragende Kenntnisse über Sozial- und Kommunalpolitik» bestätigte. Sie hatte über «Die Finanzverwaltung in den deutschen Territorien des Mittelalters» geforscht. Nichts veranschaulicht die Entwicklung der sozialen Frauenberufe und die kritische Arbeitsmarktlage der 1920er Jahre deutlicher als die Tatsache, daß promovierte Nationalökonominnen Stellen annahmen, für die lediglich der Abschluß einer Sozialen Frauenschule Voraussetzung war. Der Erfolg der Frauenbewegung, neue Erwerbsmöglichkeiten für Frauen zu erschließen, hatte nicht nur den Preis der inhaltlichen Begrenzung, sondern auch den der hierarchischen: Soziale Berufe als spezifische Frauenberufe durften sich nur auf der anspruchslosen und unlukrativen mittleren Verwaltungsebene etablieren. Die Konkurrenz der Männer war damit ausgeschaltet, dafür nahm diejenige zwischen unterschiedlich ausgebildeten Frauen zu. Daß sich zur gleichen Zeit keine Frau als Oberstudiendirektorin an der städtischen Riemerschmidt-Handelsschule für Mädchen bewarb, zeigt die Hoffnungslosigkeit angesichts der herrschenden Strukturen.[19] Karriere machte Elisabeth Bamberger erst nach dem Zweiten Weltkrieg als Direktorin des Stadtjugendamtes. Frauentypisch daran war, daß die Berufung zunächst nur kommissarisch erfolgte und nur aufgrund der politisch begründeten Entlassung des bisherigen Stelleninhabers möglich wurde. Erst als sie sich in Funktionen, die ihr von der Militärregierung zusätzlich übertragen worden waren, bewährt hatte, erschien es dem Stadtrat als eine «Selbstverständlichkeit», sie unbefristet anzustellen.

Noch für sechs weitere Münchnerinnen, zwei davon aus der Generation vor dem Ersten Weltkrieg, ist eine Beschäftigung in Behörden belegt, unter anderem in der Gewerbeinspektion, im Statistischen Reichsamt und als Leiterin der weiblichen Arbeitsvermittlung. Es ließ sich keine Absolventin ermitteln, die als Journalistin gearbeitet hat, doch veröffentlichten einige gelegentlich Aufsätze. Eine Doktorandin hat eine Tätigkeit in der freien Wirtschaft gefunden, sie wurde in den zwanziger Jahren Leiterin der Versicherungsabteilung in der Geschäftsstelle der Deutschen Handwerksverbände.

2. *«Was haben Frauen auf dem Gebiet der Nationalökonomie geleistet?»*

2.1 *Der Auftakt zur sozialwissenschaftlichen Frauenforschung*

Eine Antwort auf die zweite Herknersche Frage lautet: An keiner anderen deutschen Universität begann das Frauenstudium mit einer solchen Konzentration der Dissertationen auf Frauenfragen wie in München.[20] Insbesondere die ersten vier zwischen 1910 und 1912 von Lujo Brentano (Abb. 4) betreuten Arbeiten befaßten sich mit Fragen, die an der Schnittstelle von Sozialreform und Frauenbewegung angesiedelt waren: Sie untersuchen Arbeits- und Lebensverhältnisse von Arbeiterinnen verschiedener Branchen. Brentano war voll des Lobes: Zu «Berichtigungen der Anschauungen kompetentester Personen» trage die 1910 eingereichte Arbeit von Rose Otto «Über Fabrikarbeit verheirateter Frauen» bei,[21] und «wertvoll» erschienen ihm Käthe Mendes Erhebungen über Münchner «Jugendliche Ladnerinnen».[22] Elisabeth Hells Untersuchungen über «Jugendliche Schneiderinnen und Näherinnen in München»[23] seien von einer Art, wie sie «für irgend eine andere deutsche Stadt noch nicht vorhanden ist», und «eine Freude, sie zu lesen», war ihm Rosa Kempfs Studie über «Das Leben der jungen Fabrikmädchen in München»[24] von 1911, da sie «wissenschaftlich und schriftstellerisch gleich hervorragend» sei. Frei von geschlechtsspezifischen Vorurteilen war Brentano nicht: Die Frauen zeigten «in der Beurteilung ein gesundes, warmes, fühlendes Herz und gleichzeitig nüchternen praktischen Verstand» (Kempf), ein «durch wissenschaftliches Studium geschärftes und bei aller Wärme des Herzens reifes Verstandesurtheil» (Mende). Kennzeichnend für diese Arbeiten ist ihre Methode:

Über Fabrikarbeit verheirateter Frauen

INAUGURAL-DISSERTATION ZUR ERLANGUNG DER DOKTORWÜRDE DER HOHEN STAATSWIRTSCHAFTLICHEN FAKULTÄT DER K. B. LUDWIG-MAXIMILIANS-UNIVERSITÄT MÜNCHEN

VORGELEGT VON ROSE OTTO

STUTTGART DRUCK DER UNION DEUTSCHE VERLAGSGESELLSCHAFT 1910

Das Leben der jungen Fabrikmädchen in München.

Dissertation zur Erlangung der Doktorwürde eingereicht bei der Staatswirtschaftlichen Fakultät der Kgl. Ludwigs-Maximilians-Universität zu München von Rosa Kempf.

Leipzig, 1911.

Jugendliche Schneiderinnen und Näherinnen in München

INAUGURAL-DISSERTATION ZUR ERLANGUNG DER DOKTORWÜRDE DER STAATSWIRTSCHAFTLICHEN FAKULTÄT DER KGL. LUDWIG-MAXIMILIANS-UNIVERSITÄT ZU MÜNCHEN

VORGELEGT VON ELISABETH HELL

STUTTGART DRUCK DER UNION DEUTSCHE VERLAGSGESELLSCHAFT 1911

Münchener jugendliche Ladnerinnen zu Hause und im Beruf, auf Grund einer Erhebung geschildert

INAUGURAL-DISSERTATION ZUR ERLANGUNG DER DOKTORWÜRDE DER STAATSWIRTSCHAFTLICHEN FAKULTÄT DER KGL. LUDWIG-MAXIMILIANS-UNIVERSITÄT ZU MÜNCHEN

VORGELEGT VON KÄTHE MENDE

STUTTGART DRUCK DER UNION DEUTSCHE VERLAGSGESELLSCHAFT 1912

Abb. 32: Mit den ersten vier von Lujo Brentano betreuten Dissertationen von Nationalökonominnen setzt eine kurze Blüte sozialwissenschaftlicher Frauenforschung ein.

Alle stellen frühe Beispiele empirischer Sozialforschung dar. Die Hervorhebung der Methode und die Betonung der Schwierigkeiten der Materialbeschaffung in den Gutachten läßt vermuten, daß männliche Doktoranden seltener den Aufwand für empirische Erhebungen leisteten, doch müßte das noch überprüft werden. Die Arbeiten der Frauen beruhten oft auf ein- bis zweijährigen von den Doktorandinnen selbst entworfenen und durchgeführten statistischen Erhebungen über die Untersuchungsgruppe; Rosa Kempf hatte sich dafür mehrere Monate in verschiedenen Firmen als Fabrikarbeiterin ausgegeben. Während Brentano ihre Methode und Vorurteilslosigkeit als «musterhaft» lobte, sah dies Charlotte Engel-

Reimers, 1907 promovierte und 1930 habilitierte Nationalökonomin, in ihrer Rezension anders: Rosa Kempf sei «mit vorgefaßter Meinung an ihre Aufgabe herangetreten». Wie ein «Notschrei» durchziehe das ganze Buch, daß die Frau der «doppelten Anspannung ihrer Kräfte als Hausfrau und Erwerbende» erliege. Ihr gefiel nicht, daß Kempf den «einzigen Ausweg» in der «Entlastung von den Hausfrauenpflichten» sah, damit die Frau «ihre ganze Kraft [...] für den Erwerb sich erhält, und weder vom Mann wirtschaftlich abhängig bleibt noch hinter ihm zurücksteht». Daher das Urteil: «Frl. Dr. Kempf ist zu sehr Frauenrechtlerin, zu wenig objektive Wissenschaftlerin.» Dagegen lobte Charlotte Engel-Reimers die Arbeiten von Elisabeth Hell und Käthe Mende, da sie Besserungsvorschläge machten, «ohne an den Grundpfeilern unseres Wirtschafts- und Staatslebens zu rütteln».[25] Die Rezeptionsgeschichte der frühen Frauenforschung ist noch nicht geschrieben.

Von den 17 bis 1918 geschriebenen Dissertationen behandeln zehn das Thema Frauenarbeit, zwei sind sozialwissenschaftlichen Theoretikern gewidmet, drei befassen sich mit wirtschaftswissenschaftlichen Themen, und je eine Dissertation galt der Arbeiterproblematik und der Forstwissenschaft. Von 1918 bis 1933 widmeten sich nur noch 10 Prozent der Doktorandinnen einem Frauenthema, 45 Prozent wählten Themen, die in die Schnittstelle von wirtschafts- und sozialwissenschaftlichen Fragen fallen, und 45 Prozent bearbeiteten wirtschaftliche oder wirtschaftstheoretische Probleme.

Interessant ist nicht nur die Frage, warum die Frauenforschung nach 1918 so schnell zum Erliegen, sondern vor allem, warum sie vorher überhaupt zustande kam. Das Lob Brentanos, die Dissertationen seien «ein geradezu glänzendes Zeugnis für das, was Frauen in sozialer Forschungsarbeit zu leisten vermögen», enthält einen Teil der Antwort: Die geschlechtsspezifische Arbeitsteilung galt auch in der Wissenschaft. Wenn Forschung – wie häufig behauptet wurde – «die ganze Kraft des männlichen Geschlechtes» erforderte, konnte Frauen nur der ihnen wesensgemäße Bereich offenstehen. Auch Heinrich Herkner hatte überwiegend in diesem Sinn argumentiert: Sozialwissenschaftliche Forschung sei auf die Mitarbeit gelehrter Frauen angewiesen, um das Gebiet der wachsenden weiblichen Erwerbsarbeit gründlich zu erfassen. Viele diesbezügliche Kenntnisse blieben männlichen Forschern verborgen. Was die ersten Münchner Doktorandinnen in ihrer Themenwahl motivierte, läßt sich nicht genau rekonstruieren. Die Danksagungen an den jeweiligen Doktorvater erwecken den Eindruck, als sei Frauen ein Frauenthema nahegelegt worden, wobei in vielen Fällen die Interessen der Professoren und der Frauen durchaus identisch gewesen sein mögen. Die geschlechtsspezifische Begrenzung hat jedoch nicht nur eine restriktive Seite. Frauenthemen waren nicht selbstverständlich, sondern neu und mußten durchgesetzt werden. Möglicherweise ist diese frühe Frauenforschung ein Beispiel dafür, daß sich Frauenthemen in Übergangszeiten mehr Chancen eröffnen: Die Krise, in der sich die historische Schule der Nationalökonomie seit Max Webers Werturteilsstreit befand und die zu einer zunehmenden Auflösung der inhaltlichen Einheit des Faches geführt hatte, könnte den Doktorvätern diese thematische Innovation erleichtert haben. Es wäre noch der Frage nachzugehen, inwieweit sich Brentano und seine Kollegen damit neue Impulse für das Fach erhofften. Bei Herkner war dies teilweise der Fall: Er erwartete eine sorgfältigere Berücksichtigung des individuellen, persönlichen Moments durch nationalökonomische Forschungen von Frauen.

Die Themenwahl nach 1918 spiegelt ebenfalls die Entwicklung des Faches: Immer noch besaß die historische Schule eine prägende Rolle, war sie auch in München personell vertreten, zunehmend aber, wenn auch langsam, rückte eine an den Klassikern orientierte wirtschaftstheoretische Richtung in den Vordergrund. Die Aussage, daß sich nur wenige Frauen mit ihren Themen in Konkurrenz zu Männern zu stellen wagten, läßt sich für München nicht bestätigen.[26] Manche allerdings durften ihrem «Ehrgeiz, ein theoretisches Thema» zu bearbeiten, nicht folgen. So verzichtete Maria Jenal 1924 auf den Rat von Adolf Weber hin auf eine theoretische Akzentuierung ihrer Untersuchungen über «Das Problem des Minimallohns in der Hausindustrie», stellte aber dennoch die der herrschenden Forschungsmeinung entgegengesetzte These in den Mittelpunkt, daß eine Loslösung des amtlich festgesetzten Minimallohns von der Konjunkturentwicklung eine große Gefahr für die Volkswirtschaft bedeute, und hielt mit «kritischen Stellungnahmen gegenüber der üblichen Elendtheorie» nicht zurück.[27] Hanna Jacoby-Neustätter dagegen versuchte 1920 in ihrer Arbeit über «Schwedische Währung während des Weltkriegs» sehr wohl eine «theoretische Würdigung» unterschiedlicher Ansätze.[28] Ihr Gutachter Walter Lotz meinte, «speziell die Auseinandersetzung mit der Knappschen Theorie ist ein Kabinettstück, ein Zeichen von grossem Scharfsinn».[29] Einzelne Frauen verwendeten bereits mathematische Verfahren, mit denen sie ihre Doktorväter überforderten. So bat Otto von Zwiedineck-Südenhorst seinen mathematischen Kollegen um Beurteilung der Methoden, die Paula Schweiger 1927 in ihrer Arbeit über «Sozialversicherung und Wirtschaftsablauf» anwandte. Sie erhielt die bestmögliche Note.

Die Themenwahl nach 1918 ist einerseits ein weiterer Beleg für die wirtschaftliche Orientierung der Frauen. In wissenschaftlicher Hinsicht war diese aussichtsreicher, und insbesondere mit der Hinwendung zu theoretischen Fragen griffen die Frauen früh die künftig dominierende Richtung in den Wirtschaftswissenschaften auf. Mit «traditionellen» Themen dagegen wären sie bald zwischen die Stühle geraten, da auch die Soziologie diese in Zukunft nur randständig behandeln sollte. Andererseits signalisieren die Themen die Anpassung der Frauen an den herrschenden Wissenschaftsbetrieb. Welche Konsequenzen das für die Entwicklung der Disziplin hatte, ist eine offene Frage. Eine Auswertung der Dissertationen unter geschlechtsspezifischen Aspekten steht noch aus.

2.2 Münchner Nationalökonominnen in der Wissenschaft?

Eine zweite Antwort auf die Frage nach den wissenschaftlichen Leistungen lautet: Auch eine hochgelobte Promotion hat eine Doktorandin der Münchner Staatswirtschaftlichen Fakultät nicht zur wissenschaftlichen Karriere geführt. Daß Frauenforschung eine wissenschaftliche Karriere eröffnet habe, wie gelegentlich vermutet wird, bestätigt sich für München zu keiner Zeit.[30] Dem widerspricht nicht, daß die meisten Frauen, die vor 1918 promovierten, ihre Dissertationen im Rahmen der renommiertesten Reihen veröffentlichen konnten,[31] einzelne auch zusätzliche Aufsätze über ihr Dissertationsthema in führenden Zeitschriften. Der Grund für das Ende dieser positiven «Tradition» nach dem Krieg lag wohl auch an den wirtschaftlichen Schwierigkeiten der Zeit. Die Veröffentlichungsmöglichkeiten scheinen die einzige Unterstützung gewesen zu sein, die Professoren für ihre Doktorandinnen gaben. Wissenschaftliche Mitarbeiterin wurde als einzige Margarete Eysoldt,[32] 1914 für vermutlich drei Jahre, doch hat sie dies wohl dem kriegsbedingten Abzug der Männer zu verdanken. Rosa Kempf hatte nach ihrer Promotion eine nicht näher bezeichnete Arbeit «von einigen Professoren in München» übertragen bekommen.[33] In der «Volkswirtschaftlichen Gesellschaft München» oder gar im «Verein für Sozialpolitik» traten Münchner Nationalökonominnen nicht auf.[34] Ernüchternder sind andere Tatsachen: Während sich in Berlin bis 1933 bereits vier Frauen in Nationalökonomie habilitierten, alle Doktorandinnen der Fakultät, haben sich bis 1992 in München nur zwei Frauen habilitieren können, nur eine davon hatte auch in München promoviert:[35] Helga Schmucker, geb. Boustedt, promovierte 1928 bei Adolf Weber über Preisbildung in Sowjet-Rußland. 1934 bis 1945 wirkte sie in verschiedenen Funktionen, zuletzt als Leiterin, im Wirtschaftsinstitut für Rußland und die Oststaaten in Königsberg. 1946 wurde sie nach München zum Aufbau des Instituts für Ostwirtschaft zurückgeholt, doch entschloß sie sich 1947, diesen politisch belasteten Bereich aufzugeben, brach ihre bereits begonnene Habilitationsarbeit ab und studierte Statistik. 1957 habilitierte sie sich bei Oskar Anderson und blieb als Privatdozentin und außerplanmäßige Professorin in München, bis sie im Alter von 63 Jahren einen Ruf nach Gießen auf eine Professur für Haushaltsökonomie annahm. Zwei Jahre vor ihr, 1955, hatte sich die in Hamburg promovierte Utta Gruber habilitiert, die dann als zweite Professorin der Fakultät 1965 von Bochum aus einen Ruf nach München annahm. Die erste Professorin der Wirt-

Abb. 33: Gertraud Wolf, promoviert 1915, seit 1917 Leiterin des Referats Frauenarbeit im Bayerischen Kriegsministerium, 1920–1924 und 1930–1933 Abgeordnete der Deutschen Volkspartei im Bayerischen Landtag, von 1930 bis 1933 gleichzeitig Mitglied des Münchner Stadtrats für die Freibürgerliche Mitte.

schaftswissenschaften an der Universität München war die an der Technischen Universität habilitierte Betriebswirtin Liesel Beckmann (Abb. 13). Ihre Karriere begann – frauentypisch – durch die politisch begründete Vakanz einer Professorenstelle, die sie 1947 bis 1950 kommissarisch übernahm. Um die bei Studenten sehr beliebte Professorin in München halten zu können, verlieh man ihr 1956 das persönliche Ordinariat.

3. «Welchen Einfluß wird die Beschäftigung der Frau mit nationalökonomischen Fragen vermutlich auf die allgemeine gesellschaftliche Entwicklung ausüben?»

Die dritte Herknersche Frage ist Produkt ihrer Zeit. Sie konnte nur gestellt werden, weil Männer und Frauen von den unterschiedlichen Fähigkeiten der Geschlechter überzeugt waren. Nicht nur Herkner sah den Wirkungsbereich von Nationalökonominnen im sozialen Bereich. Auch Elisabeth Altmann-Gottheiner hielt die Sozialpolitik für die den Nationalökonominnen adäquateste Aufgabe, weil sie den Menschen zum Objekt habe. Auf dem Gebiet der Sozialpolitik stehe sie Aufgaben gegenüber, die sie nur lösen könne, weil sie Frau sei.

> «Es soll damit nicht gesagt werden, daß die Frau sich auf dieses Gebiet beschränken sollte. Sie kann auch auf dem Gebiet der reinen Theorie Beachtliches leisten [...]. Aber ihre besten Leistungen werden sich hier nur dadurch auszeichnen, daß sie sich von denen der Männer in Bezug auf Qualität nicht unterscheiden.»[36]

Solche Äußerungen legen nahe, daß Frauen in der (teilweisen) Bejahung des Konzepts der Geschlechterdifferenz die einzige Möglichkeit sahen, auf eine männlich definierte Gesellschaft zu reagieren.

Daß viele Nationalökonominnen, auch Münchnerinnen, in der Tat in sozialen Berufen arbeiteten, wurde bereits geschildert. Einige engagierten sich erfolgreich parteipolitisch, wobei sozial-, frauen- und kulturpolitische Themen im Mittelpunkt standen: Sophie Schöfer in der SPD, Gertraud Wolf und Ellen Ammann als langjährige Bayerische Landtagsabgeordnete für die Deutsche Volkspartei bzw. die Bayerische Volkspartei. Wie Ellen Ammann war auch Rosa Kempf 1918 Mitglied des Bayerischen provisorischen Nationalrats, anschließend einige Jahre bayerische Landtagsabgeordnete für die Deutsche Demokratische Partei. Wiederholt wurde sie von der Partei als Kandidatin für den Reichstag nominiert, obschon sie im Vergleich zu anderen Frauen, wie Gertrud Bäumer, in der Partei weniger in den Vordergrund trat. In ihren Aufsätzen forderte sie beständig, die inhaltliche Beschränkung frauenpolitischen Engagements zu überwinden und als Frauen auch zu außenpolitischen Themen Stellung zu nehmen. Die Beispiele der Münchner Doktorandinnen verdeutlichen, daß die Frage nach dem Einfluß der Frauen auf die Entwicklung des sozialen Bereichs, wie man die Frage Herkners rückblickend formulieren kann, eine große Forschungslücke darstellt. Die konkreten sozialpolitischen Vorstellungen von Frauen, die Unterschiede zwischen diesen und männlichen Konzepten sind kaum untersucht. Die bürgerliche Frauenbewegung war in ihren sozialen Vorstellungen sehr viel differenzierter und heterogener, als bisher dargestellt. So trug zum Beispiel Rosa Kempf bereits 1906 schriftlich eine Kontroverse mit Marianne Weber aus, deren Vorstellungen über die Verbindung von Familienleben und Berufsarbeit sie nicht teilte; der Frauenbewegung warf Kempf diesbezüglich «Inkonsequenz» und «Halbheiten» vor.[37] Auch Gertrud Bäumer widersprach sie in zentralen Punkten. Der Wunsch drängt sich auf, die Geschichte der Frauenbewegung in manchen Punkten unter anderen Aspekten zu betrachten und zum Beispiel die positive Formulierung, Berlin sei Zentrum der Frauenbewegung gewesen, umzudrehen und polemisch zu formulieren, daß diese eine Klüngelei einiger Berliner Frauen war, der manche zugehören wollten und auch durften, manche nicht.

Erst seit kurzer Zeit wird in Deutschland der Beitrag der Frauen zur Entwicklung des Wohlfahrtsstaates untersucht, eine Analyse der Geschichte des Sozialstaates unter geschlechtsspezifischen Aspekten unternommen.[38] Daß dieses Thema so lange eine Forschungslücke war, ist möglicherweise ein weiteres Beispiel für die Verdrängung von Frauenleistungen durch die Geschichtsschreibung: Im Gegensatz zur heutigen Standardliteratur über die Geschichte des Sozialstaats haben Zeitgenossen die Bedeutung der Frauen und ihrer Leistungen noch deutlich betont.[39]

11.

Hiltrud Häntzschel

Justitia – eine Frau?

Bayerische Positionen einer Geschlechterdebatte

Bis um die Jahrhundertwende wurden in Deutschland ausschließlich Männer für fähig gehalten, juristische Aufgaben sowohl in Laienämtern (bei der Gewerbeaufsicht, bei Vormundschaftsfragen und als Schöffen) als auch in professionellen Tätigkeiten (in Anwaltschaft und Richteramt) zu erfüllen, und deshalb zur Ausbildung zugelassen. An den heftigen Debatten um die Zulassung auch der Frauen beteiligten sich sechs ‹Parteien›: die Frauen, die Juristischen Fakultäten an den Universitäten, die Justizministerien, die Parlamente, die Berufsorganisationen (Richter- und Anwaltsverbände), die katholische Kirche. Die allgemeine Öffentlichkeit war gespalten und sah ihre Meinung jeweils in einer oder mehrerer dieser Gruppierungen vertreten.

Die Geschichte dieses mühsamen Prozesses ist mehrfach beschrieben worden, allerdings mit der Blickverengung auf das Deutsche Reich bzw. auf Preußen.[1] Dabei wurden allerlei sich widersprechende ‹Fakten› in Umlauf gesetzt. Im folgenden soll die bayerische Debatte, soweit sie noch rekonstruierbar ist, chronologisch und zugleich systematisch nachgezeichnet werden, immer vor dem Hintergrund der Reichsentscheidungen. Begleitet wird dieser Prozeß von den Juristinnen, die als Studentinnen oder Absolventinnen bayerischer Universitäten in die Debatte eingriffen und mit ihrer erworbenen Kompetenz in Berufsverbänden, in der Politik und in der Öffentlichkeit den Gleichstellungsprozeß vorantrieben.

Unter den akademischen Professionen (mit Ausnahme der Hochschullehrerlaufbahn) gehört die juristische zu den prestigeträchtigsten, sie ist noch eindeutiger als der Arztberuf geschlechtsspezifisch definiert, und sie ist am stärksten mit Macht ausgestattet. Den Arzt zum Beispiel kann man sich in der Regel selbst wählen, nicht aber den Richter. In einer Gesellschaft, in der die Geschlechter hierarchisch angeordnet sind, kann das Richteramt schon deshalb nicht von einer Frau eingenommen werden. Daß Macht und Prestige des Juristen vielfach in krassem Gegensatz zu seiner tatsächlichen Qualifikation durch Intelligenz und Charakter standen, veranschaulichen Schilderungen des Studentenlebens im Kaiserreich, in denen sich häufig gerade Jurastudenten durch geistige Enge, bornierten

Studentinnen

(Zeichnung von E. Thöny)

„Nee, Jus mag ich nicht studieren – ich kann mich nicht mein ganzes Leben lang in der schwarzen Robe sehn."

Aus der guten alten Zeit

Ein älterer Arbeiter unserer Benzolwäscherei – wir hatten ihm wegen seines senfartigen Teints den Spitznamen „Mostrich" gegeben – erschien eines schönen Tages nicht zur Brotzeit. Das mußte bei dem sonst maschinenmäßigen Betrieb auffallen. Man suchte und fand ihn endlich bewegungslos am Boden seines seit vielen Jahren mit gleichmäßigem Eifer bedienten großen Benzolrührers liegen. Noch im entleerten Apparat vorhandene Benzoldämpfe dürften dem Armen während der Reinigungsarbeit die Besinnung geraubt haben. Nach einigen Schwierigkeiten hatten wir ihn an ein Seil gebunden und durchs Mannloch herausgezogen. Der herbeigerufene Arzt ordnete sofort künstliche Atmung an. Aber es wollte trotz größten Bemühens nicht mehr gelingen, „Mostrich" dem Leben wiederzugeben. Eine menschenfreundliche Seele, Chemiker und Korpsphilister, schlug vor, eine halbe Pulle Sekt zu opfern und ihm das kostbare Naß einzuflößen. Tatsächlich blieb der Erfolg nicht lange aus. Nach mehr als zweistündiger Abwesenheit vom Irdischen schlug Mostrich seine wasserblauen Augen verwundert auf; wie von einem Alpdruck befreit, atmeten wir alle auf und gratulierten dem Retter.

Man erzählte Mostrich, nachdem er sich etwas erholt hatte, von seinem Unfall und daß ihn der gute Sekt von den Toten auferweckt hätte. Unwillkürlich leckte er mit seiner rauhen Zunge über seine Lippen und meinte sichtlich erfreut: „Das erstemal in meinem Leben, daß ich Schampus bekam", und dann etwas resigniert: „Schade, daß ich dabei nicht bei Verstand war ...", dann versank er wieder in seinen normalen apathischen Zustand.

Literarische Arithmetik

Die bisher immer noch nicht ganz unstrittige Wertung der großen Weimarer Dichter ist jetzt durch einen Beschluß des Gemeindevorstands von Ilmathen in ein sicheres arithmetisches Verhältnis gebracht worden, das alle Zweifel beseitigt. Es verhalten sich danach Goethe : Schiller : Herder beziehungsweise Wieland wie 50 : 25 : 10. Dementsprechend soll das Bildnis Goethes auf den geplanten weimarischen 50-Pfennig-Notgeldschein kommen. Dem Andenken Schillers soll der 25-Pfennig-Schein gewidmet werden, während sich mit dem 10-Pfennig-Schein Wieland oder Herder (nach Wahl des Künstlers) werden begnügen müssen.

Abb. 34: Karikatur im „Simplicissimus" von Eduard Thöny aus aktuellem Anlaß: 1921 bewegte die Debatte um die Juristinnen Politik und Öffentlichkeit.

Chauvinismus, Frauenverachtung und Trinkfestigkeit hervortaten. Als nach dem Zusammenbruch des Kaiserreiches die Geschlechterhierarchie per Gesetz für abgeschafft erklärt wurde, bedurfte es noch eines zähen Kampfes und vor allem der beruflichen Bewährung der wenigen Juristinnen, bis schließlich die geschlechtsspezifischen Vorurteile auch in der Rechtsprechung weitgehend überwunden waren.

Wie sehr solche Rollenzuschreibungen von Männern und Frauen verinnerlicht waren, ist daran ablesbar, daß die organisierte Frauenbewegung bei der Diskussion um die Zulassung der Frauen zu den Universitäten den generellen Zugang zu den juristischen Berufen zunächst eher zurückhaltend einforderte. In der Diskussion um die Zulassung zum Arzt- und zum Lehrberuf war gerade mit einem Katalog geschlechtsspezifischer Eignungen wie Helfen, Heilen, Sorgen, Einfühlen argumentiert worden. Das Selbstverständnis des Juristen beinhaltete hingegen die traditionell männlich besetzten Qualitäten Vorurteilsfreiheit, Objektivität, Rationalität. Man kann also nicht von einer generellen Forderung der Frauen nach Teilhabe an der Rechtspflege ausgehen. Bei der einzigen großen öffentlichen Debatte vor der Zulassung der Frauen zu den juristischen Berufen in den Jahren 1920 bis 1922 erregte auch eine Petition von (politisch rechts stehenden) Frauen *gegen* die Gesetzesänderung, das heißt also *gegen* die Betätigung der Frau in der Rechtspflege hörbaren Aufruhr in der Presse.[2]

Mit diesem Rollenverständnis hat es auch zu tun, daß Abiturientinnen mit dem Studienwunsch «Rechtswissenschaft» in ihrem gesellschaftlichen Umfeld – zumal im konservativen Bayern – noch bis lange nach dem Zweiten Weltkrieg auf Vorbehalte, wenn nicht Mißbilligung stießen.

1. *Die Zulassung der Frauen zum Jurastudium*

1.1 *Die Haltung der Juristischen Fakultäten in Bayern*

Im April 1896 wurde die Juristische Fakultät in München erstmals mit dem Gesuch einer Frau um Zulassung zum Besuch von Vorlesungen konfrontiert.[3] Das Gesuch stammte von Anita Augspurg (Abb. 35), die «während des verflossenen Winters durch Agitationen gegen den Entwurf des Bürgerlichen Gesetzbuches in München und Nürnberg in nicht vorteilhafter Weise sich bekannt gemacht hat», wie die Fakultät in ihrem Ablehnungsbescheid abfällig vermerkte. Die Begründung der Zurückweisung führt zu dem Zirkelschluß,

> «daß Frauen zu juristischen Vorlesungen – mit Ausnahme der rechtsgeschichtlichen Studien, welche zur allgemeinen Bildung gehören – überhaupt nicht zugelassen werden sollen, da denselben der Beruf eines

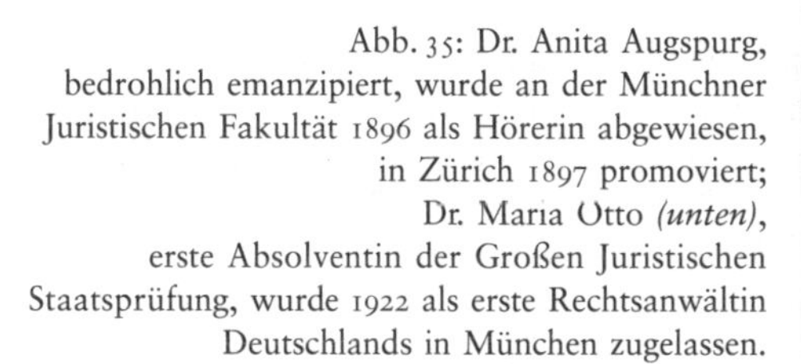
Abb. 35: Dr. Anita Augspurg, bedrohlich emanzipiert, wurde an der Münchner Juristischen Fakultät 1896 als Hörerin abgewiesen, in Zürich 1897 promoviert; Dr. Maria Otto *(unten)*, erste Absolventin der Großen Juristischen Staatsprüfung, wurde 1922 als erste Rechtsanwältin Deutschlands in München zugelassen.

Richters, eines Verwaltungsbeamten, eines Rechtsanwaltes, eines Notars, überhaupt jede juristische Tätigkeit verschlossen sei. Aus dem gleichen Grunde würden die Frauen auch nicht zu kriegswissenschaftlichen Studien an einer Kriegsakademie zugelassen werden.»

Durch die erste «Gesuchstellerin» Anita Augspurg mußte sich die Fakultät in der Tat in ihrem Kompetenzanspruch herausgefordert fühlen. Die 1857 als Tochter einer Mediziner- und Juristenfamilie geborene Anita Augspurg absolvierte zunächst in Berlin das Lehrerinnenexamen, wurde dann Schauspielerin und eröffnete schließlich zusammen mit Sophie Goudstikker in München das Photoatelier Elvira. Seit 1890 engagierte sie sich – nicht etwa für halbherzige «Bildungssurrogate für das weibliche Geschlecht, z. B. die Helene Langeschen Realkurse»[4] – sondern für den gleichberechtigten und vollen Zugang der Frauen zu allen Ausbildungsqualifikationen. Ihrer Mitarbeit war die Gründung des Karlsruher Mädchengymnasiums zu verdanken. An allen weiteren Schritten zur Öffnung der Hochschulen und der akademischen Berufe für Frauen ebenso wie zur gesetzlichen Gleichstellung 1919 war sie beteiligt. Zum Studium der Rechtswissenschaft entschloß sie sich nicht, um etwa Anwältin zu werden, sondern um sich die nötigen juristischen Kenntnisse anzueignen, um bei der anstehenden Schaffung des Bürgerlichen Gesetzbuchs die Interessen der Frauen kompetent vertreten zu können. Anita Augspurg hat dann 1897 (wie ihre Kommilitonin Rosa Luxemburg) an der Züricher Universität promoviert.

Während ihre Ablehnung durch die Münchner Juristische Fakultät eine Einzelfallentscheidung war, reagierte die Fakultät dann bei der vom Ministerium erbetenen Stellungnahme vom 29. April 1903 mit dem generellen Votum:

> «Wir berufen uns auf das Schreiben vom 15. d. M. ergebenst mitzuteilen, daß wir unser Gutachten *gegen* die Immatrikulation von Frauen als Studierende der Rechte abgeben.»[5]

Die Fachkollegen der Erlanger und der Würzburger Universitäten hatten gegen die Zulassung von Frauen keine Einwände. Trotz der regulären Immatrikulation seit 1903 mußten die Münchner Studentinnen vor jedem Vorlesungsbesuch den entsprechenden Dozenten um seine Zustimmung bitten. Als der Akademische Senat 1907 diese unangemessene Prozedur und letzte inneruniversitäre Hürde abschaffen wollte, versagten die Medizinische und wieder die Juristische Fakultät ihre Einwilligung, wurden aber von den anderen Fakultäten überstimmt.[6]

1.2. Die Einstellung der katholischen Kirche

Bei der Beurteilung wichtiger bildungspolitischer Weichenstellungen in Bayern ist es ratsam, einen Blick auf die Rolle oder zumindest die Haltung der katholischen Kirche zu tun. Rasch zeigt sich, daß die Zuordnungen «konservativ» und «fortschrittlich» differenziert zu handhaben sind. Bei der 23. Hauptversammlung des katholischen Lehrerinnenvereins in München 1908 hielt die erste, seit Sommersemester 1906 eingeschriebene Jurastudentin Münchens, Angelica Siquet aus Straßburg, einen Vortrag über «Die Bedeutung des juristischen Frauenstudiums».[7] Behutsam versuchte sie, die Vorurteile bei ihren Hörerinnen («die Juristin erscheint als der Gipfel der Emanzipation») abzubauen. Bezüglich des Richteramts, das – wie sie klug ahnte – noch in weiter Ferne lag, sagte sie: «Erschrecken Sie nicht, meine Damen, wenn ich selbst diesen Beruf der Frau zugänglich sehen möchte. Ich mache allerdings die Einschränkung – über Kinder.» Daß eine Frau über einen Mann Recht sprechen könnte, wagte sie sich nicht vorzustellen und hielt sich damit ganz ans Geschlechterrollenreglement ihrer Kirche. Sie beklagte, daß sich so wenig Katholikinnen diesem Beruf zuwenden würden:

> «Sollen wir Katholiken aber müßig zusehen, wie alle diese neuen bedeutungsvollen und einflußreichen Posten besetzt werden mit Vertreterinnen anderer Konfessionen? [...] Wie wollen wir unsere herrlichen Anschauungen von Sitte und Moral, von christlicher Caritas verwirklicht sehen, wenn zumal die Gewerbeinspektion und Rechtsschutzstelle in Händen anderer Konfessionen sind, die nicht die gleichen hehren Ideen verfolgen!»

Ein Jahr später generalisiert Michael Faulhaber, Professor in Straßburg und späterer Kardinal, auf der 56. Generalversammlung der Katholiken Deutschlands, vor einem repräsentativen Publikum also, diese zu ihrer Zeit noch ganz ungeheuerlichen Forderungen:

> «Alle Vorurteile gegen die wissenschaftlichen Frauenberufe müssen vor der Tatsache verstummen, daß in dieser Frage *vitale Interessen des katholischen Namens* in Deutschland auf dem Spiele stehen. Die katholische Juristin, die in den Rechtsschutzstellen der Katholikin Auskunft gibt über Ehescheidung und andere Anfragen eherechtlicher Natur, – die katholische Fabrikinspektorin, die unter den Arbeiterinnen großer gemischter Fabrikbetriebe die Durchführung der Gewerbeordnung 1891 zur Wahrung guter Sitten überwacht [...], haben alle eine apostolische Mission im Dienste unserer Weltanschauung.»[8]

Es ist wohl anzunehmen, daß dieses im Hintergrund wirkende Interesse von Vertretern der katholischen Kirche Einfluß hatte auf die im folgenden dargestellte, immerhin nicht gänzlich blockierende Regelung für die Ausbildungsstufen für Frauen in Bayern bis 1919, die im Deutschen Reich einzig dastand. Katholikinnen blieben allerdings unter den Jurastudentinnen (soweit die Konfessionszugehörigkeit überhaupt noch feststellbar ist) die seltene Ausnahme. Bei den ersten Ernennungen von Richterinnen in Bayern nach dem Zweiten Weltkrieg hat die Konfession freilich durchaus eine Rolle mitgespielt.

2. Die theoretische Ausbildung – die juristischen Universitätsprüfungen

2.1 Die Zwischenprüfung und die Universitätsabschlußprüfung

Das Erste Juristische Staatsexamen (oder Referendarexamen) bestand in Bayern seit 1897 aus zwei Teilen, der sogenannten Zwischenprüfung für die historischen Fächer und der Universitätsabschlußprüfung. (Die Zwischenprüfung ist 1919 wieder abgeschafft worden.[9]) Von diesen beiden Prüfungsabschnitten sind – entgegen allen anderslautenden Darstellungen in der Forschung[10] – Frauen in Bayern (und nur in Bayern) nie ausgeschlossen gewesen. In allen anderen Ländern erfolgte eine Zulassung zum Ersten Staatsexamen erst zwischen 1919 und 1921.[11] Auch von einer etwaigen Diskussion darüber im Justizministerium ist nichts aktenkundig geworden. Daß die ersten Kandidatinnen in Würzburg und München dennoch um die Erlaubnis zur Teilnahme ersucht haben, mag in ihrer unsicheren Pionierposition begründet gewesen sein. Die ersten Würzburger Jurastudentinnen Anna Schultz und Maria-Delia Droste immatrikulierten sich im Wintersemester 1906/07 und erhielten auf ihre an das Kultusministerium weitergeleitete Anfrage, «ob die Fakultät gegen die Zulassung von Studentinnen zur Zwischenprüfung principielle Bedenken hat», die Antwort aus München, daß keine Bedenken bestehen unter dem Vorbehalte, daß «mit dem Bestehen der I. Prüfung keinerlei Anrecht auf Zulassung zum Vorbereitungsdienste und zur II. juristischen Prüfung» erworben werde. Eine entsprechende Antwort auf ihre Anfrage erhält auch die Kandidatin Florentine Neuhaus aus München am 25. September 1909. Bis 1919 haben mindestens 18 Studentinnen die Zwischenprüfung an einer der drei Landesuniversitäten abgelegt.[12]

Zur Abschlußprüfung, dem Ersten Juristischen Staatsexamen, sind im selben Zeitraum nur fünf Kandidatinnen angetreten: Maria-Delia Schmidbauer-Droste (Würzburg), Florentine Neuhaus (München), Maria Otto (Abb. 35) und Elisabeth Teutsch (Würzburg) und Maria Weingart (München). Daß im Verhältnis zur Studentinnenzahl nur wenige von dieser im ganzen deutschen Reich einzigen Möglichkeit für diesen Studienabschluß Gebrauch machten, wird an der Erwartung gelegen haben, vorerst in eine Sackgasse zu geraten. Die meisten Jurastudentinnen an der attraktiven bayerischen Hauptstadt-Universität kamen für ein, zwei Semester und verließen München wieder, um anderswo zu promovieren.

2.2 *Die Promotion*

Nach den Hochschulreglements stand mit der Zulassung zur Immatrikulation Frauen die Möglichkeit der Promotion als Studienabschluß in allen Fakultäten offen. Für Juristinnen, die außerhalb Bayerns zunächst keine Staatsprüfung ablegen und nirgends eine juristische Laufbahn einschlagen konnten, sollte sie *die* Alternative darstellen. Schaut man sich aber das Verzeichnis der juristischen Promotionen von Frauen bis 1933 genauer an, fällt ein extremes regionales Ungleichgewicht ins Auge. Bis 1933 promovierten in Erlangen 36, in Würzburg 25 und in München zwei Frauen in Rechtswissenschaft,[13] während die Jurastudentinnenzahlen in München um ein Vielfaches höher lagen. An der großen Berliner Universität promovierten im gleichen Zeitraum sieben Frauen zum Dr. juris. Die Unterschiede haben ihren Grund vor allem darin, daß Berlin und München, sowohl was die Voraussetzung zur Zulassung als auch was die Leistung angeht, traditionell hohe Hürden eingebaut hatten: In München wurde ohne Ausnahmeregelung das Reifezeugnis eines humanistischen Gymnasiums verlangt. Diese Regelung benachteiligte die Studentinnen der ersten Vorkriegszeit mit ihren erschwerten Abiturzugängen gegenüber dem Durchschnitt ihrer männlichen Kommilitonen (vergleiche dazu den Beitrag 4 von Christl Knauer-Nothaft in diesem Band). Dasselbe gilt für die zweite Besonderheit: München (und Berlin) verlangten außer dem (mündlichen) Rigorosum eine berüchtigt schwierige schriftliche Prüfung, die «die Interpretation eines römisch-rechtlichen Quellentextes zum Gegenstand» hatte.[14] Wer nicht im Gymnasium neun Jahre intensiv alte Sprachen betrieben hatte, war dieser Anforderung kaum gewachsen.[15] Und so hatte sich ein regelrechter Promotionstourismus besonders nach Erlangen eingebürgert: Im Wintersemester 1911/12 waren dort insgesamt 200 Studierende in Jura eingeschrieben. Im selben Semester wurden 177 Juristen promoviert, davon hatten 109 nicht in Erlangen studiert. (Zum Vergleich München: Bei 1302 Studierenden gab es acht Doktoranden, die alle auch in München studiert hatten.[16]) Daß aber eine Erlanger Dissertation nicht automatisch von minderem wissenschaftlichen Niveau zu sein brauchte, beweist bereits 1913 eine der beiden ersten Doktorandinnen, Margarete Berent (Abb. 42 und S. 130, vergleiche den Beitrag 13 in diesem Band).

Die Universität Würzburg war für angehende Juristinnen deshalb besonders attraktiv, weil die rechts- und staatswissenschaftlichen Fächer in einer Fakultät vereinigt waren und die Staatswissenschaften zum juristischen Lehrplan gehörten; der Studienabschluß bot somit eine breitere Qualifikation.[17]

Die erste Doktorandin in Bayern an einer Juristischen Fakultät ist Maria-Delia Schmidbauer, geborene Droste. Zwei Jahre nach ihrem Abschlußexamen und ihrem zwangsweisen Ausschluß vom Vorbereitungsdienst (siehe unten) promovierte sie 1911 in Würzburg. Danach verlieren sich ihre archivalischen Spuren. Münchner Juristinnen wichen gelegentlich mit einem rechtsgeschichtlichen Thema in die Philosophische Fakultät aus, wie 1924 Elisabeth Kohn (Abb. 18), die zu den ersten Münchner Anwältinnen gehörte, oder sie promovierten in ihrem zweiten Fach, wie Florentine Rickmers, geb. Neuhaus, in der Staatswissenschaftlichen Fakultät. 1927 und 1928 promovierten dann auch die ersten Doktorandinnen in München, Edith Schmitt und Edith Schulhöfer, bis 1945 waren es gerade neun.[18] Schließlich stammt die erste in Deutschland habilitierte Juristin aus Bayern: Magdalene Schoch hatte 1921 promoviert und ging dann mit ihrem Lehrer, dem Völkerrechtler Albrecht Mendelssohn-Bartholdy, nach Hamburg. Nach seiner Zwangsemeritierung 1933 folgte sie ihm ins Exil und machte in den USA am *Department of Justice* eine ungewöhnliche Karriere.[19]

3. Die praktische Ausbildung – der Vorbereitungsdienst

Nachdem die erste Frau, Maria-Delia Schmidbauer, im Juli 1909 ihre erste Universitätsabschlußprüfung erfolgreich abgelegt hatte, wurde sie

> «vom AG Traunstein als Rechtspraktikantin zum Vorbereitungsdienst zugelassen und erhielt auch die Zulassung zum AG München I. Bevor sie jedoch dort eintrat wurde durch die im Einv.[ernehmen] mit dem Stm [Staatsministerium] d. Innern ergangene Entschl. Nr. 40166 v. 6. X. 09 die Zulassung widerrufen.»[20]

Der Ernstfall war eingetreten, eine Frau befand sich auf dem Weg der höheren Justizlaufbahn. Das theoretische Studium – ja, der praktische Teil der Ausbildung, mit dem Frauen in die tägliche Arbeit an den Gerichten gleichberechtigt eingeführt gewesen wären – nein. Nun griff das Justizministerium ein. Eilig wird die «Verordnung vom 4. Juli 1899, die Prüfungen für den höheren Justiz- und Verwaltungsdienst und die Vorbereitung für diese Prüfungen betreffend», geändert. Die am 25. Oktober 1910 in Kraft tretende Novellierung erhielt in § 27 zur Regelung des Vorbereitungsdienstes einen zusätzlichen Absatz 3: «Frauen können nicht zugelassen werden.»[21] Die beiden nächsten Anwärterinnen, Florentine Neuhaus (ab Herbst 1912) und Maria Otto (ab Herbst 1916), konnten freilich dennoch ihren Vorbereitungsdienst antreten, wenn auch nur «informatorisch». Möglicherweise hätte die strikte Abweisung doch mit dem Gerechtigkeitsempfinden der Behörden kollidiert, zumal zu dieser Zeit noch keine wirkliche Gefahr daraus erwachsen konnte. Man kann heute bedauern, daß nicht mehr Frauen diese Hürde zu überwinden wagten. Beide Rechtspraktikantinnen haben ihre Kompetenz genutzt und die Tätigkeitsfelder gefunden, die sie immer angestrebt hatten.

4. *Die Zulassung zu den juristischen Berufen*

Zu dem Zeitpunkt, als die Nationalversammlung am 11. August 1919 die Reichsverfassung beschloß und damit Deutschland eine demokratisch republikanische Staatsform gab, in § 109 Männern und Frauen dieselben staatsbürgerlichen Rechte und Pflichten zugestand und mit dem § 128 ausdrücklich alle Ausnahmebestimmungen für weibliche Beamte und für die Zulassung zu öffentlichen Ämtern beseitigt wurden, war das Verhältnis der Geschlechter zueinander in einem bis dahin nicht gekannten Ausmaß erschüttert. Die als Helden in den Krieg gezogenen Männer kehrten – wenn überhaupt – als Geschlagene, als Verlierer heim, gezeichnet von den grauenvollen Erfahrungen der Front und betrogen um vier Jahre Lebenszeit. Währenddessen hatten die Frauen freiwillig oder notgedrungen ein ‹bedrohliches› Maß an Selbständigkeit hinzugewonnen, hatten sich auf ein neudefiniertes Geschlechterverständnis und eine neue Lebensform eingestellt, hatten sich Erwerbsfelder erschlossen. Die Zahlenverhältnisse an den Universitäten belegen den Befund. Die Kriegsverlierer trafen auf die als ‹Kriegsgewinnlerinnen› denunzierten Frauen, Verwerfungen waren die Folge, die sich wohl nirgends so deutlich manifestierten wie in dem Kampf um die Zulassung der Frauen zu den juristischen Berufen und den Stellungnahmen der potentiellen Kollegen. Vor diesem Hintergrund werden Argumentationsstrategien verständlicher, die heute nur noch empören oder Kabarettnummern füllen können.

Und während in Bayern bis zum Kriegsende bei aller patriarchaler Selbstherrlichkeit ein Klima liberaler Lässigkeit herrschte, zog nun ein Geist in die Politik ein, der um jedes Quentchen abzugebender Macht einen erbitterten und unwürdigen Kampf ausfechten ließ. Für Juristinnen einst das aufgeschlossenste Land, wurde Bayern nun zu ihrem erbittertsten Verhinderer. Dieser sich über drei Jahre hinziehende Kampf ist auf der gesamtdeutschen Ebene in der zitierten Literatur ausführlich dargestellt worden[22] und braucht nicht mehr im Detail rekonstruiert zu werden. Hier soll der Blick zum einen auf die Rolle des Freistaates Bayern und der bayerischen Interessenverbände gerichtet sein, die bislang in der Forschung nicht berücksichtigt wurde, zum anderen soll das Engagement von Absolventinnen bayerischer Universitäten ins Gedächtnis zurückgeholt werden, die als Juristinnen oder Politikerinnen diesen Prozeß kompetent mit vorangetrieben haben.

Der erste Akt beginnt mit der Anfrage des Reichsministers der Justiz vom 14. April 1919 an die Regierungen sämtlicher deutscher Freistaaten,[23] wie «die Landesjustizverwaltungen sich zu dem Gedanken der Zulassung der Frau zu einer beruflichen Tätigkeit auf dem Gebiet der Rechtspflege stellen», mit der deutlich vertretenen Auffassung, «daß auch in dieser Beziehung die Frau in ihren Rechten auf die Dauer hinter dem Mann nicht wird zurückstehen dürfen». Der bayerische Justizminister beurteilt die Angelegenheit als «von so einschneidender und weittragender Bedeutung», daß er am 29. April 1919 eine Note verschickt mit der Bitte um Stellungnahme, und zwar an alle Ministerien, an das Präsidium und an die Oberstaatsanwälte aller fünf bayerischen Oberlandesgerichte, an die Vorstände aller fünf Anwalts- und aller fünf Notariatskammern, an den bayerischen Richterverein, den Verein der bayerischen Gerichtssekretäre und den Verein der Kanzleibeamten bei den Justizbehörden Bayerns. Der Tenor der Note aus dem Ministerium in seiner – man ist geneigt zu sagen – heuchlerischen Haltung begegnet in bayerischen Stellungnahmen immer wieder: «Die bayerische Justizverwaltung [...] bringt vorläufig zum Ausdruck, daß sie einer Beteiligung der Frau bei Ausübung der Rechtspflege grundsätzlich nicht entgegentritt», um sodann in einer raffinierten Argumentationslinie unter Hinzuziehung aller damals virulenten Vorurteile am Ende die genau gegenteilige Haltung einzunehmen. Hinter dem Argument angeblich mangelnder objektiver Urteilsfähigkeit, dem Argument angeblicher körperlicher Instabilität durch Menstruation, Schwangerschaft und Wechseljahre steht als Haupteinwand die Nichtteilnahme am Krieg. Nicht nur die nackte Konkurrenzangst in einer desolaten Beschäftigungssituation ist der Grund, sondern auch das im Kaiserreich tief verinnerlichte Selbstverständnis des Staatsbürgers, wie es sich über den Militärdienst definiert. Nachdem den Frauen nun (gegen alle Ablehnungen vor 1914 eben wegen dieses Mangels) das Wahlrecht zugefallen war, rüttelt diese neue «Anmassung», in den höheren Staatsdienst treten zu wollen, ohne das Vaterland auch verteidigen zu können, am Fundament des männlichen Selbstwerts.[24] Taktisch werden die Forderungen der einen Frauen gegen die Meinung der anderen ausgespielt:

> «Auch darf nicht außer Acht bleiben, daß die Stimmen der Frauen, die sich für ihre Beteiligung an der Rechtspflege einsetzen, nicht die Stimmen aller deutschen Frauen sind und daß es einen verhängnisvollen Irrtum bedeuten könnte, die Stimmen der ersteren für die Stimme der deutschen Frau zu halten. Für Bayern darf wohl gesagt werden, daß für die überwiegende Zahl der Frauen eine Mitwirkung bei der Rechtspflege kaum erwünscht wäre.»

Die Antworten sind denkwürdige Dokumente des Zeitgeistes. Interessant daran bis heute ist zweierlei: zum einen das dekuvrierende Bemühen von Juristen, eine im Ergebnis gesetzeswidrige und ungerechte Stellungnahme scheinbar sachlich und mit vorgegebenen, konstruierten rechtlichen Argumenten («grundsätzlich ja, aber ...») zu begründen. Der Vorsitzende der Münchner Anwaltskammer erkennt ehrlicherweise, «daß das hier zu lösende Problem nicht eine rein logische und juristische, sondern eine eminent praktische Frage von größter wirtschaftlicher Bedeutung ist». Die Notariatskammer unterscheidet winkeladvokatisch zwischen der Zulassung und der Durchführung der Zulassung. Zum zweiten fällt ein Zusammenhang auf zwischen dem sozialen Status der Gegner und der Verpackung ihrer Argumente gegen die drohende Beteiligung von Frauen, konkret gesprochen: Die unverblümteste und unwürdigste Ablehnung stammt von den Gerichtssekretären und Kanzleibeamten, die eine zukünftige Vorgesetzte fürchten müssen.

Die Gerichtssekretäre:
«Zu mechanischen Dienstleistungen ist sie [die Frau, H. H.] ja nach den Erfahrungen sicherlich gut verwendbar, dagegen fehlt ihr auf rein geistigem Gebiet die Selbständigkeit im Denken und Handeln, Energie und Tatkraft, Urteils- und Entschlussfähigkeit [...]. Zudem würde die Zulassung der Frau als eine schwere Schädigung der wohlerworbenen Rechte der Männer empfunden werden müssen.»

Die Kanzleibeamten:
«Dagegen hat sich die Frau als Maschinenschreiberin bei den Gerichts- und sonstigen Behörden bewährt. Auch sonstige untergeordnete Dienstleistungen im Staatsdienste hat die Frau zur Zufriedenheit während des Krieges verrichtet, wie Bedienung des Telephons, Ausgabe von Postwertzeichen im Postdienst usw. Diese Dienstleistungen können auch für die Zukunft der Frau weiter übertragen werden und zwar aus dem Grunde, weil das niedere Dienste sind, für die es zu kostspielig ist, wenn der Staat teuere männliche Kräfte verwendet.»

Während sich also die Abwehrfront der potentiellen Kollegen formierte, brachten Parlamentarierinnen, angehende Juristinnen und Frauenorganisationen immer vernehmlicher ihre Forderungen nach Beseitigung der Ungleichbehandlung vor.

Die 1911 in München promovierte Nationalökonomin Rosa Kempf (Abb. 31) saß seit Januar 1919 als Abgeordnete der Deutschen Demokratischen Partei im Bayerischen Landtag. Ihre ersten parlamentarischen Anstrengungen galten der Beseitigung jener Verordnungen, die die Ausbildung zur Volljuristin unmöglich machten. Mit ihren Parlamentsanfragen und Eingaben (vom 28. Juli 1919, vom 13. Januar und vom 3. März 1920) hatte sie darauf hingearbeitet, «daß die den Frauen in der Reichsverfassung gewährleistete Gleichberechtigung auch im praktischen Erwerbsleben nicht durch behördliche Maßnahmen illusorisch gemacht wird» (Antrag des Landtags an die Staatsministerien vom 21. Mai 1920).

Deutscher Juristinnenverein, E.V.
August 1919.

Vorstand.

1.	Frau Dr. iur. Margarete Edelheim Vorsitzende, geb. Meseritz	Berlin, W. 10. Corneliusstr. 5.
2.	Frl. Dr. iur. Marie Munk stellvertr. Vorsitzende	Berlin-Dahlem, Cronbergerstr. 24
3.	Frl. Dr. iur. Margarete Berent Schatzmeisterin,	Berlin, W. 30, Goltzstr. 34
4.	Frl. Dr. iur. Alice Eisner, Schriftführerin,	Charlottenburg 4, Schlüterstr. 23
5.	Frl. Dr. iur. Elsa Duhne,	Hamburg, Immenhof 37
6.	Frl./Dr. iur. Elisabeth Hamburger - Schmitt	Frankfurt a/M. Eschersheim ~~Bockenheimer Anlage 4~~ Am [illegible] 6
7.	Frl. Maria Otto Rechtspraktikantin,	a/ Würzburg, Heidingsfelderstr. 10 z. Zt. München, Türkenstr. 63, 3 TR.

Ordentliche Mitglieder.

8.	Frl. cand. iur. Anna Bewerunge,	Göttingen, Weenderlandstr. 75, III-
9.	Frau Dr. iur. Mathilde Moeller, geb. Bing,	Hamburg, Hartungstr. 3.
10.	Frl. cand. iur. Hilde Bott	Heidelberg, Bergstrasse 94.
11.	Frl. cand. iur. Marie v. Damm,	Goslar a/ Harz, Marienbader Promenade 31.
12.	Frl. Dr. iur. Wilhelmine Eberhagen,	a/ Kassel, Bremerstr. 6, z. Zt. Köln, Richard Wagnerstr. 9.
	Frau Dr. iur. Susanne [illegible] geb. Leuthold	[illegible] i/Sachsen
13.	Frau Dr. iur. Hildegard Eiserhardt, geb. Stahl,	Soden im Taunus
14.	Frau Dr. iur. Maria-Luise Endemann, geb. Burchardt	Heidelberg, Graimbergweg 10, z. Zt. in Norwegen.
15.	Frl. Dr. iur. Martha Frank	a/ Düsseldorf, Kirchfeldstr. 149, z. Zt. Danzig, Langer Markt 19, b/ Handelsverband der Prov. Westpreussen, f. landw. Erz. G.m.b.H

Abb. 36: Seite 1 der Mitgliederliste des Deutschen Juristinnenvereins, der 1914 in Berlin von Doktorandinnen der Erlanger Universität mitgegründet wurde.

1921 wurde (auf einem Nebenschauplatz) auch im bayerischen Landtag das «Gesetz über die Hinzuziehung der Frauen zum Schöffen- und Geschworenenamte», also in Laienämtern, verhandelt (in Kraft getreten am 25. April 1922). Neben den Kolleginnen Ellen Ammann (Katholische Zentrumspartei) und Elisabeth Kaeser (SPD) wehrte auch Gertraud Wolf (promovierte Münchner Nationalökonomin von der rechten Mittelpartei; Abb. 33) bekannte männliche Vorurteile gegen die Beteiligung der Frauen vor Gericht entschieden ab und stellte sich damit gegen die vorherrschende Meinung ihrer Fraktion.[25] Überhaupt hat die Diskussion um die Zulassung der Juristinnen eine bis dahin unbekannte Variante in die Gepflogenheiten der Parlamentsarbeit gebracht. Mit dem interfraktionellen Antrag aller weiblichen Abgeordneten im Reichstag vom 2. Dezember 1920 um die Zulassung der Frauen zu den juristischen Berufen hat die Geschlechterpolarität Vorrang erhalten vor der Parteizugehörigkeit. Dieser Vorgang, «das Zusammengehen der Frauen als solcher in Frauenfragen», wurde mit Argwohn aufgenommen, «das parlamentarische System (wird) dadurch nicht gewinnen».[26]

Um ihre Interessen stärker vertreten zu können, hatten die beiden ersten Erlanger Doktorandinnen Magarete Berent und Margarete Meseritz nach ihrer Rückkehr nach Berlin 1914 den Deutschen Juristinnen-Verein gegründet.[27] Im Jahr 1919, also zu einer Zeit, als Juristinnen noch nicht mit angemessenen Berufsaussichten rechnen konnten, hatte der Verein bereits 85 ordentliche Mitglieder, über die Hälfte promovierte Juristinnen, die anderen Studentinnen, Kandidatinnen und Praktikantinnen (Abb. 36). Immer wieder setzen sich die beiden Gründerinnen in der Presse für die Beseitigung der Zulassungshindernisse ein.[28] Im Vorstand des Juristinnen-Vereins saß auch die Rechtspraktikantin Maria Otto aus München.[29] Maria Otto (1892–1977) hatte 1916 in Würzburg die Universitätsabschlußprüfung bestanden und war auch zu einem informatorischen Vorbereitungsdienst zugelassen worden, während dessen sie schon vertretungsweise Pflichtverteidigungen zu übernehmen hatte. Seit 1919 war sie als «anwaltliche Hilfsarbeiterin» in der Münchner Kanzlei Mauermeier beschäftigt. Ihre (wohl nicht die erste) Eingabe an das Justizministerium um Zulassung zum Zweiten Staatsexamen (auch Große Staatsprüfung oder Staatskonkurs genannt) vom 30. Oktober 1919 wurde abschlägig beantwortet.[30] Die Ministerien verschanzten sich hinter einem «negativen Kompetenzkonflikt» zwischen Reichs- und Länderrecht: Das Reich behauptet, «es sei nicht zuständig, eine Zulassung zu bewirken, und die Landesjustizverwaltungen behaupten, sie könnten nicht zulassen, da sie durch Reichsrecht gehindert würden».[31] Im Sommer 1921 wandte sich Maria Otto «erneut» an das Reichsjustizministerium, das die Eingabe am 3. August 1921 wieder an das Bayerische Justizministerium zurückgab.

Die Vertreterversammlung des Deutschen Anwaltsvereins hat im Ja-

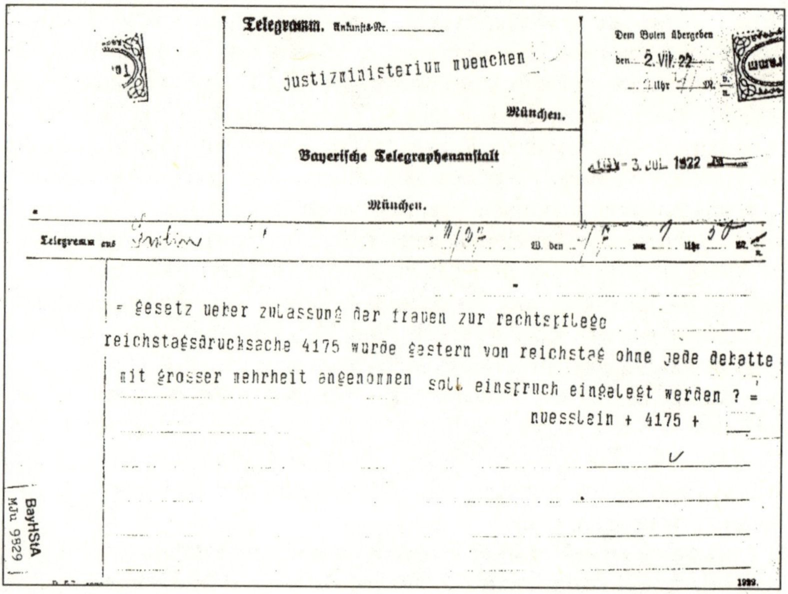

Telegramm. Ankunfts-Nr.

justizministerium muenchen

München.

Dem Boten übergeben den 2. VII. 22

Bayerische Telegraphenanstalt

München.

3. JUL 1922

Telegramm aus Berlin

= gesetz ueber zulassung der frauen zur rechtspflege reichstagsdrucksache 4175 wurde gestern von reichstag ohne jede debatte mit grosser mehrheit angenommen soll einspruch eingelegt werden ? = nuesslein + 4175 +

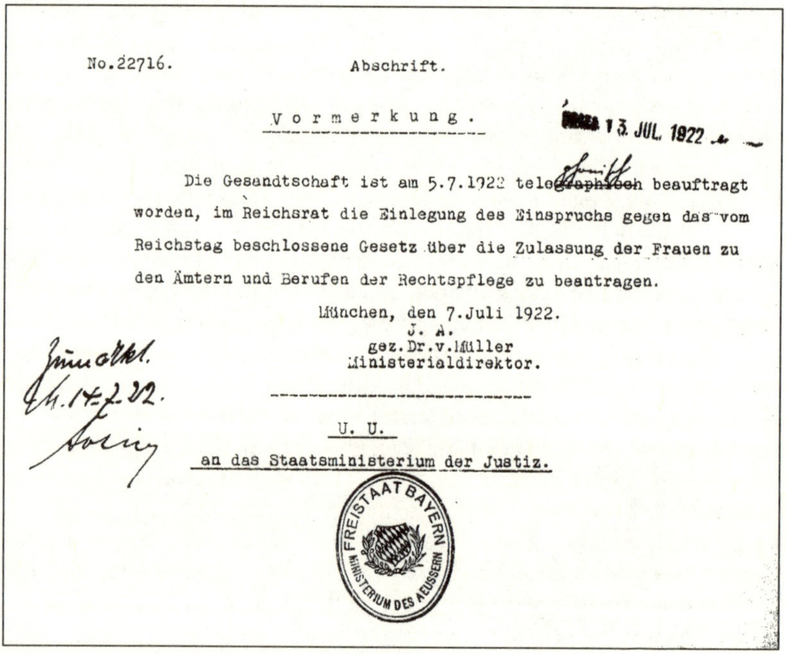

No. 22716. Abschrift.

Vormerkung.

13. JUL. 1922

Die Gesandtschaft ist am 5.7.1922 schriftl. beauftragt worden, im Reichsrat die Einlegung des Einspruchs gegen das vom Reichstag beschlossene Gesetz über die Zulassung der Frauen zu den Ämtern und Berufen der Rechtspflege zu beantragen.

München, den 7. Juli 1922.
J. A.
gez. Dr. v. Müller
Ministerialdirektor.

Zum Akt.
14.7.22.

U. U.
an das Staatsministerium der Justiz.

FREISTAAT BAYERN MINISTERIUM DES AEUSSERN

Abb. 37: Das Justizministerium in München versucht mit allen Mitteln, die gesetzliche Zulassung der Frauen zu den juristischen Berufen im Reichstag zu Fall zu bringen.

nuar 1922 in Braunschweig (trotz eloquenter Verfechter einer Zulassung der Frauen) mit 45 gegen 22 Stimmen den vielzitierten Antrag angenommen: «Die Frau eignet sich nicht zur Rechtsanwaltschaft oder zum Richteramt. Ihre Zulassung würde daher zu einer Schädigung der Rechtspflege führen und ist aus diesem Grunde abzulehnen.»[32]

Es war einzig der politischen Einstellung und energischen Beharrlichkeit des Reichsjustizministers Gustav Radbruch (SPD) zu verdanken, daß nach Eingaben aller großen Frauenverbände, nach mehreren Anläufen im Reichsrat und im Reichstag schließlich seine Gesetzesvorlage (Reichsdrucksache 4175) – «unter starkem Widerstand im eigenen Ressort»[33] – für die Zulassung der Frauen zu den Ämtern und Berufen der Rechtspflege am 2. Juli 1922 mit großer Mehrheit angenommen wurde. Die Vertretung des Freistaats Bayern hat sich bis zuletzt – und am Ende als einziges Land – mit Vehemenz gegen die Novellierung gestemmt und selbst nach der Annahme des Gesetzes Einspruch eingelegt, der «mit allen gegen die bayerischen Stimmen» abgelehnt wurde.[34] (Abb. 37)

Daß der bayerische Löwe ob dieser Entscheidung noch lange die Zähne fletschte, bekamen die Anwärterinnen zu spüren.[35] Maria Otto, mittlerweile in Würzburg promoviert, war nach ihren beharrlichen Eingaben schließlich im Februar 1922, also noch vor der Verabschiedung des Reichsgesetzes, ausnahmsweise zur Zweiten Juristischen Staatsprüfung zugelassen worden und hat sie im Juni 1922 als erste Frau in Deutschland abgelegt. Die Ausstellung eines Zeugnisses über ihre damit bewiesene «Befähigung zum Richteramt *und* zu einem höheren Amt der inneren Verwaltung oder des höheren Finanzdienstes» mag man ihr dennoch nicht ausstellen. Wieder werden sämtliche Ministerien konsultiert. Nach Meinung des Ministeriums des Äußeren «wird es sich nicht umgehen lassen, dem Fräulein Otto nach bestandener Prüfung das Prüfungszeugnis ohne jeden Vorbehalt auszustellen». Die Ministerien des Inneren und der Finanzen sehen keine gesetzliche Möglichkeit für den Vorbehalt, aber «ein Recht auf Anstellung wird mit der Erteilung des vorbehaltlosen Zeugnisses nicht erworben, [...] für die noch andere Gesichtspunkte als der Befähigungsnachweis [...] in Betracht zu ziehen sind». Der Verteidigungskampf der männlichen Juristen um das bedrohte Terrain des Staatsdienstes ist noch nicht verloren.

4.1 *Ein neuer Beruf für Frauen – Rechtsanwältin*

Mit der Bekanntmachung vom 23. November 1922 trat auch in Bayern das Reichsgesetz vom 11. Juli in Kraft. Am 7. Dezember wurde Maria Otto als erste Frau in Deutschland zur Rechtsanwaltschaft zugelassen. Von 1923 bis 1974 führte sie eine eigene Kanzlei. Sie verstand sich durchaus als Anwältin für Frauen, als «Mutter der Witwen und Waisen», und hatte zeitweilig «sechzig Vormundschaften zu führen».[36] In den Jahren 1937/38 wurde sie als Sachverständige zu den Sitzungen des Familienrechtsausschusses der «Akademie für Deutsches Recht» hinzugezogen, unter 58 Männern und drei weiteren Frauen, die vor allem NS-Funktionärinnen-Rollen innehatten.[37]

Im Jahre 1929 waren in Berlin «unter ca. 3000 männlichen Kollegen 8 Frauen als Rechtsanwältinnen tätig, in München unter 700 Kollegen 4 Frauen»,[38] 1933 praktizieren schon acht Anwältinnen in München.[39] Im freien Rechtsanwaltsberuf fanden vor allem auch jüdische Juristen und Juristinnen qualifizierte und angesehene Betätigungsfelder, zum Ärgernis der politischen Rechten, die das Image des Advokatenberufs mit antisemitischen Vorurteilen besetzte.

Am 7. April 1933 erging neben dem «Gesetz zur Wiederherstellung des Berufsbeamtentums» auch das «Gesetz über die Zulassung zur Rechtsanwaltschaft». Die Münchner Anwaltskammer erstellte noch im April ein «Verzeichnis der jüdischen/fremdrassigen Rechtsanwälte des Kammerbezirks München».[40] Unter den 182 betroffenen Anwälten sind auch zwei der wenigen Münchner Anwältinnen, Anna Selo (zugelassen 1926) und Dr. Elisabeth Kohn (zugelassen 1928). Nachdem beiden die Zurücknahme der Zulassung mitgeteilt wurde, kann Anna Selo (nunmehr verheiratete Stewart) dem Präsidenten des Oberlandesgerichts mitteilen, daß «ich meine Zulassung aufgebe, da ich mich verheiratet habe und beabsichtige, meinen Wohnsitz nach England zu verlegen».[41] Elisabeth Kohn reichte wie viele ihrer betroffenen Kollegen ein «Gesuch um Aufhebung des Vertretungsverbots» ein. Das Gesuch wurde abgelehnt, in der Begründung des Justizministeriums klingt so etwas wie Schadenfreude darüber mit, eine Ordnung wiederherstellen zu können, die seit 1922 gestört war: «Sie ist jung und ledig und kann in irgendeinem Frauenberuf unterkommen.»[42] Am 5. August verliert sie definitiv ihre Zulassung, 1941 wird sie zusammen mit ihrer Mutter und ihrer Schwester bei der Deportation in Kowno ermordet. Das «Verschwinden» vieler Juristinnen jüdischer Herkunft 1933, gerade auch solcher, die sich bei der Zulassung der Frauen besonders engagiert hatten, ist noch kaum thematisiert worden.[43] (Vergleiche Beitrag 6 in diesem Band.)

4.2 Das Richteramt – ein Beruf für Frauen in Bayern?

Obwohl die gesetzlichen Barrieren auf dem Ausbildungsweg zur Volljuristin 1922 beseitigt worden sind, ist bis zum Ende des Zweiten Weltkriegs in Bayern keine Juristin in den Staatsdienst übernommen worden. Nicht, daß die Richterin in Bayern kein Thema gewesen wäre, sie war sogar Chefsache.[44] Was das Justizministerium nach wie vor von der Richterin hielt, teilte es auf eine Anfrage der Leipziger «Amtlichen Akademischen

Auskunftsstelle» am 18. März 1924 ungeschminkt mit: Auf die Frage: «Wie werden die Aussichten in der Richter- und Staatsanwaltschaftslaufbahn speziell für weibliche Anwärter beurteilt (abgesehen von der allgemeinen Überfüllung)?», lautet die lakonische Antwort: «Ungünstig, weil die Frauen für das Amt des Richters und Staatsanwalts ungeeignet sind.»

Im Dezember 1927 bekam es dann das Justizministerium mit der ersten und zugleich mit einer bedrohlich gescheiten Anwärterin für die höhere Justizlaufbahn zu tun. Als dritte Frau nach Maria Otto (1922) und Anna Selo (1925) hat im Frühjahr 1927 Margarethe Freiin von Erffa (nach der Universitätsabschlußprüfung in München 1924 und der Promotion in Freiburg 1927) die Zweite Juristische Staatsprüfung bestanden, mit der Note 53, als beste(r) Kandidat(in) unter allen Prüfungsteilnehmern. Am 24. Oktober 1927 wurde sie zur Rechtsanwaltschaft beim Oberlandesgericht München und bei den Amtsgerichten München I und II zugelassen. Nun bittet sie um Zulassung zum höheren Justizdienst. Das Gesuch stellt eine solche Bedrohung dar, daß es auf die Tagungsordnung des Ministerrats gesetzt, am 10. Dezember 1927 dort diskutiert und abgelehnt wird,

> «mit der Begründung, daß Frauen zum Richteramt nur beschränkt befähigt seien, z. B. im Vormundschafts- und Nachlaßwesen, Grundbuchamt, Registergericht, nicht aber als Zivil- und Strafrichter, daß aber für die Aufnahme in den höheren Justizstaatsdienst eine unbeschränkte Befähigung zum Richteramt gefordert werden müsse. Die Entschließung soll ohne grundsätzliche Bindung sein.»

Juristisch geschliffen, in der fachspezifischen Umständlichkeit und beharrlich brachte Margarethe von Erffa das Ministerium in allerhöchsten Argumentationsnotstand; am Ende freilich mußte sie vor der Staatsmacht kapitulieren. In ihren Eingaben und in den verlegenen und verlogenen Reaktionen des Staates, der ihr sowohl die verfassungsmäßigen Rechte vorenthielt als auch die tatsächlichen Gründe dafür, manifestiert sich auf fatale Weise die Macht- und Ideologieanfälligkeit eines Faches, das bevorzugt mit seinem Objektivitätspostulat argumentiert.

Mit der nur mündlich gegebenen Ablehnung ließ Margarethe von Erffa sich nicht abspeisen, sondern wandte sich am 14. Dezember 1927 erneut ans Ministerium, wiederholte die Begründung der Ablehnung und stellte dann fest:

> «Diese Begründung ist jedoch nicht ausreichend, da nicht ausgeführt wurde, aus welchen Gründen eine Frau nicht auf allen Gebieten des Justizdienstes verwendbar sein soll. Dieses Moment ist aber die Hauptsache und der Ausgangspunkt für die abschlägige Verbescheidung meines Gesuchs. [...]

> Nicht nur in meinem eigenen persönlichen Interesse lege ich solchen Wert auf die Entscheidung meines Gesuchs, sondern ich halte diese Frage, die ich mit meinem Gesuch an das Staatsministerium der Justiz gestellt habe, von grundlegender Bedeutung, da durch die Entscheidung nicht nur ich, sondern auch die nach mir die Staatsprüfung bestehenden Frauen betroffen werden.
> Ich habe selbst mich durch den Ausfall meines Examens, mit welchem ich als Erste unter den Teilnehmern der Staatsprüfung aus der Prüfung hervorgegangen bin, verpflichtet gehalten, mit meinem Gesuch um Aufnahme in den Dienst der Justiz den Weg zu bahnen für die Frau als Juristin. Aus diesem Grunde lege ich den größten Wert darauf, eine schriftliche Entscheidung dieser grundlegenden Frage zu erbitten, da dieselbe ebenso wie meine Interessen, so auch die Interessen der nach mir kommenden Juristinnen berührt. [...] Denn der Entscheid des Staatsministeriums hat gezeigt, daß in Bayern eine Frau trotz bewiesener Tüchtigkeit nicht als befähigt anerkannt wird, in den Dienst der Justiz aufgenommen zu werden.»

In den Akten folgt ein handschriftlicher Briefentwurf an Fräulein von Erffa: «Ich darf Sie bitten, sich mit dem Ihnen jüngst persönlich erteilten Bescheid zu begnügen. München 29. Dez. 1927», daneben das amtliche «genehmigt», aber mit dickem rotem Kanzleistift quer über das Blatt: «Nicht expedieren». Der Fall wird dem Ministerium zunehmend ungemütlich. Aber Margarethe von Erffa läßt nicht locker.

Da ihre Bitte ohne Antwort geblieben ist, muß sie am 26. Januar das Justizministerium erneut mahnen, da sie sich in der Zwischenzeit um Aufnahme in den Reichsdienst beworben hat, der ihr durch die Ablehnung der Zulassung zum bayerischen Staatsdienst «bedeutend erschwert» ist. Nur eine schriftliche Begründung könne erweisen, daß nicht persönliche, sondern Gründe «grundsätzlicher Natur» die Aufnahme in den bayerischen Staatsdienst verhinderten.

Jetzt kann sich das Ministerium nicht länger drücken, der folgende Brief vom 31. Januar 1928 ist mit der Notiz «eilt!» versehen und benennt die bereits mündlich vorgetragenen Gründe; die Warum-Frage wird freilich erneut ausgespart, eine juristischer Logik standhaltende Definition der Geschlechterdifferenz müßte mißraten:

> «Die Justizverwaltung muß für die Aufnahme ihrer Anwärter an dem Grundsatz festhalten, daß diese nach jeder Richtung fachlich und örtlich uneingeschränkt verwendbar sind. Diese Voraussetzung hält sie für Frauen im richterlichen und staatsanwaltschaftlichen Dienst nicht für gegeben.»

Margarethe von Erffa ist dann in den Dienst des Reichsjustizministeriums eingetreten.

Wenig später konnte das diskriminierende Geschlechterdenken in die Ideologie des Nationalsozialismus einmünden und alles mühsam Errungene weitgehend wieder zunichte machen.[45]

Am 1. März 1946 wird die erste Richterin in Bayern vereidigt, Anna Endres,[46] vermutlich gar nicht so sehr aufgrund eines wirklich veränderten Rechtsbewußtseins nach der ideologischen Katastrophe, sondern auf Druck der amerikanischen Militärregierung. Anna Endres, geborene Hertel, hatte 1929 die Zweite Juristische Staatsprüfung bestanden und von 1930 bis zur Entlassung der verheirateten Frauen aus dem Öffentlichen Dienst 1933 als Referentin für Justiz an der Sozialen Frauenschule München unterrichtet. 1944 starb ihr Mann, ebenfalls Jurist. Beide waren sie – nicht nur als überzeugte Katholiken – entschiedene Gegner des NS-Regimes. Die amerikanische Militärregierung suchte unbelastete Fachleute, und sie hatte zur Umsetzung ihres *reeducation*-Programms Frauenbeauftragte mitgebracht, die dafür zu sorgen hatten, daß die Gleichstellung in der jungen Demokratie auch praktisch verwirklicht würde. Der damalige bayerische Ministerpräsident Wilhelm Hoegner erinnerte sich seiner jüngeren Kommilitonin und ehemaligen Doktorandin von Professor Hans Nawiasky (dessen Entlassung aus dem Lehramt ihre Promotion unmöglich gemacht hatte) und holte sie in den Justizdienst. Seit März 1946 arbeitete sie als Nachlaß- und Vormundschaftsrichterin.

Am 1. Mai 1971 wurde schließlich die erste Notarin in Bayern ernannt, und am Ende des Jahrhunderts kann Bayern – welcher Vision hätte dies an seinem Anfang bedurft! – auf eine Landesjustizministerin und auf eine Bundesjustizministerin aus Bayern zurückblicken.

12.

Margot Fuchs

Vatertöchter

Studentinnen und Ingenieurinnen der Technischen Hochschule[1] München bis 1945

1. Die Technische Hochschule und die Frauen

Im Jahre 1905 genehmigte Bayern als erster deutscher Einzelstaat «Personen weiblichen Geschlechts, die im Besitz eines Reifezeugnisses eines deutschen Gymnasiums oder eines deutschen Realgymnasiums» waren, offiziell die Zulassung als ordentlich immatrikulierte Studierende an der Technischen Hochschule München.[2] In Braunschweig und Darmstadt, wo die Technischen Hochschulen die einzige Möglichkeit zum Studium am Ort boten, hatten Professoren und Hochschulverwaltungen zwar schon früher eine Diskussion zugunsten des Frauenstudiums in Gang gesetzt, jedoch nicht zuletzt, um Besucherzahlen und Gebühreneinnahmen zu steigern, freilich ohne die Frauen zu Diplom- oder Doktor-Prüfungen zulassen zu wollen.[3] Zwischen 1905 und 1909 vollzogen dann überall im Deutschen Reich die elf Technischen Hochschulen die Beschlüsse der jeweiligen Kultusministerien, nachdem die Universitäten die Zulassung bereits genehmigt hatten.

1.1 Fehlende korporative Solidarität der Ingenieure – Chance für das TH-Frauenstudium

Die Auseinandersetzung, die um die Zulassung von Frauen zum Studium im letzten Drittel des 19. Jahrhunderts geführt wurde, berührte die Technischen Hochschulen und Polytechniken im Deutschen Reich kaum. Als Institutionen, die eine anwendungsbezogene höhere Ausbildung vermittelten, konkurrierten sie zu diesem Zeitpunkt mit den Universitäten, die sich einem humanistischen Bildungsideal verpflichtet fühlten. Der Kampf des Berufsstands der Ingenieure und ihrer akademischen Ausbildungsstätten um die gesellschaftliche Anerkennung führte 1900 zur Verleihung des Promotionsrechts und zur Anerkennung des Diploms in technikwissenschaftlichen Disziplinen als wissenschaftliche Qualifikation.

Im Vergleich zu den traditionsreicheren akademischen Berufsständen wie denen der Ärzte, Juristen, Professoren und Lehrer stellte der Berufsstand der Ingenieure noch eine neue Profession dar, der Grad der sozialen Abschließung und des sozialen Zusammenhalts war dementsprechend gering. Versuche, nicht-akademisch gebildete Ingenieure und Techniker auszuschließen, waren mißlungen, und trotz der formalen Gleichstellung und der damit einhergehenden Aufwertung der technischen Wissenschaften gelang es ihnen nicht, den *Peer-group*-Status innerhalb der traditionellen Akademikerelite zu besetzen, Gleiche unter Gleichen zu werden. Auch war die Zusammensetzung des Berufsstands wenig homogen. Die Absolventen der Technischen Hochschulen unterschieden sich nach ihrer Klassenzugehörigkeit und ihrem beruflichen Status. Je nachdem, ob sie den Beruf als Beamte, abhängige Beschäftigte, Lehrende, Selbständige, Manager oder Unternehmer ausübten, hatten sie unterschiedliche ökonomische Interessen und erfüllten verschiedene Aufgaben und soziale Rollen.[4] Die Frage der Öffnung der Universitäten und Technischen Hochschulen für Frauen tangierte die Vertreter der technischen Wissenschaften insofern wenig, als sich der Berufsstand der Ingenieure neu formierte und seine Mitglieder noch um ihr Selbstverständnis rangen. So bot die mangelnde korporative Solidarität in diesem Prozeß des Aushandelns der Zugehörigkeit den Frauen die Chance, sich als TH-Studentinnen zu etablieren.

1.2 *Die männlich geprägte Tradition des Ingenieurberufs und der technischen Bildung*

Ein weiterer Grund für das Desinteresse des Ingenieur-Berufsstands an der Zulassung von Frauen zum Studium ist der, daß die Geschichte des Ingenieurberufs sowie das Berufsbild des Ingenieurs nur von den Erfahrungen von Männern geprägt worden waren. Die Ursprünge der Ausbildungsstätten für Ingenieure und der technischen Bildung liegen im Handwerk, an Bergakademien und den im Militär eingebundenen Ingenieurcorps. Aus den einzelnen Handwerks- und Gewerbezweigen waren Frauen seit dem späten Mittelalter ausgeschlossen.[5] Zu den beiden anderen Organisationsformen hatten Frauen nie Zugang, davon abgesehen kamen Frauen im Selbstverständnis der Technischen Hochschulen überhaupt nicht vor.

Von den rund 100 Antworten, die der Schriftsteller Arthur Kirchhoff im Rahmen seiner Umfrage zum Thema Frauenstudium 1897 von Universitätsprofessoren erhielt, stammte nur eine von einem Vertreter der technischen Wissenschaften. Das könnte bedeuten, daß Kirchhoff selbst die Technischen Hochschulen als von der Frauenfrage nicht betroffen einschätzte und der Professor für Maschinenbau Franz Reuleaux nur zufällig in seine Stichprobe geraten war oder daß die Professoren der THs kaum Interesse an der Fragestellung zeigten und auf die Anfrage nicht reagierten.[6]

Gleichwohl nahmen einzelne Vertreter des Berufsstands nicht nur eine pragmatische Haltung ein, wenn sie sich mit den Studienwünschen ihrer Töchter konfrontiert sahen, sondern auch, wenn sie beispielsweise in Ermangelung männlichen Nachwuchses die Nachfolge für den eigenen Betrieb sicherstellen wollten.

Einzelne Vertreterinnen der bürgerlichen Frauenbewegung und ihre männlichen Unterstützer forderten zwar eine Öffnung aller Wissens- und Berufsbereiche für Frauen,[7] doch formulierten auch sie keine explizite Kritik an der männlichen Tradition der Ingenieurausbildung, denn «eigentliche Frauenberufe lassen sich auf den technischen Studien bisher nur in geringem Maße aufbauen».[8] In der Praxis und in den Köpfen der meisten Zeitgenossen bedeutete Ingenieurarbeit Nähe zur Produktion in Maschinenbaubetrieben, kaum Forschung, Entwicklung oder technische Dienstleistung, die Bereiche, in denen später die ersten Ingenieurinnen berufstätig werden sollten. Deshalb konnten sich offensichtlich die meisten Frauen und Männer Frauen vielleicht als Studentinnen an Technischen Hochschulen, aber nicht als Ingenieurinnen vorstellen. Möglicherweise erklärt das die Gelassenheit, mit der der Berufsstand der Ingenieure den Universitäten nachzog und die Öffnung der deutschen THs für Frauen hinnahm.

1.3 Die Entwicklung des Frauenstudiums an der Technischen Hochschule München im Vergleich[9]

Die Studentinnen an der Technischen Hochschule München starteten spät und blieben wenige. Wie auch an den anderen Technischen Hochschulen im Deutschen Reich nahmen ihre Zahlen während des Ersten Weltkriegs stark und in der Folge mäßig zu. Der Aufschwung war in München hauptsächlich durch die Abteilung für Allgemeine Wissenschaften getragen, an der jedoch die Zahl der Hörerinnen und Hospitantinnen die der immatrikulierten Frauen stets bei weitem überstieg.[10] So waren beispielsweise im Wintersemester 1913/14 86 Prozent, 1921/22 67,2 Prozent aller dort studierenden Frauen Hospitantinnen. Die Vergleichszahlen bei den Studenten betrugen 16,7 Prozent respektive 14,3 Prozent.[11]

Die erst 1922 der Hochschule eingegliederte Wirtschaftswissenschaftliche Abteilung hatte von Anfang an steten Zulauf von Frauen mit einem prozentualen Anteil der Immatrikulierten zwischen sieben und zwölf Prozent. In der Architektur-Abteilung studierten zwischen 0,5 und sieben Prozent seit Beginn,[12] in der Chemischen Abteilung zwischen 0,3 und rund sieben Prozent seit 1912/13[13] und in der Landwirtschaftlichen Abteilung zwischen einem und 13 Prozent.[14] Bemerkenswert ist das steigende Interesse sowohl der Frauen als auch der Männer am Fach Chemie zur Zeit der beiden Weltkriege.

Am deutlichsten sichtbar wird der Aufschwung in den späten zwanzi-

Abb. 38: Anna Boyksen (verh. Koch, 1881–1920), die erste Studentin der Elektrotechnik an der Technischen Hochschule München im physikalischen Praktikum am Spektralapparat (etwa 1908).

ger Jahren: Ab 1928 stieg in München die absolute Zahl der Studentinnen kontinuierlich, und der prozentuale Anteil erreichte im Sommersemester 1933 einen Höhepunkt von 3,3 Prozent. Ähnlich entwickelten sich die Zahlen der Studentinnen an fast allen deutschen Technischen Hochschulen, lagen aber reichsweit immer noch bei nur 4,7 Prozent. Von den knapp 950 Studentinnen, die im Wintersemester 1931/32 an den Technischen Hochschulen des Deutschen Reiches studierten, hatten lediglich 22 ein technisches Fach, zum Beispiel Bauingenieurwesen, Maschinenbau, Elektrotechnik, Schiff- oder Bergbau gewählt. Das waren zwei Prozent aller TH-Studentinnen in Deutschland. In München waren in diesem Semester lediglich fünf Frauen für Physik und Technische Physik und eine für Bauingenieurwesen eingeschrieben.

2. Studentinnen der Technischen Hochschule München – eine Fallstudie

Die Geschichte des Frauenstudiums an Technischen Universitäten ist bisher kaum in die allgemeine Bildungsgeschichte und in die Geschichte des Ingenieurberufs integriert worden.[15] Eine große Schwierigkeit bei der Bearbeitung des Themas stellt die schlechte Quellenlage dar. In Anbetracht der geringen Zahl von TH-Studentinnen und Ingenieurinnen ist wohl kaum noch mit weiteren substantiellen schriftlichen Quellenfunden aus den Hochschul- oder Behördenarchiven zu rechnen. Für diese Fallstudie habe ich nicht nur deshalb auch auf autobiographische und biographische Quellen zurückgegriffen, die zum Teil erst durch mündliche Befragungen entstanden sind. Ein Vorteil dieser Quellen war, daß mit ihrer Hilfe die Verknüpfung eines struktur- und erfahrungsgeschichtlichen Ansatzes für die Forschung fruchtbar gemacht werden konnte.

Von 21 ehemaligen Studentinnen der Hochschule folgender Fachrichtungen wurden die biographischen Daten untersucht und ausgewertet: Technische Physik (2); Maschinenbau (5); Elektrotechnik (2); Bauingenieurfach (1); Architektur (2); Wirtschaftswissenschaften (3); Landwirtschaft (2); Chemie-Mikrobiologie (4). Die Technischen Wissenschaften stellen demnach zwölf Vertreterinnen, um die es in den folgenden Ausführungen vornehmlich geht.[16] Die Studentinnengruppe gehört den Geburtsjahrgängen 1876–1916 an, ihre Diplom-Abschlüsse liegen in der Zeit zwischen 1915, dem ersten nachweisbaren Abschluß einer Münchner TH-Studentin, und 1950.

Das Hauptinteresse meiner Untersuchung kreist um die Frage, wie die ehemaligen Studentinnen «wurden, wer sie sind». Wie kamen sie zu ihrem Beruf, wie reagierte ihre Mitwelt auf ihre berufliche Entscheidung, woher bezogen sie – neben ihren individuellen Fähigkeiten – die Antriebskräfte, die sie in Studium und Beruf erfolgreich werden ließen? Wie sahen sie sich selbst als Ingenieurinnen, wie ist ihre Beziehung zu Technik?

2.1 Soziale Herkunft

Studentinnen der TH München haben als Kinder in ihren Herkunftsfamilien wichtige Prägungen in bezug auf ihre spätere Berufsentscheidung erfahren und dort auch die für sie wichtigsten Identifikationsfiguren – ihre Väter und in zweiter Linie ihre Brüder – vorgefunden.

Die TH-Studentinnen stammten aus dem gehobenen Wirtschafts- und Bildungsbürgertum und aus der höheren bis mittleren Beamtenschaft. Ihre Väter arbeiteten als selbständige Unternehmer, leitende Angestellte, Professoren. Auch Mühlenbesitzer, Architekten, Ingenieure, teils in gehobener Position, in der Großindustrie bzw. im Staatsdienst gehörten dazu. Etwa die Hälfte der Münchner Studentinnenväter hatte einen Hochschulabschluß. Dagegen weist die Deutsche Hochschulstatistik für alle deutschen TH-Studentinnen 1928 einen Anteil von 37,3 Prozent aus. Bei den Studentenvätern betrug der entsprechende Anteil dort nur 26,3 Prozent.[17] Töchter von Industrie- und Landarbeitern, von selbständigen Handwerksmeistern und Kleingewerbetreibenden und Töchter aus Militärkreisen fehlten in der sozialen Zusammensetzung noch völlig. Die Mütter der TH-Studentinnen hatten oft eine Ausbildung künstlerischer Art, meist aber keinen echten Erwerbsberuf. Die Familien waren überwiegend evangelisch. Bei den Männern überwogen in der Statistik die Protestanten etwa ab Mitte der zwanziger Jahre.[18] Die untersuchte Studentinnengruppe war also nach ihrer sozialen Herkunft sehr homogen, so daß trotz ihrer geringen statistischen Größe gewisse Verallgemeinerungen möglich sind.

2.2 *Vorbildung und intellektuelles Kapital*

Aus der untersuchten Gruppe hatten bis auf eine alle Studentinnen bei ihrem Eintritt in die Hochschule das Abitur abgelegt. Hilde Mollier (Abb. 39) konnte seit 1901 ohne Abitur studieren und sogar, wenngleich nicht planmäßige, Lehrstuhlassistentin werden.[19] Die Maschinenbauerinnen Ilse Essers und Elisabeth Luyken hatten vor dem Studium bereits berufliche Erfahrung als Technische Zeichnerinnen, Luyken zudem noch als Kindergärtnerin.

Die späteren TH-Studentinnen waren überwiegend gute bis sehr gute Schülerinnen und hatten eindeutige schulische Fächerpräferenzen: Physik, Chemie, Mathematik, Algebra, Geometrie, bei gleichzeitigem Desinteresse für die humanistischen Fächer. Lediglich die spätere Sturzflugpilotin Melitta Schiller (Abb. 47 und S. 134) scheint ein «Allround-Talent» gewesen zu sein.[20]

Wenngleich die schulische Sozialisation der meisten Mädchen aus bildungspolitischen Gründen nicht völlig bruchlos verlaufen konnte, waren die hier vorgestellten Studentinnen in bezug auf ihre intellektuelle Entwicklung gut auf das Studium an der Technischen Hochschule vorbereitet. In der Folge eigneten sie sich zielbewußt und zeitökonomisch den fachlich-kognitiven Teil des Studiums an und erbrachten meist hervorragende Studienleistungen und sehr gute Abschlüsse. Zwar erinnerten die Studentinnen später ihr Studium als harte Arbeit und strebten aus wirtschaftlichen Gründen den Diplomabschluß innerhalb der dafür vorgesehenen Zeit an. Bei den meisten aber ist die Lust am Entdecken und Lernen unverkennbar.

Abb. 39: Hilde Mollier (verh. Barkhausen, 1876–1967), die erste wissenschaftliche Mitarbeiterin am Laboratorium für Technische Physik (um 1908).

2.3 Emotionale Mitgiften

Die formale Zulassung von Frauen zum Hochschulstudium um die Jahrhundertwende war noch nicht gleichbedeutend mit der gesellschaftlichen Akzeptanz der Studentin, geschweige denn der berufstätigen Akademikerin. Es scheint jedoch, daß die künftigen Studentinnen von seiten ihrer Familien ausgesprochen gefördert wurden und in einem bildungsfreundlichen Klima aufgewachsen waren.

Nicht selten studierten Bruder und Schwester zeitweise gemeinsam an der Technischen Hochschule München. Über ihn war sie in das Hochschulgeschehen und oft auch in die Fachdisziplin integriert, er war männlicher Schutz am fremden Studienort. Die gemeinsame Arbeit im Labor stellte alle Beteiligten zufrieden, und die Konventionen blieben gewahrt. Brüder treten in der Erinnerung der Schwestern als Vermittler zwischen Tochter und Mutter oder als geistiger und sozialer Mentor auf.[21]

Wenn es Konflikte um das Studium gab, dann eher mit den Müttern. Hilde Molliers Mutter fühlte sich durch die studierende Tochter verunsichert, sie hätte gern selbst studiert und wandte ihre Frustration nun um in Ablehnung des Studienwunsches der Tochter.[22]

Es gab jedoch auch um die Jahrhundertwende die Mütter, die eine gründliche Berufsausbildung für ihre Töchter wünschten, weil sie ihnen selbst versagt geblieben war.[23]

Präsent bleiben in der Erinnerung als Förderer vorwiegend die Väter, über die die späteren Ingenieurinnen den Bezug zur Technik, zu Mathematik und den Naturwissenschaften herstellen konnten. So erkannte der Unternehmer Professor Dr. Rudolf Steinheil früh die mathematischen und technischen Fähigkeiten seiner Tochter Elsbeth (Abb. 28).[24]

Das berufliche Erbe der Väter, bis dahin meist nur den Söhnen vorbehalten, konnte offensichtlich auch von den Töchtern angetreten werden, besonders dann, wenn kein älterer Bruder da war. Nicht auszuschließen ist, daß die Tochter eines Ingenieur-Unternehmers mit dem Wunsch, ein geisteswissenschaftliches Fach zu studieren, viel eher auf Widerstand gestoßen wäre. Die TH-Studentinnen waren also mit einem sozialen und emotionalen Kapital ausgestattet, das sie gegen die Vorurteile ihrer Mitwelt stärkte und später die Integration in den Kollegenkreis erleichterte.

2.4 *Soziales Umfeld*

Die Statistiken der zwanziger Jahre weisen einheimische Studentinnen an der THM als Minderheit aus. Die untersuchte Gruppe, meist Preußinnen, wählten München mit der einzigen Technischen Hochschule in Bayern häufig aufgrund des kulturellen Klimas der Stadt; fachliche Gründe oder renommierte Hochschullehrer scheinen keine Bedeutung gehabt zu haben.

Neben intellektuellen Fähigkeiten verlangten besonders die technischen Studiengänge auch solche, die auf handwerklicher Geschicklichkeit und körperlichem Einsatz beruhten. Entgegen Franz Reuleaux' Befürchtung verursachte das liegende Zeichenbrett den TH-Studentinnen der zwanziger und dreißiger Jahre keine Kopf- bzw. «Rückenschmerzen». Waren ihre Mütter noch gehalten, Körperlichkeit zu verleugnen, wollten die Töchter sportliche Höchstleistungen vollbringen und die eigene Leistungsfähigkeit in Konkurrenz mit anderen erproben.

Die Ausübung eines Sports konnte das Studium erleichtern, hatte darüber hinaus aber auch noch einen sozialen Aspekt. Ilse Kober (Abb. 40) und Melitta Schiller, beide begeisterte Fliegerinnen, und Ilse Kober zudem noch Seglerin, hatten in ihrer Freizeit beim Umgang mit Booten und Flugzeugen die für Mädchen und junge Frauen eher ungewöhnliche Gelegenheit, spielerisch Zugang zu Technik zu bekommen und sich auch für das Studium wichtige physikalische, aerodynamische und stoffkundliche Kenntnisse anzueignen.

Abb. 40: Ilse Kober (verh. Essers, 1898–1994) im Konstruktionsbüro der Firma Flugzeugbau Friedrichshafen (um 1915).

Entgegen der verbreiteten zeitgenössischen Vorstellung, das Praktikum könne ein Hindernis für die angehenden Ingenieurinnen darstellen, erinnerte nur eine ehemalige Studentin eine klare geschlechtsbedingte Benachteiligung – sie sollte zunächst keine Bezahlung erhalten. Überwiegend war es den Studentinnen jedoch gelungen, auf ihre Bedürfnisse zugeschnittene Praktikumsplätze zu finden, wobei die geschäftlichen und fachlichen Beziehungen einiger Väter hilfreich gewesen zu sein scheinen.[25]

Die künftigen Ingenieurinnen mußten ihr Fachwissen und ihr erworbenes informelles Wissen einsetzen, um ihr Studium erfolgreich zu Ende zu bringen. Bei all dem scheint es für politisches Engagement im Alltag der Studentinnen keinen Platz gegeben zu haben. In diesem Punkt unterschieden sie sich kaum von den meisten männlichen TH-Studenten, die allgemein als «unpolitisch» galten.[26] Gegen Ende der Weimarer Republik radikalisierte sich jedoch die Studentenschaft der TH München, und bei den Wahlen zu den Studentenparlamenten 1930/31 gewannen die rechten Gruppierungen stark an Stimmen.[27] Die Aussagen der befragten Studentinnen lassen eher apolitisches, obrigkeitsorientiertes Denken erkennen, mit dem sie während der NS-Zeit offensichtlich nicht in Widerspruch zu den herrschenden Machtverhältnissen gerieten.

Abb. 41: Immer noch die Ausnahme – eine Chemikerin unter vielen Chemikern: Else Jordan (geb. 1908, *links oben*) promovierte 1930 an der Technischen Hochschule München mit Auszeichnung.

2.5 *Beruf und Familie*

Mit dem Diplom der TH München hatten die Studentinnen für eine akademische bzw. technikwissenschaftliche Profession die Qualifikation erreicht, die sie mit einem eigenen, nicht mehr unbedingt vom Vater oder vom Ehemann abgeleiteten Status versah. Wie setzten sie in der Folge ihr Bildungs-, ihr emotionales und informell erworbenes Kapital und ihren Titel ein? Welche Lösungswege suchten sie, um Beruf, Ehe und gegebenenfalls Familie zu vereinbaren?

Die erste Studentin der Technischen Hochschule München, Hilde Mollier (verh. Barkhausen), wurde gleichzeitig auch die erste Assistentin der Hochschule; sie arbeitete vier Jahre am Laboratorium für Technische Physik, veröffentlichte mehrere Arbeiten und referierte und übersetzte für eine Fachzeitschrift.[28] Das fehlende Reifezeugnis wurde jedoch für sie zur unüberwindlichen beruflichen Barriere. 1909 heiratete sie den Hochfrequenzphysiker Heinrich Barkhausen. Obwohl sie auch als mehrfache Mutter versuchte, weiter wissenschaftlich zu arbeiten, muß ihre berufliche

Laufbahn mit der Geburt ihrer jüngsten Tochter 1917 als beendet betrachtet werden.

Elsbeth Steinheil (verh. Franz), die erste Maschinenbauingenieurin der Hochschule, arbeitete etwa ein Jahr nach ihrem Diplomabschluß 1917 im väterlichen Betrieb und heiratete den Chef-Ingenieur ihres Vaters. Von den acht Frauen mit techniknahem Studium, von denen bekannt ist, daß sie nach dem Abschluß heirateten, wählten sechs einen Fachkollegen als Lebensgefährten und arbeiteten dann zum Teil in einem gemeinsamen Büro oder auch im Büro ihres Vaters. Damit hatten einige die Möglichkeit, Kinder zu erziehen und über den Ehemann ihrem Beruf verbunden zu bleiben. Die Maschinenbauerin Elisabeth Luyken heiratete hingegen nicht. Durch langjährige Zugehörigkeit zu ein und derselben Firma erlangte sie die Position einer Abteilungsleiterin und wurde später Chefin von 200 Mitarbeiterinnen und Mitarbeitern.

Die Ingenieurinnen stellten im Interview ihre eigenen beruflichen Interessen oft als identisch mit denen ihrer akademischen Lehrer, ihrer Väter oder ihrer Ehemänner dar. Fragen nach dem Inhalt ihrer eigenen Tätigkeit wurden etwa folgendermaßen beantwortet: «Mein Vater hatte ja Patente [...]» oder «Mein Mann [...] arbeitete [...].»[29]

Die Studentinnen, die während der Weimarer Republik und der Zeit des Nationalsozialismus studiert hatten, waren wohl schon stärker motiviert, berufstätig zu werden. Bei einigen war es aus persönlichen und finanziellen Gründen notwendig, sich weiter zu qualifizieren. Trotzdem blieb bei den Maschinenbauerinnen Ilse Knott-Ter Meer und Ilse Essers die Berufstätigkeit eher marginal. Beide heirateten kurz nach dem Diplom bzw. der Promotion. Die Bauingenieurin Martha Bürger war bis zu ihrer Heirat 1938 neun Jahre, die Versuchsingenieurin Melitta Schiller 18 Jahre, die Maschinenbauerin Elisabeth Luyken 24 Jahre voll in ihrem Beruf erwerbstätig.[30]

2.6 Arbeitsfelder – Beziehung zu Technik

Bereits 1936 wurde klar, daß der von den Nationalsozialisten aufgestellte Vierjahresplan mit den vorhandenen Ingenieuren nicht zu erfüllen war, und spätestens ab 1938 wurden – entgegen bisheriger ideologischer Vorurteile – auch Frauen ermuntert, in technischen Berufen zu arbeiten.[31] Die ersten Ingenieurinnen in Deutschland, die in den späten zwanziger und in den dreißiger Jahren berufstätig wurden, arbeiteten in den damals führenden Industriesektoren als Konstrukteurin von Flugzeugteilen bzw. als Erprobungsfliegerinnen (Essers, Schiller), als Erprobungsfahrerin von Lastkraftwagen (Knott-Ter Meer), als Fachfrau und Beraterin für Stahlbau und Luftschutz im technischen Dienstleistungssektor (Bürger).

Ihre Beziehung zu Technik läßt sich beschreiben mit Interesse an «mechanischen Bewegungsabläufen von Maschinen» (Knott-Ter Meer), an «Kräfteverläufen» (Essers), am «freien Spiel der Kräfte» (Schiller) oder auch an der Organisation und Koordination von Prozessen (Luyken). Im Gegensatz zu ihren heutigen Kolleginnen hatten offensichtlich einige einen Hang zu «Großtechnik»,[32] zu Flugzeugen, Kraftfahrzeugen und Stahlbau-Konstruktionen, durchaus verbunden mit einer «Beherrschungslust» im Umgang mit Technik. Den Extremfall mag dabei Melitta Schiller darstellen. Gleichwohl gab es die Tendenz bei Ingenieurinnen, Technik für Bereiche zu entwickeln, die auch sie als «weibliche Sphären» der Ingenieurarbeit betrachteten, zum Beispiel Haustechnik oder Technik für den Kranken- und Sozialbereich.

2.7 Beziehung zu Macht

An den genannten Arbeitsbereichen der Ingenieurinnen ist abzulesen, daß sie bei der Gestaltung und Entwicklung von Technik nicht mit zentralen Entscheidungsbefugnissen ausgestattet waren. Durch ihre Tätigkeit in der Luftfahrt-, der Fahrzeug- und der Stahlindustrie arbeiteten Ilse Knott-Ter Meer, Melitta Schiller und Martha Bürger in unmittelbarer Nähe des Staates, im Falle Schillers und Bürgers des nationalsozialistischen Staates.

Es stellt sich die Frage, inwieweit diese Frauen um ihrer beruflichen Selbstverwirklichung willen dem NS-Regime zugearbeitet haben und sich von ihm für dessen menschenverachtende Zwecke benutzen ließen. Für manche Berufsanfängerin stellte die Abwesenheit vieler Ingenieure durch ihren Einsatz im Krieg wahrscheinlich die erste Möglichkeit dar, überhaupt professionelle Kompetenz zu erwerben. Den wenigsten wird verborgen geblieben sein, daß ihre Arbeit auch Kriegszwecken diente. Mit ihrem Vortrag «Eine Frau in der Flugerprobung» 1943 in Schweden, zu dem sie vom Reichsministerium für Propaganda und Volksaufklärung als «Sendbotin ihres Volkes in Waffen» (Schiller) aufgefordert worden war, stellte sich Melitta Schiller direkt in den Dienst des NS-Regimes.

3. Perspektiven

«Die Ingenieurin» als typische Vertreterin des Berufsstands der Ingenieure gab es in den dreißiger und vierziger Jahren noch nicht. Bis in die Zeit der Weimarer Republik motivierten schicht- und milieuspezifische Erfahrungen Frauen zum technischen Studium und zur Wahl des Ingenieurberufs, wenngleich sich Lebensentwürfe und Karriereverläufe auch damals individuell nach unterschiedlichen Mustern gestalteten.

Die Technischen Universitäten waren – München bildet da keine Ausnahme – über den längsten Zeitraum ihrer Geschichte hinweg eine Männergesellschaft, die Frauen auf Distanz hielt bzw. von Frauen gemieden wurde. Von denjenigen Pionierinnen, die vorzeitig das Studium aufgaben, wissen wir so gut wie nichts. Um so größeren Respekt erzeugt die nähere Beschäftigung mit einzelnen jener ersten Generation studierender Frauen an der TUM, ihrem Karriereverlauf bis zum Diplom und ihrem weiteren Werdegang. Sie hatten keine weiblichen Vorbilder und orientierten sich an ihren Vätern und Brüdern. Die meisten von ihnen waren in ihrem Fach zunächst «die Einzige». Ob ihre Ausnahmestellung ihre Position erleichtert oder eher erschwert hat, läßt sich heute kaum noch beurteilen. Ihnen, die an Politik wenig interessiert, doch in ihrer Lebensplanung maßgeblich von politischen Eingriffen bestimmt waren, bereitete das Studium «nie gekannte köstliche Gefühle» (Hilde Mollier) und eine (noch) ungetrübte Freude am Abenteuer Wissenschaft.

Ebenso wie die technischen Ausbildungsstätten verteidigte der Ingenieurberuf bis heute hartnäckig seinen Ruf als Männerdomäne. In der wichtigsten berufsständischen Organisation, dem «Verein Deutscher Ingenieure», sind Frauen mit einem Anteil von 3,8 Prozent marginalisiert. Der Anteil der Absolventinnen westdeutscher Technischer Universitäten bewegt sich seit den siebziger Jahren im Durchschnitt zwischen drei und zwölf Prozent. In der DDR, wo Frauen von Anfang an stärker in das Erwerbsleben einbezogen waren und der Staat ihnen einen Teil der Familienarbeit abnahm, betrug der Frauenanteil der Absolventinnen der Technischen Hochschulen ab den sechziger Jahren jährlich durchschnittlich rund 31 Prozent. Es gab stark ‚feminisierte' Studiengänge, wie Chemie, Architektur oder Ingenieurökonomie mit einem Frauenanteil von mehr als 50 Prozent, und qualifizierte Ingenieurinnen trugen dazu bei, daß von einer ‹feminisierten› Leichtindustrie gesprochen werden und es so aussehen konnte, als ob staatliche Initiativen ein «Aufbrechen der männlichen Technikkultur der Moderne» (Karin Zachmann) hätten bewirken können.[33] Doch wurden auch in der DDR weiterhin männliche Bewerber für technische Studiengänge bevorzugt, Absolventinnen von Technischen Universitäten wurden unter ihrem Qualifikationsniveau eingesetzt, Ingenieure sahen in ihnen die Konkurrenz und sprachen ihnen technischen Sachverstand ab.[34]

Der Verfügung über Technik und dem Besitz technischer Fähigkeiten und technologischer Kenntnisse kommt in unserer naturwissenschaftlich-technisch geprägten Gesellschaft entscheidende Bedeutung zu. Wenn Frauen diese Kompetenzen von Männern vorenthalten werden oder wenn umgekehrt Frauen darauf verzichten, sich diese Kompetenzen anzueignen, so hat dies Folgen für die Gewinnung von Lebenschancen und für die längst überfällige ‹ökonomische› Gleichstellung von Frauen mit Männern.

Die Geschichte der Frauen an Technischen Universitäten beginnt erst und hält noch viele Chancen bereit.[35] Liegen diese Chancen für Frauen in den Biowissenschaften, einer Entwicklung, die unter anderem auf der Biologie und der Chemie, beides traditionelle Frauenfächer, aufbaut und die den Primat der Physik als Leitdisziplin allmählich abzuschwächen scheint? Und werden die Technischen Universitäten diese Chancen nutzen, ihre sinkenden Studierendenzahlen durch verstärkte Werbung um Frauen wieder zum Ansteigen zu bringen, und so zum Abbau der Geschlechterhierarchie in den Wissenschaften und in unserer Gesellschaft beitragen?

III.

Wendepunkt 1933: Schicksale von Wissenschaftlerinnen in diesem Jahrhundert

Abb. 41a: Semestereröffnung an der Ludwig-Maximilians-Universität München

13.

Hiltrud Häntzschel

«Eine neue Form der Bindung und der Freiheit»

Die Juristin Margarete Berent (1887–1965)

Es erscheint als Anmaßung, ein Porträt zusammensetzen zu wollen, wo nur Bruchstücke vorhanden sind: wenige biographische, eher nur ausbildungsbezogene Angaben zum Lebenslauf für Prüfungsbehörden, Gutachten und Zeugnisse, engagierte Erklärungen von früheren politischen Weggefährtinnen in Wiedergutmachungsangelegenheiten, persönliche Nachrufe von Zeit- und Schicksalsgenossen; kein Brief von Margarete Berent, keine Memoiren, keine persönlichen Äußerungen.[1] Nachzulesen sind Margarete Berents Aufsätze und Stellungnahmen und eine umfangreiche Untersuchung zu *der* Sache, die sie zu der ihren gemacht hat: dem Aufbau eines neuen Rechts, dem die Veränderung eines Rechtsbewußtseins vorausgehen muß. Es setzt die Emanzipation von einem Denken in Geschlechterhierarchien voraus, den Vollzug des Gleichberechtigungsgrundsatzes ohne jeden Abstrich, und damit «eine neue Form der Bindung und der Freiheit».[2]

Ein begabtes Mädchen, 1887 geboren, das vorhat, Juristin zu werden, hat einen langen Weg vor sich mit ganz ungewissem Ausgang. Ist sie jüdischer Herkunft, so wird dieser Weg, kaum ist das Ziel endlich erreicht, erneut brutal verstellt. Er muß anderswo unter erschwerten Bedingungen erneut begangen werden, oder er endet mit der Vernichtung. Margarete Berent nimmt zunächst eines der wenigen Angebote zu einer Berufsqualifikation für bürgerliche Töchter wahr: Sie legt 1906 in ihrer Geburtsstadt Berlin das Examen für Lehrerinnen an mittleren und höheren Mädchenschulen ab, unterrichtet dort bis 1910, während sie sich gleichzeitig an den Gymnasialkursen für Frauen auf das Abitur vorbereitet. Zwei Jahre nach Öffnung der preußischen Universitäten für Frauen bezieht sie die Berliner Universität und studiert dort fünf Semester Rechtswissenschaft. Jetzt, wo sie für eine kurze Wegstrecke freie Bahn hat, legt sie ein atemberaubendes Tempo vor. Es zeugt von großer Konzentrationsfähigkeit, Lernbereitschaft, von einer Begabung zur Selbstorganisation und von Arbeitsfreude. Ein Studienabschluß in Berlin ist freilich ausgeschlossen: Ihr Gesuch um Zulassung zum Ersten Juristischen Staatsexamen wird vom preußischen Justizministerium im März 1912 abgelehnt. Sie geht an die Erlanger Universität, besteht im Oktober die in Bayern übliche Universitäts-Zwischenprüfung und legt bereits im November 1913, in ihrem siebten Semester, eine für die damalige Praxis ganz ungewöhnlich umfangreiche Dissertation vor: «Die Zugewinnstgemeinschaft der Ehegatten».[3] In einem rechtshistorisch und rechtsvergleichenden Teil wertet sie abgelegene Quellen zur Rechtspraxis des Ehegüterrechts in Ungarn, Österreich, der Schweiz, Spanien und Deutschland aus, im dogmatischen Teil beschreibt und interpretiert sie die verschiedenen Modelle der Zugewinngemeinschaft. Im letzten Abschnitt stellt die Autorin anhand einer Darstellung der «Zugewinnstgemeinschaft und der Ehevertragspraxis der neuesten Zeit» zukunftsweisende Überlegungen an für die gesetzgeberische Umsetzung. Der Gutachter der Fakultät sieht in der «erfreulichen Arbeit eine wirkliche Bereicherung der Wissenschaft» und erwägt «bei sehr gutem Ausfall des Rigorosums eventuell summa cum laude», ein ganz ungewöhnliches Prädikat an der Erlanger Juristischen Fakultät.[4] Und daß eine Erlanger Dissertation dann 1915 in den renommierten «Untersuchungen zur Deutschen Staats- und Rechtsgeschichte» Otto von Gierkes (als 123. Heft) erscheint, schmeichelt der Fakultät. Margarete Berents Berliner Lehrer und Anreger der Arbeit, der Familienrechtler Martin Wolff, erkennt das Innovative dieser Untersuchung und schreibt der jungen Juristin nach der Lektüre: «Ich habe keinen Zweifel, dass Sie für ein wichtiges Problem zukünftigen Rechts den dauernden geschichtlichen und dogmatischen Unterbau geliefert haben.»[5] Wie Margarete Berent es geschafft hat, während ihres kurzen Studiums auch noch als wissenschaftliche Hilfskraft in Erlangen am «Vocabularium iurisprudentiae romanae» mitzuarbeiten und seit 1912 als Helferin und Beraterin an der Charlottenburger Rechtsschutzstelle für Frauen, ist kaum nachzuvollziehen.

Alle weiteren regulären Ausbildungsetappen zum Volljuristen sind ihr als Frau verschlossen. In einem breiten Spektrum von Tätigkeiten sammelt sie praktische juristische Erfahrungen: als Leiterin der Rechtsschutzstelle für Frauen, als juristische Hilfsarbeiterin in der Kanzlei von Verwandten, der Justizräte Berent und Dr. Gabriel,[6] als Vertreterin von Anwälten während deren Einberufung, soweit es nach den gesetzlichen Vorschriften möglich ist, als Dezernentin der Adoptionsstelle der Deutschen Zentrale für Jugendfürsorge, in der freiwilligen Kriegsfürsorge, von 1915–1917 als Dezernentin im juristischen Büro der Allgemeinen Elektrizitäts-Gesellschaft Berlin. Und sie verbindet diese praktische juristische Arbeit mit ihrer ersten Qualifikation als Lehrerin und gibt ihre Kenntnisse an Frauen weiter: Als Dozentin unterrichtet sie an der Victoria-Fortbildungs- und Fachschule Handelsrecht und Prozeßkunde und lehrt an der Sozialen Frauenschule von Alice Salomon Familienrecht und Jugendfürsorge.[7] Am 5. Mai 1919 läßt Preußen Frauen endlich zur Ersten Juristischen Staatsprüfung zu, Margarete Berent legt sie im Dezember 1919 ab. Auf die

Zulassung zum regulären Vorbereitungsdienst muß sie wiederum bis 1921 warten. Im Februar 1925 besteht sie die große Staatsprüfung und wird im März zur Rechtsanwaltschaft zugelassen. Inzwischen ist sie 38 Jahre alt. Sie läßt sich als zweite Rechtsanwältin in Preußen nieder[8] und macht sich rasch als Spezialistin für Familien- und Handelsrecht einen Namen.

Das Bemerkenswerte an Margarete Berents geschichtlicher Leistung ist – neben der souveränen persönlichen Bewältigung dieses hindernisreichen Weges – das Engagement, mit dem sie versucht hat, eben diese Hindernisse, die ihr noch in den Weg gelegt waren, für die kommenden Frauen beiseite zu räumen. Das Ethos ihres Handelns ist bestimmt von einem unbedingten Egalitätsdenken. Dieses Denken hat den Zugang zu ihrer wissenschaftlichen juristischen Arbeit geprägt, es leitet ihre praktische Tätigkeit als Familienrechtsspezialistin, und es gibt den Impuls für ihr politisches Engagement in der Sache der Gleichstellung von Mann und Frau als einer selbstverständlichen Forderung der Gerechtigkeit. Jede Begründung einer Rechtsungleichbehandlung durch eine Differenz oder gar einen Gegensatz der Geschlechter verletzt ihr Rechtsverständnis, das in einer ganz ursprünglichen Humanität wurzelt. Wenn sie seit dem Beginn ihrer Berufstätigkeit als Juristin Frauen in Berufsverbänden organisiert und diese Organisationen maßgeblich leitet, so tut sie das gerade nicht um der Betonung der Geschlechterdifferenz willen, sondern mit dem Ziel, die gleichwertige Berücksichtigung, Anerkennung und Repräsentanz des ‹anderen› Geschlechts in der Rechtsprechung und der Politik zu erreichen. Feministin[9] ist sie, wo es ihr um die Durchsetzung eines neuen Denkens geht, um Freiheit und Gerechtigkeit.[10]

Der erste Schritt: Als junge Doktorin zurück in Berlin, gründet sie 1914 zusammen mit ihrer Erlanger Kommilitonin Margarete Meseritz (später verheiratete Edelheim, dann Muehsam) den «Deutschen Juristinnenverein e.V.», 1917 verzeichnet er 28, 1919 bereits 85 ordentliche Mitglieder.[11] Erstes Ziel ist die Durchsetzung der Zulassung zu den juristischen Berufen. In einem programmatischen Aufsatz «Die Frau in juristischen Berufen»,[12] in dem sie ausführlich auf den bayerischen Sonderweg bei der Zulassung der Frauen eingeht, weist Margarete Berent auf die dramatisch veränderte Lage im Krieg hin, in der kompetente Fachfrauen nun überall gebraucht und auch eingestellt worden seien, während man ihnen noch immer beharrlich den regulären Erwerb dieser Kompetenz vorenthält.

An der Formulierung der Eingabe der Frauenverbände an den Reichstag zur Zulassung der Frauen zu den juristischen Berufen vom 12. Januar 1920 ist sie ebenso beteiligt wie an der Debatte um die Reform des ehelichen Güterrechts,[13] zu dessen Beratung auf dem 33. Deutschen Juristentag in Heidelberg 1924 sie noch vor der Zulassung zum Assessorexamen hinzugezogen wird. Auf dem 36. Juristentag in Lübeck vertritt sie zusammen mit der Reichstagsabgeordneten Marie Elisabeth Lüders (Abb. 42)

Abb. 42: Gründung des Deutschen Akademikerinnenbundes 1926 in Berlin: (hinten in der Mitte) Dr. Marie Elisabeth Lüders, *(ganz rechts)* Dr. Margarete Berent.

bei der Debatte um die Neugestaltung des Familienrechts «die absolute Gleichberechtigung der Frau».[14] Punkt für Punkt führt sie bei der Prüfung jedes einzelnen Änderungsvorschlags zur Neuregelung der Gütergemeinschaft vor, wo eine geplante scheinbare Gleichbehandlung von Mann und Frau aufgrund ungleicher Vorbedingungen Frauen aufs höchste gefährden und der Stärkung der Herrschaft des Mannes Vorschub leisten kann. Sie wünscht sich, daß

> «die Verhandlungen erfüllt sein werden von der Freude darüber, mitzuhelfen beim Aufbau eines neuen Rechts, das auf den alten und ewigen Elementen der Neigung zwischen Mann und Frau, der Liebe zwischen Eltern und Kindern eine neue Form der Bindung und der Freiheit, der Selbständigkeit und der Gemeinsamkeit gestalten muß».[15]

Bei der Neuregelung des Ehe- und Familienrechts in der Bundesrepublik 1958 sind die Überlegungen und Vorschläge Margarete Berents weitgehend berücksichtigt worden.[16]

Als 1926 der «Deutsche Akademikerinnenbund» von Agnes Zahn-Harnack gegründet wird, tritt Margarete Berent als Vertreterin des Juristinnenvereins mit in den Vorstand. Sie gehört zu den Gründerinnen des deutschen Soroptimist-Clubs (einer losen Vereinigung berufstätiger Frauen) und ist Vorstandsmitglied der «International Organization of Women Lawyers» sowie der «International Association of University Women».

Und sie gehört zum Vorstand des «Jüdischen Frauenbundes». Wo finden sich Hinweise auf ihr Selbstverständnis als Jüdin? Sie hat sich ein Berufsziel gewählt, das ihr als Frau Hindernisse in den Weg legte, nicht aber als Jüdin. Sie hat, so läßt sich aus ihrer Haltung schließen, stärker auf die Gleichheit und auf die Gleichberechtigung hingearbeitet denn auf die Differenz, auch in den Fragen des religiösen Bekenntnisses oder der kulturellen Zugehörigkeit. Sie arbeitete seit ihrer Niederlassung als Anwältin beratend für die «Zentralwohlfahrtsstelle der Deutschen Juden». Seit wann sie sich im «Preußischen Landesverband jüdischer Gemeinden» engagierte, ist nicht bekannt, 1932 gehört sie als stellvertretende Schriftführerin zum Engeren Rat und wird unter anderem zuständig für die Erhaltung der Kunstdenkmäler.[17] Es scheint, als sei die Verlagerung ihres politischen Engagements hin zu einer Stärkung des Judentums im öffentlichen Leben erst eine Reaktion auf die Klimaveränderung am Ende der Weimarer Republik und eine Art Paradigmenwechsel. Die Impulse für ihr doppeltes Engagement, für die Sache der Frauen und dann für die Sache der Juden, scheinen derselben Wurzel zu entstammen: einem rigorosen Gerechtigkeitsempfinden und dem Abscheu vor jeglicher Ausgrenzung, dem Bemühen um Integration des Unterschiedlichen, ohne daß das eine im anderen verschwindet.

Das Jahr 1933 markiert das Scheitern jeglicher Gleichstellungsbemühungen und läßt keine Wahl: Der jüdischen Anwältin wird die Zulassung im Juni entzogen. Die «Reichsvereinigung der Juden in Deutschland» überträgt ihr das Provinzialfürsorgeamt der Zentralwohlfahrtsstelle der Juden in Deutschland für die Rheinprovinz. Von Köln aus hat sie nun zahlreiche jüdische Gemeinden fürsorgerisch zu betreuen, Auswanderungswillige und Jugendliche bei der Umschulung zu beraten, Gemeinden zu liquidieren, kranke und alte Menschen unterzubringen. Im «Jüdischen Frauenbund» organisiert sie für die Berufstätigen Abendkurse und Weiterbildungsprogramme über jüdische Kultur.[18] Während ihr Bruder Hans mit seiner Frau und dem 22jährigen Sohn der Shoa nicht entkommen kann, emigriert sie kurz vor Kriegsbeginn zunächst nach Chile und 1941 weiter nach New York – und beginnt wieder von vorne: als Angestellte in Anwaltsbüros und als ‹Studentin› der Abendkurse an der *law school* der New York City University. 1949 erhält sie die Zulassung der New Yorker Anwaltskammer, inzwischen ist sie 62 Jahre alt. Bis kurz vor ihrem Tod 1965 arbeitet sie in der Rechtsabteilung der New Yorker Stadtverwaltung, betreut nebenbei private Mandanten und ist eng verbunden mit ihrer jüdischen Gemeinde. Aus Margarete Berents Publikationen und aus der Rekonstruktion ihrer Aktivitäten formen sich die Konturen einer pragmatischen Intellektuellen:

«Sie war völlig unpathetisch, sie war humorvoll und ihr Leben lang so wiß- und lernbegierig, daß es ihr einfach mehr Spaß machte, an der Lösung eines Problems mitzuarbeiten anstatt als ‹führende Persönlichkeit› gefeiert zu werden.»[19]

14.

Marita Krauss

«Ein voll erfülltes Frauenleben»

Die Ärztin, Mutter und Zionistin Rahel Straus (1880–1963)

Rahel Straus gehörte zur ersten in Deutschland promovierten Frauengeneration. Sie übte seit 1908 in München ihren Beruf als niedergelassene Ärztin aus, und ihr politisches Engagement galt der zionistischen Bewegung; ein Mittelpunkt ihres Lebens waren ihre fünf Kinder.[1]

Damit steht sie exemplarisch für eine neue bürgerliche Frauengeneration, die nicht mehr bereit war, die Alternative: qualifizierter Beruf oder Mutterschaft, zu akzeptieren. Wie sie dachten viele der frühen Medizinerinnen, die nicht wie Lehrerinnen ein staatlich verordnetes Zölibat erdulden mußten. Rahel Straus empfand ihren Beruf, ihre Aufgabe als Ärztin, als wesentlichen Teil ihrer Identität. Rückblickend äußerte sie:

> «Ich habe es immer bedauert, wenn ich sah, wie schnell andere Studentinnen, wenn sie einen Mann gefunden hatten, auf ihren eigenen Weg verzichteten. Ich kann es halt nur so erklären, daß ihr inneres Verhältnis zum Beruf, den sie erwählt hatten, eben doch nur schwach war, nur ein Ersatz, nie eine Notwendigkeit. Jedenfalls ich habe es nie bereut, auf diese Weise ein ganzes, erfülltes Leben gehabt zu haben, wie es Frauen kaum je vergönnt ist. Ein voll erfülltes Frauenleben an der Seite eines geliebten Mannes und einen großen, selbständigen Wirkungskreis als Ärztin.»[2]

Trotz des für ihre Zeit ungewöhnlichen Ausbildungsweges gehörte Rahel Straus insofern nicht zu den Pionierinnen der Frauenbewegung, als ihre Haltung und ihre Erfahrungen an sich eher für die Ärztinnen der zweiten Generation charakteristisch sind, die bereits auf Erkämpftem aufbauen konnten. So beschreibt sie ihre Position als einzige Frau unter lauter männlichen Medizinstudierenden an der Universität Heidelberg nicht als Kette von Diskriminierungen, sondern erwähnt vielmehr, daß sich die Kommilitonen darum drängten, neben ihr am Präpariertisch arbeiten zu dürfen, wie rücksichtsvoll ihre Professoren waren und wie sehr man sie unterstützte:

Abb. 43: Die Ärztin Rahel Straus mit einem ihrer fünf Kinder.

«Es ist wahr, ich wurde sehr verwöhnt – einziges Mädchen unter all den Jungen. Nie brauchte ich mein Präparat zu holen, nie eine unangenehme Arbeit zu machen, das besorgte immer einer der Kollegen. Einen ganzen Wintermonat lag täglich ein Veilchenstrauß in meinem Schrank, ohne daß ich je erfahren hätte, von wem er stammte.»[3]

Es lag offenbar auch am persönlichen Auftreten, wie sich die männlichen Kommilitonen verhielten: Blieb eine Studentin in Kleidung und Benehmen im Rahmen der bürgerlichen Frauenrolle der Zeit, wurde sie eher akzeptiert als diejenige, die mit Männerhaarschnitt und männlich geschnittener Kleidung in der Universität erschien. Über vergleichbar positive Erfahrungen wie Rahel Straus berichteten auch andere frühe Ärztinnen, die sich bewußt vom Image der «Emanzipierten» absetzten.[4] Sie wünschten sich, von der Gesellschaft als Ärzte anerkannt zu werden, ohne ihre Rolle als «Damen» aufgeben zu müssen.

Rahel Straus selbst wurzelte viel zu tief in jüdischer Tradition, als daß sie sich als emanzipierte Frau gegeben hätte. Als Tochter eines früh verstorbenen Rabbiners war Rahel Goitein in Karlsruhe aufgewachsen.[5] Ihre Mutter brachte sich und ihre vier Kinder als Erzieherin und Pensionsmutter durch; sie wurde zur prägenden Figur in Rahels Leben. Sie war nicht nur persönliches Vorbild, sie verhalf auch ihren Töchtern unter Anspannung aller Kräfte zur bestmöglichen Ausbildung, ohne sich mit ihrer streng orthodoxen Umgebung zu überwerfen.[6] Bereits in sehr frühen Jahren wandte sich die Familie dem Zionismus zu.

Als die Mutter ihr den Besuch des ersten deutschen Mädchengymnasiums ermöglichte, das in Karlsruhe seine Pforten öffnete, wurde sie zunächst hart kritisiert. Doch als Rahel dann 1899 ihr Abitur bestand, war diese Bildungsmöglichkeit bereits akzeptiert. Die Erfahrung, als Gymnasiastin plötzlich etwas zu gelten, mag zu Rahels Wunsch nach einem qualifizierten akademischen Beruf ebenso beigetragen haben wie das Erlebnis der sozialen Degradierung der geliebten Mutter, die immer wieder neue Wege beschreiten mußte, um den Lebensunterhalt ihrer Familie zu sichern. Ein Onkel finanzierte Rahels Medizinstudium in Heidelberg, das auf rund 10000 Mark veranschlagt wurde.

Nach ihrem Studium heiratete sie ihre Jugendliebe Eli Straus, einen Juristen aus vermögender Karlsruher Familie, und zog mit ihrem Mann nach München. Dort bekam sie dank der guten Beziehungen ihres Vetters August Feuchtwanger zunächst in der Inneren Abteilung der Poliklinik einen Arbeitsplatz mit Sprechstunde und Hausbesuchen, später praktizierte sie in der Kinderpoliklinik und in der Universitätsfrauenklinik. Dann promovierte sie als eine der ersten Medizinerinnen an der Universität München und eröffnete als dritte Ärztin eine Praxis. In München wurden ihre fünf Kinder geboren; München war der Ort ihres vielfältigen Wirkens bis zu ihrer Emigration nach Palästina im Jahre 1933.[7]

Rahel Straus sah es als eine zentrale Aufgabe an, die Balance zwischen verantwortungsvoller ärztlicher Tätigkeit und Familie zu halten. Dies wäre ohne das Verständnis ihres Mannes und ohne Hilfe Dritter nicht möglich gewesen. Ihre guten Vermögensverhältnisse erlaubten ihr genügend Personal, um die Alltagssituationen zu meistern – ein Charakteristikum dieser ersten Ärztinnengeneration, deren Herkunft aus dem wohlsituierten Bürgertum vieles erleichterte. Anschaulich schildert sie jedoch auch die Konflikte zwischen Berufs- und Familienpflicht, die bei einer ausgedehnten ärztlichen Praxis mit Geburtshilfe eintreten konnten. Sie folgte in diesen Fällen ihrem ärztlichen Gewissen. Es gab aber auch lange Ferien im Starnberger Sommerhaus der Familie, in denen sie ihren Kindern ganz zur Verfügung stand.

Rahel Straus war nicht nur Ärztin, sie engagierte sich mit Vorträgen zu medizinischen und zu Frauenfragen oder als aktives Mitglied vor allem bei Frauenorganisationen wie dem «Verein für Fraueninteressen», dem «Verein für Frauenstimmrecht», aber auch im «Jüdischen Frauenbund» und der «WIZO» (Women's International Zionist Organisation).[8] Obwohl ihre zionistische Grundüberzeugung nicht der Leitlinie des «Jüdischen Frauenbunds» entsprach, schlug man sie 1932 für das Amt der Vorsitzenden vor.[9] Auch Eli Straus wurde – ungeachtet seines großen Engagements und seiner guten familiären Verbindungen als Mitglied der

Familie Feuchtwanger – wegen seiner zionistischen Haltung lange Zeit von den jüdischen Bürgern abgelehnt. 1921 wählte ihn jedoch die Münchner Jüdische Gemeinde zu ihrem Zweiten Vorsitzenden.[10] Er nahm sich vor allem der jüdischen Jugendfürsorge, aber auch weiterer Bereiche des Wohltätigkeitswesens an.

Die Münchner Wohnung der Familie Straus war ein lebendiger Treffpunkt für Zionisten und für deren Begegnung mit der Münchner Gesellschaft. Rahel Straus erinnert sich:

> «Immer schon hatte unser Haus, als eines der wenigen zionistischen größeren Häuser in München, offizielle Veranstaltungen in seinen Räumen gesehen: Als die ‹Habimah› damals ihren Siegeszug durch Deutschland machte, als ‹Hebräisches Theater› zum ersten Mal in allen größeren Städten spielte, da waren alle Mitglieder der Gruppe bei uns geladen, zusammen mit den führenden Zionisten und Theaterleuten, die sich für diese merkwürdige, ihnen so neue Gruppe interessierten. Anwesend waren der Direktor des Schauspielhauses, Falkenberg, mit seiner Frau, Wolfskehl und Prätorius und viele, deren Namen ich vergessen habe. Ein anderes Mal hat das Kuratorium der Universität Jerusalem bei uns getagt mit Einstein und Buber, Magnes, Orenstein und Landau, weil München so ein bequemer Treffpunkt für sie alle war. [...] Der letzte große Empfang fand im Januar 1933 statt, als Chaim Weizmann unerwartet auftauchte. [...] Es war nicht das erste Mal, daß Weizmann unser Gast war, aber nie habe ich seine starke Persönlichkeit so empfunden wie an diesem Abend.»[11]

Das Jahr 1933 wurde zum tiefsten Einschnitt in Rahel Straus' Leben: Ihr Mann starb an Speiseröhrenkrebs, sie selbst emigrierte mit ihren Kindern aus Deutschland:

> «Was jetzt noch kam, war nur Warten, Vorbereitung, Übergangszeit – Zeit zwischen zwei Welten: Der vergangenen, die untergegangen war, der kommenden, die noch kein Gesicht für mich hatte. Daß es nur Palästina sein konnte, war für mich keinen Augenblick zweifelhaft. Das einzige Land, das Heimat werden konnte, wenn man die angeborene Heimat verließ, war Erez Israel. [...] Wäre ich nicht mein ganzes Leben lang Zionistin gewesen, so wäre ich, wie so viele andere, wohl der Verlockung erlegen, mich irgendwo in Europa anzusiedeln [...]. Noch hatte ich meine Wohnung in München, mein treues Mädchen, das auf meine Rückkehr wartete. Noch hatte ich gute, liebe Freunde dort und treue Patienten. [...] Aber zu viel Schlimmes hatte ich seit Hitlers Machtergreifung schon gesehen, und viel Schlimmeres, das wußte ich, würde noch kommen. Nein, Deutschland war keine Heimat mehr für uns, es gab keine Rückkehr mehr.»[12]

Nach der Einwanderung in Palästina suchte sich Rahel Straus, inzwischen 54 Jahre alt, neue Aufgaben.[13] Ihre ärztliche Praxis, die sie zwischen 1933 und 1940 in Jerusalem weiterführte, blieb klein. Sie, die selbst den Großteil ihres Vermögens hatte retten können, engagierte sich nun intensiv für die meist mittellos ankommenden europäischen Juden. Zusammen mit einer ihr aus Deutschland bekannten Fürsorgerin eröffnete sie eine Stellenvermittlung für Hauspersonal und richtete Kochkurse ein, um den Frauen, die sich nun als Haushaltshilfen verdingen mußten, die palästinensische Küche näher zu bringen. Das Essen wurde dann zur Basis einer billigen Mensa für die Einwanderer und für Studenten. Zusammen mit örtlichen Hilfsorganisationen bemühte sie sich um Kleidersammlungen. Was verwertbar war, wurde geflickt, umgearbeitet und billig an Bedürftige abgegeben, die unbrauchbaren Stücke schnitt man zu Streifen und webte sie zu Teppichen; dies diente gleichzeitig der Ausbildung als Flickschuster, Näherin oder Weberin. Schreiner bauten aus den Kisten, in denen der Hausrat der Einwanderer verschifft worden war, billiges Mobiliar. Neben diesen praktischen Aktivitäten fanden in Rahel Straus' Haus Vorträge und Diskussionen zu aktuellen politischen und kulturellen Themen statt.

Nach der Gründung des Staates Israel übernahmen die neuen Verwaltungsstellen wesentliche Teile ihrer Sozialarbeit. Rahel Straus wandte sich anderen Aufgaben zu: Sie wurde zur Mitbegründerin einer Werkstatt für geistig behinderte Jugendliche. Überdies war sie langjährige Vorsitzende und treibende Kraft des «Verbands der Älteren» in Jerusalem, Präsidentin der Israelischen Sektion der «Womens International League for Peace and Freedom» und aktives Mitglied in Vereinigungen von Akademikerinnen und von Ärztinnen.

Für Rahel Straus hatte also mit der Einwanderung ein völlig neuer und tätigkeitsreicher Lebensabschnitt begonnen. Ihre medizinische Qualifikation trat hinter ihre sozialfürsorgerischen und organisatorischen Fähigkeiten zurück. Es war für sie wohl eine gewisse Enttäuschung, daß sie nicht immer das Entgegenkommen fand, das ihr früheres zionistisches Engagement nahegelegt hätte: Ihre Kenntnisse des Iwrith blieben unvollkommen, und die vor allem vom russischen Pioniergeist geprägte Elite in Palästina sah zunächst auf die deutschen Einwanderer herab.[14] Doch auch diesen Widerständen trat sie mit der für sie charakteristischen Offenheit und dem Bewußtsein entgegen, eine Aufgabe erfüllen zu müssen. Diese Überzeugung hatte Rahel Straus immer begleitet, sie hatte ihren Studienwunsch und ihre Lebensform mitbestimmt. Nun wurde sie auch zum wichtigsten Movens ihres letzten Lebensabschnittes.

Ihre Kinder siedelten sich in Israel und den USA an. Sie blieb der geistige Mittelpunkt ihrer Familie, auch wenn ihre starke Persönlichkeit ihren Kindern und Enkeln den Umgang nicht immer ganz leicht machte.

Mit der Veröffentlichung ihrer 1940 für ihre Kinder verfaßten Erinnerungen zu Beginn der sechziger Jahre schlug Rahel Straus auch wieder Brükken nach Deutschland.[15] Doch eine weitergehende Annäherung an die alte Heimat stand für sie nie zur Debatte. Sie starb am 15. Mai 1963 in Jerusalem.

15.

Hiltrud Häntzschel

«Amerika gab ihr, was ihr ihr Heimatland immer verwehrt hatte»

Die Philologin Eva Fiesel (1891–1937)

Im Jahre 1919 stellte die Philosophische Fakultät der Universität Rostock die Preisaufgabe «Das grammatische Geschlecht im Etruskischen». Mit Ernst Machs erkenntnisleitendem Aperçu «Die Erklärung kann ihr Ende finden, das Aufklärungsbedürfnis aber nicht» als Kennwort lief rechtzeitig eine Bearbeitung ein und erhielt den vollen Preis zuerkannt. «Die Öffnung des Umschlags ergab als Namen der Preisträgerin Frau stud. phil. Eva Fiesel».[1] Die so ausgezeichnete Studentin der indogermanischen Sprachwissenschaft war damals bereits 28 Jahre alt und verheiratet. Die Familie, aus der sie stammte, gehörte zur Spitze des gebildeten Bürgertums; für diejenigen jungen Frauen, die sich damals für ein Universitätsstudium entschieden, war sie auf vielerlei Weise typisch. Der Vater Karl Lehmann war Professor der Rechte in Rostock und Göttingen, die Mutter Henni Lehmann – und das mag für die Tochter folgenreicher gewesen sein – eine außergewöhnlich fortschrittlich orientierte Frau, zu ihrer Zeit eine bekannte Malerin und Schriftstellerin. Beide Eltern gehörten dem zum Protestantismus übergetretenen, vormals jüdischen Bürgertum an, wie eine überdurchschnittlich große Zahl von Herkunftsfamilien der ersten Studentinnengenerationen.

Eva Lehmann begann ihr Studium der Geschichte und alten Sprachen 1911/12 in Göttingen, wurde 1915 mit Ludolf Fiesel kriegsgetraut, 1926 geschieden. In Rostock fand sie den Förderer, der für ihre weiteren Forschungen, für ihr wissenschaftliches Lebenswerk bestimmend wurde, Gustav Herbig, Ordinarius für vergleichende Sprachwissenschaft und Spezialist für Etruskologie. Er fand in Eva Fiesel die Schülerin, die – auf seinen Arbeiten aufbauend – an der Lösung der Rätsel der etruskischen Inschriften erfolgreich weiterforschte und ihr Wissen an zahlreiche Archäologen, klassische Philologen und Sprachwissenschaftler in Deutschland, Italien und dann in den USA weitergab.

Zunächst promovierte sie 1920 mit ihrer Preisarbeit und trieb auch nach der Geburt ihrer Tochter 1921 ihre etruskologischen Forschungen voran. Welche Vision, oder wohl richtiger, welche konkrete Vorstellung mag die junge Wissenschaftlerin von ihrer beruflichen Zukunft gehabt haben? Die katastrophale Inflation von 1923 traf Privatgelehrte, die bis dahin vom Familienvermögen gelebt hatten, erst recht die viel seltener als ihre männlichen Kollegen durch feste Stellen abgesicherten Wissenschaftlerinnen hart. Auf Eva Fiesels akademischem Weg häuften sich trotz glänzender Herkunfts- und Bildungsbedingungen und eines konkurrenzlosen Spezialwissens die Hindernisse zu unübersteigbaren Barrieren: Als mittellose, alleinerziehende Mutter und geschiedene Frau mußte sie sich ihren Lebensunterhalt in einem Fach verdienen, das für eine *Venia legendi* von vorneherein zu schmal war. Mit Unterstützung durch Stipendien der Notgemeinschaft der Deutschen Wissenschaft begann sie noch in Rostock mit ihren Forschungen über «Namen des griechischen Mythos im Etruskischen».[2] 1924 entschied sie sich, Gustav Herbig nach München zu folgen, an eine Fakultät freilich, die sich unter den deutschen Universitäten durch die Praxis eines verdeckten, aber erfolgreichen Ausschlusses der Frauen von der Lehre hervorgetan hatte.[3]

Neben ihren etruskischen Forschungen mußte sie – gänzlich überanstrengt – Geld verdienen: Sie schrieb Artikel für Lexika, war Hilfsassistentin im Seminar für deutsche und bayerische Rechtsgeschichte. Um so überraschender, daß sie 1927 mit einer umfangreichen Studie an die Öffentlichkeit trat, die nach Thema, Fragestellung, wissenschaftlichem Zugriff und Schreibweise von ihrer bisherigen Arbeit abwich: «Die Sprachphilosophie der deutschen Romantik».[4]

Die Ergebnisse, auf die diese Arbeit zielt, lassen erkennen, daß Eva Fiesel auf der Suche nach einer Standortbestimmung ihres eigenen Tuns als Sprachwissenschaftlerin im weitesten Sinne war, die sie im Kreis der Fachkollegen nicht fand. Die Arbeit belegt die Breite ihres wissenschaftlichen Horizontes weit über das Spezialfach hinaus; vermutlich hatte Eva Fiesel mit dieser Arbeit, die methodischen Verfahren des Münchner Literaturwissenschaftlers Fritz Strich verpflichtet war, ursprünglich eine Habilitation angestrebt. Ihre Frage lautet: Wie und wodurch ist die Sprachwissenschaft dahin gekommen, wo sie heute steht? Sie beschreibt, wie die Sprache und das Denken über sie, das folgerichtig zur modernen Wissenschaft wird, aus dem Paradies und in die Arme der empirischen Naturwissenschaft getrieben wurden, materialisiert, entzaubert. Die Studie endet in einem rückwärtsgewandten Ton der Trauer über «die Entfremdung und Trennung von Wissenschaft und Leben»,[5] über die Bevorzugung der «Wahrheit der Nachahmung» gegenüber der der Schöpfung als Preis für die Abwendung vom Idealismus hin zum Materialismus des 19. Jahrhunderts.

Fiesels Fragestellung geht von einem neuen Ansatz aus. Darstellung und Deutung der Sprachphilosophie hat die Autorin aus einer intensiven und, abgesehen von der Orientierung an der Strichschen Typisierung, sehr eigenständigen, vielleicht auch eigenwilligen Quellenlektüre erschlossen, von Quellen, die sie nur nach Titeln, nicht nach Editionen und Fundstellen nachlesbar macht. Auf eine kritische Diskussion mit der Forschung läßt sie sich so gut wie nicht ein, auf Anmerkungen verzichtet sie und bricht vielleicht angesichts der Aussichtslosigkeit einer Habilitation bewußt mit den Spielregeln wissenschaftlichen Publizierens.

Das Buch erregte Aufmerksamkeit und wurde von Rudolf Unger und Paul Requadt, von Karl Viëtor und Robert Petsch, Paul Böckmann und Benno von Wiese, von den führenden Köpfen der kommenden Germanistik also, lobend und kritisch rezensiert.[6] Fleiß, Einfühlung, Klugheit, umfassende Belesenheit, Weitblick, stilistische Sicherheit wurden der Autorin bescheinigt; bemängelt wurden die fehlende Distanz zur Sache, die Ungehörigkeit ihrer wertenden Darstellung, ihre zu starre Klassifizierung sowie die Mißachtung akademischer Gepflogenheiten. Die rezensierenden Literaturwissenschaftler waren beeindruckt und irritiert zugleich, kaum einer nahm Fiesels Anliegen einer Wissenschaftskritik wahr. Das Überschreiten ihrer eigenen Fachgrenzen scheint als Kompetenzanmaßung verstanden worden zu sein. Den Sprachwissenschaftlern war die Arbeit ein Affront. Man warf ihr ihre Abneigung gegen die empirische Sprachwissenschaft vor, hielt ihr gerade die sprachwissenschaftlichen Leistungen entgegen, die nach ihrem eigenen Urteil dem Leben entfremdet, rationalistisch waren.

Zuallererst allerdings und vernichtend wird sie von Walter Benjamin in der «Frankfurter Zeitung» am 26. Februar 1928 in einer grob generalisierenden Invektive gegen weibliches wissenschaftliches Arbeiten verrissen, die die Autorin tief kränken mußte.

Mit ihrem Referat auf dem 1. Congresso Internazionale Etrusco in Florenz 1928 – als erste und einzige Frau – erntete Eva Fiesel die Zustimmung aller Diskussionsteilnehmer und erlangte internationale Anerkennung als *die* Spezialistin für Etruskologie in Deutschland. Folgerichtig beantragte Ferdinand Sommer als Leiter des Sprachwissenschaftlichen Seminars in München am 15. Juni 1931 beim Bayerischen Staatsministerium für Unterricht und Kultus für Eva Fiesel einen Lehrauftrag.[7] Eva Fiesel kann bereits am 28. August 1931 vereidigt werden, am 27. Januar 1932 melden selbst die «Münchner Neuesten Nachrichten» diese Novität zusammen mit einem Hinweis auf ihre Veranstaltungen für das folgende Sommersemester. Damit ist sie die erste Frau an der Münchner Geisteswissenschaftlichen Fakultät, die eine Vorlesung hält; allerdings rangiert sie in der Hierarchie der Nichthabilitierten nach ordentlichen und außerordentlichen Assistenten, Hilfs- und Aushilfsassistenten als Hilfskraft an allerletzter Stelle.[8] Im Sommersemester 1932 begann sie mit einer «Einführung in die Etruskologie» und einer begleitenden Übung, die als Sen-

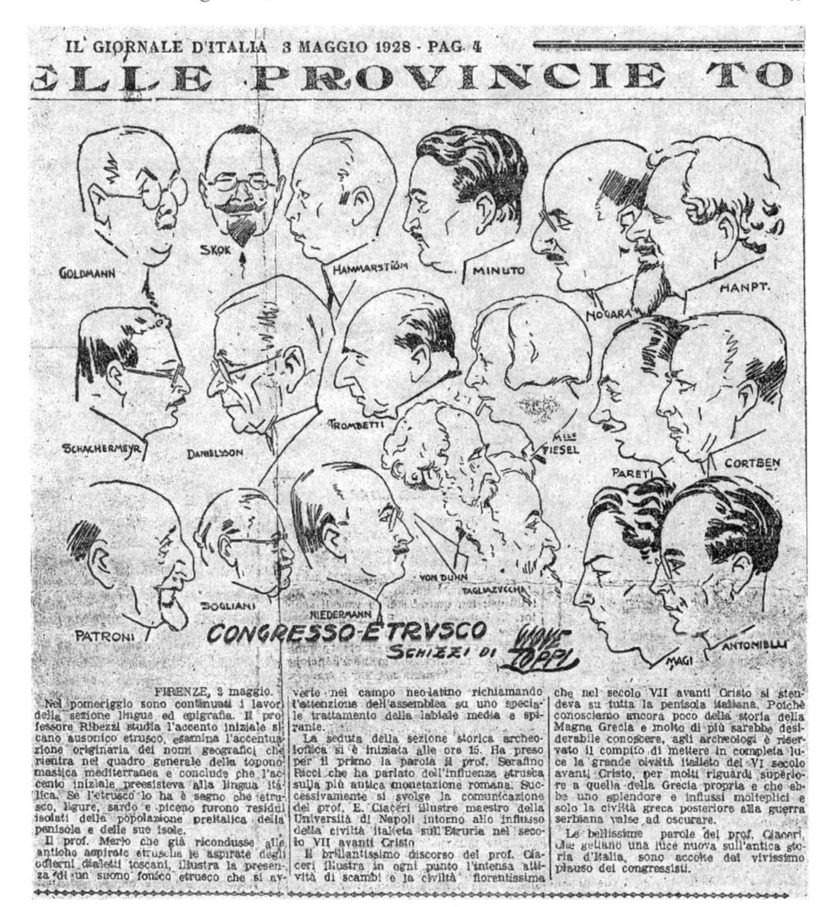

IL GIORNALE D'ITALIA 3 MAGGIO 1928 - PAG. 4

ELLE PROVINCIE TO

GOLDMANN SKOK HAMMARSTRÖM MINUTO NOGARA HAUPT.

SCHACHERMEYR DANIELSSON TROMBETTI Mlle FIESEL PARETI CORTSEN

PATRONI BOGLIANI NIEDERMANN VON DUHN TAGLIAZUCCHI MAGI ANTONIELLI

CONGRESSO ETRUSCO
SCHIZZI DI TOPPI

FIRENZE, 2 maggio.

Nel pomeriggio sono continuati i lavori della sezione lingue ed epigrafia. Il professore Ribezzi studia l'accento iniziale siculo ausonico etrusco, esamina l'accentuazione originaria dei nomi geografici che rientra nel quadro generale della toponomastica mediterranea e conclude che l'accento iniziale preesisteva alla lingua italica. Se l'etrusco lo ha è segno che etrusco, ligure, sardo e piceno furono residui isolati della popolazione preitalica della penisola e delle sue isole.

Il prof. Merlo che già ricondusse alle antiche aspirate etrusche le aspirate degli odierni dialetti toscani, illustra la presenza di un suono fonico etrusco che si avverte nel campo neolatino richiamando l'attenzione dell'assemblea su uno speciale trattamento della labiale media e spirante.

La seduta della sezione storica archeologica si è iniziata alle ore 15. Ha preso per il primo la parola il prof. Serafino Ricci che ha parlato dell'influenza etrusca sulla più antica monetazione romana. Successivamente si svolge la comunicazione del prof. E. Ciaceri illustre maestro della Università di Napoli intorno allo influsso della civiltà italieta sull'Etruria nel secolo VII avanti Cristo.

Il brillantissimo discorso del prof. Ciaceri illustra in ogni punto l'intensa attività di scambi e la civiltà florentissima che nel secolo VII avanti Cristo si stendeva su tutta la penisola italiana. Poichè conosciamo ancora poco della storia della Magna Grecia e molto di più sarebbe desiderabile conoscere, agli archeologi è riservato il compito di mettere in completa luce la grande civiltà italieto del VI secolo avanti Cristo, per molti riguardi superiore a quella della Grecia propria e che ebbe uno splendore e influssi molteplici e solo la civiltà greca posteriore alla guerra serbiana valse ad oscurare.

Le bellissime parole del prof. Ciaceri, che gettano una luce nuova sull'antica storia d'Italia, sono accolte dal vivissimo plauso dei congressisti.

Abb. 44: Die italienische Presse begrüßt die Mitglieder des Internationalen Etruskologen-Kongresses 1928 in Florenz, in der Mitte – wenig schmeichelhaft – Mlle Eva Fiesel, geb. Lehmann.

sation empfunden wurden. Auf Initiative des Hethitologen Edgar H. Sturtevant von der Yale University erhielt sie im Januar 1933 ein Stipendium der *Rockefeller Foundation*.

Am 21. Juli 1933 wurde aufgrund des «Gesetzes zur Wiederherstellung des Berufsbeamtentums» wegen des fehlenden ‹Ariernachweises› die Lehrgenehmigung zurückgenommen.[9] Die um die Zurücknahme dieser Entlassung nun einsetzenden Aktivitäten vom Sommer 1933 stellen ein seltenes Zeugnis für den freilich vergeblichen Versuch wissenschaftlicher und menschlicher Solidarität gegen die Willkür des neuen Geistes an der Universität dar. Akteure sind hierbei einerseits Studenten von Eva Fiesel, andererseits Dekan, Prodekan und Leiter des Sprachwissenschaftlichen Seminars. Sie verfaßten Würdigungen der Wissenschaftlerin, wiesen auf ihre Unentbehrlichkeit für die Etruskologie in Deutschland hin, priesen ihre Lehrtätigkeit, verwiesen auf die den deutschen Ruf schädigende Entlassung einer Stipendiatin der *Rockefeller Foundation* und baten bedeutende Kollegen deutscher Universitäten, sich für Eva Fiesel einzusetzen. Aus Berlin und Breslau, aus Königsberg und Jena kamen Gutachten zu ihren Gunsten. Guido Kaschnitz-Weinberg, klassischer Archäologe in Königsberg, schrieb aus Rom: «Die wissenschaftliche Kraft von Frau Dr. Fiesel ist, wie die Verhältnisse heute in der Etruskologie beschaffen sind, völlig unersetzlich. Jedermann ist zu beglückwünschen, der an ihrem Wissen Anteil nehmen darf!» Freilich endete dieses so rühmliche wie seltene Engagement mit einer Handnotiz des Dekans:

> «daß der Antrag zu Gunsten von Frau Dr. E. Fiesel durch die Studentenschaft nicht an das Ministerium weitergegeben werde, da sie [die parteigebunden organisierte Studentenschaft] grundsätzliches Einsetzen für einen nichtarischen Dozenten ablehnen. Damit ist die Aktion Fiesel m. E. aussichtslos».[10]

Am 1. Dezember 1933 geht Eva Fiesel mit ihrer zwölfjährigen Tochter ins Exil, allerdings unter privilegierten Bedingungen. Das Stipendium der *Rockefeller Foundation* sichert fürs erste ihren Lebensunterhalt, und Italien, das erste Exilland, bietet ihr mit seinen etruskischen Denkmälern, den Museen und der Universität Florenz einen weitaus günstigeren Forschungsort als Deutschland. Am Ende des Sommers 1934 kann sie einem Ruf als *research assistant* an die Yale University folgen und gehört damit zu jener bevorzugten Personengruppe, die durch eine Berufung aus den USA mit einem *Non-quota*-Visum ohne jede Schwierigkeit nach Amerika emigrieren kann. Sie findet optimale Arbeitsbedingungen vor, transkribiert bis dahin nicht entzifferte Inschriften auf antiken Vasen in den Museen von New York und Philadelphia. «Ich habe hier in gewissem Sinne die besten Jahre meines Lebens gehabt», schreibt sie im Sommer 1936 aus New Haven nach München beim neuerlich notwendig gewordenen Abschied.[11]

Denn der Forschungsauftrag war auf ein Jahr befristet gewesen, und seit Februar 1935 mühten sich nun unter größten Anstrengungen die *Rockefeller Foundation*, das *Emergency Committee in Aid of Displaced Foreign Scholars*, verschiedene amerikanische Universitäten und engagierte Kollegen darum, für Eva Fiesel eine dauerhafte Lehr- und Forschungsmöglichkeit und eine finanzielle Mindestausstattung zu finden. Die bedrückende Lektüre ihrer gut 120 Seiten starken Akte des *Emergency Committee*[12] macht erst wirklich bewußt, welche Schwierigkeiten (angesichts des immer weiter anschwellenden Flüchtlingsstroms von Wissenschaftlern aus

Deutschland und des sehr speziellen Fachgebiets von Eva Fiesel) sich hinter solch lapidaren biographischen Angaben wie ‹Emigration und Lehrtätigkeit in USA› verbergen. Die *Rockefeller Foundation* sieht sich nach einer Verlängerung des Stipendiums um ein Jahr bis Sommer 1936 nicht mehr in der Lage, weiter zu helfen. Und da das *Emergency Committee* seine weitere Unterstützung von der Mithilfe der *Rockefeller Foundation* abhängig gemacht hatte, stellt es die dringende Bitte um finanzielle Hilfe des interessierten Bryn Mawr College zurück. Schließlich ergreift Fiesels engagiertester Förderer, Edgar H. Sturtevant aus Yale, in letzter Minute noch einmal energisch die Initiative für «the greatest living Etruscan philologist»,[13] bis schließlich am 20. Juli 1936 die Finanzierung der lehrstuhllosen Professur für Eva Fiesel am Bryn Mawr College für drei Jahre gesichert ist. «The Eva Fiesel case is a long story», faßt einer der Beteiligten diese Unterstützungsaktion zusammen, sie glückt und endet jäh. Nach einem äußerst erfolgreichen Semester, an dem sie zu ihren Hörern auch fünf Fakultätsmitglieder, Kollegen der University of Pennsylvania, des Haverford College und des Museums zählen kann,[14] stirbt Eva Fiesel nach kurzer Krankheit am 27. Mai 1937 an Leberkrebs.

Hätte ihr Leben nicht ein so plötzliches Ende gefunden, man müßte Eva Fiesel zu jenen fragwürdig Begünstigten zählen, denen aus der Vertreibung aus der Heimat Gewinn erwuchs. Eine Hochschullaufbahn für Frauen war in der Weimarer Republik noch immer die große Ausnahme, in München war sie, wie gesagt, in einem geisteswissenschaftlichen Fach de facto ausgeschlossen. In den USA war nicht die förmliche Habilitation, sondern die tatsächliche Qualifikation entscheidend, und so entfiel hier für Wissenschaftlerinnen eine in Deutschland fast unübersteigbare Hürde. Eva Fiesels scheinbar abseitiges Spezialgebiet, das sie ‹schwer vermittelbar› erscheinen ließ, erwies sich als ihr größter Trumpf. Die amerikanische Archäologie, Altphilologie, Kunstgeschichte und vergleichende Sprachwissenschaft brauchten ihr Wissen. Schließlich – und diesen Vorzug teilt sie mit den meisten Exilanten, die sich etablieren konnten – besaß sie bereits vor 1933 internationales Renommee. Der Freund aus Göttinger Studienzeiten, Gerhart Husserl, Professor der Rechte und nun auch Emigrant, nannte es an ihrem Grab die

> «Tragödie ihres Lebens, dass es gerade dann zum jähen Abbruch kommt, wo eben und zum ersten Mal sich ein Feld der Wirkung eröffnet hatte, das ihren Neigungen, ihrer Begabung und ihren wissenschaftlichen Leistungen entsprach. [...] Amerika gab ihr, was ihr ihr Heimatland immer verwehrt hatte.»[15]

16.

Monika Meister

«Deutsche Erzieherin! Du hast die künftigen Mütter des Volkes zu formen»

Die Pädagogin Auguste Reber-Gruber (1892–1946)

Die Machtergreifung der Nationalsozialisten 1933 ist auch die Stunde von Dr. Auguste Reber-Gruber. Die bis dahin politisch eher unauffällige Lehrerin nutzt den Umschwung für den Aufbau einer der wenigen herausragenden Frauenkarrieren im Dritten Reich. Sie wird Reichsreferentin für weibliche Erziehung im Nationalsozialistischen Lehrerbund, Regierungsrätin im Reichserziehungsministerium in der Abteilung «Weibliche Erziehung», Herausgeberin der parteiamtlichen Zeitschrift «Nationalsozialistische Mädchenerziehung», Professorin an der «Hochschule für Lehrerbildung» in München-Pasing, Stabsreferentin für Erziehung in der Reichsfrauenführung und Gauführerin des BDM. Hinter der Fassade dieses stromlinienförmigen Aufstiegs agiert allerdings eine Persönlichkeit von irritierender Widersprüchlichkeit: Auguste Reber-Gruber ist ebenso fanatische Erfüllungsgehilfin der frauenverachtenden Nazi-Ideologie wie unerschrockene Kämpferin gegen Diskriminierung, Dequalifizierung und Verdrängung der Lehrerinnen durch Parteifunktionäre und männliche Kollegen.

Die biographischen Dokumente, die es erlauben würden, den Lebensweg von Auguste Reber-Gruber bis 1933 zu rekonstruieren, sind dürftig. Erhalten ist dagegen ihre reichhaltige Geschäftskorrespondenz innerhalb des Nationalsozialistischen Lehrerbundes sowie mit anderen nationalsozialistischen Funktionärinnen, etwa mit Trude Brückner, der Reichsreferentin des BDM.[1] Auguste Reber-Gruber wurde am 12. Januar 1892 geboren und war verheiratet mit dem stellungslosen Musiker Otto Reber. Ihre Ehe war kinderlos. Auguste Reber-Gruber hatte an der Universität München Pädagogik studiert und über Philipp Apian promoviert. Bis zu ihrer Berufung zur Regierungsrätin im Reichserziehungsministerium und zur Reichsreferentin für weibliche Erziehung im Nationalsozialistischen Lehrerbund Anfang 1934 unterrichtete sie an der Städtischen Gewerblichen Berufsschule für Mädchen in München. Politisch stand sie schon in der Weimarer Republik im rechten Lager. Nach eigenen Angaben war sie 1919 Gründungsmitglied des «Deutsch-völkischen Schutz- und Trutzbundes» in München, dem sie bis zu seinem Verbot 1926 angehörte. Am 1. Mai 1932 wurde sie Mitglied der NSDAP, trat im gleichen Jahr der NS-Frauenschaft bei und am 1. Januar 1933 dem Nationalsozialistischen Lehrerbund.

Gerade am Beispiel der Lehrerinnen, des klassischen «Frauenberufes», wird besonders deutlich, wie das NS-Regime die Frauen aus akademischen Berufen zu verdrängen suchte. Bereits wenige Monate nach der Machtübernahme waren fast alle Frauen aus der Schulbürokratie entlassen. Schulleiterinnen (selbst an Mädchenschulen) und Schulrätinnen wurden ihres Amtes enthoben. Keine Lehrerin konnte vor ihrem 35. Lebensjahr verbeamtet werden, Anstellungen erfolgten nur befristet. Verheiratete Frauen wurden grundsätzlich vom Dienst suspendiert, die noch amtierenden Lehrerinnen mußten eine zehnprozentige Gehaltskürzung hinnehmen.[2] Standesorganisation für die Lehrerinnen wurde der Nationalsozialistische Lehrerbund. Gegründet hatte ihn 1927 Hans Schemm, der seit der Machtübernahme bayerischer Kultusminister und bis zu seinem Tod 1935 auch «Reichswalter» des Nationalsozialistischen Lehrerbundes war. Auguste Reber-Gruber war seine glühende Verehrerin und gewann in ihm einen wichtigen Protektor.

Schon auf der ersten großen Erzieherinnentagung des Nationalsozialistischen Lehrerbundes vom 1. bis 3. Juni 1934 verteidigte sie im Spagat zwischen gefügiger Anpassung und Aufbegehren das Bildungsrecht der Frauen. Allerdings hatte sie sich selbst aktiv an der Gleichschaltung des Bayerischen Lehrerinnenvereins beteiligt und von der Liquidierung des traditionsreichen Frauenverbandes und seiner Überführung in den Nationalsozialistischen Lehrerbund profitiert.[3] Blind für diese Beihilfe zur Entmachtung beklagt sie die «Einschränkung der Berufstätigkeit der Frau» und zieht gegen die Entwicklung zu Felde,

> «den Mädchen auch die Bildungsmöglichkeiten zu verengen, sie von der Hochschule abzudrängen, das Bildungsziel engstirnig und nicht nationalsozialistisch [!] auf Kochlöffel und Schreibmaschine abzustellen».[4]

Die von den Nationalsozialisten proklamierte Polarität zwischen den Geschlechtern ist für Auguste Reber-Gruber ein Argument für die Teilhabe der Frauen an akademischer Bildung. Immer wieder beschwört sie die naturhaften, rasse- und blutsgebundenen Kräfte des Weiblich-Mütterlichen. Sie träumt von einer völligen Trennung der Geschlechter im Erziehungswesen. Aus reinen Mädchenschulen, geführt von Lehrerinnen nach einem weiblichen Lehrplan, werden die «germanischen Frauen» hervorgehen: rassebewußt, stolz, tapfer und wehrhaft. Daher müßten nicht nur «arteigene Berufe» wie Ärztin und Lehrerin den Frauen unbegrenzt offen stehen, sondern alle akademischen Berufe. Sie droht den Parteigenossen: «Wenn eine egozentrische Haltung hier die Frau verdrängen will, werden wir gerade als Nationalsozialistinnen sie bekämpfen.» Sie proklamiert:

> «Wir werden es als unsere Aufgabe betrachten, aufzudecken, daß die Bildungsgüter in gleichem Maße, in gleicher Wertung, aber in anderer Artung für die Ausbildung der Frau bereit liegen müssen.»[5]

Wie diese weibliche «Artung» der Bildung auszuformen sei, blieb auch bei Auguste Reber-Gruber immer nebulös. Welchem «Großziel» sie sich unterzuordnen hatte, unterlag hingegen keinem Zweifel: der «Aufartung des Volkes». Rassen- und Erbgesundheitspflege wird daher zu einer besonders «hohen» Aufgabe weiblicher Erziehung. «Der Erfolg der Rassenbewegung liegt vornehmlich bei der Frau.»[6] Gleichzeitig weist Auguste Reber-Gruber den Frauen die Schuld am gegenwärtigen Kulturverfall des deutschen Volkes zu:

> «Der Verfall der deutschen Kultur, die Überfremdung, der gesinnungslose Geschäftsgeist des Judentums wäre nie so in Erscheinung getreten, wenn nicht die Frau jede Sicherheit ihres Urteils verloren hätte.»[7]

Wie sehr das Beharren auf der «Andersartigkeit» der Frau (das ja nicht nur in der nationalsozialistischen Ideologie beheimatet war und ist), trotz der Beschwörung ihrer «Gleichwertigkeit», geradewegs in Entrechtung mündete, zeigt sich schließlich auch an ihrer eigenen Stellung als Reichsreferentin für weibliche Erziehung. Im feinst differenzierten nationalsozialistischen Hierarchiesystem offenbart schon der Titel «Referentin» ihre schwache Position. Sie selbst hatte sich anfänglich mit dem Titel «Reichsleiterin» geschmückt, wofür sie prompt scharf gerügt wurde. Die Reichsreferentin war dem Reichsleiter des Nationalsozialistischen Lehrerbundes als Vertreterin und Verantwortliche für die weiblichen Berufs-, Standes- und Organisationsfragen direkt untergeordnet. Auf der einen Seite sollte sie bei Beratung von Fragen allgemeiner Art herangezogen und von Beschlüssen in Kenntnis gesetzt werden. Auf der anderen Seite mußte sie sich jedoch vor der Reichsleitung verantworten und Anweisungen entgegennehmen. Diese Organisationsstruktur wurde im Laufe der Jahre mehrfach zuungunsten der Frauen verändert. Schließlich mußte Auguste Reber-Gruber sogar hinnehmen, daß sie de facto zur «Unterabteilungsleiterin für weibliche Erziehung» degradiert wurde. Selbst Rundschreiben an die Verbandsfunktionärinnen durfte sie nur mit Einverständnis des Hauptabteilungsleiters verschicken.

Diese strukturelle Machtlosigkeit ist jedoch nicht gleichbedeutend mit geringer Außenwirkung. Auguste Reber-Gruber war neben der Reichsfrauenführerin Gertrud Scholtz-Klink und Trude Brückner, der Reichsreferentin des BDM, eine der wenigen öffentlich auftretenden Frauen im

NS-Regime. Schon zwei Drittel der deutschen Lehrerinnen waren 1934 Mitglied im Nationalsozialistischen Lehrerbund.[8] Das restliche Drittel sollte sie gewinnen. Die «Reichsgustl» hält Vorträge vor den Lehrerinnen auf Parteischulungen und -veranstaltungen im ganzen Land, wird aber auch von der NS-Frauenschaft häufig als Rednerin geladen. 80 Auftritte auf Reichs-, Gau- und Kreisebene bilanziert sie stolz im Jahr 1936. Mit der seit 1934 monatlich erscheinenden Verbandszeitschrift für die Erzieherinnen, «Nationalsozialistische Mädchenerziehung», verfügt sie zudem über ein weitreichendes Propagandainstrument. Und gerade weil ihr die Macht fehlt, den Frauen und Mädchen eine «gleichwertige», geschweige denn gleichberechtigte Teilhabe an den Bildungseinrichtungen zu sichern, wird sie schließlich in ihren öffentlichen Äußerungen zum Sprachrohr der nationalsozialistischen frauenverachtenden Weiblichkeitsideologie. Dies zeigt sich besonders deutlich an der inhaltlichen Entwicklung der «Nationalsozialistischen Mädchenerziehung». Erst durch höchste geistige Bildung erwachse biologische Mutterschaft zum «Muttertum», so der Kern der in vielfachen Variationen in den ersten Jahrgängen wiederholten Forderung, ja sogar höhere Mathematik oder eine technisch-gewerbliche Ausbildung erweise sich hier von Nutzen. (Dabei war der Schulalltag längst mit Hauswirtschaft und Nadelarbeit aufgerüstet.) Nach und nach reduzieren sich die Beiträge nahezu ausschließlich auf die Propagierung der nationalsozialistischen Ideologie, nach der Frauen allein zu Gebärmaschinen und zur Sicherung der Heimatfront taugten. Heft für Heft wurde mit Rassenkunde, Leibeserziehung, Handarbeit und Hauswirtschaft gefüllt. Aufgrund des ständigen Legitimationszwangs, unter dem «weibliche Erziehung» stand, werden sogar schlichte Alltagsverrichtungen zu kultischen Handlungen erhoben.

Als am 8. Mai 1935 in München-Pasing die erste bayerische «Nationalsozialistische Hochschule für Lehrerbildung» eröffnet wird, die «Hans Schemm-Hochschule», betreibt Auguste Reber-Gruber mit allen Mitteln ihre «Berufung» als Professorin. Sie mag damit die Hoffnung verbunden haben, die «nationalsozialistische weibliche Erziehung» durch eine wissenschaftliche Fassade aufwerten zu können. Außer ihrem 1923 an der Philosophischen Fakultät der Münchner Universität erworbenen Doktortitel fehlt ihr jeder Nachweis einer wissenschaftlichen Qualifikation, wie im übrigen auch den meisten ihrer männlichen Kollegen. Als der Rektor der Pädagogischen Hochschule und die Beamten im Kultusministerium ihre Berufung ablehnen, schaltet sie Gauleiter Adolf Wagner ein.[9]

Im Oktober 1936 erhält sie schließlich einen Lehrauftrag für «Sonderfragen weiblicher Erziehung». Der Widerstand gegen ihre Berufung hatte seinen Ursprung jedoch weniger in einer politischen Ablehnung der (zu) strammen Parteigenossin, als vielmehr in den üblichen Bestrebungen, männliche Reservate zu sichern. So fand man es unerträglich, daß Auguste Reber-Gruber als verheiratete Frau, den anderen Dozenten «rang- und besoldungsmäßig vorangestellt», männliche Hörer unterrichten sollte.[10] Erst zwei Jahre später wird sie zum ordentlichen Professor berufen. «Professorin» darf sie sich ausdrücklich nicht nennen.[11] Für die Lehramtsstudentinnen hält sie Vorlesungen zu Themen wie: «Mitarbeit der Frau im Aufbau einer rassischen Kultur und ihrer notwendigen Grundlagen in der Erziehung» oder «Wesenseigentümlichkeiten der weiblichen Erziehung». Den persönlichen «Stellungskrieg» hat sie zwar durch Protektion gewonnen, aber dieser Sieg verdeckt nur notdürftig, welchen Wert die Partei der Mädchenbildung in Wahrheit beimaß. Die offenkundigen Tatsachen muß auch die Reichsreferentin für weibliche Erziehung enttäuscht hinnehmen:

> «Ich sehe z. B. keine Möglichkeit, daß wir ein Schulwesen für das Mädchen bekommen, das tatsächlich den von uns seit Jahren herausposaunten Schlagworten von der wesensgemäßen Erziehung des Mädchens usw. entspricht. Wir bekommen keine weiblichen Schulleiter mehr, in den Verwaltungsbehörden sind die Frauen absterbende Angelegenheiten. Die Hochschulen für Lehrerinnenerziehung sind rein nichts. Die paar Dozentinnen für Nadelarbeit und Hauswirtschaft ändern daran nichts. Ich bin jetzt die einzige Frau, die einen Lehrauftrag für die Lehrerinnenerziehung hat. Meine Vorlesungen müssen aber von den Studentinnen zusätzlich besucht werden, denn sie müssen auch in die entsprechenden Vorlesungen der Männer gehen.»[12]

Auch im Nationalsozialistischen Lehrerbund mußte Auguste Reber-Gruber gegen die Diskriminierung der Kolleginnen ankämpfen. Sie hat sich dagegen stets mit deutlichen Worten zur Wehr gesetzt. Immer wieder beschwert sie sich, daß die Lehrerinnen im Nationalsozialistischen Lehrerbund nur als «Mitglieder 2. Klasse» behandelt werden. Täglich, klagt sie, erreichten sie Hunderte von Briefen, in denen sich Lehrerinnen über die schlechte Behandlung durch ihre männlichen Kollegen beschwerten.[13] Sie selbst litt unter der ständigen «Sabotage» ihrer Arbeit.[14]

Im Sommer 1937, unmittelbar vor dem Reichstreffen der Lehrerinnen in Königsberg, spitzt sich der Konflikt zwischen Auguste Reber-Gruber und ihren männlichen Kollegen im Verband zu. Nach einer Unterredung mit dem Reichswalter Fritz Wächtler, die sie selbst durch Rücktrittsdrohungen erzwungen hatte, ist ihre Position noch deutlich schwächer als zuvor. Wächtler wirft ihr Eigenmächtigkeit und spalterische Tendenzen vor.[15]

Unermüdlich setzt sie sich für Lehrerinnen ein, die durch das Verdrängungsgebaren der Männer in soziale Not geraten sind. Diese Fürsorge gilt allerdings nur strammen Parteigenossinnen. Es finden sich in ihrer Korrespondenz ebenso zahlreiche Belege von Diffamierungen, Denunziatio-

Abb. 45: Dr. Auguste Reber-Gruber spricht vor hochkarätigem Parteipublikum auf der Reichstagung der Erzieherinnen 1937 in Königsberg.

nen und Stellungnahmen, mit denen sie politisch unliebsamen oder unbeugsamen Kolleginnen die Existenz erschwert oder gar zerstört hat.

Selbst im Reichsinnen- und Finanzministerium in Berlin wird sie vorstellig, um gegen die «Sonderbestimmungen» (gemeint sind Dequalifizierung und finanzielle Diskriminierung) für die Lehrerinnen zu protestieren. Ohne Erfolg. 1940 beschwert sie sich beim Hauptstellenleiter des Nationalsozialistischen Lehrerbundes, Hans Stricker:

> «Im Münchner Stadtrat hat man aus dem Besoldungsgesetz herausgefunden, daß dort nur von Rektoren die Rede sei und nicht von Rektorinnen, und daß man deshalb alle Schulleiterinnen absetzen kann. Da immerhin von Konrektorinnen die Rede ist, will man auch diese geringe Möglichkeit einer Beförderung dadurch umgehen, daß man nun in München nicht mehr reine Mädchen- und reine Knabenschulen führen will, sondern gemischte Schulen mit Mädchen- und Knabenklassen, und dann findet es man [sic!] für richtig, daß auch die Konrektorinnenstelle von einem Mann besetzt wird.»[16]

Aufgrund der Kriegssituation wurden im April 1942 die «Pädagogischen Hochschulen» zu «Lehrerbildungsanstalten» zurückgestuft.[17] Von diesen Plänen wissend, bewirbt sich Auguste Reber-Gruber Ende 1941 an der Universität München um eine Professur. Mit der Dequalifizierung der Ausbildung der Lehrerinnen und Lehrer droht auch ihr eine Aberkennung des akademischen Titels und der damit verbundenen Gehaltsstufe. Zur «philosophischen Begründung» einer weiblichen Erziehungslehre beruft sich Auguste Reber-Gruber in ihrem Schreiben an die Universität wiederum auf das «Polaritätsgesetz» zwischen den Geschlechtern.

> «Es bedingt eine durchaus eigenständige und eigenwüchsige Mädchen- und Frauenbildung. Es gibt aber bis heute keine auf die besondere Wesenheit der Frau ausgerichtete Erziehungslehre [...] überhaupt keine Seelenkunde der Frau, mit Ausnahme von jüdischen oder jüdisch orientierten Arbeiten, die aber sämtlich an der Oberfläche bleiben.»

Sie schließt mit einer ausdrücklichen Behauptung, die, wie sie wohl wußte, allenfalls zur Hälfte der Wahrheit entsprach: «Die gesamte deutsche Erzieherinnenschaft und nicht zuletzt die Partei ist am wissenschaftlichen Ausbau der weiblichen Erziehung auf's Stärkste interessiert.»[18]

Das Gutachten der Philosophischen Fakultät würdigt zwar ihre politische Arbeit, ist aber im übrigen vernichtend:

> «Wirkliche selbständige Leistungen wissenschaftlicher Art auf diesem Gebiete sind von ihr wahrscheinlich nicht zu erwarten.»[19]

Man empfiehlt ihr, sich erst einmal zu habilitieren.

Der «totale Krieg» hat auch Folgen für die Parteiorganisationen. Am 2. März 1943 stellt der Nationalsozialistische Lehrerbund seine Arbeit – einschließlich der Herausgabe der «Nationalsozialistischen Mädchenerziehung» – ein. Die Lehrerbildungsanstalt in Pasing war geschlossen worden. In diesem Chaos verlieren sich auch die Spuren von Auguste Reber-Gruber. Erst im Mai 1949 taucht ihr Name in den Akten wieder auf. Die Hauptspruchkammer München ersucht das Kultusministerium um die Akten von Auguste Reber-Gruber, da ein Verfahren gegen sie eröffnet werden soll. Sie werden mit folgender Notiz überstellt:

> «Dem Vernehmen nach, wurde sie im Juni 45 in Fürstenfeldbruck verhaftet, kam ins Lager nach Altenstadt bei Schongau, wurde im früheren SS-Lazarett in Garmisch operiert und ist am 20.1.46 dort verstorben.»[20]

Auguste Reber-Gruber ist an der Haltung ihrer Parteigenossen verzweifelt, aber nie an der Weiblichkeits-Ideologie der Partei. In ihrer Person und Funktion offenbart sich der unlösbare Widerspruch, in dem sich die nationalsozialistischen «Frauenkämpferinnen» als Anhängerinnen und Akteurinnen einer zutiefst frauen- und menschenverachtenden Ideologie selbst gefangenhielten.

17.

Sibylle Nagler-Springmann

«Ihr Leben hatte sie der Wissenschaft verschrieben»

Ruth Beutler, Professorin im Schatten ihres Lehrers (1897–1959)

> «Es ist ja viel zu wenig bekannt, in wie hohem Maße in fast allen naturwissenschaftlichen Fächern Handfertigkeit und Sorgfalt die Voraussetzungen für wissenschaftlichen Erfolg bilden. [...] Sollte nicht auch aus diesem Grunde die für das Handwerk ‹Hausfrau› bestimmte Frau sich gern dem Studium der Naturwissenschaften [...] zuwenden?»

Aus ihren Reflexionen über die wissenschaftliche Mitarbeit von Frauen in der «Bienenkunde» von 1936[1] geht hervor, wie sehr Ruth Beutler in den traditionellen Vorstellungen von den Fähigkeiten und «eigentlichen Aufgaben» der Frau verhaftet ist. Obgleich sie ein Jahr später als zweite Frau zur außerplanmäßigen Professorin an der Münchner Universität ernannt wird, ist sie niemals Vorkämpferin für die Sache der weiblichen Wissenschaft, sondern immer ‹nur› Wissenschaftlerin und akademische Lehrerin aus Leidenschaft, die zeit ihres akademischen Lebens einem traditionellen Denken verpflichtet bleibt und daher nie aus dem Schatten ihres Professors zu treten vermag. Sie bleibt – wie in ihrem Aufsatz beschrieben – die handfertige und sorgfältige Zuarbeiterin für den männlichen Wissenschaftler, der ihre praktischen Forschungen theoretisch umsetzt.

Auch wenn sie in ihrem Beitrag die Rolle der «Kopfarbeit» für den Naturforscher betont, so klingt in ihrem Vergleich des naturwissenschaftlichen Arbeitens mit dem des Handwerkers doch schon etwas von der späteren Argumentation der Nationalsozialisten für das Frauenstudium in Naturwissenschaft und Technik an: Zunächst werden Frauen zu Beginn des Dritten Reiches aus diesen – nicht der «weiblichen Wesensart entsprechenden» – Fachbereichen zurückgedrängt. Im Zusammenhang mit Vierjahresplan und Kriegsvorbereitung und im Krieg werden sie jedoch wieder umworben. (Vergleiche den Beitrag 9 in diesem Band).

Geduld und Unermüdlichkeit prägen die wissenschaftliche Karriere Ruth Beutlers, mehr jedenfalls als Ehrgeiz oder das Streben nach einer Position. Elf Jahre nach Adele Hartmann (Abb. 13) ist sie die zweite Frau, die sich an der Ludwig-Maximilians-Universität München habilitiert. Das Verfahren geht in der Fakultät reibungslos vonstatten, denn zwischen ihrem Habilitationsgesuch Anfang Januar 1930 und ihrer Zulassung zur Privatdozentin liegt nur gut ein Monat. Ihre «Biologischen Beobachtungen über die Zusammensetzung des Blütennektars» werden als Habilitationsschrift anerkannt. Am 19. Februar 1930 legt sie in ihrer Antrittsvorlesung die neuesten Ergebnisse ihrer physiologischen Forschungen im Zusammenhang mit der Anpassung zwischen Blüten und Insekten dar.[2]

Ruth Beutler kommt aus einer bildungsbürgerlich-wohlhabenden Familie. Ihr Vater ist Rechtsanwalt und Notar in Chemnitz und besitzt in Thum/Sachsen ein Rittergut. Hier auf dem Land entwickelte sie schon früh ein ausgeprägtes Interesse für die Tier- und Pflanzenwelt.

Eine Knochentuberkulose fesselte sie als Mädchen lange Zeit ans Bett, bis man ihr schließlich den rechten Unterschenkel amputieren mußte. Sicher hat diese Behinderung dazu beigetragen, daß die Eltern – anders als bei den Geschwistern – für eine besonders qualifizierte akademische Ausbildung ihrer jüngsten Tochter sorgten. Sie mußten damit rechnen, daß ein junges Mädchen mit einem Kunstbein nur schwer einen «Versorger» in Gestalt eines Ehemannes finden würde. So besucht Ruth Beutler nach der höheren Privatmädchenschule von 1914 bis 1917 die Städtische Studieranstalt in Chemnitz, wo sie auch Abitur macht. In Halle beginnt sie mit einem Landwirtschaftsstudium und wechselt dann 1919 an die Universität Jena, um dort das Studium der Naturwissenschaften aufzunehmen.[3]

Nach einer Zwischenstation an der Universität Leipzig trifft sie 1920 in München auf Karl von Frisch, der als Privatdozent am Zoologischen Institut bei Richard Hertwig arbeitet. Seit 1912 macht der spätere Nobelpreisträger hier Versuche über das Farbensehen von Fischen und über die «Sprache der Bienen». Die vergleichende Physiologie, die gerade im Begriff ist, sich zu einem selbständigen Fach der Zoologie zu entwickeln, zieht die begeisterte Studentin in ihren Bann.[4] Sie beginnt bei Frisch als dessen zweite Doktorandin eine Arbeit über die Verdauungsphysiologie bei niederen Tieren und folgt ihm als wissenschaftliche Mitarbeiterin nach Rostock und Breslau. Mit ihrer 1923 fertiggestellten Arbeit «bewies sie methodisches Geschick und wissenschaftlichen Geist», wie ihr der Doktorvater später bestätigte.[5]

In den zwei folgenden Jahren erweiterte Ruth Beutler ihre Kenntnisse auf dem Gebiet der physiologischen Chemie durch wissenschaftliche Mitarbeit am physiologisch-chemischen Institut der Universität Leipzig. Nach Forschungsaufenthalten an den Zoologischen Stationen in Helgoland und Neapel tritt die 28jährige schließlich 1925 in München eine Stelle als Laborantin am Zoologischen Institut an. Man kann davon ausgehen, daß Ruth Beutler hier zum ersten Mal ein regelmäßiges Gehalt bezieht. Studium und weiterführende Forschungen waren nur durch die finanzielle Unterstützung der Eltern möglich gewesen.

Angeregt durch ihren Lehrer, verfaßt sie in den folgenden Jahren vier Arbeiten zur Bienenforschung und beantragt am 10. Januar 1930 ihre Zulassung zur Habilitation. In ihrer Habilitationsschrift klärt sie eine Reihe von wichtigen Fragen über die Zusammensetzung und die Konzentration des Blütennektars. Daß die Privatdozentin danach weiterhin nur mit einem Laborantinnengehalt entlohnt wird, bedauert Frisch nachträglich in seinem Nachruf 1959.[6]

In dieser Zeit betreut Ruth Beutler neben ihrer Vorlesungstätigkeit ihre ersten Doktoranden und Doktorandinnen. Als Frisch 1932 mit Mitteln der *Rockefeller Foundation* ein neues Zoologisches Institut aufbauen kann, bekommt sie schließlich eine Assistentenstelle. Von ehemaligen Studentinnen wird ihr später vielfach bestätigt, daß sie es verstand, für ihre Fragen und Forschungsprobleme auch andere zu begeistern. So schafft sie sich schon früh einen engeren Mitarbeiterkreis, der ihr «treu ergeben» ist.[7]

Von 1934 bis 1939 erhält Ruth Beutler für Forschungen der angewandten Zoologie, speziell auf dem Gebiet der Bienenzucht, Mittel von der Notgemeinschaft für die Deutsche Wissenschaft in Höhe von insgesamt 2800 Reichsmark. In diese Zeit fallen offenbar ihre Experimente und eigenständigen Arbeiten zur Bienensprache, die über die Ergebnisse ihres Lehrers hinausgehen.[8] Die Verwertung ihrer Ideen und eigenen Forschungen überläßt sie ihrem Lehrer. Ihre Erkenntnisse über die Tanzsprache der Bienen, die jedoch nur in das wissenschaftliche Werk Karl von Frischs eingeflossen sind, haben bis heute Gültigkeit.

Mit dem Nationalsozialismus verändern sich die Arbeitsbedingungen auch am Zoologischen Institut zunehmend. 1936 bemüht sich Karl von Frisch um die Ernennung seiner engagierten Schülerin Ruth Beutler zur außerordentlichen Professorin, der er hervorragende Leistungen attestiert. Der Gaudozentenführer Wilhelm Führer bestätigt in seinem Gutachten die wissenschaftliche Einschätzung Frischs. Auch stünde sie dem nationalsozialistischen Gedankengut im Prinzip bejahend gegenüber, sei aber politisch nicht aktiv.

Tatsächlich ist die konservative Ruth Beutler Mitglied der Deutschnationalen Volkspartei von der Gründung bis zu ihrer Auflösung gewesen, in die NSDAP trat sie nie ein. Ihr Engagement galt nicht politischen Fragen, sondern allein ihrer wissenschaftlichen Arbeit. Politische Äußerungen von ihr sind nicht bekannt. Führer wirft ihr jedoch eine gedankliche Abhängigkeit von ihrem Lehrer vor.[9] Grund genug für die Fakultät, das Verfahren ein Jahr lang zu verschleppen. Innerhalb der nationalsozialistischen Dozenten- und Studentenschaft gibt es nämlich aktive Gruppen, denen der kritische Österreicher von Frisch nicht genehm ist. 1933 wird

Abb. 46: Fasching in München 1936: Professor Karl von Frisch lächelt wohlgefällig seine erfolgreichste Schülerin Ruth Beutler an.

er wegen fehlender Ahnenpapiere als «Achteljude» eingestuft. 1934 wird er in der «Deutschen Studentenzeitung» als «kalter Spezialist, der von Deutschlands Wiederaufstieg nichts wissen will», verunglimpft. Zu alledem wirft man ihm vor, er fördere in seinem Institut «Nichtarier» und Ausländer sowie außerordentlich viele Damen. Tatsächlich beschäftigt Frisch immer wieder jüdische Wissenschaftler und Wissenschaftlerinnen. So läßt er beispielsweise Dora Ilse als private Hilfskraft im Zoologischen Institut arbeiten, bis sie 1936 nach England emigrieren kann.[10] Es folgt eine langjährige Kampagne gegen den Zoologen, in deren Verlauf sich zahlreiche namhafte Kollegen öffentlich für ihn einsetzen, während sich die Münchner Fakultät jedoch weitgehend passiv verhält.[11] Im April 1937 wird seine Schülerin Ruth Beutler zur außerplanmäßigen Professorin ernannt.

1942 unterschreibt sie mit sieben anderen Professoren eine Bittschrift an Kultusminister Rust, um Frischs immer noch drohende Versetzung in den Ruhestand endgültig abzuwenden. Der Brief endet ohne das übliche «Heil Hitler». Nach dem Krieg ist sie die einzige, die die Haltung der Fakultät gegenüber ihrem Lehrer während des Nationalsozialismus öffentlich kritisiert: 1946 prangert sie in einem Brief an das Kultusministerium die Passivität der Fakultät, insbesondere die des Dekans Friedrich Karl von Faber als «Unrecht gegen Herrn von Frisch» an. Dieser Brief ist um so bemerkenswerter, als der Nachkriegs-Dekan Professor Klaus Clusius in seiner Antwort an das Kultusministerium ihrer Darstellung mit Nachdruck widerspricht und damit die nationalsozialistische Vergangenheit der Fakultät zu verschleiern sucht.[12]

Von welcher politisch einflußreichen Person seit 1941 die entscheidenden Hilfen für Frisch und sein Institut kommen, bleibt im Dunkeln. Sicherlich hat jedoch eine Rolle gespielt, daß seit 1940 in Deutschland und den Nachbarländern eine Seuche mehrere hunderttausend Bienenvölker vernichtet hatte. Das bedeutete nicht nur eine Verringerung der Honigernten, sondern eine Schädigung der Landwirtschaft und des Obstbaus wegen der Bestäubungsfunktion der Bienen bei vielen Nutzpflanzen. Die Arbeiten Frischs und seiner Mitarbeiter werden in diesem Zusammenhang als ernährungspolitisch wertvoll anerkannt, und das Zoologische Institut bekommt noch 1941 einen Forschungsauftrag zur Bekämpfung der Nosema-Seuche bei den Bienen.

Bis zum Kriegsende widmet sich Ruth Beutler der Nosema-Forschung. Daß Karl von Frisch 1945 einem Ruf nach Graz folgt, ist eine große Chance für die Zoologin. Mit Engagement setzt sie sich beim Wiederaufbau des Münchner Instituts für den Neubeginn in Forschung und Lehre ein. Auf Antrag der Fakultät vom Dezember 1947 wird sie vom Ministerium rückwirkend zum kommissarischen Ordinarius ernannt.

Anstatt die Situation als Sprungbrett für das eigene wissenschaftliche Weiterkommen zu nutzen, setzt sie sich als Lehrstuhlvertreterin energisch für das Institut ein, fördert junge Wissenschaftler und Wissenschaftlerinnen,[13] und sie betreibt vor allem die Rückkehr Frischs. In diesen Jahren geht es der Forscherin materiell erstmals wirklich gut. Als Lehrstuhlvertreterin bis 1950 bezieht sie ein Grundgehalt von 7.500 Mark. Bis dahin hat sie in sehr bescheidenen Verhältnissen leben und zu ihrem Jahresgehalt als außerplanmäßige Professorin von 4.600 Reichsmark jährlich 1.300 Reichsmark aus dem elterlichen Vermögen hinzufügen müssen, um ihren Lebensunterhalt bestreiten zu können.[14]

Nach der Rückkehr Frischs nach München bekommt Ruth Beutler 1950 nur eine Konservatorenstelle, die sie bis zu ihrem Tod 1959 engagiert ausfüllt. Ihre zusammenfassende Darstellung für den tierphysiologischen Teil des von Flaschenträger und Lehnartz herausgegebenen «Handbuchs der Physiologischen Chemie» bleibt unvollendet.

Trotz «wissenschaftlicher Glanzleistungen» hat sich Ruth Beutler nie wirklich von ihrem Lehrer ‹emanzipiert›. Sie ist letztlich fast 40 Jahre lang seine Schülerin geblieben. Selbst als Lehrstuhlvertreterin orientierte sie sich an ihrem Lehrer, obwohl sie hier bewies – wie er es in seinem Nachruf formulierte –, «was sie in höherer und selbständiger Stellung hätte leisten können.»[15]

18.

Margot Fuchs

«Wir Fliegerinnen sind keine Suffragetten»

Die Versuchsingenieurin und Sturzflugpilotin Melitta Schiller (1903–1945)

> «Der Entschluß, sein Leben der Fliegerei und damit einer Aufgabe zu widmen, die sicherlich von Anfang an als eine spezifisch männliche in Erscheinung trat, ist für ein junges Mädchen gewiß ein ungewöhnlicher gewesen, [doch glaube sie] im Namen der deutschen Fliegerinnen sagen zu dürfen, daß sich in uns die Rangordnung der Werte allen Frauentums hierdurch in keiner Weise verschoben hat und daß die Fliegerei für uns nie eine Sache der Sensation oder gar der Emanzipation gewesen sei: Wir Fliegerinnen sind keine Suffragetten.»[1]

Melitta Schiller wurde am 9. Januar 1903 in Krotoschin in der Provinz Posen geboren. Ihr Vater war Baurat. Er entstammte einer jüdischen Familie, die in Odessa und Leipzig Pelzhandel betrieb, und hatte sich evangelisch taufen lassen. Die Mutter war Protestantin. Alle vier Mädchen machten Abitur, drei konnten studieren.

Neben dem Segelfliegen zeigte Melitta Schiller Interesse an Naturwissenschaften und Philosophie, sie las viel, zeichnete und modellierte. 1922 legte sie an der Städtischen Studienanstalt Hirschberg (Schlesien) ein sehr gutes Abitur ab. Warum sie München als Studienort wählte, ist nicht bekannt. Sie studierte ein Semester Chemie an der Münchner Universität, wechselte zum Wintersemester 1922/23 zur Technischen Universität und schließlich von der Chemie zur Technischen Physik.

Mit der Pensionierung des Vaters verschlechterten sich die finanziellen Verhältnisse der Tochter. In einem Antrag auf ein Stipendium hatte sie als Berufsziel angegeben, eine «Industrie- oder Lehrtätigkeit im Ausland» anzustreben oder auch «Forschungsingenieur» werden zu wollen. Insgeheim hatte sie wohl schon die Vorstellung gehegt, in der Luftfahrtindustrie zu arbeiten, obwohl die Berufsaussichten dort Ende der zwanziger Jahre aufgrund der Restriktionen des Versailler Vertrags und der zurückhaltenden Subventionspolitik des Reiches gegenüber der Luftfahrtforschung wenig aussichtsreich waren.

1924 besteht Melitta Schiller ihre Diplom-Vorprüfung mit «sehr gut», schließlich die Hauptprüfung für Diplom-Physiker im Mai 1927 mit «gut». Bereits 1926 hatte sie versucht, Kontakt zur Deutschen Versuchsanstalt für Luftfahrt in Berlin zu knüpfen. Im Mai 1928 bekommt sie die angestrebte Stelle. Sie arbeitet zunächst in der Höhenflugstelle, dann im Institut für Aerodynamik, wo sie aerodynamische Untersuchungen an Flügeln und über die Wirkungsweise von Propellern macht.[2]

Innerhalb kurzer Zeit erwirbt sie einen Flugschein nach dem anderen. 1936 wechselt die inzwischen umfassend ausgebildete Flugzeugführerin aus der Forschung in die Industrie.[3] Bei den Berliner Askania-Werken arbeitet sie an Problemen der automatischen Steuerung von Flugzeugen. Im Auftrag militärischer Stellen wurde für das im Entstehen befindliche Versuchsflugzeug W 34 an einer eingebauten Kurssteuerung gearbeitet. Man verfuhr dabei weitgehend empirisch. Die Ermittlung der beim Kurvenflug erforderlichen Kombination von Seiten- und Höhenruderwinkeln geschah durch «erfliegen». Als der bisherige Versuchspilot versetzt wird, übernimmt Melitta Schiller seine Arbeit. Sie ist als zuverlässige und geduldige Versuchsingenieurin geschätzt. Ihre Hauptaufgabe besteht in der Entwicklung eines Sturzflugvisiers für Sturzkampfbomber.

Ein Jahr später, 1937, verleiht Reichsluftfahrtminister Hermann Göring Melitta Schiller den Titel «Flugkapitän». Zu diesem Zeitpunkt ist sie wahrscheinlich die einzige Frau in Deutschland, die sämtliche Flugzeugführerscheine für alle Klassen von Motorflugzeugen, für Kunst-, Segel- und Segelkunstflug besitzt. Auch hatte sie sich im Blindflug ausbilden lassen.

Im September 1938 entsendet das Nationalsozialistische Fliegerkorps die prominente Sportfliegerin Elly Beinhorn und Melitta Schiller als deutsche Vertreterinnen zu einem Flugmeeting anläßlich der Einweihung des Flughafens Chigwell in England. Bei diesem sportlichen Ereignis zeigten sich Deutsche und Engländer kurz vor dem bevorstehenden Krieg gegenseitig noch einmal, was die jeweils eigene Technik zu leisten imstande war.

Im September 1939, zu Beginn des Zweiten Weltkriegs, wird Melitta Schiller sofort dienstverpflichtet und als Ingenieurflugzeugführerin der Askania-Werke an die Luftwaffenerprobungsstelle Rechlin kommandiert. Hier setzt sie ihre Erfahrung als Pilotin und Versuchsingenieurin in der Abteilung Bomben- und Zielgeräteerprobung ein und führt ihre Arbeit an der Entwicklung weiterer Sturzflug- und Schießvisiere fort. Um die entwickelten Geräte zu erproben, führt sie in der Zeit von 1939 bis 1942 über 900 Zielstürze von 5000 Meter auf 1000 Meter Höhe aus. Ab 1942 macht sie Sturzflugerprobungen für die Technische Akademie der Luftwaffe in Gatow. Die gefilmten und gemessenen Versuchsergebnisse wertet sie anschließend aus. 1943 schreibt sie über ihre Arbeit:

> «Es gehört gewiß eine besonders gute Konstitution dazu, um die beim Sturz auftretenden Beschleunigungen und Druckunterschiede auszuhalten. Außerdem erfordert der Sturzflug mit schweren Bombern tatsächlich erhebliche Körperkräfte, was mit der Trimmung zusammenhängt. Andererseits ist das Ganze natürlich viel Übungssache. Auch hilft einem vielleicht gerade der Zwang, so und so viele Vorgänge und Apparate im Sturz zu beobachten, und wirkt so dem sog. Schleier, d. h. der infolge der gewaltigen Beschleunigungen auftretenden Blutleere im Gehirn, entgegen. Jedenfalls treten die Sehstörungen bei mir erst bei sehr hohen Beschleunigungen auf.»[4]

Täglich zwischen fünf und fünfzehn, insgesamt etwa 2000 solcher Stürze vollführte Melitta Schiller im Laufe ihrer Tätigkeit als Ingenieurflugzeugführerin. Sie wurde darin wohl nur noch von einem einzigen Piloten übertroffen.

Am 6. Dezember 1943 hielt Melitta von Stauffenberg vor deutschfreundlichen schwedischen Diplomaten, Militärs und Kulturschaffenden und vor deutschen Würdenträgern in Stockholm einen dort sehr positiv aufgenommenen Vortrag mit dem Titel «Eine Frau in der Flugerprobung». Zu diesem Vortrag, aus dem das einleitende Zitat stammt, wurde sie von der Kulturabteilung des Auswärtigen Amtes und der «Nordischen Verbindungsstelle» des Reichsministeriums für Propaganda und Volksaufklärung aufgefordert. Sie war in der Kriegsmaschinerie des Hitler-Regimes so wichtig geworden, daß ihr 1943 das Eiserne Kreuz 2. Klasse und das Militärfliegerabzeichen in Gold mit Rubinen und Brillanten verliehen wurde, zur Verleihung des EK I war sie vorgeschlagen.

Melitta Schiller war seit 1937 mit Alexander Schenk Graf von Stauffenberg, Professor für Alte Geschichte an der Universität Würzburg, verheiratet. Ihr Arbeitsplatz war in Berlin; beruflich stark in Anspruch genommen, lebte das Paar in einer Wochenendbeziehung, und sie hatte vermutlich schon selbst an eine berufliche Veränderung gedacht. Man verhandelte über eine für sie einzurichtende Professur an der Universität Straßburg, wo luftfahrttechnische Lehrstühle und Institute aufgebaut werden sollten und wo auch ihr Mann inzwischen seinen Lehrstuhl hatte. Ihre Dissertation und auch eine Habilitationsschrift waren vorbereitet. Warum diese akademischen Pläne nicht verwirklicht wurden, läßt sich nicht rekonstruieren.[5]

Statt dessen wird Melitta Schiller 1944 zum Vorstand der neu gegründeten «Versuchsstelle für Flugsondergeräte e. V.» berufen, wo sie vom Reichsluftfahrtministerium, von der Forschungsführung und von der Luftfahrtindustrie vorgegebene Forschungsaufgaben übernimmt. Sie war damit Leiterin eines kleinen außeruniversitären Forschungsinstituts mit zwei wissenschaftlichen und sechs weiteren MitarbeiterInnen, einer zu-

Abb. 47: Melitta Schiller (verh. von Stauffenberg), vor dem Einstieg in einen Sturzkampfbomber 1943, bewundert von den männlichen Kollegen.

nächst einmaligen Mittelbewilligung von 100 000 Reichsmark und einem Monatsgehalt von 1400 Reichsmark, einschließlich Zulagen.[6] Bei den Gehaltsverhandlungen orientierten sich beide Seiten an «der Professur». Ihr fehlender Ariernachweis behinderte möglicherweise die volle Erfüllung ihrer Forderungen.[7]

Im Zusammenhang mit dem fehlgeschlagenen Attentat auf Hitler am 20. Juli 1944 ist auch darüber geforscht worden, ob Melitta Schiller in irgendeiner Weise an den Ereignissen beteiligt war oder von den Vorbereitungen gewußt hat.[8] Nach den Erinnerungen Paul von Handels,[9] des Leiters des Instituts für Elektro-Physik bei der Deutschen Versuchsanstalt für Luftfahrt, ein Freund und Kollege Melitta Schillers, soll ihr Schwager Claus von Stauffenberg sie etwa in der Zeit zwischen dem 20. Mai und dem 13. Juni 1944 in seinen Plan, Hitler zu beseitigen, eingeweiht und gebeten haben, ihn zum Führerhauptquartier zu fliegen, dort eine Notlandung zu simulieren und nachdem er die Sprengladung angebracht hätte, zurück nach Berlin zu bringen, wo er die politische Führung des Staatsstreichs übernehmen sollte. Nach von Handel wäre Melitta Schiller dazu bereit gewesen, doch habe sie Stauffenberg darauf aufmerksam gemacht, daß nur ein langsamer «Fieseler Storch» zu ihrer persönlichen Verfügung stehe, der sowohl auf dem Hin- als auch auf dem Rückweg hätte aufgetankt werden müssen, was den Plan gefährdet hätte.[10] Sollte dieser Plan tatsächlich je in Erwägung gezogen worden sein, so wurde er, wie allgemein bekannt, jedenfalls nicht durchgeführt.

Kurz nach dem mißglückten Attentat werden Melitta Stauffenberg und weitere Familienmitglieder verhaftet. Ihr Mann, der Bruder des Attentäters, der mit dem Anschlag nichts zu tun hatte, wird in ein Konzentrationslager gebracht.[11]

Wegen ihrer Unentbehrlichkeit für das Regime kommt Melitta Schiller Anfang September auf Weisung des Reichsführers SS Heinrich Himmler frei. Während ihrer Haftzeit konnte sie fast wie gewohnt weiterarbeiten, schon einen Tag nach ihrer Entlassung führte sie wieder programmgemäß Sturz- und Nachtflüge durch. Sie nutzt ihre Möglichkeiten und Beziehungen, die Standorte der immer wieder verschleppten Gefangenen ausfindig zu machen, Besuchsgenehmigungen zu erwirken und ihren inhaftierten Angehörigen die Haft zu erleichtern.[12]

Als sie im April 1945 von der Verlegung der Gefangenen, unter denen sich ihr Mann befindet, aus Buchenwald nach Schönberg im Bayerischen Wald erfährt, versucht sie, mit einem Verbindungsflugzeug ihren Mann zu erreichen. Dabei wird ihre Maschine am 8. April in der Nähe von Straubing von einem amerikanischen Jäger abgeschossen. Sie kann noch landen, stirbt aber kurz darauf an ihren Verletzungen.[13]

Eine Frau, die in den zwanziger und dreißiger Jahren das Studium der Technischen Physik an einer Technischen Hochschule erfolgreich abschloß, in dem gewählten Studienfach berufstätig sein und zudem fliegen konnte, stellte sicher eine Besonderheit dar in einer Gesellschaft, die die Entwicklung von Technik und eine gleichsam «natürliche» Nähe zur Technik allein Männern zuschrieb.

Es fällt jedoch schwer, Melitta Schiller-von Stauffenberg so etwas wie Zivilcourage zu attestieren und sie in die Nähe des Widerstands gegen den Nationalsozialismus und in die Nähe der Opfer des Nazi-Regimes zu rücken, wie es ihr Biograph Gerhard Bracke aufgrund wenig gesicherter und unkritisch benutzter Quellen versucht.[14] Seinem Buch sind die grundlegenden Fakten zu diesem Aufsatz entnommen; ich komme jedoch trotz der schwierigen Quellenlage zu einer anderen Einschätzung.

Melitta Schiller-von Stauffenberg, die Fliegerin aus Leidenschaft, konnte ihre privaten Interessen auch zu ihren beruflichen machen und arbeitete dem Hitler-Regime zu, indem sie dazu beitrug, daß die Kriegsmaschinerie effizienter funktionierte. Sie erschien trotz schwerer Bombenangriffe auf Berlin und widriger Umstände pünktlich am Stockholmer Vortragsort, «um zu verhindern, daß das [etwaige] Ausfallen des Vortrags [...] mit diesen Angriffen in Verbindung gebracht würde».[15] In ihrer Rede distanzierte sie sich klar vom emanzipatorischen Gedankengut der bürgerlichen Frauenbewegung und machte sich zum Sprachrohr nationalsozialistischer, frauenfeindlicher Ideologie.

In ihrer Zielstrebigkeit und ihrer Begeisterung für das Fliegen ließ sie sich als Aushängeschild für das Nazi-Regime benutzen; die Tatsache, daß ihre Arbeit und ihr Können letztlich dem Ziel dienten, Bomben abzuwerfen und damit Menschen zu vernichten, scheint sie fast vergessen zu haben. Buchstäblich «blindlings stürzte» sie sich täglich bei ihren Flügen mit Blutleere im Kopf ins Nichts. Bei ihr traten «Sehstörungen» erst sehr spät auf, und was sie sah, ließ sie «schlucken».[16] War das vielleicht der einzige Weg, das grausame Geschehen um sie herum zu verdrängen?

IV.

Des ‹anderen› Kapitels vorerst letzter Teil

Abb. 48: Nach sechs Listenplätzen bei Berufungsverfahren in Deutschland erhält die Münchner Hethitologin Annelies Kammenhuber (1922–1996) schließlich einen Ruf nach Rom aus der Männerwelt des *Pontificio Istituto Biblico*. Studienjahr 1967/68 *(1. Reihe)*.

19.

Hadumod Bußmann

Chancen(un)gleichheit an der Jahrtausendwende?

Der historische Einschnitt «1945» fällt in die Mitte der hundertjährigen Geschichte des Frauenstudiums. Von der Studentin bis zur Professorin sind Frauen nunmehr formal gleichberechtigt, und die Zahl der weiblichen Studierenden nähert sich bundesweit – und dies trotz mehrfacher Rückschläge in Phasen wirtschaftspolitischer Enge – der Fünfzig-Prozent-Marke.[1] Dennoch haben habilitierte Frauen bundesweit die magische Fünf-Prozent-Hürde zur *bel étage* der «ordentlichen» Professuren noch immer nicht überwunden. Mittlerweile haben zahlreiche engagierte «betroffene» Wissenschaftlerinnen, vor allem Soziologinnen und Historikerinnen, motiviert durch eigene Erfahrungen, damit begonnen, öffentlich über die Ursachen ihres fortdauernden Minoritätenstatus nachzudenken. Sie tun dies nicht *sine ira et studio*, verbinden sie doch mit ihren Forschungen politische Zwecke: Sie möchten durch Aufzeigen geschlechtsspezifischer Barrieren dazu beitragen, kognitive und institutionelle Hürden zu beseitigen.

Bis heute nicht versiegte Quellen der Diskriminierung von Frauen im akademischen Umfeld sind die seit Jahrtausenden verfestigten Vorurteile bezüglich der Wesensmerkmale von Weiblichkeit und Männlichkeit, wie sie durch geschlechtsspezifisch unterschiedliche Sozialisation von Generation zu Generation am Leben erhalten werden. Nur zu Zeiten, in denen die Geschlechterstereotypen wirtschafts- und gesellschaftspolitischen Zielen entgegenstehen (wie Krieg, Inflation, Arbeitslosigkeit, Geburtenrückgang) erweisen sich diese Vorurteile als flexibel, wenn die jeweils betroffene Gesellschaft ihre Weiblichkeitsvorstellungen eilfertig den herrschenden Bedürfnissen anpaßt und Frauen je nach Bedarf als «Reservearmee» gerufen oder als Konkurrentinnen mittelloser Familienväter wieder ausgeschaltet werden. Zweimal in der kurzen Phase der zögerlichen Einbürgerung von Frauen in die von männlichen Wissenschaftlern besetzten akademischen Räume gewährt ein Weltkrieg (nicht nur) Akademikerinnen vorübergehend vermehrte Chancen der Bewährung, die aber sowohl 1918 als auch 1945 ebenso abrupt wie folgeträchtig widerrufen werden.

In einem doppelten Zugriff ist den Ursachen für die zögerliche akademische Integration von Frauen nachzugehen: Zum einen ist der historische Verlauf der Universitätsgeschichte der zweiten Hälfte dieses Jahrhun-

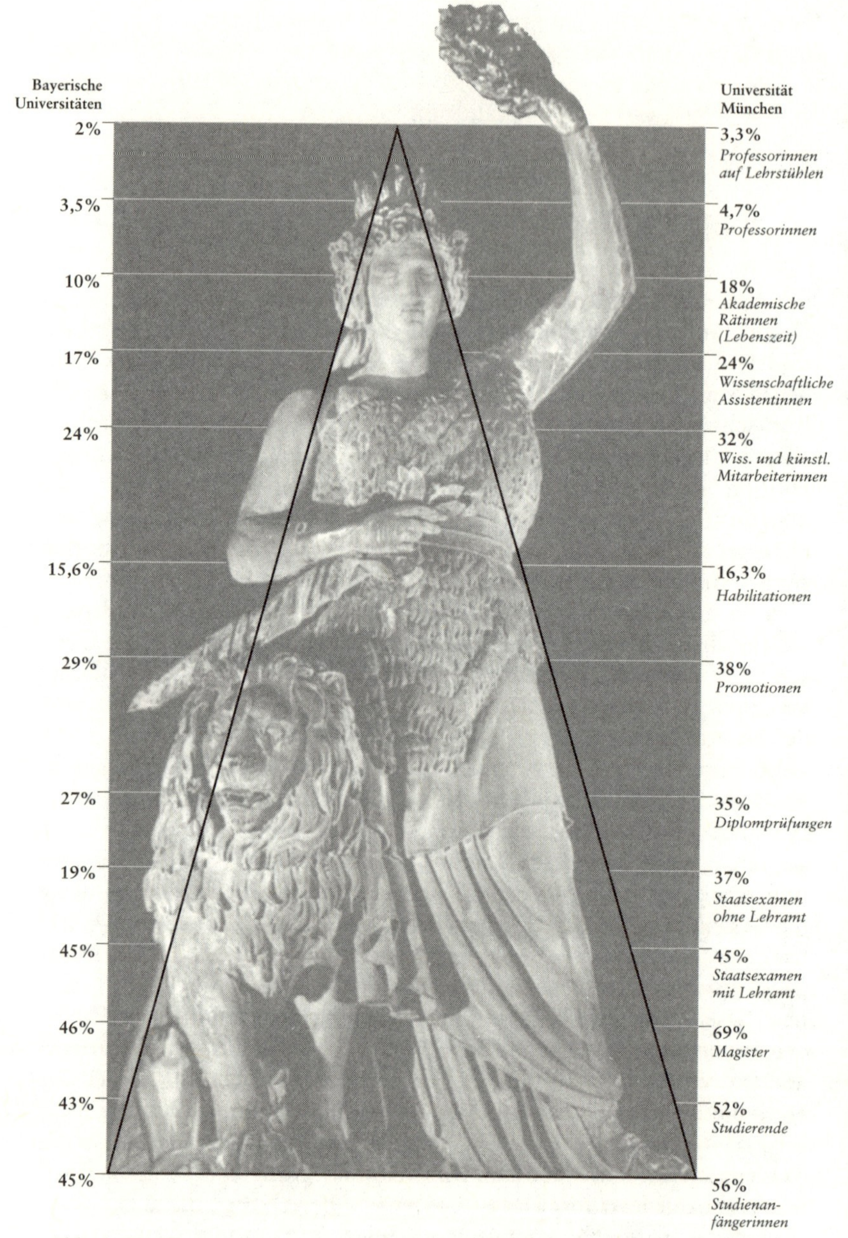

Abb. 49: Der Frauenanteil an Studierenden, Absolventen und wissenschaftlichem Personal an bayerischen Universitäten im Wintersemester 1991/1992: Der untere Bereich (bis zur Taille der Bavaria) bezieht sich auf die Studienphase, der obere auf den Verlauf der Hochschulkarriere.

derts danach zu befragen, wie sich hochschulpolitisch relevante Entscheidungen und konjunkturpolitische Aspekte auf die Teilhabe von Frauen am akademischen Geschehen ausgewirkt haben, zum anderen sollen in der gegenwärtigen Hochschulkultur die Barrieren aufgespürt werden, auf die Frauen auf ihrem Karriereweg an Universitäten stoßen.

1. Die Rolle der Akademikerin in der Universitätsgeschichte der zweiten Hälfte des zwanzigsten Jahrhunderts

1.1 «Neubeginn» durch Restauration statt durch Reform (1945–1960)

Die Überwindung der «Trümmerzeit» an Universitäten ist generell durch einen dreifachen Neubeginn gekennzeichnet: Wiederaufbau der zerstörten Gebäude, Neubildung des Lehrkörpers und Revision der Hochschulstruktur.

Große Teile der Bausubstanz der beiden bayerischen Universitäten München und Würzburg lagen in Schutt und Asche, einzig die Universität Erlangen blieb von Kriegsschäden verschont; 70 Prozent der Studierenden waren unterernährt, der Mangel an Rohstoff, Geld und Wohnungen verhinderte einen zügigen Wiederaufbau der Kliniken und Institute und forderte von Studierenden beiderlei Geschlechts einen halbjährigen Arbeitseinsatz als «Studentischer Bautrupp», bevor ihnen die Immatrikulation gewährt wurde.

Für Studentinnen bedeutete der Umbruch von 1945 einen Neubeginn unter verschärften Bedingungen. Während die seit 1938 zunächst im Zuge der Kriegsvorbereitungen getroffenen Maßnahmen zur Gewinnung von studierwilligen Frauen insbesondere für medizinische Berufe und für die Rüstungsindustrie so erfolgreich waren, daß der Frauenanteil 1943 auf 45 Prozent angestiegen war, bewirkten Kriegsfolgen und neue *Numerus-clausus*-Bestimmungen[2] buchstäblich einen Rückfall in die Anfänge des Frauenstudiums.

Der im Dritten Reich durch die Entlassung nichtarischer und dem NS-Regime mißliebiger Gelehrter und durch zahlreiche Kriegsopfer reduzierte Lehrkörper wurde im Zuge der Entnazifizierung durch die (vorläufige) Entlassung von rund 80 Prozent seiner Professoren bis zur Handlungsunfähigkeit dezimiert. An der Universität München behielten die vier während des Krieges beschäftigten Dozentinnen Ruth Beutler (Zoologie, Abb. 1, 29, 46), Elisabeth Dane (Chemie), Marthe Guggisberg (Französische Konversation) und Maria Schug-Kösters (Zahnmedizin) ihre Stellen. Obwohl 1947 verboten wurde, «Lehrstühle fur die zu entnazifizierenden früheren Inhaber freizuhalten»,[3] erhielt keine der hochqualifizierten Frauen, die während der Kriegsjahre kommissarisch Institute geleitet hatten

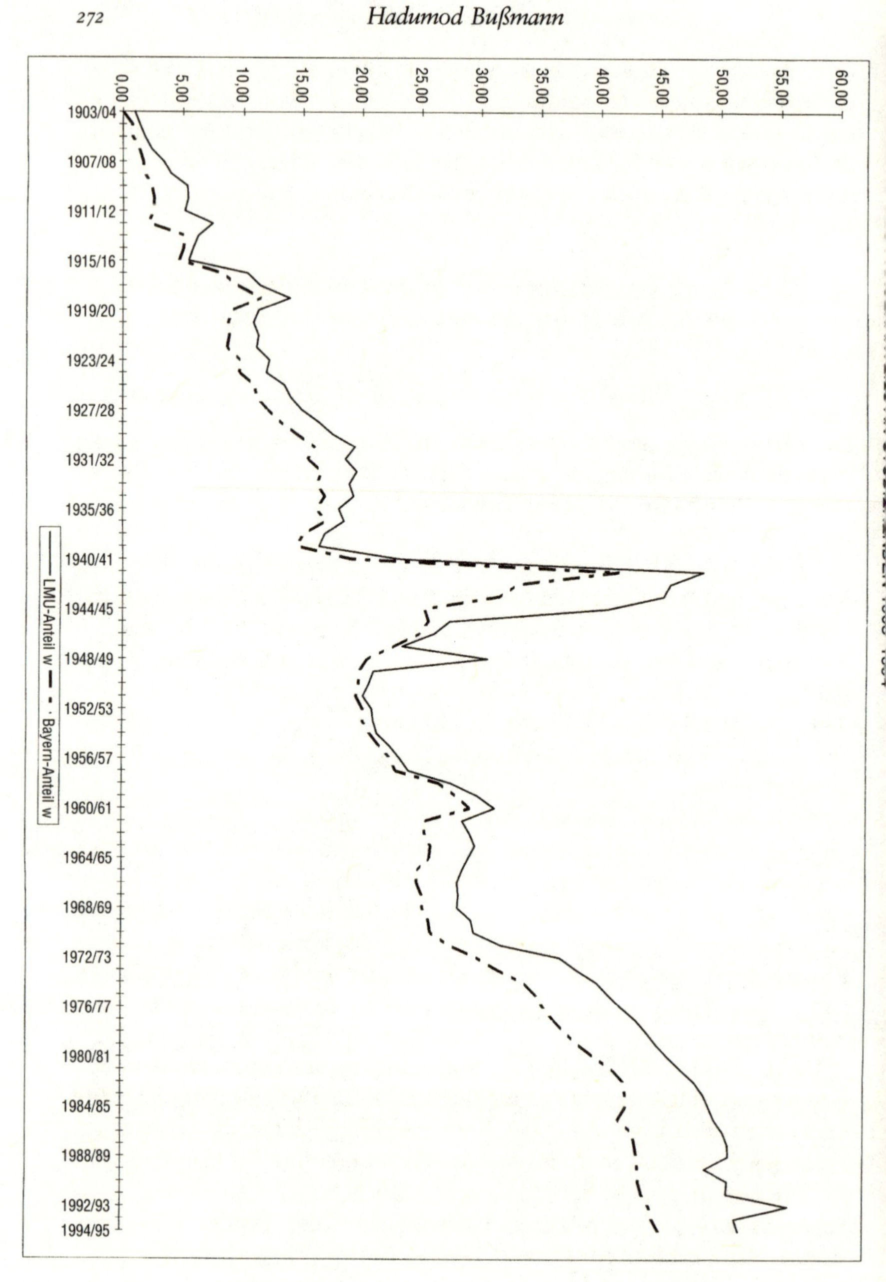

Abb. 50: Entwicklung des Frauenanteils an Studierenden von 1903 bis 1995: Die gestrichelte Kurve bezieht sich auf alle bayerischen Universitäten, die durchgezogene auf die Universität München.

(Irmgard Maria Gylstorff und Maria Schug-Kösters) oder (wie Liesel Beckmann in Betriebswirtschaftslehre) ein Ordinariat vertreten hatten, eine ordentliche Professur; Liesel Beckmann (Abb. 13) und Maria Schug-Kösters wurden 1948 zu außerordentlichen planmäßigen Professorinnen ernannt, die anderen mußten sich nach der Rückkehr der Männer mit Lehraufträgen auf Privatdozenturen begnügen.[4]

Insbesondere die britischen und amerikanischen Besatzungsmächte als oberste Kontrollinstanz drängten unter dem Stichwort *re-education* auf umfassende Hochschulreformen. Diese Bestrebungen bezogen sich sowohl auf die Ablösung des nationalsozialistischen «Führerprinzips» durch demokratische Strukturen als auch auf eine Revision des akademischen Selbstverständnisses und der curricularen Konzepte. Die Reformdiskussionen, die sofort nach Kriegsende einsetzten und sorgfältig in den Protokollen von Hochschultagen, Rektorenkonferenzen und in ministeriellen Verlautbarungen dokumentiert sind, blieben weitgehend erfolglos. Ihr vom politischen Klima der Adenauer-Ära geprägter restaurativer Charakter verhinderte weitgehend eine grundlegende Reformierung und Liberalisierung der Hochschulen. Weder waren Frauen in den beratenden Gremien vertreten, noch wurden Fragen der Gleichstellung in den programmatischen Dokumenten erwähnt, von denen die wichtigsten Anstöße zu einer Neuorganisation von Studium und Lehre ausgehen sollten.[5] Zum ersten Mal findet sich 1956 in einer Empfehlung der Rektorenkonferenz – angeregt durch die Marburger Professorin Louise Berthold – ein erster zaghafter Appell an die Hochschulen, der die damals offensichtlich selbstverständliche Sonderbehandlung weiblicher Wissenschaftler dokumentiert:

> «Wo geeignete weibliche Hochschullehrer zur Verfügung stehen, sollten die Fakultäten auch sie für die Besetzung des Lehrstuhls in Erwägung ziehen.»[6]

1.2 *Bildungsoffensive, Hochschulgründungen, Studentenbewegung (1960–1975)*

Die Anstrengungen in den drei zentralen universitären Problembereichen der Nachkriegszeit (Wiederaufbau, Lehrpersonal und Hochschulreform) prägten auch die folgenden Jahrzehnte: Die Wiederaufbauphase der Nachkriegszeit ging fast nahtlos über in eine Expansionsphase, die den gesamten höheren Bildungsbereich betraf und bundesweit zu zahlreichen Neugründungen und einer Verdopplung des akademischen Personals führte: 1962 beschloß der Bayerische Landtag die Gründung einer vierten Landesuniversität in Regensburg, ihr folgten Augsburg (Gründungsbeschluß 1969), Bayreuth, Passau und Bamberg (Gründungsbeschluß 1970) sowie zahlreiche Fachhochschulen.[7] Im Zuge der Akademisierung der

Lehrerbildung wurde die Münchner Pädagogische Hochschule in die Universität München integriert.

Das Lehrpersonal der westdeutschen Universitäten sollte entsprechend den Empfehlungen des Wissenschaftsrats von 1960 um 9000 neue Stellen erweitert werden. Dadurch vervierfachte sich die Zahl des hauptberuflichen wissenschaftlichen und künstlerischen Personals an Universitäten in den Jahren zwischen 1960 bis 1977, wovon Frauen, wenngleich überwiegend auf Zeitverträgen, (scheinbar) mehr profitierten als Männer. Dies ist allerdings nicht auf Empfehlungen des Wissenschaftsrats zurückzuführen, denn dessen Notlösung zur Rekrutierung des zusätzlichen Personals sah die Berufung von ausländischen Gastdozenten sowie die Abordnung von Beamten wie Lehrern und Richtern vor. Weibliche Wissenschaftler wurden hier ebensowenig erwähnt wie auf den meisten Tagungen und Debatten über Fragen des wissenschaftlichen Nachwuchses oder über eine Reform von Habilitation und Personalstruktur. Das änderte sich nur sehr allmählich: Immerhin widmete 1960 der «Stifterverband für die deutsche Wissenschaft» sein Jahrbuch dem Thema «Akademikerinnen»;[8] der «Deutsche Akademikerinnenbund» (eine Gründung der Weimarer Zeit) richtete 1961 eine Denkschrift an den Wissenschaftsrat[9] und organisierte 1962 eine Veranstaltung über das Thema «Die Hochschullehrerin – Situation und Leistung», wo aber bezeichnenderweise weniger die «Leistung» der Wissenschaftlerin im Zentrum der Diskussion stand als vielmehr die «Situation» ihres Ausfalls durch Mutterschaft. Das ebenso triviale wie dekuvrierende Fazit mündete in die Einsicht, daß die Investition in einen Mann «im Interesse der Hochschule» sei, da sie eher eine Habilitation und Hochschulkarriere garantiere als die in eine Frau.[10]

Daß dennoch der Anteil von Frauen im Lehrbetrieb zunahm, ist einerseits dem Mangel an qualifiziertem Nachwuchs zuzuschreiben, andererseits aber vor allem dem erleichterten Zugang zu Dozenturen, da aufgrund des Nachwuchsmangels häufig nicht die förmliche Habilitation, sondern «nur» habilitationsäquivalente Leistungen gefordert waren. Dennoch betrug der Anteil von Professorinnen an der Professorenschaft 1960 nur 2,3 Prozent, bundesweit gab es damals insgesamt 16 Frauen auf Lehrstühlen, und das Verhältnis von weiblichen Nichtordinarien (außerplanmäßige Professorinnen und Privatdozentinnen) zu Lehrstuhlinhaberinnen betrug 12 zu 1,7, während die Relation bei männlichen Habilitierten bei 2,1 zu 1,7 lag. Dieses Ungleichverhältnis blieb lange Zeit weitgehend konstant: Wie stets in Zeiten wirtschaftlicher Krisen bewirkte die seit Mitte der siebziger Jahre wirksame Rezession, daß in der Konkurrenz um Stellen überwiegend zugunsten des männlichen Bewerbers (ohne Schwangerschaftsrisiko) entschieden wurde.[11]

Die seit Beginn der sechziger Jahre erhobenen Forderungen nach Hochschulreformen, vor allem nach Demokratisierung der hierarchischen

Strukturen, mündeten 1968 in eine überwiegend von Studierenden getragene, bundesweite Protestwelle, die das traditionsverwurzelte Selbstverständnis in Lehre, Forschung und hierarchischer Hochschulstruktur vehement in Frage stellte. Wenngleich bei dieser Studentenrevolte, die primär auf Abschaffung der Ordinarienherrschaft, auf Lehrplanänderungen und Gesellschaftsbezug der Wissenschaften abzielte, Fragen der geschlechtsspezifischen Gleichstellung keine Rolle spielten, genauer gesagt: gerade weil solche Fragen keine Rolle spielten, trugen diese Studentenunruhen entscheidend zur Entstehung und Entwicklung der Neuen Frauenbewegung bei. So gründeten bereits 1968 Mitgliedsfrauen des Sozialistischen Deutschen Studentenbundes aus Protest gegen die ignorante, ausbeuterische und abwertende Haltung ihrer Genossen Frauen gegenüber in mehreren Städten sogenannte «Weiberräte». Bezeichnend für diese frühe Phase der Frauenbewegung ist die Konzentration auf Themen wie Sexualität, Gewalt und Beziehungsstrukturen, während die mit diesen Fragen zusammenhängende Kritik an einer diskriminierenden Rechtsprechung noch nicht eingebettet war in weitergehende Forderungen zur Gleichstellung im Hochschulbereich. Erst allmählich setzte sich bei den weiblichen Studierenden die Einsicht durch, daß der als «kapitalistisch» kritisierte Staat auch ein patriarchalischer Staat ist und daß die sogenannte «Familienpolitik» im Grunde Geschlechterpolitik ist (Subventionierung der Hausfrauenehe durch Steuer-Splitting, Benachteiligung der Frauen im Sozial-, Renten- und Steuerrecht).[12]

Daß die Denkanstöße und politischen Initiativen der Neuen Frauenbewegung dazu führten, daß zum ersten Mal in der deutschen Universitätsgeschichte offensive Politik für Frauen praktiziert wurde, ist im Rückblick unbestreitbar. Daß diese Lobbypolitik gegen die Ungleichbehandlung am gemeinsamen «Arbeitsplatz Hochschule» sich nicht rascher und wirkungsvoller durchsetzte, hat seinen Grund vermutlich darin, daß sie sich verhältnismäßig spät etablierte, zu einem Zeitpunkt, als die Reformbestrebungen bereits verebbten und die Ressourcen knapper wurden. Von den universitären Frauenseminaren aber, in denen nicht zuletzt auch die eigene Befindlichkeit im akademischen Alltag und Wissenschaftsprozeß kritisch thematisiert wurde, führt eine deutliche Linie zu einer neuen Wissenschaftsperspektive: der feministischen Frauenforschung (vergleiche hierzu 2.4).

1.3 Institutionalisierung der Gleichstellungspolitik (1975–1995)

In den letzten beiden Dekaden mündeten die kontroversen Debatten über eine Reform der Hochschul- und Personalstruktur in zum Teil ebenso umstrittene Gesetzestexte: 1974 wurde das Bayerische Hochschulgesetz, 1975 das Bundes-Hochschulrahmengesetz verabschiedet, es folgten die notwendigen Anpassungen der entsprechenden Landeshochschulgesetze. Das Hochschulrahmengesetz sichert Professoren in allen Entscheidungen die Mehrheit, was das Mitspracherecht von Frauen aufgrund ihrer Unterrepräsentanz gegen Null festschreibt. Als Reaktion auf die Unruhen und Gewaltaktionen während der Beratungszeit wurde außerdem ein Ordnungsrecht eingebaut, was Helga Schuchardt 1983 im Rückblick zu dem Urteil kommen ließ, daß das «Hochschulgestaltungsgesetz zum Hochschulkrisenbewältigungsgesetz» geworden sei.[13] Das Verbot von Hausberufungen bei Professorenstellen kommt de facto den Männern zugute, da diese in aller Regel mobiler sind als Frauen, die sich daher besonders in Fächern mit alternativen Berufsmöglichkeiten wie in den Rechts- und Wirtschaftswissenschaften eher gegen eine Hochschulkarriere entscheiden.

Die Novellierung des Hochschulrahmengesetzes von 1985, zu der nicht zuletzt die Aktivitäten der autonomen Wissenschaftlerinnen-Netzwerke beigetragen haben, setzte mit dem neuen § 2 Abs. 2 ein Fanal, da nunmehr die tatsächlichen Hindernisse für Akademikerinnen nicht mehr geleugnet werden können: «Die Hochschulen wirken bei der Wahrnehmung ihrer Aufgaben auf die Beseitigung der für Wissenschaftlerinnen bestehenden Nachteile hin.» Die konkrete Umsetzung dieses Gleichheitsgebotes in den landesspezifischen Hochschulgesetzen hat zu einer Institutionalisierung der Gleichstellungspolitik geführt: Seither gibt es in fast allen Hochschulen (wenngleich mit landesspezifisch sehr unterschiedlichen Rahmenbedingungen) Frauen- bzw. Gleichstellungsbeauftragte, außerdem begünstigte dieser Paragraph 1989 die Verabschiedung des von Bund und Ländern gemeinsam finanzierten Hochschulsonderprogramms II mit einem speziell der Frauenförderung gewidmeten Programmteil.[14]

Die Frauenbeauftragten haben aufgrund ihrer Mitgliedschaft in allen einschlägigen Hochschulgremien erheblich zur Transparenz von hochschulpolitischen Entscheidungsprozessen beigetragen, besonders in Berufungsverfahren. Wenngleich sie weder Stimmrecht noch ein effektives Vetorecht besitzen, ist es ihnen – gestützt durch ein bundesweites Netzwerk – vielerorts gelungen, durch aktive Präsenz, Sachkompetenz und offensive Öffentlichkeitsarbeit nachhaltig auf die Bewußtseinsbildung der (männlichen) Professorenschaft einzuwirken und nicht selten den Legitimationszwang akademischer, ministerieller und politischer Entscheidungsträger deutlich zu verstärken. Von der zunehmenden Akzeptanz dieser ursprünglich höchst umstrittenen Institution zeugen zahlreiche Anfragen und Anträge an die Bundes- und Landesregierung, die als offizielle, durch Statistiken belegte Verlautbarungen wichtige aktuelle Informationsquellen zur Gleichstellungspolitik darstellen.

Sichtbar wurde die Arbeit der Frauenbeauftragten vor allem durch die Konzeption von Frauenförderrichtlinien: In Bayern wurden solche

«Richtlinien zur Gleichstellung von Frauen in Studium, Forschung und Lehre» 1993 von der «Bayerischen Landeskonferenz der Hochschulfrauenbeauftragten» formuliert und mittlerweile in (fast) allen bayerischen Universitäten nach zum Teil ermüdend-langen, aber dennoch effektiven Verhandlungen in den zuständigen Senaten verabschiedet.[15] Bezeichnenderweise wurden die ersten Gleichstellungs- bzw. Förderpläne zwischen 1985 und 1987 an Hochschulen verabschiedet, die zu jener Zeit von frauenpolitisch engagierten Vizepräsidentinnen (mit)geleitet wurden.

2. *Geschlechtsspezifische Hindernisse für Frauenkarrieren an Hochschulen*

2.1 *Akademikerinnen zwischen Vorurteil und Selbsterfahrung*

> «Ich sage es sehr knapp und klar. Der Frau liegt das Auftreten auf dem Katheder nicht. Das ist ein sekundäres Geschlechtsmerkmal.»[16]

1897, als die Forderungen der Frauen nach Zulassung zum Hochschulstudium immer nachdrücklicher erhoben wurden, befragte Arthur Kirchhoff «hervorragende Universitätsprofessoren, Frauenlehrer und Schriftsteller über die Befähigung der Frau zum wissenschaftlichen Studium und Berufe» und erhielt – von wenigen Ausnahmen abgesehen – vernichtende Urteile.[17] Dies mag wenig überraschend sein bei Zeitgenossen eines Paul Möbius und Otto Weininger, deren Thesen von der intellektuellen Inferiorität der Frauen zur Jahrhundertwende begierig und in hohen Auflagen rezipiert worden waren; daß aber 1960, mehr als fünfzig Jahre nach dem Einzug der Frauen in die Universität, deutsche Hochschullehrer auf eine Befragung des Privatdozenten Hans Anger über ihre Einstellung zum Frauenstudium noch immer mit den gleichen ideologischen Widerständen und geschlechtsspezifischen Stereotypen reagierten, bestätigt einmal mehr, daß diese abschätzigen Urteile sich einer im männlichen Denken tief verwurzelten Tradition verdanken, die offensichtlich gespeist ist aus Überheblichkeit und Selbsterhaltungsängsten.[18] Die Ergebnisse dieser Studie sind nicht zuletzt auch deshalb so aufschlußreich, weil es sich bei den vorurteilsgeladenen Antworten einmal nicht um offizielle Stellungnahmen handelt: Die Antworten spiegeln ziemlich unverstellt wider, was der typische Durchschnittsprofessor im Universitätsalltag dachte, wobei hinsichtlich Kolleginnen allerdings weitgehend auszuschließen ist, daß es sich dabei um Urteile aufgrund von Erfahrung handeln kann, lag doch der damalige Frauenanteil unter den Studierenden nur bei 22 Prozent, der von Frauen auf Lehrstühlen unter 1 Prozent.[19] Die Professoren – es handelt sich bei ihnen weitgehend um die Lehrergeneration der gegenwärtigen Hochschullehrer! – bescheinigten den Frauen zwar Fleiß, Lerneifer und Gedächtnis, kaum je aber Intelligenz, Kritikvermögen, schöpferische Phantasie, pädagogische Wirksamkeit, Überzeugungskraft oder Autorität. Für die Tatsache der relativ geringen Zahl von weiblichen Hochschullehrern machten 89 Prozent die Frauen selbst verantwortlich, 54 Prozent stellten einen «Mangel an intellektuellen und produktiv-schöpferischen Fähigkeiten» fest, und mehr als ein Drittel sah im Beruf des Hochschullehrers einen Widerspruch zum «Wesen, der biologischen Bestimmung oder den natürlichen Strebungen des Weibes».[20] Angers Fazit, «daß die vorwiegend negative, biologistisch geprägte Einstellung des männlichen Lehrkörpers zum Frauenstudium, vor allem aber zu lehrend und forschend tätigen Dozentinnen, zum großen Teil auf eine konservativ-traditionalistische Haltung zurückgeht, wie sie am ausgeprägtesten von den klassischen Korporationen vertreten wird»,[21] trifft vermutlich nur eine Teilwahrheit. Denn letztlich werden diese überheblichen Urteile gefällt vor dem Hintergrund generell akzeptierter, aus essentialistischem Denken abgeleiteter Zuschreibungen von typisch weiblichen Eigenschaften, die vor allem in intellektueller und emotionaler Hinsicht deutlich negativer konzipiert sind als männliche Rollenklischees. Professorinnen, in einer auf Anger bezogenen Studie von Schindler (1962) nach ihrer Erklärung für derartig hartnäckige männliche Vorurteile befragt, lieferten aus der Perspektive eigener Betroffenheit und Erfahrung recht unverblümte – und keineswegs zeitgebundene – Begründungen: «Furcht vor Einbuße der eigenen Vorrangstellung, Konkurrenzneid, Insuffizienz und Minderwertigkeitsgefühle männlicher Kollegen, Eitelkeit».[22] Auch wenn solche historisch verfestigten Vorurteile über angebliche geschlechtsspezifische Insuffizienzen mittlerweile subtiler kaschiert vermittelt werden, müssen karriereorientierte Frauen nach wie vor erhebliche Kräfte mobilisieren, um diesen männlichen Abwehrmechanismen standzuhalten.

Vergleicht man die männlichen Diagnosen über die zögerliche Entwicklung eines weiblichen Lehrkörpers mit den Selbsterfahrungen betroffener Frauen, so gilt auch heute noch, was bereits die Studie von Schindler von 1962 festgestellt hat, nämlich daß karrierebereite Akademikerinnen ihre eigenen Schwierigkeiten mit dem akademischen Terrain weniger an persönlichen, subjektiven Voraussetzungen, als vielmehr an objektiven strukturellen Barrieren innerhalb der Hochschulen festmachen, die zum einen in der Unvereinbarkeit von Wissenschaft und Familie liegen, vor allem aber in der Konkurrenzsituation um Stellen und Habilitation. Auch kann man kaum davon absehen, daß sich auch unter den betroffenen Frauen nicht wenige mit den gängigen Rollenerwartungen durchaus identifizierten – eine Beobachtung, die offensichtlich vor allem auf Studentinnen zutraf.[23] Diese Frauen gerieten (und geraten noch) durch ihre Lust an wissenschaftlichem Forschen und Lehren und die ihnen gesellschaftlich zugewiesene Rolle in eine Double-bind-Situation, die vermutlich häufig die Ursache ist für eine spontane Flucht aus der Universität in die Familie. Darüber hinaus stößt man in den Auswertungen von persönlichen Interviews immer wieder auf eine Diskrepanz zwischen der jeweiligen Wahrnehmung der Betroffenen von struktureller Diskriminierung und der (statistisch dokumentierten) Hochschulrealität: Die Bandbreite reicht von (in der Regel avancierten) Frauen, die jegliche Erschwerungen qua Geschlecht in Abrede stellen, über solche, die Diskriminierung auf generelle hochschulstrukturelle Aspekte zurückführen, bis zu denen, die Diskriminierung bei allen anderen wahrnehmen, nicht aber bei sich selbst. Das weist auf die generelle Schwierigkeit hin, daß «Diskriminierung qua Geschlecht» unterschieden werden muß von «Diskriminierung qua Hierarchie», weil das «vertikale hierarchische Strukturmuster weitgehend mit dem horizontalen geschlechtsspezifischen zusammenfällt».[24]

Immer mehr Untersuchungen aus dem vergangenen Jahrzehnt dokumentieren das wachsende persönliche und akademische Interesse betroffener Wissenschaftlerinnen an der Frage nach den Ursachen für ihre hartnäckige Unterrepräsentanz in der professoralen Hierarchie.[25] Die Soziologinnen dieser neuen «Frauenbildungsbewegung» analysieren auf der empirischen Basis von qualitativen Interviews sowohl die Selbsteinschätzung Betroffener wie die ideellen und strukturellen Barrieren, die Wissenschaftlerinnen auf ihrem Weg von der Studentin zur Professorin Widerstand bieten. Diese – zumeist regional konzentrierten – Arbeiten dokumentieren ein breites Spektrum von hemmenden Faktoren, die – in unterschiedlicher Bündelung und Gewichtung – den Frauen selbst, der Struktur der (Männer-)Universität oder gesellschaftlichen Bedingungen angelastet werden. Die Ergebnisse variieren auffällig in Abhängigkeit vom Alter der Befragten. So neigen die Professorinnen, deren Karriereanfänge noch in die Kriegs-, bzw. Nachkriegszeit reichen, dazu, ihre akademische Laufbahn verdientem individuellem Erfolg aufgrund außergewöhnlicher Leistungsfähigkeit zuzuschreiben, wobei der Verzicht auf Familiengründung weitgehend als selbstverständlich angesehen wird. Die folgende Generation hingegen, maßgeblich durch die Kritik der Frauenbewegung an den patriarchalischen Strukturen und durch die öffentliche Diskussion um Gleichstellung und Selbstverwirklichung beeinflußt, nimmt den Widerspruch zwischen Weiblichkeit und Wissenschaft und die Barrieren struktureller Diskriminierung bewußt wahr und artikuliert ihn kritisch.

2.2 *Strukturelle Hürden: Konflikte und Widersprüche in der traditionellen Hochschulkarriere*

Erst für die Altersgruppe derjenigen Wissenschaftlerinnen, die sich in den achtziger Jahren als Hochschullehrerinnen qualifiziert haben, scheint die Vereinbarkeit von Familie und Beruf allmählich als legitimer Anspruch ihrer Lebensplanung selbstverständlich zu werden: Immerhin haben 1989 – im Unterschied zu früheren Befunden – bereits 40 Prozent der westdeutschen und 73 Prozent der ostdeutschen Professorinnen Kinder.[26] Dieser Anspruch aber stößt auf hartnäckige Barrieren in dem auf männliche Lebensentwürfe zugeschnittenen Universitätsklima. Nach wie vor sind die Kinderbetreuungsmöglichkeiten hoffnungslos unzureichend. Dieses äußere Defizit wird verstärkt durch diskriminierende Äußerungen und Entscheidungen: Nach wie vor bestätigen zahlreiche Berichte Betroffener, daß eine Wissenschaftlerin mit Kindern sich immer wieder – besonders in Berufungsgesprächen – mit der demütigenden Frage konfrontiert sieht, ob und wie sie mit ihrer Doppelfunktion als Mutter und Professorin zurechtkommen will, eine Auskunft, die noch nie von einem Mann gefordert wurde. Diese Einstellung basiert einerseits noch immer auf der Vorstellung der tradierten Arbeitsteilung, die – allem gesellschaftlichen und industriellen Wandel zum Trotz – nach wie vor der Frau die Zuständigkeit für den familiären Bereich zuschreibt. Gleichzeitig aber sind viele Akademiker in ihrem innersten Selbstverständnis, daß erfolgreiche Wissenschaft «den ganzen Mann» fordert, verunsichert, wenn sie erleben, daß Frauen mit ihnen in Konkurrenz treten, die die Doppelbelastung durch Familie und akademischen Aufstieg bewältigen. Dahinter verbirgt sich aber auch die Furcht, daß durch solche «Feminisierung» das angestammte Prestige des Hochschullehrerstandes gefährdet sei, eine Furcht, die sich aus den typischen Frauenberufen mit geringem Prestige ableitet. Dies führt dann dazu, daß Leistungskriterien in extremer Schärfe in den Vordergrund gerückt[27] oder Argumente vorgebracht werden, die einem stellenlosen Familienvater den Vortritt einräumen vor einer ebenso qualifizierten, aber durch einen Ehemann versorgten Frau.

Die schärfste Ausprägung der strukturellen Barrieren für weibliche Hochschulkarrieren liegt in dem nur in deutschsprachigen Ländern geübten Initiationsritual des langwierigen (dreifachen) Qualifikationsverfahrens vom Diplom/Magister über die Promotion zur Habilitation, wobei sich das Durchschnittsalter von den frühesten Habilitandinnen an der Universität München bis heute von ursprünglich 27 Jahren auf Anfang 40 gesteigert hat. Das bedeutet, daß sich die Ausbildung zum Hochschullehrer heute auf einer akademischen Einbahnstraße von etwa 15 bis 20 Jahren vollzieht, die sich im Falle des Scheiterns fast unausweichlich als Sackgasse erweist, denn andere berufliche Alternativen sind dann wegen Überqualifikation und zu hohem Alter kaum mehr realisierbar. Mit dieser Form der Qualitätsprüfung wird ein – nur dem Scheine nach geschlechtsneutrales – Ritual, das durch das ursprüngliche Recht der Fakultäten auf Selbstergänzung plausibel war, am Leben erhalten, das aber Frauen aufgrund ihrer doppelten Belastung entschieden benachteiligt.[28]

Der Weg zur Hochschulkarriere birgt für Frauen noch weitere Hürden, die in männlichen Laufbahnen ohne Zweifel leichter zu nehmen sind: zunächst die Gewinnung einer Assistentinnenstelle zum Zwecke der Habilitation, dann – aufgrund des Verbots von Hausberufungen – den Zwang zur Mobilität nach der Habilitation und das damit verbundene männerdominierte Ritual des Berufungsverfahrens. Zum ersten: Vollzieht sich bis zur Promotion der akademische Weg noch relativ selbstverständlich, so ändert sich diese Situation für viele Frauen schlagartig dann, wenn die dezidierte Absicht auf eine Hochschulkarriere manifest wird. Dies gilt besonders für die kultur- und sozialwissenschaftlichen Fächer, in denen die Promotionsrate von Frauen mittlerweile häufig bereits über derjenigen von Männern liegt – und dies nicht etwa um den Preis schlechterer Ergebnisse. Zwar ist die Berechtigung zur Habilitation nicht mehr notwendigerweise (wie zur Zeit des Dritten Reichs) an den Besitz einer Assistentenstelle gebunden, doch bleibt diese Integration in den Wissenschaftsbetrieb mit Lehr- und Verwaltungsaufgaben der «Königsweg» zur Habilitation: Bundesweit aber betrug der Anteil von Frauen auf diesen für die akademische Berufskarriere wichtigsten Qualifikationsstellen Mitte der neunziger Jahre immer noch nur 26 Prozent. Die konkreten Gründe für diese ungleiche Verteilung sind vielfältig: Da ist vor allem der «Störfaktor Schwangerschaft», der insbesondere in Zeiten der Rezession dem männlichen Kandidaten den Vorzug gibt, wobei die jeweiligen Entscheidungen angeblich ausschließlich aufgrund fachimmanenter oder institutioneller Argumente fallen. Jahrelange Anstrengungen von Frauenbeauftragten und PolitikerInnen, dieses «Handicap» durch ausgleichende finanzielle Zuwendungen an die betroffenen Institutionen zu mildern, sind bislang gescheitert. Doch nicht nur der drohende Arbeitsausfall durch Mutterschutzfristen ist ausschlaggebend für die negative Statistik: Da sie selbst in aller Regel nie betroffen gewesen sind von der Bewältigung der Doppelbelastung durch Familie und wissenschaftliche Karriere, können sich die 97 Prozent deutscher Lehrstuhlinhaber, die weitgehend autonom über die Stellenbesetzungen im Mittelbau entscheiden, nicht vorstellen, daß Frauen stark genug sind, um eine akademische Karriere mit Familienpflichten in Einklang zu bringen. Daher bleibt Wissenschaftlerinnen häufig nur der externe Weg einer finanziellen Absicherung durch Stipendien, während Männer im tradierten Vater/Sohn- oder Meister/Geselle-Verhältnis innerhalb der *scientific community* ihre fachlichen und berufsrelevanten Qualifikationen erwerben können. Daran wird sich vermutlich trotz entsprechender Frauenförderkonzepte wenig ändern, solange auch diese Programme überwiegend Stipendien (ohne sozial- und arbeitsrechtliche Absicherung) statt regulärer Beschäftigungspositionen ausweisen.

Ob frau extern oder intern die Habilitations-Hürde genommen hat, sie muß (wie auch jeder männliche Privatdozent) die Hochschule, die sie gerade eben in ihre Reihen aufgenommen hat, schleunigst wieder verlassen, so wenigstens will es der Vorbehalt gegen Hausberufungen. Während beispielsweise in den USA die verbeamtete Professur *(tenure)* aufgrund von Bewährung im Arbeitsverhältnis als *assistant* oder *associate professor* erreicht wird, ist in Deutschland die erfolgreiche Bewerbung auf eine Professur an einer anderen Hochschule Voraussetzung für den Aufstieg. Diese akademische Spielregel ist mit weiblichen Lebensentwürfen selten kompatibel, da in aller Regel der (Ehe-)Partner immobil ist, das heißt: den Wohn- und Arbeitsort bestimmt. Die ursprüngliche Begründung für das Verbot von Hausberufungen, das, wie bei Gesellen auf Wanderschaft, der Schau über den heimischen Tellerrand dienen sollte, ist im elektronischen Zeitalter ebenso obsolet wie die Absicht, damit hausinterne Kungeleien zu verhindern: Nur allzu offensichtlich für kritische Beobachterinnen sind die professoralen Bünde über verschiedene Universitäten hinweg, die in einem kollegialen *do-ut-des*-Verfahren ein solches Verbot auf scheinbar unauffällige Weise außer Kraft zu setzen vermögen.

Diese letzte Hürde auf der Hochschullaufbahn, das Berufungsverfahren, setzt sich, undurchschaubar, sowohl aus strukturellen (wie im vorausgegangenen analysiert) als auch aus ideologischen Komponenten zusammen. Letztere steuern die geschlechtsspezifische Wahrnehmung der entscheidenden Gremienvertreter und führen dazu, daß der Begriff der «Qualifikation» und der «Bestenauslese» in kaum einem anderen öffentlichen Bereich so schillernd, variabel und manipulierbar ist wie in den an Hochschulen praktizierten Auswahlverfahren bei Berufungen. Akademische Eignung ist kein neutraler, objektivierbarer Begriff, sondern maßgeblich bestimmt von wechselnden Übereinkünften über wissenschaftliche Qualifikationskriterien. Da sich aber das Selbstverständnis der Hochschulen auf eine 700jährige ausschließlich männliche Tradition gründet, sind naturgemäß die Inhalte des vorherrschenden Qualifikationsbegriffs von geschlechtsspezifischen männlichen Erziehungskonzepten und Normen geprägt und dementsprechend auf männliche Lebensentwürfe zugeschnitten (zügiger Karriereverlauf ohne Brüche, Mobilität, wissenschaftspolitische Aktivitäten, umfängliche Publikationsliste). Weitgehend übereinstimmend stellen die Frauenbeauftragten der vergangenen zehn Jahre ihre Ohnmacht fest, weibliche Kandidatinnen gegen das Männerkartell durchzusetzen, und sehen daher zunehmend in einer vernünftigen Variante der Quote die einzige Möglichkeit, das Gleichheitsgebot bis in die höchsten Ränge in absehbarer Zeit zu realisieren.

2.3 *Qualifikation und Quote: Frauenförderung gleich Männerdiskriminierung?*

> «Der Staat fördert die tatsächliche Durchsetzung der Gleichberechtigung von Frauen und Männern und wirkt auf die Beseitigung bestehender Nachteile hin.» (Grundgesetz Art. 3, Abs. 2, Satz 2)

Als am 17. Oktober 1995 der Europäische Gerichtshof entschieden hatte, daß es mit den EG-Richtlinien von 1976 zu Chancengleichheit von Männern und Frauen unvereinbar sei, Frauen bei gleicher Eignung grundsätzlich und automatisch bevorzugt einzustellen oder zu befördern, wenn sie in den anstehenden Positionen unterrepräsentiert sind,[29] war die öffentliche Reaktion auf das Urteil vehement: Die Medien beschworen einen «Geschlechterkrieg um die Frauenquote», Rita Süssmuth sprach von 1995 als von einem «schwarzen Jahr für die Gleichberechtigung», und aufgebrachte Frauen bezeichneten die 15 für das Urteil verantwortlichen (ausschließlich männlichen!) Richter als «Quotenmörder von Luxemburg» und warfen ihnen «frauenpolitischen Zynismus» vor.[30]

Auch die Frauenbeauftragten an Hochschulen bekamen den politischen Gegenwind deutlich zu spüren. Die Mischung aus verdeckter Häme und gönnerhaftem Mitleid, mit der ihnen das Urteil kommentiert wurde, legte deutlich die geheimen Wünsche der jeweiligen Beurteiler offen. Die meisten Reaktionen allerdings beruhen auf einem Mißverständnis: Denn die Luxemburger Entscheidung zielt keineswegs auf eine Abschaffung jeglicher Quotenregelung, sie wendet sich (lediglich) gegen einen Automatismus bei ihrer Anwendung, einen Automatismus, der zum Beispiel die Berücksichtigung sozialer Umstände (Familienvater in Konkurrenz mit Single-Frau) ausschließt.[31]

Die Gleichstellungspolitik an Hochschulen ist von diesem Urteil um so mehr betroffen, als der vorausgesetzte Tatbestand der «gleichen Qualifikation» nicht objektivierbar ist. Und selbst dann, wenn die «gleiche Qualifikation» unabweislich festgestellt zu sein scheint (was selten genug der Fall ist), findet sich im Bedarfsfalle unschwer ein (von außen weitgehend unüberprüfbares) fachspezifisches Kriterium, das dem Mann den Vorzug vor der weiblichen Konkurrenz einräumt: Der Forschungsschwerpunkt des männlichen Bewerbers «paßt» besser in das wissenschaftliche Spektrum der berufenden Institution, entspricht überraschend genau dem wundersam auf den Bewerber zugeschneiderten Ausschreibungstext oder füllt eine plötzlich erkannte Forschungslücke – alles Argumente, die bisher kaum je für eine Frau ins Feld geführt wurden. Eine Quote ist objektiv überprüfbar, wissenschaftliche Eignung dagegen nur in begrenztem Maße – und darin liegt das eigentliche hochschulpolitische Dilemma der Gleichstellungspolitik. Wieweit zudem die seit Beginn des Frauenstudiums bezeugte Furcht, daß mit zunehmender Teilhabe von Frauen der jeweilige Berufsstand an sozialem Ansehen verlieren könnte, immer eine unbewußte Rolle spielt, sei dahingestellt.

Aus diesem Grunde stimmen die Frauenbeauftragten der Hochschulen weitgehend darin überein (auch wenn sie diesbezüglich nicht mit der Zustimmung aller Frauen rechnen können, die sich im derzeitigen Hochschulsystem etabliert haben), daß es nicht mehr genügt, sich nur für Chancengleichheit bei den Ausgangsbedingungen, also für Kindergartenplätze, Ganztagsschulen und Fortbildungsmaßnahmen einzusetzen. Sie plädieren statt dessen in ihren «Frauenförderplänen» für das Modell einer *leistungsorientierten Zielquote*, dem zufolge bei allen Stellenbesetzungen und Stipendien Frauen bei gleicher Qualifikation so lange bevorzugt zu berücksichtigen sind, bis ihr Anteil dem der jeweilig vorhergehenden Qualifikationsstufe entspricht – und dies selbstverständlich unter «Wahrung der Einzelfallgerechtigkeit».[32]

Daß dieses Modell bislang nicht besser greift, hat vor allem institutionelle Gründe: Die Besetzung der wissenschaftlichen Nachwuchsstellen liegt weitgehend in der Hand von Lehrstuhlinhabern, deren Wünsche in aller Regel von den entscheidungsbefugten Gremien respektiert werden, wodurch eine übergreifende geschlechtsspezifische Balance kaum durchzusetzen ist. Solch unkontrollierbare Stellenpolitik aber wirkt sich in Zeiten der Rezession besonders nachteilig für weibliche Karrieren aus, wie sich in der Wissenschaftsgeschichte von Frauen an mehrfachen Einbrüchen – und derzeit erneut mit großer Deutlichkeit – zeigen läßt.[33]

2.4 *Frauenforschung – Stiefkind der Wissenschaftsförderung?*

> «Die Hochschulen sollten öffentliche Verantwortung für die Einlösung des Gleichberechtigungsgrundsatzes auch durch Forschung übernehmen. Dazu gehört die Institutionalisierung von Frauenforschung, von der wichtige Impulse für die Überprüfung und Weiterentwicklung nicht nur des Problemhorizonts, sondern auch der Theoriebildung und Methodologie, insbesondere der geistes- und sozialwissenschaftlichen Fächer ausgehen können.»[34]

Diese Formulierung der Rektorenkonferenz legitimierte 1990 auf überraschende Weise die Bemühungen feministischer Wissenschaftlerinnen, das einseitig androzentrische Wissenschaftsverständnis kritisch zu durchleuchten. Seit Ende der sechziger Jahre, seit den Berliner Sommeruniversitäten für Frauen,[35] drängten Forscherinnen innerhalb und außerhalb der Universitäten auf die Einrichtung frauenspezifischer Professuren, Archive und Bibliotheken sowie auf entsprechende Studienschwerpunkte in möglichst allen Fachbereichen. Unter dem Einfluß der *women's studies* wurde die kulturelle Vielfalt der als weiblich und männlich gedeuteten Zuschreibungen ebenso kritisch thematisiert wie die aus dieser biologistischen Naturalisierung abgeleitete Hierarchie der Geschlechter. Konsequenterweise wurde zugleich auch das Credo einer jahrtausendealten wissenschaftlichen Tradition in Frage gestellt, die Anspruch auf Objektivität und Universalität erhob und von «Geschlecht» als grundlegender Analysekategorie (neben anderen Kategorien wie Klasse, Religion, Ethnie) nicht nur glaubte absehen zu können, sondern Generalisierungen über Gott und die Welt vornahm (und noch vornimmt), verengt auf die Perspektive männlicher Wahrnehmung. Die feministische Kritik an solchen traditionell männlich geprägten Wissenschaftsinteressen und Wissenschaftsstrukturen wandte sich zunächst vor allem gegen den Ausschluß des weiblichen Lebenszusammenhangs aus Lehre und Forschung. So hat sich allmählich seit den achtziger Jahren in diesen Fächern die Einsicht durchgesetzt, daß es sich bei der Kategorie Genus/*gender* im Sinne von «Geschlechterdifferenz» um eine historisch-zeitgebundene, soziokulturelle Konstruktion von sexueller Identität handelt, eine Einsicht, die den tradierten Themenkatalog einzelner Disziplinen ebenso betrifft wie ihre theoretischen Voraussetzungen und methodischen Ansätze. Als mindestens ebenso aufschlußreich wie sozio-ökonomische Analysen hat sich die Symbolisierung der Geschlechterverhältnisse in den Medien der Kulturwissenschaften (insbesondere in Literatur, Kunst, Musik, Philosophie und Theologie) erwiesen. Die Veröffentlichungen zur Frauen- bzw. Geschlechterforschung sind inzwischen (fast) unübersehbar.[36]

Über den Modus ihrer Institutionalisierung gehen die Meinungen bis heute auseinander: Die Etablierung der Frauenforschung auf eigenen Professuren innerhalb bestehender Universitätsstrukturen schafft zwar unter Umständen direkteren Zugriff auf finanzielle und personelle Ressourcen, gerät aber leicht in die Gefahr der Ghettoisierung, wenn nicht gleichzeitig disziplinübergreifende Zusammenarbeit praktiziert wird. Die institutionelle und damit weitgehend politische Unabhängigkeit autonomer Forschungszentren dagegen ist auf Mäzene oder Drittmittel-Förderung angewiesen, wodurch die parteipolitische Selbständigkeit aber noch nicht gewährleistet ist. Bundesweit haben sich seit Beginn der achtziger Jahre an mehreren Hochschulorten Frauenforschungseinrichtungen unterschiedlichster Konstruktion etabliert, von deren Aktivitäten und Publikationen wichtige politische Impulse ausgehen.[37]

Große Hoffnungen knüpften sich 1990 an die Einrichtung einer Kommission für Frauenforschung durch den Senat der Deutschen Forschungsgemeinschaft (DFG), welche Forschungsdefizite der Frauenforschung in den empirisch orientierten Sozialwissenschaften ermitteln, «wichtige Forschungsaufgaben benennen und Vorschläge zur Verbesserung der Förderung der Frauenforschung vorlegen sollte».[38] Vier Jahre später präsentierte die Kommission ein umfassendes Kompendium «Sozialwissenschaftliche Frauenforschung in der Bundesrepublik Deutschland» (Berlin 1994) mit einem Schlußkapitel über «Forschungspolitische Konsequenzen», worin einmal der Ausbau von Frauenforschungsprofessuren empfohlen wird, zum anderen aber vor allem die Einrichtung von interdisziplinären Forschungszentren. Allerdings setzen die meisten Hochschulen aus studienökonomischen und Kapazitätsgründen andere Prioritäten. Dennoch wurden seit etwa Mitte der achtziger Jahre an bundesdeutschen Hochschulen immerhin insgesamt etwa 104 Professuren «mit besonderer Berücksichtigung von Frauenforschung» ausgewiesen (darunter 22 als Lehrstühle). Die meisten davon sind in Nordrhein-Westfalen und Berlin angesiedelt.

In Bayern ist seit dem Sommersemester 1995 eine erste Hürde genommen: An der Universität Erlangen-Nürnberg wurde ein Lehrstuhl für «Sozialpsychologie mit einem Schwerpunkt in sozialpsychologischer Frauenforschung» eingerichtet. Bis dahin war Bayern neben Schleswig-Holstein das einzige (alte) Bundesland, das geschlechtsspezifische Forschungen der Eigeninitiative institutionell schlecht oder nicht verankerter Nachwuchswissenschaftlerinnen überließ. So ist es trotz mehrfacher Anstrengungen bislang noch nicht gelungen, an der Universität München eine Professur mit einem Schwerpunkt im Bereich der Frauen-/Geschlechterforschung einzurichten. Wissenschaftspolitisch und fachspezifisch wohlbegründete Anträge aus den Bereichen Psychologie und Literaturwissenschaft scheiterten an (angeblich) vordringlicheren Forschungs- und Lehraufgaben in *Numerus-clausus*-Fächern wie Informatik und Betriebswirtschaftslehre. Eine Auswertung der in den Münchner «Frauen-Studien»[39] der vergangenen zwölf Semester angekündigten annähernd 400 Veranstaltungen könnte allerdings den Eindruck erwecken, als bedürfe es keiner institutionellen Anstrengungen mehr, dieser international diskutierten Forschungsrichtung auch an bayerischen Hochschulen institutionelle Bodenhaftung zu verschaffen, zumal sich seit dem ersten Erscheinen der «Frauen-Studien» im Wintersemester 1990/1991 die Zahl der Veranstaltungen mehr als verdoppelt hat. Führend sind seit jeher – auch bundesweit und international – die Sozial- und Kulturwissenschaften, die durch ihre an der soziokulturellen Kategorie *gender* entwickelte Theoriebildung nicht nur positive Beiträge zum Selbstverständnis und zur Methodik der jeweiligen Disziplinen geleistet, sondern auch wichtige Impulse zu interdisziplinärer Zusammenarbeit gegeben haben. Doch leider täuschen die Münchner «Frauen-Studien» (ebenso wie entsprechende Publikationen anderer Universitäten) eine Aufgeschlossenheit vor, wo in Wirklichkeit noch immer Skepsis, Abwehr und verweigerte Rezeption der Ergebnisse der Frauen-/Genusforschung wirken.[40]

Eine Ausnahme hiervon bildet das von der Deutschen Forschungsgemeinschaft seit dem Sommersemester 1992 geförderte Münchner Graduiertenkolleg «Geschlechterdifferenz & Literatur», das den institutionellen Rahmen für literaturwissenschaftliche Geschlechterforschung mit interdisziplinärer Orientierung bietet. Gefördert werden vor allem Studien zur Bedeutung der Geschlechterdifferenz in der Literatur und im literarischen Leben sowie zur gesellschaftlichen Rezeption literarisch imaginierter Entwürfe von Mann und Frau, von Weiblichkeit und Männlichkeit. Besonderer Wert wird dabei auf die historische und theoretische Dimension der gemeinsamen Arbeit gelegt.

3. Ausblick

Seit bald hundert Jahren sind Frauen in Deutschland zum Hochschulstudium zugelassen, seit dem Wintersemester 1918/1919 wurden Frauen in Bayern auch habilitiert, und der stetige Anstieg des Frauenanteils auf allen Ebenen der akademischen Hierarchie seit den sechziger Jahren deutet auf einen einschneidenden Wandel in der gesellschaftlichen Einschätzung von Geschlecht und Profession. Von Stufe zu Stufe aber wird die Vision von einem symmetrischen Geschlechterverhältnis utopischer, denn trotz jahrzehntelanger Gleichstellungspolitik stagniert der Anteil von Frauen auf Professuren hartnäckig unter der Fünf-Prozent-Klausel. Je höher Macht und Prestige angesiedelt sind, um so schwerer fällt der Prozeß des Teilens, der die tradierte Selbstverständlichkeit der männerdominierten Hierarchie in Frage stellt: Dank dem 1985 novellierten Hochschulrahmengesetz aber kann zumindest der Tatbestand der Diskriminierung nicht mehr bezweifelt werden; außerdem sind seit 1994 kompensatorische Maßnahmen grundgesetzlich explizit abgesichert.[41] Die (zunächst höchst umstrittene) Institutionalisierung von Frauenbeauftragten an allen Hochschulen hat mehr Transparenz in akademische Entscheidungsprozesse gebracht. Ihre bundesweite Vernetzung und Kooperation ermöglicht es den Frauenbeauftragten, sich konstruktiv in politische Entscheidungsprozesse (Hochschulgesetze, Förderprogramme, Einrichtung von Professuren für Frauenforschung) einzumischen.

Die Frauen- und Geschlechterforschung hat die besondere Präsenz und Kreativität von Frauen in Kunst und Wissenschaft als eine aufregende neue Welt erschlossen. Wissenschaftlerinnen haben gelernt, die jahrhundertealten Praktiken ihrer Marginalisierung zu erkennen, ihre Kritik am herrschenden Wissenschaftsbetrieb zu formulieren und die tiefsitzenden Stereotype über Weiblichkeit und Wissenschaft allmählich zu dekonstruieren. Damit treten Frauen (bislang überwiegend nur als wissenschaftliche Dienerinnen in jedweder Funktion wahrgenommen, wie den Danksagungen in wissenschaftlichen Publikationen zu entnehmen ist) als eigenständig Forschende und Schreibende auf, deren Denken persönliche

Erfahrung nicht ausspart (ein Sakrileg gegen die abendländische Wissenschaftstradition der Objektivität!) und die darauf dringen, ihre Forschungsergebnisse in politisches Handeln umzusetzen. Nicht nur bei Feministinnen setzt sich allmählich die Einsicht durch, daß die «Frauenforschung zu den wichtigsten Entwicklungen in der wissenschaftspolitischen Landschaft der zweiten Hälfte dieses Jahrhunderts» zählt.[42]

Allerdings tragen diese positiven Entwicklungsschritte noch nicht hinreichend zur Entspannung der Geschlechterkonkurrenz bei: Zum einen wird der Abstand immer größer zwischen dem Selbstbewußtsein dieser «neuen» Frauen, ihrer Sensibilisierung für geschlechtsspezifische Blickweisen und dem der meisten Männer, die noch immer zögern, Konsequenzen aus dieser Aufklärungsarbeit für ihr eigenes Selbstverständnis zu ziehen. Nicht anders läßt sich erklären, daß mittlerweile eine Generation formal hochqualifizierter Wissenschaftlerinnen herangewachsen ist, die zwar auf deutschen Berufungslisten allzu häufig auf die hinteren Plätze gelangen, aber jeweils kurze Zeit später auf ausländische Professuren berufen werden. Die Zahl dieser unfreiwilligen «Emigrantinnen» ist erheblich, der Verlust auf deutscher Seite ebenso.[43]

Und das Fazit an der Schwelle zum nächsten Jahrhundert? Es liegt nicht zuletzt an den von der Ungleichstellung Betroffenen, dem fortdauernden Anpassungsdruck standzuhalten und sich (selbst im Falle einer persönlich erfolgreichen Karriere) den Blick für die strukturellen Ungleichheiten nicht verstellen zu lassen, sondern eine kreative «Interventionskultur»[44] zu entwickeln und fortzufahren mit dem Abbau hindernder Denkverbote, mit der selbstbewußten Abgrenzung gegen männliche Sichtweisen und der offensiven Formulierung eigener Positionen – bis hin zum provokativen Konzept einer «Frauenuniversität».[45]

V.

Anhang

Abb. 51: Plakat zur Ausstellung *Stieftöchter der Alma mater?*
90 Jahre Frauenstudium in Bayern, am Beispiel der Universität München.
(Entwurf Petra Winderoll, München).

Abkürzungsverzeichnis

ARS	Archiv des Rektorats und des Senats (Universitätsarchiv Würzburg)
BAK	Bundesarchiv Koblenz
BayHStA	Bayerisches Hauptstaatsarchiv
DHS	Deutsche Hochschulstatistik
GVBl	Gewerbeverordnungsblatt
KMBl.	Kultusministerialblatt
ME	Ministerialentschließung
NL	Nachlaß
StAM	Staatsarchiv München
StMIKSch	Staatsministerium des Inneren für Kirchen- und Schulangelegenheiten
THM	Technische Hochschule München
TUM	Technische Universität München
UAE	Universitätsarchiv Erlangen
UAM	Universitätsarchiv München
UAW	Universitätsarchiv Würzburg
Vh./K. d. A.	Verhandlungen der Kammer der Abgeordneten
VO	Verordnung
ZBayStLA	Zeitschrift des Bayerischen Statistischen Landesamtes

Anmerkungen

1.

Ilse Costas

Der Zugang von Frauen zu akademischen Karrieren

1 Bei der «Association of Collegiate Alumnae» handelt es sich um die Vereinigung amerikanischer Hochschulabsolventinnen.
2 Hamilton (1965): *Edith and Alice Hamilton*, S. 130, übers. v. I. C.
3 Hamilton (1965): *Edith and Alice Hamilton.*
4 Ebenda, S. 129; Rossiter (1982): *Women Scientists*, S. 124, 188.
5 Vgl. Harte (1986): *The University*, S. 193 ff.; Karpen (1994): *Status und Besoldung*, S. 290; Shryock (1961): *United States*, S. 180; Ewert/Lullies (1984): *Das Hochschulwesen*, S. 27, 34; Weisz (1980): *Reform and conflict*, S. 64 f.
6 Im folgenden Teil greife ich auf einige Passagen meines Aufsatzes *Das Verhältnis von Profession, Professionalisierung und Geschlecht in historisch vergleichender Perspektive* (1992) zurück.
7 Vgl. besonders Moses (1984): *French Feminism.*
8 Ray Strachey: *The Cause*. London ³1988, zuerst 1928, S. 64.
9 Banks (1981): *Faces of Feminism.*
10 Gerhard (1990): *Unerhört*, S. 64.
11 Helene Lange weist auf die unterschiedliche theoretische Fundierung der Forderungen nach Frauenbildung in England und Deutschland hin. Bei ihrer Reise nach England fällt ihr besonders auf, daß die in der Frauenbildung engagierten Professorinnen etc. es ablehnen, spezifisch weibliche Wege zur Wissenschaft zu definieren: «[...] kein Mensch sprach, wenn es sich um Wissenschaft handelte, von weiblicher Eigenart.» Lange (1921): *Lebenserinnerungen*, S. 164.
12 Helene Lange: *Kampfzeiten*. 2 Bände. Berlin 1928, hier Band 2, S. 213.
13 Siehe dazu auch die ausführliche Dokumentation in Twellmann (1972): *Die deutsche Frauenbewegung*, Bd. 2: Quellen, S. 352–357.
14 Gerhard (1990): *Unerhört*, S. 150.
15 Twellmann (1976): *Die deutsche Frauenbewegung*, Bd. 1, S. 124.
16 Ringer (1979): *Education and Society*, S. 248 f.; Göbel (1990): *Ärzte und Rechtsanwälte*, S. 322 ff.
17 Ringer (1979): *Education and Society*, Kap. 5.
18 Zum Bildungssystem vgl. Karady (1985): *Teachers and Academics*; Weisz (1983): *The Emergence*; Zeldin (1980): *France*. Zur Frauenbildung vgl. Mayeur (1979): *L'Education*; McMillan (1981): *Housewife or Harlot*; Charrier (1931): *L'évolution intellectuelle.*
19 Zum Bildungssystem vgl. Im Hof (1967): *Die schweizerischen Varianten*; Feller (1935): *Die Universität Bern.*
20 Zum Bildungswesen vgl. Ringer (1987): *Die Gelehrten*, S. 38 ff.; McClelland (1985): *Zur Professionalisierung*. Zur Mädchenausbildung und zum Frauenstudium siehe Albisetti (1982): *The Fight* und Albisetti (1983): *Women*; Costas (1988): *Der Beginn* sowie Geheimes Staatsarchiv Preußischer Kulturbesitz, Abteilung Merseburg (GStA

Merseburg) Rep 76, Kultusministerium, Va, Sekt. 1, Titel VIII, Nr. 8, Vol. VI, Bl. 146 ff. sowie Vol. VII–Vol. XII.

21 Conze/Kocka (1985): *Bildungsbürgertum*, S. 18 f.

22 Epstein (1981): *Women in Law*, S. 238 f.

23 White (1967): *Women in the Law*, S. 1051; Epstein (1981): *Women in Law*, S. 4 und Kap. 5; sowie Silas H. Strawn: *Requirements for Admission to the Bar*. In: American Bar Association Journal, July 1927, S. 384–387; Alan Fox: *Higher Educational Standards Urged for Admission to Law in N. Y.* In: American Bar Association Journal, March 1927, S. 121–123.

24 Helene von Mülinen: *Frauenbewegung*. In: N. Reichesberg (Hg.): Handwörterbuch der Schweizerischen Volkswirtschaft und Verwaltung. Bd. 2. Bern o. J., S. 35–49, hier S. 46.

25 Hannes Siegrist: *Gebremste Professionalisierung – Das Beispiel der Schweizer Rechtsanwaltschaft im Vergleich zu Frankreich und Deutschland im 19. und frühen 20. Jahrhundert*. In: Conze/Kocka (1985): *Bildungsbürgertum*, S. 301–331, hier S. 306.

26 *Lois, décrets, avis du conseil d'état, etc. avec annotations, année 1901*. In: Recueil général des lois et des arrêts en matière civile, criminelle, administrative et de droit public. o. O. 1901, S. 1–4, hier S. 3. Vgl. dazu ausführlich Costas (1995): *Gesellschaftliche Umbrüche*.

27 Vgl. Archives Nationales (AN) AJ 16 2876.

28 Ringer (1987): *Die Gelehrten*, S. 40–44; McClelland (1985): *Zur Professionalisierung*, S. 244.

29 Claudia Huerkamp/Reinhard Spree: *Arbeitsmarktstrategien der deutschen Ärzteschaft im späten 19. und 20. Jahrhundert*. In: Toni Pierenkemper/Richard Tilly (Hgg.): *Historische Arbeitsmarktforschung*. Göttingen 1982, S. 77–116, hier S. 77–106.

30 Zur Struktur dieses Hochschulbildungs- und Wissenschaftssystems und zur modernen Organisationsform der einzelnen Universitäten in Seminaren und Instituten vgl. Brocke (1990): *Hochschul- und Wissenschaftspolitik*; siehe auch Ewert/Lullies (1984): *Das Hochschulwesen*; Thieme (1961): *Western Germany*; Ringer (1987): *Die Gelehrten*, S. 42 f.

31 Statistisches Jahrbuch für das Deutsche Reich (1929), S. 110 f.

32 Statistical Yearbook (1991), Unesco Paris (1991, table 3.11, S. 3–261, 3–273). Daten für die Jahre 1980, 1985 und 1987 (Daten für dieselben Jahre waren nicht verfügbar). Simeone (1987): *Academic Women*, S. 48, table 2.3; Bundesminister für Bildung und Wissenschaft, Grund- und Strukturdaten (1985/86) (= Daten für die Jahre 1981/82).

33 Shryock (1961): *United States*, S. 182; vgl. auch die Darstellung bei Graham (1978): *Expansion and Exclusion*, S. 760.

34 Woody (1966): *A History*, Bd. 2, S. 322.

35 Palmieri (1995): *In Adamless Eden*, S. 6 f., 11, passim.

36 Carter (1993): *Occupational Segregation*, S. 592.

37 Woody (1966): *A History*, Bd. 2, S. 329 f.

38 Graham (1978): *Expansion and Exclusion*, S. 761.

39 Vgl. Karpen (1994): *Status und Besoldung*, S. 207 ff.; Harte (1986): *The University*, S. 192 ff.

40 Einen Höhepunkt an Prestige, Einfluß und Autonomie erreicht die Professorenschaft erst in den 1950er und 1960er Jahren. Dafür ist der Begriff «donnish dominion» geprägt worden. Vgl. Karpen (1994): *Status und Besoldung*, S. 222.

41 Karpen (1994): *Status und Besoldung*, S. 45; Craig Zwerling: *The emergence of the Ecole Normale Supérieure as a centre of scientific education in the nineteenth*

century. In: Robert Fox/George Weisz (Hgg.): *The organization of science and technology in France, 1808–1914*. Cambridge 1980, S. 31–60, hier S. 34 f.

42 Ewert/Lullies (1984): *Das Hochschulwesen*, S. 21.

43 Zwerling, a. a. O., S. 41 ff.

44 Karpen (1994): *Status und Besoldung*, S. 66.

45 Vgl. Revue internationale de l'enseignement (1912), Tome I, S. 68 f.

46 Vgl. Mayeur (1979): *L'Education des Filles*, S. 148 ff.; Charrier (1931): *L'évolution intellectuelle*, S. 406–424.

47 Häntzschel (1996): *Kritische Bemerkungen*.

48 Anger (1960): *Probleme der deutschen Universität*, S. 488–496.

2.

Monika Meister

Über die Anfänge des Frauenstudiums in Bayern

1 Bischoff (1872): *Das Studium*, S. 19.

2 Ebenda, S. 41.

3 Dohm (1874): *Die wissenschaftliche Emancipation*. (Im folgenden zitiert nach Reprint Zürich 1982.)

4 Ebenda, S. 8.

5 Ebenda, S. 29.

6 Costas (1992): *Der Kampf*; Bußmann (1993): *Stieftöchter*, Grafik S. 37.

7 Am 18. Oktober 1865 hatten Louise Otto und Auguste Schmidt in Leipzig den «Allgemeinen Deutschen Frauenverein» (ADF) gegründet. In § 1 der Statuten hieß es: «Der Allgemeine Deutsche Frauenverein hat die Aufgabe, für die erhöhte Bildung des weiblichen Geschlechts und die Befreiung der weiblichen Arbeit von allen ihrer Entfaltung entgegenstehenden Hindernissen mit vereinten Kräften zu wirken.»

8 Dohm (1874): *Die wissenschaftliche Emancipation*, S. 9.

9 Kaiser (1995): *Spurensuche*, S. 3; siehe auch den Beitrag 3 von Gisela Kaiser in diesem Band.

10 Bayerisches Hauptstaatsarchiv (BayHStA) MK 11115, Schreiben des Senats der Universität Würzburg an das Staatsministerium des Inneren für Kirchen- und Schulangelegenheiten vom 15. März 1870.

11 Die einschlägigen Paragraphen der gültigen Satzung von 1849 besagten, in «§ 6: Die Matricel wird jedem verliehen, der 1. ein gesetzliches Maturitätszeugnis beibringt. § 9: Ausländer haben [...] ein Zeugnis über ihre wissenschaftliche Vorbereitung zu den Universitäten vorzulegen, wie solches durch die Gesetze des Landes, dem sie angehören, vorgeschrieben ist.» BayHStA MK 11124.

12 Boehm (1958): *Von den Anfängen*, S. 306.

13 Universitätsarchiv München (UAM) N-I–47.

14 Boehm (1958): *Von den Anfängen*, S. 308 f.

15 Boedeker (1935): *25 Jahre Frauenstudium*, H. 1, Zeittafel S. XXIIff.

16 Ebenda.

17 BayHStA MK 11115, Petition vom 10. Oktober 1888.

18 BayHStA MA 92511, Schreiben vom 11. Juni 1889.

19 BayHStA MK 11115.

20 Am 10. November 1891 übergab der ADF die Massenpetition mit 51.624 Unterschriften das erste Mal an den Reichstag. Die Petition blieb unerledigt und wurde zurückgesandt, zum zweiten Mal wurde sie am 19. November 1892 und zum dritten

Mal am 24. November 1893 eingereicht mit nunmehr knapp 60.000 Unterschriften. Boedeker (1935): *25 Jahre Frauenstudium*, H. 1, S. XXIXff.; siehe auch BayHStA MK 11115, Vierter Bericht der Kommission für die Petitionen vom 8. März 1893.

21 Hirsch (1920): *Über das Frauenstudium*, S. 15.

22 Das Ministerium hatte aber offensichtlich das verlangte Procedere nicht verbindlich fixiert, denn am 5. Juni 1897 ersuchte die Philosophische Fakultät der Universität München um baldige Aufstellung allgemeiner Normen, da «bei der sich mehrenden Zahl derartiger Gesuche unmöglich mehr von Fall zu Fall entschieden werden kann» (zitiert nach Boehm (1958): *Von den Anfängen*, S. 321). Dadurch wurde das Verfahren für die Antragstellerinnen noch willkürlicher. Erst 1901 erließ das Ministerium eine entsprechende Verfügung.

23 UAM Sen 110.

24 Sisel Sagal war Absolventin der Universität Zürich, Helene Karatigine hatte zuvor Vorlesungen in Berlin besucht.

25 Lyda Gustava Heymann, Kampf- und Lebensgefährtin von Anita Augspurg, hat die gemeinsame Biographie unter dem Titel *Erlebtes – Erschautes* veröffentlicht. Zu Anita Augspurg vgl. auch Monika Meister: *«Gehirn- und Zwitterwesen». Die Frauenrechtlerin Anita Augspurg*. Sendemanuskript des Bayerischen Rundfunks vom 8. Dezember 1985; Herz (1985): *Hof-Atelier «Elvira»*.

26 UAM Sen 110.

27 Anita Augspurg promovierte über «Entstehung und Praxis der Volksvertretung in England». Siehe Verein feministische Wissenschaft Schweiz (1988): *«Ebenso neu als kühn»*, S. 182 und 228; vgl. den Beitrag 11 von Hiltrud Häntzschel in diesem Band.

28 Siehe Beitrag 7 von Marita Krauss in diesem Band.

29 BayHStA MK 11115, Senatsprotokoll vom 21. Mai 1898.

30 UAM Sen 110, Medizinische Fakultät an den Senat vom 8. Mai 1899.

31 Siehe Beitrag 4 von Christl Knauer-Nothaft in diesem Band; Fuchs (1994): *Väter*, S. 5; Kaiser (1995): *Spurensuche*, S. 5.

32 Im Wintersemester 1901/02 waren laut Schreiben des Rektorats an die Universität Krakau bei 4494 immatrikulierten Studenten und 184 Hörern 24 Damen zugelassen. Boehm (1958): *Von den Anfängen*, S. 313.

33 BayHStA MK 11115.

34 UAM Sen 110.

35 Zur weiteren Entwicklung der Promotionen an der Universität München siehe Bußmann (1993): *Stieftöchter*, S. 42 f.

36 In Kirchhoff (1897): *Die akademische Frau*, S. 92.

37 Ebenda, S. 143 f.

38 Ebenda, S. 91 f.

39 So der Pathologe Rindfleisch von der Universität Würzburg, ebenda, S. 71 f.

40 Ebenda, S. 193 f.

41 Ebenda, S. 124. Siehe auch den Beitrag 7 von Marita Krauss in diesem Band; sowie Franz von Winckels widersprüchliche Haltung in der Frage der Mädchengymnasien in dem Beitrag 8 von Christl Knauer-Nothaft in diesem Band.

42 Ebenda, S. 54 ff.

43 Siehe auch Hausen (1986): *Warum Männer*.

44 Ministerielle Entscheidung Nr. 2243 über die Zulassung von Frauen zum Universitätsstudium, abgedruckt in Nauck (1953): *Das Frauenstudium*, S. 54.

45 So findet sich in den Akten des Bayerischen Staatsministeriums eine eifrige Korrespondenz mit Preußen, auch mit Sachsen bezüglich einer Abstimmung der Reaktionen auf die Eingaben der Organisationen der Frauenbewegung, BayHStA MA 92511.

46 BayHStA MK 11115, 4. Bericht der Kommission für die Petitionen im Reichstag vom 8. März 1893.
47 Margarete Hippke: *Dr. Margarete Heine.* In: Die Frau 48 (1940/41), S. 185 f.
48 Nauck (1953): *Das Frauenstudium*, S. 17 f.
49 Ebenda, S. 48–52.
50 Ebenda, S. 54.
51 Ebenda.
52 Dieses und alle folgenden Zitate: Verhandlungen der Kammer der Abgeordneten des Bayerischen Landtags, 121. u. 122. Sitzung vom 23. und 24. April 1900.
53 UAM Sen 110, Schreiben vom 24. Februar 1903.
54 UAM Sen 110, Senatsbericht vom 21. Mai 1903. Zu den Stellungnahmen der Universitäten Würzburg und Erlangen siehe den Beitrag 3 von Gisela Kaiser in diesem Band.
55 BayHStA MK 11116, Schreiben vom 18. September 1903.
56 BayHStA MK 11117; zur Geschichte des Frauenstudiums an der Technischen Hochschule München vgl. Fuchs (1994): *Väter*.
57 BayHStA MK 11124.
58 Wie oben skizziert.
59 Boehm (1958): *Von den Anfängen*, S. 311.
60 31 Frauen sind in der Hörerinnenliste eingetragen, zehn Absagen sind im Universitätsarchiv dokumentiert, UAM Sen 110.
61 Bumm (1917): *Über das Frauenstudium.*
62 1917 waren an den deutschen Universitäten rund 70.000 Studenten eingeschrieben und 5730 Studentinnen. Im Wintersemester 1931/32 erreichte der Studentinnenanteil mit kanpp 19 Prozent seinen Höchststand. In Bayern studierten 1933 2612 Frauen, das waren 13,2 Prozent. Vgl. Abb. 51.
63 Bumm (1917): *Über das Frauenstudium*, S. 20.
64 Nürnberger Zeitung vom 6. Juni 1926.
65 Rompel (1932): *Die Frau im Lebensraum*, S. 13.
66 E. Weller: *Gegen Studium und Beruf der Frau.* In: Studentenwerk (1932), Heft 1, S. 18–23.
67 Gertrud Bäumer: *Frauenberufe und Hochschulstudium.* In: Studentenwerk (1932), Heft 2, S. 78. Im selben Jahr erscheint Gertrud Bäumers Schrift *Die Krisis des Frauenstudiums.*
68 Die Kampagnen zur Verdrängung von Studentinnen aus den Universitäten in der Weimarer Republik beschreibt ausführlich Weyrather (1981): *«Die Frau im Lebensraum des Mannes»*; zur Situation der Studentinnen im Nationalsozialismus vgl. Weyrather (1981): *Numerus clausus*; siehe insbesondere den Beitrag 6 von Hiltrud Häntzschel in diesem Band.

3.
Gisela Kaiser
Studentinnen in Würzburg, München und Erlangen

1 Vgl. Universitätsarchiv Würzburg (UAW), Archiv des Rektorats und des Senats (ARS) 169, Senatssitzungsprotokoll der VIII. Sitzung vom 12. März 1870, Nr. 29.
2 Bayerisches Hauptstaatsarchiv (BayHStA) MK 11115, Schreiben des Senats der Universität Würzburg an das Staatsministerium des Innern für Kirchen- und Schulangelegenheiten vom 15. März 1870.

3 UAW ARS 169, Senatssitzungsprotokoll der VIII. Sitzung vom 12. März 1870, Nr. 29.

4 Marcella O'Grady (1863–1950) heiratete ein Jahr später Professor Theodor Boveri (1862–1915), den Begründer der Chromosomentheorie der Vererbung, und wurde Mutter der bekannten Journalistin Margret Boveri (1900–1975). Vgl. hierzu die von Uwe Johnson herausgegebene Biographie von Margret Boveri (1977): *Verzweigungen.*

5 Lehmann (1933): *Frohe Lebensarbeit*, S. 194.

6 Würzburger Adreßbuch 1900, Vereins-Register, S. 497.

7 UAW ARS 1651.

8 Zur Geschichte der Frauenvereine in Bayern vgl. Schmittner (1995): *Aschaffenburg.*

9 Lehmann (1993): *90 Jahre Frauenstudium*, S. 488, und Anm. 6, S. 496.

10 Schmittner (1995): *Aschaffenburg*, S. 139.

11 Vgl. Bischoff (1872): *Das Studium.*

12 Karl Bernhard Lehmann: *Das Frauenstudium.* In: Beilage zur Allgemeinen Zeitung München Nr. 141 vom 28. Juni 1898.

13 UAW ARS 1651, Schreiben von Jenny Danziger vom 3. Oktober 1899 an das StMIKSch und Schreiben des StMIKSch an den Senat der Universität vom 27. Oktober 1899.

14 Das Gesuch vom 13. November 1899 findet sich – ebenso wie alle weiteren zitierten Schreiben sowie der genannte Schriftwechsel zwischen dem StMIKSch und dem Senat der Universität Würzburg – in der Akte über die «Zulassung von Frauen zum Hochschulstudium. Vorträge für den Verein ‹Frauenheil› 1894–1911», UAW ARS 1651.

15 Ebenda.

16 Ebenda.

17 Ebenda.

18 UAW ARS 1651, Anhang zum 6. Jahresbericht des Vereins «Frauenbildung – Frauenstudium» vom Herbst 1903. Hier findet sich eine Zusammenstellung der im Sommersemester 1903 an deutschen Universitäten immatrikulierten Studentinnen und Hörerinnen. Studentinnen verzeichneten damals die Universitäten Freiburg (22) und Heidelberg (30). Insgesamt 930 Hörerinnen waren an allen Universitäten im Kaiserreich – mit Ausnahme von Münster – zugelassen. An erster Stelle der Statistik lag die Universität Berlin mit 294, gefolgt von Bonn mit 90 Hörerinnen. Würzburg nahm unter den 20 aufgelisteten Hochschulen Platz sieben ein, weit vor München und Erlangen.

19 Die Zahlen hier und im folgenden wurden berechnet nach den statistischen Angaben in: 1. Amtliches Verzeichnis des Personals, der Lehrer, Beamten und Studierenden an der Ludwig-Maximilians-Universität zu München, WS 1903/04 ff., 2. Personalbestand der Kgl. Bayerischen Julius-Maximilians-Universität Würzburg, WS 1903/04 ff., und UAW ARS 2012–2048, Inskriptionslisten der Universität Würzburg, 3. Übersicht des Personalstands bei der Kgl. Bayerischen Friedrich-Alexander-Universität Erlangen nebst Verzeichnis der Studierenden, WS 1903/04 ff. Zu Erlangen vgl. Lehmann (1993): *90 Jahre Frauenstudium*, S. 489 ff.

20 Reiner (1923): *Das bayerische Hochschulwesen*, S. 109.

21 Vgl. hierzu Benker u. a. (1991): *Grenzüberschreitungen*, S. 41 ff.

22 Ebenda, S. 49.

23 Vgl. hierzu Jansen (1927): *Die soziale Herkunft.* Hier insbesondere: 2. Die soziale Herkunft der weiblichen Studierenden an den bayerischen Universitäten, S. 461 ff. In dieser Untersuchung der sozialen Herkunft der Studierenden an den bayerischen Universitäten für die Jahre zwischen 1913 und 1925 kommt die Autorin zu dem

Ergebnis, daß rund 40 Prozent aller Studenten aus den «unteren Volksschichten» stammten und nur 25 Prozent aus den «akademisch gebildeten Kreisen». Bei den Studentinnen dagegen waren bei den Väterberufen vor allem die höheren Beamten, die akademisch ausgebildeten Lehrer, Ärzte, Rechtsanwälte, Kaufleute und Industriellen in weit überwiegendem Maße vertreten. Da es das vielzitierte «Brotstudium» nicht gab und auch heute nicht gibt, weil ein Studium keine Berechtigung auf irgendeine Berufstätigkeit gewährleistet, folgert die Verfasserin der Untersuchung, «daß zunächst nur solche Frauen sich dem Studium zuwandten, die sich einerseits in materiell unabhängiger Lage befanden, und in deren Kreisen andererseits noch die lebendigste Verbindung mit der Wissenschaft zu spüren war».

24 Die Zahlenangaben hier und im folgenden wurden zusammengestellt nach: Deutsche Hochschulstatistik 1928–1933, hg. von den Hochschulverwaltungen, Berlin 1928 ff., hier Band 10, Winterhalbjahr 1932/33, Berlin 1933. Vgl. zu Erlangen auch Lehmann (1993): *90 Jahre Frauenstudium*, S. 489 f.

25 Lehmann (1993): *90 Jahre Frauenstudium*, S. 492.

4.

Christl Knauer-Nothaft

Bayerns Töchter auf dem Weg zur Alma mater

1 BayHStA MK 11116, Schreiben vom 18. September 1903.

2 Satzungen für die Studierenden an den Bayerischen Universitäten, ME vom 27. Februar 1891, Nr. 2311 (KMBl., S. 73 ff.).

3 Vgl. Knauer (1995): *Frauen unter dem Einfluß.*

4 BayHStA MK 11119, Schreiben des Staatsministeriums des Innern für Kirchen- und Schulangelegenheiten an den Senat der Universität vom 27. Mai 1897.

5 ME vom 18. September 1901, Nr. 4037 (KMBl., S. 367 ff.).

6 BayHStA MK 15029, Kultusminister Dr. von Landmann an Prinzregent Luitpold am 1. August 1897. Genehmigt am 3. August 1897.

7 BayHStA MK 15030, vgl. Aufstellung vom 6. Februar 1903.

8 ME vom 21. September 1903, Nr. 19 376 (KMBl., S. 367 f.). Für Frauen galt nun auch Paragraph 4 der Universitätssatzungen von 1891.

9 BayHStA MK 15030, das bayerische Kultusministerium an die Senate am 28. März 1905. Vgl. auch Boehm (1958): *Von den Anfängen*, S. 321, Anm. 53.

10 KMBl. Nr. 1 vom 10. Januar 1903, S. 5–6; KMBl. Nr. 1 vom 9. Januar 1904, S. 16–17; KMBl. Nr. 1 vom 9. Januar 1911, S. 12 f.

11 Beilner (1971): *Die Emanzipation*, passim.

12 Vgl. ME vom 11. Juni 1881, gültig bis 1911.

13 Im Schuljahr 1899/1900 befanden sich insgesamt 493 Kandidatinnen an den drei in diesem Jahr in Bayern bestehenden (nicht-klösterlichen) Lehrerinnenbildungsanstalten (in Memmingen bestand eine kleinere Einrichtung). Zum Vergleich: Die Lehrerausbildung absolvierten in diesem Jahr circa 2300 Kandidaten. KMBl. 1900, Nr. 1, S. 21–23.

14 BayHStA MK 11119, ME vom 25. März 1900, Nr. 4275; MK 11120, vgl. die Jahre 1902/03.

15 Kaiser (1995): *Spurensuche*, S. 16–18.

16 BayHStA MK 11120, Schreiben vom 9. November 1903.

17 KMBl. 1904, Nr. 1, S. 16 f.

18 ME vom 13. April 1907, Nr. 2641, gezeichnet Dr. von Wehner (KMBl., S. 222 f.).

19 Vgl. entsprechende Jahrgänge der KMBll.

20 Von den festen Stellen entfielen sogar nur 12, 36 Prozent auf Lehrerinnen. Mit Einrechnung der klösterlichen Lehrerinnen betrug der Anteil weiblicher Lehrkräfte an der Gesamtzahl des Lehrpersonals 26, 75 Prozent. Klösterliche Lehrerinnen machten ein Drittel der weiblichen Lehrer aus. Schöfer (1918): *Die wirtschaftliche Lage*, S. 12–21.

21 1913/14 waren 74 Lehrerinnen vom bayerischen Schuldienst zum Studium beurlaubt, wesentlich mehr als Lehrer. Da in den vorhergehenden Jahren noch mehr Lehrerinnen Beurlaubungen zu Studienzwecken beantragt hatten, griff man zum Mittel der Entlassung und nur eventuellen Wiedereinstellung. Schöfer (1918): *Die wirtschaftliche Lage*, S. 82f.

22 Bremer/Ehrich (1993): *Mütterlichkeit als Profession*, Bd. 2, S. 131f. und 257.

23 Beilner (1971): *Die Emanzipation*, S. 246f.

24 Brinkschulte (1993): *Weibliche Ärzte*, S. 161.

25 Kraul (1991): *Höhere Mädchenschulen*, S. 286.

26 Bayern kann somit etwa mit dem kleinen Stadtstaat Hamburg in eine Reihe gestellt werden, der die Mädchenschulreform auch erst 1910/12 durchführte. Allerdings hatte Hamburg bis 1919 keine Universität, wovon, wie in München, Impulse hätten ausgehen können. Vgl. Elke Kleinau: *Emanzipation durch Bildung? Mädchenschulen in Hamburg 1789–1933*. In: Peter Daschner/Reiner Lehberger (Hgg.): *Hamburg – Stadt der Schulreformen*. Hamburg 1990, S. 42–55, hier S. 52ff.

27 Münchner Post Nr. 22 vom 28. Januar 1892.

28 StAM Pol. Div. Mü 592.

29 Verhandlungen der Kammer der Abgeordneten (Vh./K. d. A.), Stenographischer Bericht der 92. Sitzung vom 7. März 1894, 3. Bd., S. 132–134; vgl. Bruns (1985): *Weibliche Avantgarde*.

30 Hans Winter: *Die Frage der höheren Mädchenbildung nach ihrem derzeitigen Stande*. In: Beilage zur Allgemeinen Zeitung Nr. 175 vom 2. August 1904, S. 217–219, hier S. 218.

31 Kaiser (1995): *Spurensuche*, S. 13f.

32 Mitteilungen des Vereins zur Gründung eines Mädchengymnasiums 1 (1895), S. 3–4; Fuchs (1994): *Väter*, S. 7–9.

33 Zeitungsausschnitt vom 15. Mai 1894 in StAM Pol. Dir. 2.099.

34 BayHStA MK 15029, Antrag vom 17. Dezember 1895.

35 Vgl. zuletzt Allerhöchste Verordnung vom 18. April 1873.

36 BayHStA MK 15029, Gutachten vom 20. Oktober 1897.

37 Vgl. BayHStA MK 15029, Brief Kultusminister von Landmann an Paul Heyse vom 2. Dezember 1897.

38 III. Jahresbericht des «Vereins zur Gründung eines Mädchengymnasiums», München 1897, S. 13.

39 Vh./K. d. A., Stenographischer Bericht Nr. 127 vom 2. Mai 1900.

40 Gemäß der Verordnung vom 18. April 1873.

41 BayHStA MK 15029, Schreiben vom 27. Dezember 1900.

42 Vgl. die entsprechenden Jahresberichte der Privat-Gymnasialkurse für Mädchen in München.

43 Hans-Jürgen Apel: *Sonderwege zum Abitur im Deutschen Kaiserreich*. In: Zeitschrift für Pädagogik 34 (1988), Heft 2, S. 171–189.

44 In München begann der erste Kurs mit sieben, in Würzburg und Nürnberg mit je vier Schülerinnen. Die Anzahl stieg jedoch stetig an, in München auf 38 Schülerinnen im Jahr 1903/04, und vier Jahre später hatte sich die Zahl wiederum verdoppelt.

Bis 1908 weisen die Schullisten etwa gleich viel Münchner und auswärtige Schülerinnen aus, danach – infolge der Institutionalisierung von Gymnasien in preußischen Städten – nahm die Zahl der Münchnerinnen deutlich zu, gleichzeitig auch die Mädchen katholischer Konfession. So waren 1912/13 von 109 Schülerinnen 53 katholisch, 42 protestantisch, 12 israelitisch und 2 anderer Konfession. Vgl. die entsprechenden Jahresberichte der Privatgymnasialkurse.

45 Vgl. Gustav Herberich: *Entwicklung und gegenwärtiger Stand der deutschen Mädchengymnasien.* In: Beilage zur Allgemeinen Zeitung Nr. 29 vom 6. Februar 1903.

46 BayHStA MK 15032 passim.

47 Schwessinger (1927): *Lösungen und Fragen*, S. 280.

48 BayHStA MK 21942, zusammenfassender Bericht des Referenten Steiner 1904.

49 Heigenmooser (1905): *Überblick*, S. 87–93.

50 BayHStA MK 21942, ME vom 21. November 1899; Vh./K. d. A., Stenographischer Bericht Nr. 334, Bd. IX, 21. Juni 1903: Minister von Landmann informiert die Kammer über den Abschluß der Erhebung.

51 104 allgemein bildende höhere Schulen, 59 Berufsschulen wie Lehrerinnenseminare, Handels-, Haushalts- und Handarbeitsschulen sowie 29 Einrichtungen, die höhere Schule und zugleich Lehrerinnenseminar führten.

52 BayHStA MK 21942.

53 BayHStA MK 21942, ein Referent des Ministeriums am 29. Februar 1904.

54 BayHStA MK 21942, Bericht vom Dezember 1903.

55 ME vom 8. April 1911, Nr. 2153, KMBl. Nr. 10, S. 189 ff., hier S. 190.

56 In Preußen wurde die «Höhere Mädchenschule» durch größere Anforderungen und zum Teil akademisches Lehrpersonal von einer mittleren Schule abgegrenzt. Zu Preußen vgl. Kraul (1991): *Höhere Mädchenschulen*, S. 286–288.

57 ME vom 17. April 1926, Satzungen für die Studierenden (KMBl., S. 77).

58 M. Celsa Brod: *Neunklassige Lehranstalten für Mädchen.* In: Bayerisches Bildungswesen 1 (1927), S. 28.

59 Gaab (1931): *Das höhere Mädchenschulwesen*, S. 147.

60 BayHStA MK 22151, Generaloberin M. Isabella Wild an das Ministerium am 20. Mai 1911.

61 ME vom 1. Juni 1916, Schulordnung für die höheren Mädchenschulen [...] betreffend. (KMBl. Nr. 10, S. 117 ff., hier S. 247.)

5.
Hiltrud Häntzschel
Zur Geschichte der Habilitation von Frauen in Deutschland

1 Schmeiser (1994): *Akademischer Hasard*, hier S. 32.

2 Ebenda, S. 46.

3 Von den 50 Professoren, deren Biographien Schmeiser auswertet, waren 48 in studentischen Verbindungen, die zwei übrigen konnten sich eine solche Mitgliedschaft finanziell nicht leisten, vgl. Schmeiser (1994): *Akademischer Hasard*, S. 311.

4 Zur Herausbildung und Polarisierung der Geschlechterrollen im deutschen Kaiserreich vgl. Frevert (1995): *«Mann und Weib ...»*.

5 Boedeker/Meyer-Plath (1974): *50 Jahre Habilitation*, S. 5.

6 Außer der Wiener Romanistin Elise Richter die Medizinerin Adele Hartmann, die Archäologin Margarete Bieber, die Mathematikerin Emmy Noether, die Germanistin Agathe Lasch, die Physikerin Hedwig Kohn und die Biologin Paula Hertwig.

7 Vgl. dazu Wobbe (1996): *Aufbrüche*, S. 345–348.
8 Albisetti (1988): *Schooling German Girls*, S. 255.
9 In: Frauencorrespondenz 5 (1902), Nr. 39 und 40.
10 Verein feministische Wissenschaft Schweiz (1988): *«Ebenso neu als kühn»*, S. 166.
11 Schmidt (1992): *Vorgeschichte und Anfänge*, S. 563 f.
12 Die sehr kontroverse Debatte in Göttingen dokumentiert und interpretiert vorzüglich Cordula Tollmien nach den noch vorhandenen Dokumenten und gibt damit detailliert Einblick in das Für und Wider prominenter Professoren. Freilich unterstellt ihre Schlußbemerkung fälschlicherweise, daß es in den Habilitationsbestimmungen eine die Frauen ausschließende Bestimmung gegeben hat. Vgl. hierzu Tollmien (1990): *«Sind wir doch der Meinung ...»*, S. 165–169. Die Debatte wertet auch aus Costas (1988): *Der Beginn des Frauenstudiums.*
13 Brief des Dekans an den Dekan der Phil. Fakultät Giessen vom 11. April 1919 aus Anlaß des Habilitationsantrags von Margarete Bieber. Universitätsarchiv Giessen, Personalakte Margarete Bieber, PrA Phil Nr. 3.
14 Brief des preußischen Kultusministers vom 29. Mai 1908, Schmidt (1992): *Vorgeschichte und Anfänge*, S. 564.
15 Die Studentin. Verband der Studentinnenvereine Deutschlands 1 (1912), Nr. 5 vom 1. Juni 1912, o. P.
16 Ebenda, Nr. 6 vom 1. Juli 1912, o. P.
17 Der Antrag von Charlotte Engel-Reimers in den Wirtschaftswissenschaften. Erst mit 60 Jahren gelang ihr die Habilitation, 1930, im Jahr ihres Todes, nach Boedeker/Meyer-Plath (1974): *50 Jahre Habilitation*, S. 243.
18 Die Studentin. Verband der Studentinnenvereine Deutschlands 1 (1912), Nr. 10 vom 23. Oktober 1912, o. P. Ein Vorgang in den Akten des Preußischen Abgeordnetenhauses bzw. des Kultusministeriums über diese Petition konnte im Geheimen Staatsarchiv nicht ermittelt werden.
19 Vgl. Tollmien (1990): *«Sind wir doch der Meinung ...»*.
20 Ebenda, S. 164.
21 Ebenda, S. 174.
22 Gesuch vom 26. Januar 1915, nach Tollmien (1990): *«Sind wir doch der Meinung ...»*, S. 164.
23 Charlotte von Reichenau in einer Würdigung Margarete Biebers anläßlich ihrer Ernennung zur planmäßigen außerordentlichen Professorin 1931, in: Die Frau 38 (1931), S. 701 f.
24 Der gesamte Vorgang ist im Universitätsarchiv Giessen, Personalakte Margarete Bieber, PrA Phil Nr. 3, archiviert.
25 Nach Boedeker/Meyer-Plath (1974): *50 Jahre Habilitation*, S. 174, erhielt sie sie schon 1918.
26 Krause u. a. (1991): *Hochschulalltag*, S. 651 f.
27 1910 erhielt die Münchner Tierärztliche Hochschule als erste das selbständige Promotionsrecht und im selben Jahr auch eine Habilitationsordnung. Boehm/Spörl (1972): *Die Ludwig-Maximilians-Universität*, Bd. 1, S. 308 f.
28 Ich beziehe mich auf das Porträt von Theresa Wobbe (1994): *Mathilde Vaerting.*
29 Nach Boedeker/Meyer-Plath (1974): *50 Jahre Habilitation*, S. 166 und 169.
30 Zitiert nach der Entschließung des Staatsministeriums vom 22. 2. 1915, Universitätsarchiv München (UAM) N I 91/1.
31 Ebenda.
32 Brief vom 26. März 1915, ebenda.
33 Ebenda.

34 Vgl. den Beitrag 7 von Marita Krauss in diesem Band.
35 Vorwärts. Berliner Volksblatt. Zentralorgan der sozialdemokratischen Partei Deutschlands Nr. 107, 36. Jg., vom 27. Februar 1919, Abend-Ausgabe (S. 2).
36 Ebenda, Nr. 113 vom 12. März 1919, Abend-Ausgabe (S. 2), vgl. Abb. 14.
37 Universitätsarchiv Giessen, Personalakte Margarete Bieber.
38 UAM Phil. Fak. I, O III 2.
39 Als kolportierter, nicht belegter Ausspruch genannt bei Tollmien (1990): *«Sind wir doch der Meinung ...»*, S. 179.
40 Schon 1913, wenige Wochen nach ihrer Promotion summa cum laude in Geschichte, hatte Selma Stern mit ihrem Doktorvater Karl Theodor von Heigel wie selbstverständlich über ein Habilitationsthema korrespondiert und nach dessen Tod 1917 mit seinem Kollegen Erich Marcks wieder die Möglichkeit einer Habilitation erwogen, die allerdings nicht zustande kam. Handschriftenabteilung der Universitätsbibliothek Basel, Nachlaß Selma Stern.
41 UAM O III 2.
42 Ein weiterer Habilitationsversuch Paula Lányis 1925/26 an der Universität Leipzig ist ebenfalls gescheitert, vgl. Universitätsarchiv Leipzig PA 6003.
43 UAM O N, Sitzungsprotokolle des Dekanatsjahrs 1926/27.
44 Gesa Dane ermittelt in dem gescheiterten Habilitationsversuch der Literaturwissenschaftlerin Melitta Gerhard in Heidelberg 1925 eine ähnliche Strategie. Sie kulminiert im Votum von Friedrich Gundolf, der sich «grundsätzlich gegen eine Habilitation von Frauen» aussprach, «die keine Genies sind». Dane (1994): *Melitta Gerhard*, S. 229.
45 Vgl. hierzu die Ausführungen in meinem Beitrag 6 in diesem Band.
46 UAM O N, Sitzungsprotokolle des Dekanatsjahrs 1931/32.
47 Ebenda.
48 In Nachkriegsauflagen von «Kürschners deutschem Gelehrtenkalender» ist Kahl-Furthmann als Privatgelehrte mit zahlreichen Publikationen aufgeführt.
49 Brief vom 9. Januar 1939 an Oberregierungsrat Max Kolb, BayHStA MK 17689; Personalakte Joseph Geyser, vgl. Schorcht (1990): *Philosophie*, S. 140.
50 UAM Sen 127.
51 Dazu ihre «Erklärung» vom 9. November 1935, ebenda.
52 Schreiben des Dekans Walter Wüst an den Rektor Leopold Kölbl vom 9. Dezember 1935, S. 6, ebenda.
53 Etwa dem integren Altphilologen und Fachgutachter Rudolf Pfeiffer, der wegen seiner ‹nichtarischen› Ehefrau 1937 in den ‹Ruhestand› versetzt wurde und nach England ins Exil ging.
54 Zu seiner Berufung und Rolle ausführlich Böhm (1995): *Von der Selbstverwaltung*, S. 514–528.
55 UAM O N, Sitzungsprotokolle der Phil. Fak. I 1936–1939.
56 UAM, O N habil, Akte Irene Grünig.
57 Nach Auszählung im – allerdings nicht ganz zuverlässigen – Verzeichnis der Hochschulschriften.
58 Persönliche Dankrede anläßlich der Ehrungen zu ihrem 70. Geburtstag, Bayerische Staatsbibliothek, Nachlaß Conrad-Martiusiana D II.

6.

Hiltrud Häntzschel

Frauen jüdischer Herkunft an bayerischen Universitäten

1 Geleitwort von Richard Willstätter zu Siegmund Kaznelson (Hg.): *Juden im Deutschen Kulturbereich. Ein Sammelwerk*. 2., stark erweit. Aufl., Berlin 1959, S. VIII. Der Druck der 1. Auflage 1934 war genehmigt, ihr Erscheinen aber verhindert worden.

2 Fliegende Blätter 4 (1847), Nr. 89, S. 135.

3 Heinrich von Treitschke: *Vorlesungen*. Band 1: Politik. Hg. von Max Cornicelius. Leipzig 1897, S. 255.

4 Waltraud Heindl und Marina Tichy haben die Glaubenszugehörigkeit der in Wien studierenden Russinnen tabellarisch aufgelistet. Danach waren von den 126 russischen Studentinnen 90 mosaischen Glaubens. Heindl/Tichy (1990): *«Durch Erkenntnis ...»*, S. 138.

5 Die kürzlich vorgelegte Studie von Notker Hammerstein: *Antisemitismus und deutsche Universitäten* bedenkt die Jüdinnen mit einer einzigen Parenthese. Die Kategorie ‹Geschlecht› und die damit verbundenen Diskriminierungen liegen außerhalb des Denkhorizontes des Verfassers. Zur beschämenden Rolle der Universitäten im Dritten Reich angesichts ihres humanistischen Selbstverständnisses fragt er sich: «Denn was sind Konfession, Volk, Rasse, Charakter usf. anderes als äußerliche und ephemere Kategorien in diesem Zusammenhang von Forschung, Gelehrsamkeit und Begabung?» (Hammerstein (1995): *Antisemitismus*, S. 15.)

6 Da in den Bevölkerungsstatistiken, den Geburtsurkunden und persönlichen Angaben in den Lebensläufen die Konfessionszugehörigkeit nebeneinander als mosaisch, jüdisch oder israelitisch bezeichnet wird, werden auch in diesem Beitrag die Bezeichnungen je nach Quelle nebeneinander gebraucht.

7 Röder/Strauss (1980ff.): *Biographisches Handbuch*; vgl. dazu Häntzschel (1996): *Kritische Bemerkungen*.

8 Statistisches Jahrbuch für das Königreich Bayern. 11. Jg. München 1911, S. 309.

9 Reiner (1923): *Das bayerische Hochschulwesen*. Für den Hinweis danke ich Marita Krauss.

10 Titze (1987): *Das Hochschulstudium*.

11 Errechnet nach Titze (1987): *Das Hochschulstudium*, S. 226, Tab. 114; vgl. auch Huerkamp (1993): *Jüdische Akademikerinnen*, S. 314.

12 Michael Faulhaber auf dem Katholikentag 1909 in Breslau. Bericht über die Verhandlungen der 56. Generalversammlung der Katholiken Deutschlands in Breslau vom 29. August bis 2. September 1909. Breslau 1909, S. 326f.

13 Heindl/Tichy (1990): *«Durch Erkenntnis ...»*, S. 139–149.

14 Richarz (1985): *Vom Kramladen*.

15 Huerkamp (1993): *Jüdische Akademikerinnen*, S. 315.

16 Errechnet nach Titze (1987): *Das Hochschulstudium*, S. 227, Tab. 115.

17 Zitiert nach Schwarz (1963): *Die Juden*, S. 278.

18 Richarz (1974): *Der Eintritt der Juden*; zur Situation in Bayern S. 113–121.

19 Hafner (1983): *Frauenemanzipation und Katholizismus*; darin besonders S. 195–199.

20 Rede Philipp Hammers *Über die Erziehung und Bildung der weiblichen Jugend*, gehalten auf dem 34. Katholikentag in Trier 1887, zit. nach Hafner (1983): *Frauenemanzipation und Katholizismus*, S. 18.

21 Ebenda, S. 15.

22 Benno Auracher auf dem 52. Katholikentag in Straßburg 1905, zit. nach Hafner (1983): *Frauenemanzipation und Katholizismus*, S. 116.

23 Verhandlungen der 54. Generalversammlung der Katholiken Deutschlands in Würzburg 1907. Würzburg 1908, S. 332 f. Damit hätten wir einen Anhaltspunkt für die Konfessionszugehörigkeit der Münchner Studentinnen zu einem früheren Zeitpunkt. In welchem Verhältnis sich Israelitinnen und Protestantinnen auf den ‹Rest› verteilen, ließ sich nicht ermitteln. Zum Vergleich: Insgesamt waren in München im Sommersemester 1909 41 Prozent der Studierenden Katholiken.

24 Hafner (1983): *Frauenemanzipation und Katholizismus*, S. 195 f.

25 Bericht über die Verhandlungen der 56. Generalversammlung der Katholiken Deutschlands in Breslau vom 29. August bis 2. September 1909. Breslau 1909, S. 446.

26 Wehler (1995): *Deutsche Gesellschaftsgeschichte*, Bd. 3, S. 926.

27 Mertens (1991): *Vernachlässigte Töchter*, S. 42.

28 Susman (1964): *Ich habe viele Leben gelebt.*

29 Badt-Strauß (1982): *Studententage.*

30 Hamilton (1965): *Edith and Alice Hamilton.*

31 Errechnet nach Reiner (1923): *Das bayerische Hochschulwesen*, S. 112. Da Titze (1987): *Das Hochschulstudium*, S. 226, Tab. 114, die Semester SS 1912 bis SS 1924 in seiner Statistik überspringt, sind die Zahlen nicht exakt mit denen preußischer Universitäten kompatibel. Zu keiner Zeit lag der Anteil jüdischer Studentinnen in München und Würzburg aber unter dem Anteil jüdischer Studentinnen an preußischen Universitäten, meist darüber.

32 Willstätter (1949): *Aus meinem Leben*; Klemperer (1989): *Curriculum Vitae*; Boveri (1977): *Verzweigungen.*

33 In ihrem kleinen autobiographischen Text *Erinnerungen an meine Studienzeit* berichtet Julie Meyer-Frank: «Kurz nachdem die Nationalsozialisten zur Macht gekommen waren, erhielt ich eine offene Postkarte von Marianne Weber, der Witwe Max Webers. Sie schrieb: ‹Ich weiß, daß jetzt die Gedanken Max Webers bei seinen jüdischen Schülern sein würden.›» (Meyer-Frank (1982): *Erinnerungen*, S. 216.)

34 Vossler (1927): *Ansprache*, S. 21.

35 Boveri (1977): *Verzweigungen*, S. 151 f.

36 Im 2. Band seiner Autobiographie, die die Jahre 1912–1918 umfaßt und in den letzten Kriegsjahren im Dresdner Judenhaus abgefaßt ist, erwähnt Victor Klemperer «die kleine Martha Muncker!, sie soll im vorigen Jahr noch gelebt haben, ganz verkrümmt, und so trägt sie wohl heute den Judenstern». Klemperer (1989): *Curriculum vitae*, Bd. 2, S. 622.

37 Vgl. dazu ausführlicher Häntzschel (1992): *Der Exodus.*

38 Tollmien (1990): *«Sind wir doch der Meinung ...»*, S. 187 f.

39 Universitätsarchiv Giessen, Personalakte Margarete Bieber, PrA Phil Nr. 3.

40 Schmude (1993): *Professorinnen*, S. 177.

41 Dazu ausführlich Häntzschel (1996): *Kritische Bemerkungen.*

42 Universitätsbibliothek München, Nachlaß Maassen 1.4.14, 1924, S. 78.

43 Seifert (1972): *In den Kriegen*, S. 334 f.

44 Volkov (1990): *Jüdisches Leben*, S. 146–165.

45 Richarz (1985): *Vom Kramladen*, S. 49.

46 Siehe Ausgewählte Daten zur Geschichte des Frauenstudiums in diesem Band.

47 Huerkamp (1993): *Jüdische Akademikerinnen*, S. 326.

48 Diese Recherche hat Frau Brigitte Schmidt vom Münchner Stadtarchiv über die polizeilichen Meldebögen durchgeführt, wofür ich ihr herzlich danke.

49 Dies erklärt auch, warum in den zahlreichen von mir geführten Interviews mit damaligen Studentinnen keine Behinderungen durch dieses Gesetz bezeugt sind. Die meisten kannten es gar nicht.

50 Huerkamp (1993): *Jüdische Akademikerinnen*, S. 322.
51 Ebenda, S. 330 f.
52 Zahlen nach Böhm (1995): *Von der Selbstverwaltung*, S. 217 und 222.
53 Ebenda, S. 218.
54 Jäckle (1988): *Schicksale.*
55 Spitznagel (1979): *Die Einführung.*
56 Außer Klara Oppenheimer waren es Käthe Stern-Dreyfuß, Hanna Mayer, Recka Mandelbaum, Stefanie Dessauer und Bertha Wechsler. Von den drei letztgenannten wissen wir, daß sie in die USA emigrieren konnten. Siehe Kaiser (1995): *Spurensuche*, S. 37.
57 Hedwig Rothschild (verheiratete Kandel), Irma Löwenstein (verheiratete Leurer), Stefanie Braun (verheiratete Orfali), Feodora Buchheim, Rosa Heinemann (verheiratete Spiro) und Berta Herzstein. Sie konnten sich alle ins Exil retten. Siehe Lehmann (1993): *90 Jahre Frauenstudium*, S. 491 und Anmerkung.
58 Lehmann (1993): *90 Jahre Frauenstudium*, S. 497.
59 Interview der Verf. mit Dr. Hanna Lenz, geb. Trautwein, vom 5. Dezember 1994.
60 Hildegard Hamm-Brücher: «Unter den Studenten gab es eine stattliche Zahl, die Geheimrat Wieland aufgenommen hatte, obwohl oder weil sie von den ‹Nürnberger Gesetzen› betroffene ‹Nichtarier› waren und die sich sonst nirgends hätten immatrikulieren können. Er versuchte ihnen die Möglichkeit zu geben, ihr Studium so lang als möglich durchzuhalten und damit vor zunehmender Willkür zu schützen. Ich gehörte auch dazu [...].» In: Vom Bruch/Müller (1986): *Erlebte und gelebte Universität*, S. 355.
61 Nach Aktenauskunft Universitätsarchiv (UAM) Sen 301/12. Frau Lore Jonas, die Tochter Paula Weiner-Odenheimers, erzählte der Verfasserin, daß ihre Mutter weder in der Emigration in Palästina/Israel noch nach ihrer Rückkehr nach München von der Aberkennung erfahren hatte.
62 Nach Auskunft des UAE vom 29. Juli 1996; Lehmann (1993): *90 Jahre Frauenstudium*, S. 496, Anm. 18, nennt außerdem Dr. rer. pol. Julie Meyer (verh. Frank).
63 Kaiser (1995): *Spurensuche*, S. 3. Die einschlägigen Akten des Bayerischen Hauptstaatsarchivs sind nicht mehr zugänglich, so daß weitere Namen nicht ermittelt werden können.
64 Bundesarchiv Koblenz R 21/10414.
65 Zur Wissenschaftsemigration von Frauen und ihrer fatalen Marginalisierung in der deutschen Nachkriegsforschung vgl. Häntzschel (1996): *Kritische Bemerkungen.*
66 Hahn (1994): *Frauen in den Kulturwissenschaften*, S. 14.
67 Die Recherchen nach den Schicksalen der Münchner jüdischen Medizinerinnen verdanken wir den Ausstellungsvorarbeiten von Frau Dr. Monika Ebert.

7.
Marita Krauss
«Man denke sich nur die junge Dame im Seziersaal ... vor der gänzlich entblößten männlichen Leiche»

1 Adams (1896): *Frauenstudium*, S. 28 f.
2 Pohl (1988): *Hope Bridges Adams Lehmann* sowie demnächst Krauss/Pohl: *Hope Bridges Adams Lehmann.*
3 Straus (1961): *Wir lebten in Deutschland*, S. 138.
4 Burchardt (1993): *Die Durchsetzung*, S. 16.

5 Universitätsarchiv München (UAM) Sen 109, Schreiben Franz von Winckels vom 11. Februar 1894 und Schreiben des Ministeriums vom 20. Februar 1894. Außerdem Sen 126, Verzeichnis der Volontärärzte an der Kgl. Universitäts-Frauenklinik München 1. Januar 1891–31. Dezember 1885: Dort sind sieben Frauen genannt, die aus Rußland, den USA und Frankreich stammten.

6 Ein Literaturüberblick und wichtige Aufsätze zum Thema weibliche Ärzte bei Brinkschulte (1993): *Weibliche Ärzte*. Vgl. auch Hoesch (1995): *Ärztinnen für Frauen*; Ziegler (1993): *Weibliche Ärzte*.

7 Kirchhoff (1897): *Die akademische Frau*, S. 34f. 1880 verbannte das sächsische Kultusministerium, durchaus in Übereinstimmung mit einem Großteil der männlichen Studenten und Dozenten, weibliche Hörerinnen wie Praktikantinnen wieder aus Hörsälen und Kliniken. Den letzten Auslöser dafür bildete wohl Hope Bridges Adams' offizieller Antrag auf Promotion, nachdem sie bereits das Staatsexamen unter den gleichen Bedingungen wie ihre männlichen Kommilitonen abgelegt hatte. Bayerisches Hauptstaatsarchiv München (BayHStA) MK 40626; Sächsisches Hauptstaatsarchiv Dresden, Ministerium für Volksbildung 10055/15; Bundesarchiv Potsdam, Reichsamt des Inneren R. 15.01, 10772. Erst ab 1906 durften sich dann auch in Sachsen Frauen immatrikulieren.

8 Bischoff (1872): *Das Studium*, S. 2–17.

9 Paul Möbius: *Über den physiologischen Schwachsinn des Weibes*. Halle ^{7}1905.

10 Bayerisches Ärztliches Centralblatt 17 (1903), S. 143f.

11 Kirchhoff (1897): *Die akademische Frau*, S. 69.

12 Burchardt (1993): *Die Durchsetzung*, S. 10–21. Vgl. dazu auch die weiteren Aufsätze in dem Band von Brinkschulte (1993). Zur Etablierung des Arztberufes Huerkamp (1985): *Die preußisch-deutsche Ärzteschaft*; Huerkamp (1985): *Der Aufstieg der Ärzte*; Drees (1988): *Ärzte auf dem Weg*; inzwischen auch Huerkamp (1996): *Bildungsbürgerinnen*, S. 229–273.

13 Zum Beispiel im Bayerischen Ärztlichen Centralblatt, in der Münchner Medizinischen Wochenschrift oder in der Deutschen Medizinischen Wochenschrift.

14 Die Zahlen gelten jeweils für das Wintersemester. BayHStA MK 11117, Statistik der an den drei bayerischen Universitäten München und Würzburg von 1903/04 bis 1906/07 immatrikulierten Damen und zugelassenen Hörerinnen.

15 Reiner (1923): *Das bayerische Hochschulwesen*, S. 109.

16 Deutsche Hochschulstatistik (DHS) 1928–1933, hg. von den Hochschulverwaltungen, Berlin 1928ff., hier für das Wintersemester 1932/33, S. 65.

17 Kaiser (1995): *Spurensuche*, S. 26.

18 Albisetti (1982): *The Fight*.

19 Wichtig zu frauenspezifischen Bedingungen an den Universitäten Benker/Störmer (1991): *Grenzüberschreitungen*.

20 Adams Lehmann (1919): *Die Arbeit der Frau*, S. 53f.

21 Diese Abgrenzung wählt auch die an der Freien Universität Berlin, Institut für Geschichte der Medizin, entstehende Dokumentation über Deutsche Ärztinnen im Kaiserreich.

22 Quellen dazu bieten Resch/Buzás (1976): *Verzeichnis der Doktoren und Dissertationen*, Bd. 2 und 3; die Adreßbücher der Stadt München zwischen 1900 und 1933; das Handbuch der Münchner Ärzteschaft, hg. vom Ärztlichen Bezirksverein München-Stadt, München 1930, und die einzelnen Dissertationen in der Münchner Universitätsbibliothek. Ich danke überdies für die weiteren hilfreichen Auskünfte über rund 30 Münchner Promovendinnen, die ich von der Berliner Dokumentation *Deutsche Ärztinnen im Kaiserreich* erhielt.

23 Kaiser (1995): *Spurensuche*, S. 37; die Zusammenstellung der Würzburger Promovendinnen bis 1921 stellte mir freundlicherweise Gisela Kaiser, Würzburg, zur Verfügung, die Erlanger Absolventinnen erhielt ich von Gertraud Lehmann, Erlangen.

24 Die Herkunft der meist männlichen Studierenden berechnet nach Reiner (1923): *Das bayerische Hochschulwesen*, S. 115 f., als Durchschnitt aus den Zahlen für 1913/14 und 1919 mit 1922; die Väterberufe der Frauen beruhen auf eigenen Zählungen, die Zuordnung wurde an den Berufsangaben der verglichenen Statistik orientiert.

25 Vogt (1993): *Erste Ergebnisse*, S. 166: Die Stichprobe von 168 bis 1910 approbierten Ärztinnen zeigt 52 in Berlin, 13 in München und acht in Frankfurt praktizierende Ärztinnen.

26 Zu den Kliniken wurden die Personalverzeichnisse der Universität München 1900 bis 1933, die Klinik- und die Assistentenakten des UAM (dazu waren Sen 25/16, 25/20, 25/21 25/24, 25/33, 25/34, 25/37; Sen 57, 109, 126, 560 ergiebig), des Münchner Stadtarchivs (Krankenanstalten 207, 208, 211, 230; Krankenhaus rechts der Isar 19, 20; Krankenhaus München-Schwabing 24, 75) sowie des BayHStA herangezogen.

27 Die Literatur zum Professionalisierungskonzept ist umfänglich. Neben den bereits zitierten Werken zur Professionalisierung der Ärzte von Huerkamp und Drees sei noch als Beispiel verwiesen auf den Band von Siegrist (1988): *Bürgerliche Berufe*.

28 Grüttner (1995): *Studenten*, bes. S. 109–126; zu Vertreibung und Exil vgl. Jäckle (1988): *Schicksal*; Großmann (1994): *Mutterschaft und Modernität*, S. 291. Vgl. auch Eckelmann (1992): *Ärztinnen*.

29 UAM Sen 25/33, Briefwechsel um die Einstellung 1913 und Personalverzeichnisse der Universität 1914 bis 1933.

30 Zu Franziska Albrecht-Kerschensteiner Stadtarchiv München, Krankenhaus Schwabing 24, u. a. Vertrag vom 1. Oktober 1911 und Einstellungsschreiben. Zu Ita Rüdin-Senger 25/33, Dienstbogen und Briefwechsel, 1917 bis 1924. Vgl. außerdem Weber (1995): *Der Rassehygieniker*.

31 UAM Sen 57.

32 Stadtarchiv München, Krankenanstalten 230, Gesuch vom 22. Juli und Genehmigung vom 27. Juli 1917.

33 Zu Agnes Genewein UAM Sen 25/34 f, Schreiben vom 30. September 1916 und vom 4. Mai 1917; zu Adele Roese Stadtarchiv München, Krankenhaus rechts der Isar 19, Dienstbogen von 1914 und Schreiben vom 15. November 1916 und vom 5. Februar 1917.

34 Stadtarchiv München, Krankenhaus Schwabing 24.

35 Stadtarchiv München, Krankenanstalten 208.

36 Von den 30 im Münchner Stadtadreßbuch von 1919 angeführten Ärztinnen zählten 19 zu den Münchner Doktorandinnen; 18 hatten in Münchner Kliniken gearbeitet oder arbeiteten noch dort. Das Handbuch der Münchner Ärzteschaft von 1930 nennt unter 87 Ärztinnen 47 Münchner Promovendinnen, weitere 14 waren in Münchner Kliniken tätig oder tätig gewesen.

37 Vgl. die Tabellen bei Huerkamp (1985): *Der Aufstieg der Ärzte*, S. 209–216.

38 Karl Heinrich Pohl: *Die Münchener Arbeiterbewegung. Sozialdemokratische Partei, Freie Gewerkschaften, Staat und Gesellschaft in München 1890–1914*. München 1992, S. 330–353.

39 Dies legt der Bericht von Rahel Straus nahe, die nur schreibt, sie habe sich «zur Kasse gemeldet»; Straus (1961): *Wir lebten in Deutschland*, S. 140.

40 Kaiser (1995): *Spurensuche*, S. 37.

41 Dazu den Fall von Friederike von Geldern-Egmont, vgl. Bußmann (1993): *Stieftöchter*, S. 110 f.; zu einem anderen Fall Ziegler (1993): *Argumente für Frauenmedizinstudium*, S. 33.

42 Vgl. z. B. Bayerisches Ärztliches Correspondenzblatt 9 (1922), S. 66–69, und 25 (1922), S. 304–307.
43 Huerkamp (1985): *Der Aufstieg der Ärzte*, S. 180 f.
44 Im Vergleich mit den Zahlen für Deutschland insgesamt fällt für München – das über eine höhere Ärztinnendichte als selbst Berlin verfügte – auf, daß prozentual deutlich weniger niedergelassene Medizinerinnen den frauenspezifischen Beruf der Kinderärztin ausübten, sehr viel mehr aber als Nervenärztinnen und Chirurginnen praktizierten. Dies deutet darauf hin, daß die Entwicklung in München durch das breite Klinikangebot der anderer Städte vorauseilte; im Falle der Nervenärztinnen spielte sicherlich die Förderung durch Professor Emil Kraepelin eine zentrale Rolle. Vergleichszahlen bei Huerkamp (1996): *Bildungsbürgerinnen*, S. 245.
45 Straus (1961): *Wir lebten in Deutschland*, S. 139.
46 Huerkamp (1991): *Frauen im Arztberuf*, S. 140A.
47 Auszählung nach Jäckle (1988): *Schicksal*, S. 57–137. Vgl. auch Huerkamp (1993): *Jüdische Akademikerinnen.*
48 Jäckle (1988): *Schicksal*, S. 57–137; zum weiteren auch Bleker (1993): *Zum Erinnern.* Vgl. auch den Beitrag 6 von Hiltrud Häntzschel in diesem Band.
49 Huerkamp (1991): *Frauen im Arztberuf*, S. 144.
50 Straus (1930): *Wege zur sexuellen Aufklärung*; Adams Lehmann (1896): *Das Frauenbuch.*
51 Staatsarchiv München, Staatsanwaltschaft München I, Nr. 1834; Kirschstein (1992): *«Fortgesetzte Verbrechen ...»*.
52 Staatsarchiv München, Staatsanwaltschaft München I, Nr. 1834, Schreiben vom 12. Juni 1914.

8.

Christl Knauer-Nothaft

«Wichtige Pionierposten der einen oder anderen Weltanschauung»

1 Michael Faulhaber: Rede auf der 56. Generalversammlung der Katholiken Deutschlands in Breslau vom 29. August bis 2. September 1909. Breslau 1909, S. 446.
2 Hans Winter: *Die Frage der höheren Mädchenbildung nach ihrem derzeitigen Stande.* In: Beilage zur Allgemeinen Zeitung Nr. 175 vom 2. August 1904, S. 217–219.
3 Im Jahr 1902/03 arbeiteten insgesamt 1488 Lehrerinnen und 582 Lehrer an den höheren Mädchenschulen Bayerns (einschließlich der klösterlichen). An berufsbildenden Schulen waren weitere 237 weibliche und nur 64 männliche Lehrkräfte angestellt. Bayerisches Hauptstaatsarchiv (BayHStA) MK 21942, Statistik Ende 1903.
4 ME vom 5. Juni 1879, die Vorschriften über Fortgang, Prüfungen und Qualifikationen der Zöglinge der Lehrer und Lehrerinnenbildungsanstalten betr. Kultusministerialblatt (KMBl.) Nr. 14, S. 123 ff.
5 Weiterführend vgl. Beilner (1971): *Die Emanzipation.*
6 Ministerialentschließung (ME) vom 5. Juni 1881. KMBl. Nr. 13, S. 133–136.
7 Zu Preußen vgl. Klewitz (1994): *Gleichheit als Hierarchie*, S. 82–84; Klewitz (1989): *Zwischen Oberlehrern und Müttern*; Bremer u. a. (1990): *Berufsbiographien von Lehrerinnen.*
8 BayHStA MK 21942, Erhebung Josef Heigenmoosers, 29. Dezember 1903.
9 Die Forschung über die bayerische Studienrätin steht am Anfang. Es gibt keine Vorarbeiten. Für Preußen liegt eine sehr informative Studie vor von Huerkamp (1994): *Zwischen Überfüllungskrise.*

10 Stoehr (1993): *Mädchenbildung in Frauenhand*, S. 173 f.
11 Staatsarchiv München (StAM) Pol. Dir. 592.
12 Vgl. Münchner Post vom 28. Januar 1892 zur Sitzung des Petitionsausschusses.
13 BayHStA MK 15029, Gesuch Margarete Heines vom 3. November 1898.
14 Nach der Prüfungsordnung für das Lehramt an humanistischen und technischen Unterrichtsanstalten vom 21. Januar 1895.
15 BayHStA MK 15030, Stellungnahme des Kultusministers von Wehner am 23. Februar 1904.
16 Boehm (1958): *Von den Anfängen*, S. 322.
17 Vgl. BayHStA MK 15030, Fragebogen «zwecks Feststellung der verfügbaren, akademisch gebildeten Lehramtskandidaten bayerischer Staatsangehörigkeit» vom Juni 1912; und MK 21966, Schreiben akademisch geprüfter Lehrerinnen an das Kultusministerium vom 21. Juli 1911. Abgesehen von Heine und Lindhammer, die ihr Abitur in Düsseldorf bzw. in Montabaur abgelegt hatten, waren die ersten im höheren Lehrfach geprüften Lehrerinnen – soweit namentlich bekannt – Abiturientinnen der Münchner Privatgymnasialkurse.
18 BayHStA MK 22193; MK 21966.
19 Vgl. entsprechende Jahrgänge der Kultusministerialblätter (KMBll.).
20 Allerhöchste Verordnung vom 31. März 1908 und Bekanntmachung vom 1. April 1908, KMBl. Nr. 11, S. 165–182, hier S. 166.
21 Öffentliche Lehrerinnenseminare bestanden 1907/08 in München, Aschaffenburg, Kaiserslautern und Memmingen, ein Jahr später kam eines in Erlangen hinzu.
22 Knauer (1995): *Frauen unter dem Einfluß*.
23 Berichterstattung Dr. Mathias Ehrenfried über ein Symposion zum Thema Klosterfrauen und Wissenschaft. In: Die Christliche Schule. Pädagogische Studien und Mitteilungen 7 (1916), S. 351–354, 369–373, 375 f.
24 BayHStA MK 22103. Als Schriftführerin des «Bayerischen Landesvereins für das höhere Mädchenschulwesen» erarbeitete M. Celsa Brod zu dessen 50jährigem Bestehen 1927 eine Festschrift mit einer Statistik über die höheren Mädchenschulen, die bis heute eine wichtige historische Quelle darstellt.
25 Vgl. die am 4. September 1912 neu erlassene Prüfungsordnung, KMBl., S. 523.
26 KMBl. Nr. 7 vom 21. März 1914, S. 63–65.
27 Gaab (1931): *Das höhere Mädchenschulwesen*, S. 116.
28 BayHStA MK 16795. Den Hinweis auf den Personalakt von Helene Ritzerow verdanke ich Margot Fuchs.
29 Jahresbericht der höheren Mädchenschule der Englischen Fräulein mit Privat-Elementarschule und mit Realgymnasial-Kursen in Regensburg. Schuljahr 1915/16, S. 24 ff.
30 Knauer (1995): *Frauen unter dem Einfluß*, S. 455–458.
31 Gaab (1931): *Das höhere Mädchenschulwesen*, S. 114.
32 ME vom 3. April 1924, KMBl., S. 55.
33 Beilner (1971): *Die Emanzipation*, S. 150 f.; Gaab (1931): *Das höhere Mädchenschulwesen*, S. 93.
34 Gaab (1931): *Das höhere Mädchenschulwesen*, S. 114 f.
35 Die folgenden Zahlen beziehen sich nur auf das hauptamtliche Personal. Bei den Männern wurden die Religionslehrer nicht mit eingerechnet.
36 Auszählung nach Brod (1927): *Festschrift* und nach BayHStA MK 22009, Bd. I, und MK 21990.
37 Vgl. die entsprechenden Jahrgänge der Jahresberichte der höheren Mädchenschule der Englischen Fräulein […] in Regensburg.

38 BayHStA MK 22103.
39 Gaab (1931): *Das höhere Mädchenschulwesen*, S. 99.
40 Knauer (1995): *Frauen unter dem Einfluß*, S. 149–174.
41 Gaab (1931): *Das höhere Mädchenschulwesen*, S. 103–112.
42 Schlimmer (1929): *Beziehungen des bayerischen Staates*, S. 10 f.
43 Wie weit das Eheverbot auch für die Schulen privater Unternehmerinnen und Unternehmer galt, müßte erst untersucht werden. Weitere Literatur zum Thema Schroeder (1990): *Die «verkümmerte» Lehrerin*; Huerkamp (1994): *Zwischen Überfüllungskrise*, S. 121 f.; Kleinau (1993): *Nur ein Beruf*, S. 154–158.
44 Klewitz (1994): *Gleichheit als Hierarchie*, S. 91–107.
45 Auszählung nach Brod (1927): *Festschrift*.
46 In Preußen leiteten nach dem Stand von 1932 Frauen 14 Prozent der kommunal unterhaltenen Mädchenschulen; die staatlichen Schulen waren bereits im Geschlechterverhältnis 1:1 besetzt. Über klösterliche Schulen fehlen Angaben. Vgl. Klewitz (1994): *Gleichheit als Hierarchie*, S. 100.
47 Zählung nach Brod (1927): *Festschrift*.
48 Vgl. die zitierte Erhebung von Josef Heigenmooser von 1903, BayHStA MK 21942.
49 58 Lyzeen, davon nur acht mit Gymnasialkursen, dagegen 93 «Höhere Mädchenschulen neuerer Ordnung» und 35 Mittelschulen. Gezählt nach Schlimmer (1929): *Beziehungen des bayerischen Staates*, S. 7 f.
50 Ebenda.
51 Klöcker (1990): *Katholizismus und Bildungsbürgertum*.

9.
Sibylle Nagler-Springmann
Naturwidrige Amazonen

1 Nach einem Ausspruch von Max Planck: «Amazonen sind auch auf geistigem Gebiet naturwidrig.» In: Kirchhoff (1897): *Die akademische Frau*, S. 154.
2 Universitätsarchiv München (UAM) Sen 110.
3 Ebenda.
4 So der Astronom und Leiter der Münchner Sternwarte Hugo Seeliger in: Kirchhoff (1897): *Die akademische Frau*, S. 266.
5 Dohm (1874): *Die wissenschaftliche Emancipation*, S. 168.
6 Kirchhoff (1897): *Die akademische Frau*, S. 283.
7 Vgl. hierzu Nagler-Springmann (1995): *Aschenputtel*, S. 217.
8 Deutsche Hochschulstatistik (DHS) 1928–1933, hg. von den Hochschulverwaltungen, Berlin 1928 ff., hier 1929–1932; Grüttner (1995): *Studenten*, S. 490 f.
9 Jean-Jacques Rousseau: *An eine Frau gerichtete Briefe über die Elemente der Botanik*. Übersetzt von Thomas Martyn. London 1807, S. 19.
10 Boedeker (1935): *25 Jahre Frauenstudium*, H. 4, S. II und VI.
11 Alic (1991): *Hypatias Töchter*, S. 136.
12 *Conversations on Botany* (Jane Marcet), anonym publiziert, London 1840. Die *Konversationen über Chemie, vor allem für das weibliche Geschlecht* erschienen erstmals 1805 und erlebten allein 16 englische Auflagen; vgl. hierzu Alic (1991): *Hypatias Töchter*, S. 196 f.
13 Vgl. Kaiser (1995): *Spurensuche*, S. 27.
14 Von den Münchner Absolventinnen der Gymnasialkurse zwischen 1903 und 1913 wählen 17 Prozent Mathematik und Naturwissenschaften als Studienfach, vom er-

sten Abiturientenjahrgang der Regensburger Kurse 1916 nehmen fünf von elf ein naturwissenschaftliches Studium auf. Vgl. den Beitrag 4 von Christl Knauer-Nothaft in diesem Band.

15 BayHStA MK 11116.

16 Brief von Thomas Mann an Katia. In: Thomas Mann: *Briefe*. Hg. von Erika Mann. Bd. 1: 1889–1936. Frankfurt am Main 1961, S. 43 (April 1904).

17 Katia Mann (1974): *Meine ungeschriebenen Memoiren*, S. 11.

18 Interview der Autorin mit Madeleine von Dehn, München im Juni 1993.

19 Lepsius (1992): *Das Bildungsbürgertum*, S. 16f.

20 Reiner (1923): *Das bayerische Hochschulwesen*, S. 114f.

21 1931 entstammen 48,6 Prozent der weiblichen Studierenden dem Mittelstand (56 Prozent der männlichen Studierenden). Siehe dazu Grüttner (1995): *Studenten*, S. 494.

22 Die Frau 29 (1921/22), S. 107–115.

23 DHS 1929–32.

24 Roloff (1992): *Chemikerinnen*, S. 206.

25 Prandtl (1952): *Geschichte des chemischen Laboratoriums*.

26 Wiemeler (1996): *Promovierte Chemikerinnen*, S. 237.

27 Angewandte Chemie 31 (1918), I, S. 158.

28 Roloff (1992): *Chemikerinnen*, S. 207.

29 Siehe DHS 1931/32.

30 Vgl. dazu ausführlich Bußmann (1993): *Stieftöchter*, S. 136f.

31 Roloff (1992): *Chemikerinnen*, S. 208.

32 Wiemeler (1996): *Promovierte Chemikerinnen*, S. 240, siehe dazu auch S. 243.

33 Kaiser (1995): *Spurensuche*, S. 32.

34 Interview der Autorin mit ihrem Neffen Wilhelm Kreiner, Würzburg im Januar 1996.

35 Monika Meister: *«Ein Wort an die Frauen». Die Naturwissenschaftlerin und Parapsychologin Fanny Moser*. Sendemanuskript des Bayerischen Rundfunks vom 25. Februar 1996.

36 Röder/Strauss (1983): *Biographisches Handbuch*, Bd. II; vgl. dazu ausführlich Oksche (1996): *Berta Scharrer*.

37 Rompel (1932): *Die Frau im Lebensraum*, S. 6f.

38 Klinksiek (1982): *Frau im NS-Staat*, S. 24.

39 Roloff (1992): *Chemikerinnen*, S. 209.

40 Artikel *Frauenarbeitsdienst und Frauenstudium*. In: Die Deutsche Studentenschaft. Wissen und Dienst, vom 19. August 1936.

41 Anna Kottenhoff: *Akademische Frauenberufe*. In: Die Bewegung, vom 29. November 1941 (9. Jg., Folge 46/47).

42 Ebenda.

43 *Die Wissenschaftlerin. Ein kriegswichtiger Frauenberuf*. In: Münchner Neueste Nachrichten vom 29. September 1943.

44 Ebenda.

10.

Monika Bergmeier
«Vom Lebenswunsch, sozial zu arbeiten»

1 Altmann-Gottheiner (1931): *Frauen in der Nationalökonomie*.

2 Herkner (1899): *Das Frauenstudium der Nationalökonomie*.

3 Eine Ausnahme ist Antonie Nopitsch (1970): *Der Garten auf dem Dach.*
4 Periodisierung nach Förder-Hoff (1992): *Marginalisierte Selbstbehauptung.*
5 Bayerisches Hauptstaatsarchiv (BayHStA) MK 11119. Wie viele Gesuche insgesamt gestellt wurden, ist nicht zu erkennen.
6 Vgl. vom Bruch (1985): *Bürgerliche Sozialreform.*
7 Vgl. Käthe Gaebel: *Die Berufslage der Nationalökonominnen,* 1927, Bundesarchiv Koblenz (BAK), NL Lüders 1151, Bd. 255.
8 Schröder (1993): *Soziale Frauenarbeit.*
9 Das Promotionsalter lag im Vergleich zu den wenigen vorhandenen Angaben über andere Universitäten in München etwas niedriger. Das Durchschnittsalter der zweiten Generation lag bei 30,3 Jahren; knapp die Hälfte war jünger als 30 Jahre, ein Drittel zwischen 31 und 35. In Tübingen war das umgekehrt: Hier war nur ein Drittel unter 30 Jahre alt, die Hälfte dagegen zwischen 31 bis 35. Die dritte Generation war im Schnitt mit 27 Jahren promoviert. Mehr als 80 Prozent waren jünger als 30 Jahre, in Frankfurt waren dies nur 70 Prozent. (Vergleichszahlen aus Förder-Hoff (1992): *Marginalisierte Selbstbehauptung,* S. 153, 164, Anm. 7.)
10 Universitätsarchiv München (UAM), Promotionsakte Ellinor Drösser 1908.
11 Nopitsch (1970): *Der Garten auf dem Dach,* S. 48 und 55.
12 Staatsarchiv München (StAM) Pol. Dir. 2707; ausgenommen ist die erste Doktorandin der Fakultät, die Amerikanerin Caroline Rumboldt, die in Forstwissenschaften promovierte. Den Forstwirtinnen konnte hier nicht nachgegangen werden.
13 Ausnahme für die Frauenbewegung ist Hilde Schoch-Obermaier; Elisabeth Bamberger und Florentine Rickmers fungierten mehr als Vertreterinnen der Behörden.
14 Glaser (1992): *Hindernisse,* S. 113
15 Gabriele Palm: *Die Nationalökonom*in, 1928, BAK, NL Lüders 151, Bd. 255.
16 Materialien des Deutschen Müttergenesungswerkes, mit Dank an Frau Astrid Heyer für die frdl. Zusendung.
17 Vgl. Seidel (1979): *Frauenarbeit im Ersten Weltkrieg.*
18 Stadtarchiv München, Personalakte Elisabeth Bamberger.
19 Stadtarchiv München, Schulamt 3427.
20 München hatte vor 1918 nach Berlin die zweithöchste Studentinnenzahl, lag jedoch bei der Anzahl der Promotionen nach Heidelberg, Berlin und Tübingen gemeinsam mit Freiburg nur an vierter Stelle. Bezieht man die Promotionszahl auf die der Studentinnen, schnitt Berlin mit einem Anteil von 1, 72 Prozent jedoch schlechter ab als München mit 2, 54 Prozent. Von 1918 bis 1933 schoben sich im Hinblick auf die Anzahl der Promotionen Köln und Frankfurt an die Spitze, gefolgt von Heidelberg, Berlin und Freiburg, München und Jena. Prozentual blieben die kleinen Universitäten führend, und bei den Studentinnenzahlen lag München jetzt auf dem dritten Platz.
21 Rose Otto: *Über Fabrikarbeit verheirateter Frauen.* Stuttgart 1910.
22 Käthe Mende: *Münchner jugendliche Ladnerinnen zu Hause und im Beruf, aufgrund einer Erhebung geschildert.* Stuttgart 1912.
23 Elisabeth Hell: *Jugendliche Schneiderinnen und Näherinnen in München.* Stuttgart 1911.
24 Rosa Kempf: *Das Leben der jungen Fabrikmädchen in München.* Leipzig 1911.
25 Engel-Reimers (1913): *Sozialpolitische Arbeiten,* S. 684, 687 und 731 f.
26 Förder-Hoff (1992): *Marginalisierte Selbstbehauptung,* S. 163.
27 Gutachten von Adolf Weber, UAM Promotionsakte Maria Jenal.
28 Hanna Jacoby-Neustätter: *Schwedische Währung während des Weltkriegs.* München 1920.

29 Gutachten von Walter Lotz, UAM Promotionsakte Hanna Jacoby-Neustätter.
30 Förder-Hoff (1992): *Marginalisierte Selbstbehauptung*, S. 163.
31 Zum Beispiel in den Münchner Volkswirtschaftlichen Studien, den Schriften des Vereins für Sozialpolitik oder dem Archiv für Sozialwissenschaft und Sozialpolitik.
32 Stadtarchiv München, Schulamt 3531.
33 Hessisches Wirtschaftsarchiv Darmstadt, Institut für Gemeinwohl, Mappe 196.
34 StAM Vereine 138.
35 Bis 1972 hat sich nur eine an einer anderen Universität habilitiert. Wie viele diesem Beispiel folgten, müßte noch ermittelt werden.
36 Altmann-Gottheiner (1931): *Frauen in der Nationalökonomie*, S. 216.
37 Zentralblatt des Bundes Deutscher Frauenvereine (1906), S. 58 ff., 75 ff., 84 ff., 120 ff.
38 Z. B. Schröder (1993): *Soziale Frauenarbeit.*
39 Vgl. z. B. den Beitrag *Caritätspolitik* im Grundriß der Sozialökonomik II.

11.
Hiltrud Häntzschel
Justitia – eine Frau?

1 Erffa (1929): *Der weibliche Rechtsanwalt*; Lowitsch (1933): *Die Frau als Richter*; Bajohr/Rödiger-Bajohr (1980): *Die Diskriminierung der Juristin*; Deutscher Juristinnenbund (1984): *Juristinnen in Deutschland*, S. 16–21; Böhm (1986): *Kampf um die Zulassung*; Costas (1995): *Gesellschaftliche Umbrüche*; zuletzt mit zahlreichen falschen historischen Angaben Koblitz (1995): *Kuriosum und Konkurrentin.*
2 Petition von Frau Ruth von Koscielski-Ponoschau an den Reichstag, abgedruckt in: Deutsche Zeitung vom 26. Februar 1921 mit zahlreichen zustimmenden Leserzuschriften, Bayerisches Hauptstaatsarchiv (BayHStA) MJu 9829.
3 Universitätsarchiv München (UAM) Sen 110.
4 Heymann/Augspurg (1992): *Erlebtes, Erschautes.*
5 UAM Juristische Fakultät L II, 33.
6 Boehm (1958): *Von den Anfängen*, S. 311.
7 In: Mädchenbildung auf christlicher Grundlage. Hg. von Mitgliedern des Vereins katholischer Lehrerinnen 8 (1908), S. 630–636; vgl. Hafner (1983): *Frauenemanzipation und Katholizismus.*
8 Verhandlungen der 56. Generalversammlung der Katholiken Deutschlands in Breslau vom 29. August bis 2. September 1909. Breslau 1909, S. 446.
9 Mittermaier (1921): *Wie studiert man Rechtswissenschaft*, S. 95.
10 Zuerst Erffa (1929): *Der weibliche Rechtsanwalt*, S. 471 f.; dann (vermutlich daraus übernommen) Deutscher Juristinnenbund (1984): *Juristinnen in Deutschland*, S. 2.
11 Lowitsch (1933): *Die Frau als Richter*, S. 62–64; zuletzt wieder in Huerkamp (1996): *Bildungsbürgerinnen*, S. 110, 275.
12 BayHStA MJu 10121–10132; die Prüfungsakten sind allerdings für das Jahr 1913 lückenhaft.
13 Nach Boedeker (1935): *25 Jahre Frauenstudium*, Heft I und Heft III.
14 Promotionsordnung der Juristischen Fakultät der Ludwig-Maximilians-Universität zu München. Fassung von 1912. Weitere zusätzliche Erschwernisse hatten keine geschlechtsspezifischen Folgen. UAM L–N–6a.
15 In mehreren Eingaben 1919 und 1921 haben studentische Mitglieder des juristischen Fachausschusses in München die Fakultät um eine Änderung dieser Regelungen im Geiste einer Gleichbehandlung der Bildungszugänge gebeten. UAM L–N–6a.

16 Eine handgeschriebene Statistik für alle deutschen Universitäten und Fakultäten unter dieser Fragestellung für 1910/11 und 1911/12 befindet sich in den Akten zur Promotionsordnung, UAM L–N-6a.

17 Bei den genannten 25 Würzburger Promotionen sind aber nur die eindeutig rechtswissenschaftlichen gezählt.

18 Resch/Buzás (1975): *Verzeichnis der Doktoren*, Bd. 1.

19 Mecklenburg (1996): *The Occupation.*

20 Aktennotiz vom 22. Juli 1913, BayHStA MJu 9829.

21 Gesetz- und Verordnungsblatt für das Königreich Bayern, Nr. 69. Die irrtümlicherweise als Zulassungsregelung für Frauen in Bayern immer wieder zitierte «Verordnung über die Vorbedingungen für den höheren Justiz- und Verwaltungsdienst» vom 1. August 1912 ist für Frauen nicht relevant und im entsprechenden Paragraphen mit der Fassung von 1910 identisch.

22 Die erste Zusammenfassung bei Hartwig (1922): *Die Frau in der Rechtspflege.*

23 Diese und die im folgenden zitierten Dokumente stammen – wenn nicht anders angegeben – aus den Akten des Justizministeriums BayHStA MJu 9829.

24 Frevert (1996): *Soldaten–Staatsbürger.*

25 In der 93. Sitzung des Landtags vom 21. Dezember 1921. Für den Hinweis auf die Landtagsdebatte danke ich Karin Sommer: *«Hysterische Furien und schnatternde Gänse». Die weiblichen Abgeordneten im Bayerischen Landtag.* Unveröffentlichtes Vortragsmanuskript.

26 Deutsche Juristenzeitung 26 (1921), S. 174.

27 Deutscher Juristinnenbund (1984): *Juristinnen in Deutschland*, S. 5.

28 Vgl. die Literaturangaben zu Margarete Berent im Teil B der Bibliographie in diesem Band; außerdem Dr. M. M. (d. i. Margarete Meseritz): *Das Recht der Frau.* In: Berliner Allgemeine vom 27. März 1918; *Die Frau im akademischen Beruf.* In: Vossische Zeitung vom 9. November 1919; *Fräulein Referendar. Neue Rechte der Beamtinnen.* In: Vossische Zeitung vom 25. Januar 1921.

29 Mitgliederverzeichnis vom August 1919. Typoskript. Margarete Berent Collection, Leo Baeck Institute New York. – Zu Maria Ottos Berufslaufbahn vgl. Robert Heinrich: *Hundert Jahre Rechtsanwaltskammer München.* München 1979, S. 338 f., allerdings mit fehlerhaften Angaben: Weder hat Maria Otto zweimal promoviert, noch hat sie bereits 1919 die zweite juristische Staatsprüfung abgelegt.

30 BayHStA MJu 9829.

31 Berent (1919/1920): *Die Zulassung der Frauen*, S. 334.

32 Juristische Wochenschrift 51 (1922), S. 1246–1255, 1268; mit erdrückender Majorität votierten die Richter auf dem 4. Richtertag in Leipzig gegen die Zulassung: Deutsche Richterzeitung 13 (1921), Sp. 206.

33 Gustav Radbruch: *Der innere Weg. Aufriß meines Lebens.* Stuttgart 1951, S. 155.

34 Bericht des stellvertr. Bevollmächtigten zum Reichsrat Staatsrat Dr. von Nüßlein an das Staatsministerium der Justiz, Berlin 6. Juli 1922, BayHStA MJu 9829.

35 Die im folgenden zitierten Dokumente stammen aus den Akten des Justizministeriums, BayHStA MJu 9853 (Zulassung zu den Berufen und Ämtern der Rechtspflege. Gesetz vom 11. Juli 1922, Vollzug).

36 Elly Waltz: *Vorkämpferin eines modernen Frauenberufs. Die erste in Deutschland zugelassene Rechtsanwältin hat ihre Praxis in München.* In: Münchner Merkur vom 22. März 1957, S. 12.

37 Akademie für Deutsches Recht 1933–1945. Protokolle der Ausschüsse. Hg. von Werner Schubert/Werner Schmid/Jürgen Regge. Bd. III, 2: Familienrechtsausschuß, hg. von Werner Schubert. Berlin/New York 1989.

38 Erffa (1929): *Der weibliche Rechtsanwalt*, S. 476.

39 Ausgezählt nach dem Amtlichen Adreßbuch von 1933. Die Zahl ist aber nicht ganz zuverlässig, weil gelegentlich Juristinnen ohne Zulassung in der Kanzlei ihres Mannes mitarbeiteten.

40 Staatsarchiv München (StAM), Oberlandesgericht München 704.

41 Stadtarchiv München, Akten der Anwaltskammer für den Oberlandesgerichtsbezirk München, Personalakte Anna Selo.

42 BayHSta MJu 21188, Personalakte Dr. Elisabeth Kohn.

43 Nicht bei Bajohr/Rödiger-Bajohr (1980): *Die Diskriminierung der Juristin*; nicht bei Deutscher Juristinnenbund (1989): *Juristinnen in Deutschland;* nicht bei Böhm (1986): *Kampf um die Zulassung*; aber bei Kaplan (1991): *Making of the Jewish Middle Class*, S. 178 f. und Huerkamp (1993): *Jüdische Akademikerinnen.*

44 Alle im folgenden zitierten Dokumente: BayHStA MJu 9853.

45 Dazu ausführlich Bajohr/Rödiger-Bajohr (1980): *Die Diskriminierung der Juristin*, S. 45–50; Deutscher Juristinnenbund (1984): *Juristinnen in Deutschland*, S. 16–21.

46 Datum nach Auskunft des Bayerischen Staatsministeriums der Justiz an die Verf. vom 22. Juli 1996. Für die persönlichen Informationen über Anna Endres danke ich ihrer Tochter, Frau Dr. Elisabeth Endres.

12.
Margot Fuchs
Vatertöchter

1 Seit 1970 Technische Universität, abgekürzt THM bzw. TUM.

2 Ministerialblatt für Kirchen- und Schulangelegenheiten Nr. 10 vom 20. April 1905.

3 So in Braunschweig. Albrecht (1987): *Technische Bildung*, S. 488.

4 Gispen (1990): *Engineers*, S. 113 f.; Jarausch/Cocks (1990): *The Unfree Professions*, S. 5.

5 Karin Zachmann: *Die Geschichte der Öffnung der Technischen Hochschulen für Frauen.* Unveröffentlichtes Vortragsmanuskript 1995, S. 4. Ich danke Karin Zachmann für die vorzeitige Überlassung dieses und des unten zitierten Manuskripts.

6 Rekrutierung und Stichprobenziehung werden nicht genannt. Kirchhoff (1897): *Die akademische Frau*, S. 287–290.

7 BayHStA MK 15029, Verein zur Einrichtung eines Mädchengymnasiums in München an Bayerisches Kultusministerium, 17. Dezember 1895; Weber (1919): *Die besondere Kulturaufgabe*, S. 239.

8 Zitiert bei Zachmann: *Geschichte der Öffnung*, a. a. O., S. 6.

9 Die Zahlen beziehen sich auf den Zeitraum 1905–1941. Quelle: Personenstandsverzeichnisse der THM (TUM-Archiv).

10 Als HörerInnen konnten inländische Studierende ohne die übliche erforderliche Vorbildung zugelassen werden, wenn sie nur die Aus- oder Weiterbildung in einem speziellen Lehrfach anstrebten; HospitantInnen waren oft Beamte, Offiziere oder Studierende anderer Universitäten, die nur einzelne Vorlesungen hören und sich für einen bestimmten Beruf weiterbilden wollten, z. B. Lehrerinnen; Verordnung vom 22. März 1914 (GVBl, S. 429), zitiert in Reiner (1923): *Das bayerische Hochschulwesen*, S. 102.

11 Fuchs (1994): *Väter*, S. 238 ff.

12 1905–1933, dann mit Bauingenieur-Abteilung vereinigt. Fuchs (1994): *Väter*, S. 241.

13 1910–1940. Ebenda, S. 243.

14 Hier setzt der Strom an Vollimmatrikulierten erst 1918/19 ein. Ebenda, S. 248.

15 Siehe Fuchs (1994): *Väter* und die dort angegebene Literatur.

16 Die Maschinenbauerin Ilse Essers veröffentlichte 1988 ihre Autobiographie, über die Technische Physikerin Melitta Schiller liegt eine Biographie vor, die Töchter der Technischen Physikerin Hilde Mollier stellten Auszüge aus dem Tagebuch ihrer Mutter zur Verfügung. Mit den Maschinenbauerinnen Ilse Knott-Ter Meer, Elisabeth Luyken und der Architektin Annelise Eichberg wurden Interviews nach der biographischen Methode der *Oral History* geführt: Essers (1988): *Technik*; Bracke (1990): *Melitta Gräfin Stauffenberg*; Lebensläufe von Mollier, Knott-Ter Meer, Eichberg und Luyken, in: Fuchs (1994): *Väter*, S. 75–81, 117–122, 125–140 und 149–162. Zur biographischen Methode in der Geschichte Dorothee Wierling: *Geschichte*. In: Uwe Flick u. a. (Hgg.): *Handbuch Qualitative Sozialforschung*. München 1991, S. 47–51.

17 Deutsche Hochschulstatistik (DHS) 1928–1933, hg. von den Hochschulverwaltungen, Berlin 1928 ff., hier 1928, S. 272; Rüwe (1991): *Studierende*, S. 71.

18 Ebenda.

19 Die Genehmigung erteilte das Kultusministerium, nachdem Walther von Dyck, ihr Vetter und Rektor der THM von 1900–1906, ihr Gesuch unterstützt hatte.

20 Vgl. das Porträt über Melitta Schiller (Beitrag 18) in diesem Band.

21 Vgl. Lebensläufe von Mollier und Schröder, in: Fuchs (1994): *Väter*, S. 78, 145.

22 Ebenda, S. 75–81.

23 Vgl. Lebensläufe von Steinheil und Feilner (letztere war allerdings Studentin der Betriebswirtschaftswissenschaften), ebenda, S. 93–96, 172–177; Essers (1988): *Technik*, S. 41.

24 Lebenslauf von Steinheil, in Fuchs (1994): *Väter*, S. 93–96.

25 Vgl. Lebensläufe von Mollier (hier Vetter und Bruder), Eichberg und Luyken, ebenda, S. 78, 152, 131.

26 Färber (1968): *Die Studenten*, S. 296.

27 Rüwe (1991): *Studierende*, S. 3.

28 1911 im Jahrbuch für Drahtlose Telegraphie und Telephonie, das ihr Mann mit herausgab.

29 Vgl. Lebensläufe von Knott-Ter Meer und Eichberg, in: Fuchs (1994): *Väter*, S. 120, 153, 156 passim.

30 Nachlaß Bürger; Lebensläufe von Schiller und Luyken, in: Fuchs (1994): *Väter*, S. 82–92, 125–140.

31 Ludwig (1979): *Technik und Ingenieure*, S. 283–288, 290–291.

32 Vgl. Janshen/Rudolph (1987): *Ingenieurinnen*, S. 264.

33 Karin Zachmann: *Ingenieurinnen – Verliererinnen der Einheit?* Unveröffentlichtes Vortragsmanuskript 1995, S. 1, 3.

34 Ebenda.

35 Irma Hanke im Vorwort zu Fuchs (1994): *Väter*.

13.
Hiltrud Häntzschel
«Eine neue Form der Bindung und der Freiheit»

1 Lebensläufe und Zeugnisse werden nicht eigens zitiert, sie befinden sich in der Margarete Berent Collection im Leo Baeck Institute New York. Für die Hilfe des Leo Baeck Institutes danke ich sehr.

2 Berent (1930/31): *Neugestaltung des Familienrechts*, S. 730.
3 Margarete Berent: *Die Zugewinnstgemeinschaft der Ehegatten*. Breslau 1915. (Untersuchungen zur Deutschen Staats- und Rechtsgeschichte; Heft 123.)
4 Als Gesamtprädikat erhielt sie «magna cum laude», Juristische Fakultät der Universität Erlangen, Promotionsakte 3841 Margarete Berent.
5 Brief von Martin Wolff an Margarete Berent vom 6. Februar 1915, Margarete Berent Collection, Leo Baeck Institute New York.
6 Möglicherweise ist dies ihr Großvater Dr. Immanuel Gabriel, dem sie ihre Dissertation gewidmet hat.
7 Alle diese Angaben entstammen einem Lebenslauf, den sie nach April 1917 geschrieben hat, Margarete Berent Collection, Leo Baeck Institute New York.
8 Nach Erffa (1929): *Der weibliche Rechtsanwalt*, S. 476, war ihr nach Maria Otto in Bayern 1922 Maria Munk mit der Zulassung in Preußen 1924 zuvorgekommen. Marie Munk ging dann aber in den Staatsdienst und wurde Deutschlands erste Richterin.
9 Marion Kaplan zählt Margarete Berent aus diesem Grunde zu den deutsch-jüdischen Feministinnen wie Margarete Susman und Rahel Straus; vgl. Kaplan (1981): *Die jüdische Frauenbewegung*, S. 72.
10 Berent (1919/20): *Zulassung der Frauen*.
11 1919 ist Margarete Berent Schatzmeisterin, später Vorsitzende des Juristinnenvereins, Maschinengeschriebenes Mitgliederverzeichnis in Margarete Berent Collection, Leo Baeck Institute New York; vgl. auch die Angaben in Deutscher Juristinnenbund (1989): *Juristinnen in Deutschland*, S. 5, die hierdurch ergänzt werden können; zu Anteil und Leistung der Frauen jüdischer Herkunft im Juristinnenverein vgl. Kaplan (1991): *Making of the Jewish Middle Class*, S. 177–180.
12 Berent (1917): *Frau in juristischen Berufen*.
13 Berent (1924/25): *Reform des ehelichen Güterrechts*.
14 Marie-Elisabeth Lüders: *Fürchte Dich nicht. Persönliches und Politisches aus mehr als 80 Jahren, 1878–1962*. Köln 1963, S. 99; vgl. auch die eidesstattliche Erklärung von Marie Elisabeth Lüders für Margarete Berent vom 6. Juli 1959, in: Margarete Berent Collection, Leo Baeck Institute.
15 Berent (1930/31): *Neugestaltung des Familienrechts*, S. 730.
16 Vgl. die eidesstattlichen Erklärungen von Dr. Erna Corte und Dr. Elisabeth von Harnack; auch Erna Scheffler: *Zur Auslegung des Grundsatzes der Gleichberechtigung*. In: Deutsche Richterzeitung 31 (1953), S. 87.
17 Max P. Birnbaum: *Staat und Synagoge 1918–1938*. Tübingen 1981, S. 216.
18 Zvi Asaria (Hg.): *Die Juden in Köln. Von den ältesten Zeiten bis zur Gegenwart*. Köln 1959, S. 158.
19 F. L.: *Eine Berlinerin in New York. Dr. Margarete Berent – Ein Schicksal unserer Zeit*. Nachruf in: Der Tagesspiegel Berlin vom 25. Juli 1965.

14.
Marita Krauss
«Ein voll erfülltes Frauenleben»

1 Röder/Strauss (1980): *Biographisches Handbuch*, Bd. I, S. 744. Vgl. außerdem Krauss (1996): *Jüdische Familienschicksale*.
2 Straus (1961): *Wir lebten in Deutschland*, S. 108.
3 Ebenda, S. 92.

4 Cohors-Fresenborg (1989): *«Frau Onkel Doktor»*, S. 75–92, 168–171.
5 Schmelzkopf (1988): *Rahel Straus.*
6 Die folgenden Informationen nach Straus (1961): *Wir lebten in Deutschland.*
7 Renate Gerwing: *«Wir waren ganz selbstverständlich begeisterte Deutsche ...» Die Münchner Jahre der jüdischen Ärztin Rahel Straus.* Sendemanuskript des Bayerischen Rundfunks, Redaktion Bayern Land und Leute, vom 24. Juni 1990, beschränkt sich auf eine Nacherzählung des Buches von Rahel Straus.
8 So entstand auch die Broschüre von Rahel Straus (1930): *Wege zur sexuellen Aufklärung.* Vgl. auch Straus (1961): *Wir lebten in Deutschland*, S. 144–161, 253–265.
9 Weiterführende Hinweise und Einordnungen dazu bei Kaplan (1981): *Die jüdische Frauenbewegung* sowie dies. (1991): *Making of the Jewish Middle Class.*
10 Zu seiner Tätigkeit Rahel Straus: *Jüdische Wohlfahrtsarbeit in München.* In: Hans Lamm (Hg.): *Vergangene Tage. Jüdische Kultur in München.* München 1982, S. 118–120. In diesem Erinnerungsbuch von Hans Lamm auch vielfache weitere Informationen über Dr. Eli Straus.
11 Straus (1961): *Wir lebten in Deutschland*, S. 270f.
12 Ebenda, S. 299.
13 Zum folgenden Institut für Zeitgeschichte MA 1500/128, Brief von Rahel Straus' Tochter Isa Emrich vom 25. April 1974; Briefe von Isa Emrich an die Münchner Familie Daum 1990–1994 (Privatbesitz) sowie ein Brief an die Autorin vom Juni 1996; außerdem Gespräche mit Rahel Straus' Enkel Eli Emrich sowie mit Betty und Fritz Levinger am 25. April 1996. Weitere Unterlagen finden sich im Stadtarchiv Karlsruhe sowie in der Leo Baeck Foundation New York.
14 Schmelzkopf (1988): *Rahel Straus*, S. 479.
15 Stadtbibliothek München Handschriftenabteilung, Brief Rahel Straus an Hans Lamm vom 10. Februar 1962.

15.
Hiltrud Häntzschel
«Amerika gab ihr, was ihr ihr Heimatland immer verwehrt hatte»

1 Universitätsarchiv Rostock, Promotionsakte Eva Fiesel. Zur ausführlichen Darstellung von Eva Fiesels wissenschaftlicher Biographie vgl. Häntzschel (1994): *Die Philologin.*
2 Eva Fiesel: *Namen des griechischen Mythos im Etruskischen.* Göttingen 1928.
3 Vgl. den Beitrag 5 in diesem Band.
4 Eva Fiesel: *Die Sprachphilosophie der deutschen Romantik.* Tübingen 1927.
5 Ebenda, S. 224.
6 Bibliographische Angaben zu den Rezensionen siehe Häntzschel (1994): *Die Philologin*, Anm. 23.
7 Universitätsarchiv München (UAM) O-N 9a, Akte Eva Fiesel.
8 Ebenda, Genehmigungsschreiben des Ministeriums vom 24. Juli 1931.
9 Bayerisches Hauptstaatsarchiv München (BayHStA) MK 39743.
10 UAM O-N 9a, Akte Eva Fiesel.
11 Brief an ihren Münchner Schüler Raimund Pfister, 19. August 1936, und ähnlich lautend an ihre Münchner Studentin und wissenschaftliche Hilfskraft Gabriele Schopflich, die – ebenfalls Jüdin – schon mit Eva Fiesel im Wintersemester 1933/34 nach Florenz gegangen war und später ebenfalls in die USA emigrierte. Sie hat zusammen mit ihrem Mann, dem Linguisten Henry Hoenigswald, Fiesels For-

schungsarbeit fortgesetzt. Die Briefe wurden der Verfasserin freundlicherweise zur Einsicht zur Verfügung gestellt.

12 Papers of the Emergency Committee in Aid of Displaced Foreign Scholars, Box 7, Eva Fiesel, New York Public Library.

13 Memorandum des Emergency Committees vom 5. Februar 1936; Sturtevants Briefe vom 15. und 28. Mai 1936.

14 Mary Hamilton Swindler: *In memoriam Eva Fiesel.* In: Bryn Mawr Alumnae Bulletin (July 1937), S. 27f.

15 Gerhart Husserl: *Speech made on Dr. Eva Fiesels grave*, May 29th 1937. Privatbesitz.

16.
Monika Meister
«Deutsche Erzieherin! Du hast die künftigen Mütter des Volkes zu formen»

1 Die Akten befinden sich im Staatsarchiv München (StAM) sowie im Bundesarchiv Koblenz (BAK).

2 Grundlage war das schon in der Weimarer Republik verabschiedete Gesetz (12. Mai 1932) zur Rechtsstellung weiblicher Beamter. Es wurde am 30. Juni 1933 noch einmal zu Lasten der Beamtinnen verschärft. Kultusminister Rust weitete das Gesetz zur Rechtsstellung weiblicher Beamter durch Erlaß auch auf Studienreferendarinnen und Studienassessorinnen aus. Selbst vertretungsweise beschäftigte Lehrerinnen und Schulamtsanwärterinnen, die mehr als zwölf Wochenstunden beschäftigt waren, wurden vom Erlaß erfaßt. Said (1981): *Lehrerinnen*, S. 110–114.

3 Bayerische Lehrerinnen Zeitung 24 (1933), S. 135ff.

4 Reber-Gruber (1934): *Die Stellung der Frau.*

5 Nationalsozialistische Mädchenerziehung (1934), Heft 1, S. 3–5.

6 Ebenda, S. 3.

7 Nationalsozialistische Mädchenerziehung (1936), Heft 8, S. 209.

8 Koonz (1994): *Mütter im Vaterland*, S. 256.

9 StAM NSDAP/998.

10 BayHStA MInn 80631, Briefe des Staatsrats Dr. Boepple, Kultusministerium, vom 7. Juli 1936 an Stabsleiter Köglmeier.

11 BayHStA MK 34207, Personalakte Auguste Reber-Gruber.

12 StAM NSDAP/998, Brief an Trude Brückner vom 2. November 1937.

13 BAK NS 12/1315, Brief an Kolb vom 4. April 1934.

14 StAM NSDAP/998, Brief an Lisl Schmidt vom 1. August 1937.

15 StAM NSDAP/998, Brief an J. Bente vom 22. Juli 1937.

16 StAM NSDAP/1004, Schreiben vom 2. März 1940.

17 Nach dem Hauptschulabschluß wurde man in fünf Jahren zum Volksschullehrer bzw. zur Volksschullehrerin ausgebildet.

18 BayHStA MK 34207, Schreiben an die Universität München vom 2. Dezember 1941.

19 Dekan und Rektor schließen sich dem Gutachten an: BayHStA MK 34207, Schreiben der Philosophischen Fakultät vom 9. Februar 1942.

20 BayHStA MK 34207.

17.
Sibylle Nagler-Springmann
«Ihr Leben hatte sie der Wissenschaft verschrieben»

1 Sonderdruck aus: Der deutsche Imkerführer 10 (1936), H. 9.
2 Universitätsarchiv München (UAM) E II N, Personalakten Ruth Beutler.
3 Interview der Autorin mit ihrem Neffen Christian Schmidt, München im Januar 1993.
4 Beutler (1924): *Experimentelle Untersuchungen.*
5 Karl von Frisch: *Nachruf «Ruth Beutler»*. In: Verhandlungen der Deutschen Zoologischen Gesellschaft. Leipzig 1961, S. 544–546, hier S. 545.
6 Ebenda.
7 Interview der Autorin mit ihrer ehemaligen Studentin Prof. Madeleine von Dehn, München im Juni 1993; Frisch, a. a. O.
8 Deichmann (1992): *Biologen unter Hitler*, S. 76, 239 f.
9 UAM E II N, Personalakten Ruth Beutler, darin Anträge von Frisch 1936; Gutachten Dr. Führer, undatiert.
10 Ähnliches gilt für Otto Löwenstein und Curt Stern. Vgl. Deichmann (1992): *Biologen unter Hitler*, S. 240 f.
11 Ebenda, S. 243 ff.
12 UAM E II N, Personalakten Ruth Beutler; siehe dazu auch Deichmann (1992): *Biologen unter Hitler*, S. 241.
13 Sie holt beispielsweise ihre ehemalige Studentin Madeleine von Dehn aus Berlin nach München zurück auf eine Assistentenstelle und ermuntert sie zur Habilitation.
14 UAM E II N, Personalakten Ruth Beutler.
15 Frisch, a. a. O., S. 546.

18.
Margot Fuchs
«Wir Fliegerinnen sind keine Suffragetten»

1 Bracke (1990): *Melitta Gräfin von Stauffenberg*, S. 151 f.
2 Vgl. Forschungsberichte aus dem Bestand der ehemaligen Zentralstelle für Luftfahrtdokumentation und Information (ZLDI), Archiv und Sondersammlungen des Deutschen Museums München, sowie Bracke (1990): *Melitta Gräfin von Stauffenberg*, S. 36.
3 Die Gründe für den Wechsel sind nicht dokumentiert. Klara Schiller schreibt, auch ihre Schwester Melitta habe für ihre Dienststelle den Ariernachweis erbringen müssen. Man habe vorgegeben, sich um die Dokumente in der Heimatstadt des Vaters zu bemühen, und nachdem dort «natürlich» nichts zu finden gewesen sei, einen Antrag auf «Gleichstellung mit arischen Personen» gestellt, der aber erst 1944 beschieden wurde. Klara Schiller vermutet, dies sei nur aufgrund der außergewöhnlichen Leistungen ihrer Schwester möglich gewesen. Vgl. Bracke (1990): *Melitta Gräfin von Stauffenberg*, S. 49. – In einem Brief vom 21. September 1936 an den Leiter der Deutschen Versuchsanstalt für Luftfahrt (DVL), Hermann Blenk, dankt Melitta Schiller für das Verständnis, das er stets «meinen Zielen und meinen Schwierigkeiten in der DVL» entgegengebracht habe. Welcher Art diese Schwierigkeiten waren, konnte nicht aufgeklärt werden. Vgl. Bracke (1990): *Melitta Gräfin von Stauffenberg*, S. 51.

4 Zitiert ebenda, S. 157.
5 Vgl. ebenda, S. 136.
6 Ebenda, S. 136.
7 Ebenda, S. 157, 134, 136.
8 Bracke (1990): *Melitta Gräfin von Stauffenberg*, Kapitel 11; Peter Hoffmann: *Claus Schenk Graf von Stauffenberg und seine Brüder*. Stuttgart 1992, S. 388, beruft sich auf Bracke.
9 Als Hauptquelle hierfür ausführlich zitiert, ohne Angabe des Jahres und des Fundorts, bei Bracke (1990): *Melitta Gräfin von Stauffenberg*, S. 177–180; Tagebucheintragungen Schillers, die Bracke interpretiert, sind kaum beweiskräftig, vgl. S. 175 passim.
10 Ebenda, S. 179.
11 Ebenda, S. 188, 218–225
12 Ebenda, S. 207 ff.
13 Ebenda, S. 234.
14 Das Buch beruht weitgehend auf von Verwandten in den 1970er Jahren eingeholten Erinnerungen von Freunden und Kollegen Melitta Schillers und enthält nur wenige aussagekräftige Selbstzeugnisse.
15 Bracke (1990): *Melitta Gräfin von Stauffenberg*, S. 147.
16 Ebenda, S. 157.

19.
Hadumod Bußmann
Chancen(un)gleichheit an der Jahrtausendwende?

1 Bundesweit betrug 1993 der Frauenanteil bei den Studienanfängern an den Hochschulen insgesamt 43,8 Prozent, an Universitäten und Kunsthochschulen 48,8 Prozent, an Fachhochschulen 32,2 Prozent und an der Universität München, wo die Fünfzig-Prozent-Marke bereits seit 1978 überschritten ist, sogar 57,5 Prozent (Quellen: Bund-Länder-Kommission für Bildungsplanung und Forschungsförderung (1996): *Förderung von Frauen*, Tabelle 1–3, sowie eigene Erhebungen der Universität München). Hier – wie im ganzen Buch – sind statistische Angaben immer nur Annäherungswerte: Da das Statistische Bundesamt erst seit 1981 eine nach Geschlechtern getrennte Erhebung des Hochschulpersonals vornimmt, ist die Forschung bis dahin angewiesen auf Einzelerhebungen in Publikationen und punktuellen Umfragen. Zudem wechseln wegen der Umstrukturierung der Hochschulsysteme und der Neugliederung des Lehrkörpers die erfaßten Kategorien häufig auf unkontrollierbare Weise.
2 Für Frauen wird in München zunächst eine 25-Prozent-Quote (bei einer Zulassungsrate von 4000 Studierenden) zugunsten von politisch nicht belasteten Kriegsheimkehrern und Familienvätern festgesetzt, aber bereits 1946 wieder aufgehoben. – Vgl. hierzu und zum folgenden für die Situation an der Universität München die ausführlichen Darstellungen von Boehm (1984): *Die Ludwig-Maximilians-Universität* sowie Huber (1984): *Statistischer Bericht*.
3 UAM M-C–20b, kultusministerielle Entschließung vom 21. Juli 1947, Nr. V31 499, zitiert nach Huber (1984): *Statistischer Bericht*, Anm. 66.
4 Die früheste Untersuchung zur Situation von Frauen im Lehrpersonal westdeutscher Hochschulen besticht durch akribische Statistiken, hat aber hochschulpolitische Konsequenzen (noch) nicht im Blick: Lorenz (1953): *Lage der weiblichen Lehrkräfte*. Vgl. auch den Überblick in Schlüter (1996): *Die ersten Nachkriegsprofessorinnen*.

5 In einschlägigen Bestandsaufnahmen kommen Fragen des Frauenstudiums so gut wie nicht vor, vgl. Neuhaus (1961): *Dokumente zur Hochschulreform*; Jacobsen/Dollinger (1968): *Die deutschen Studenten.*

6 Louise Berthold: *Rückblick auf 50 Jahre akademischer Lehrtätigkeit deutscher Frauen.* In: Boedeker/Meyer-Plath (1974): *50 Jahre Habilitation*, S. 1.

7 Die Gründungsphase der Fachhochschulen (in den Anfängen fußend auf bereits bestehenden Einrichtungen wie zum Beispiel Ingenieur- und Höhere Fachschulen) fällt in die Jahre 1969/1971. In der Folgezeit trugen die Fachhochschulen «als praxisbezogene eigenständige Ausbildungsstätten im Hochschulbereich [...] wesentlich dazu bei, Begabungsreserven aus sozialen Schichten zu erschließen, die der traditionellen Universität fernstanden». (Maria S. Rerrich in: Bayerische Landeskonferenz der Frauenbeauftragten an Fachhochschulen (Hg.) (1996): *Die Fachhochschule*, S. 10.) – Ich danke Maria S. Rerrich dafür, daß sie nicht abläßt, meinen Blick für die unterschiedliche Situation von Studierenden und Professorinnen an Universitäten und Fachhochschulen zu schärfen. Die primär historische Perspektive dieses Buches muß diesen Aspekt dennoch weitgehend aussparen.

8 Allerdings handelt es sich bei dieser Schrift um eine eher konformistische Zustandsbeschreibung, die anstelle eines realistischen Zukunftskonzepts mit einer (durch Karikaturen zum Frauenstudium gefällig illustrierten) Glosse «Giessen als Frauenuniversität» endet.

9 Deutscher Akademikerinnenbund (1963): *Denkschrift.*

10 Felgentraeger (1963): *Situation der weiblichen Hochschullehrer*, S. 15. – Eine in dieser Hinsicht fortschrittliche Position vertrat Wolfgang Clemen, Lehrstuhl für Englische Philologie an der Universität München: «Die häufigere Berufung von Frauen (die man folglich auch zur Habilitation stärker als bisher ermutigen sollte) hat sich in den angelsächsischen Ländern bereits seit Jahrzehnten vorzüglich bewährt, während bei uns immer noch eine seltsame Scheu davor besteht und die Vorlesungsverzeichnisse nur wenige planmäßige Professorinnen aufweisen. Aber warum sollte es in Deutschland weniger wissenschaftlich begabte Frauen geben als in England und in den USA? Die beträchtliche Zahl der bestens bewährten Assistentinnen in allen Fakultäten dürfte diese Theorie ohnehin etwas erschüttern. Und ob es zur fraulichen Bestimmung und Erfüllung gehören kann, auf einem Lehrstuhl zu sitzen, sollten die Männer besser den Frauen selbst zur Entscheidung überlassen.» (Wolfgang Clemen: *Idee und Wirklichkeit auf der Universität.* Heidelberg 1963, S. 20.)

11 Hampe (1963): *Frauen im akademischen Lehramt*, S. 30.

12 Vergleiche hierzu die Beiträge in Gerhard u. a. (1988): *Auf Kosten der Frauen.*

13 Helga Schuchardt: *Zwischen Politik und Emanzipation.* In: Inge Stolten: *Der Hunger nach Erfahrung. Frauen nach 1945.* Frankfurt am Main 1983, S. 110–136.

14 Die landesspezifisch unterschiedlichen Gleichstellungs-Modelle sind übersichtlich dargelegt im Papier der Bund-Länder-Kommission für Bildungsplanung und Forschungsförderung (1996): *Förderung von Frauen*, Tabelle 1, S. 8: Übersicht über Maßnahmen zur Umsetzung von § 2 Abs. 2 HRG in den Ländern. Vergleiche außerdem die Bestandsaufnahme in Tomson (1997): *Frauenbeauftragte* sowie den Beitrag von Felix (1995): *Die rechtliche Stellung der Frauenbeauftragten an bayerischen Hochschulen.*

15 Zu Frauenförderplänen in der Bundesrepublik vergleiche den Überblicksbeitrag von Kootz/Kriszio (1996): *Frauenförderungs- und Gleichstellungsprogramme.*

16 Anger (1960): *Probleme der deutschen Universität*, S. 481.

17 Kirchhoff (1897): *Die akademische Frau.*

18 Anger (1960): *Probleme der deutschen Universität.*

19 Onnen-Isemann/Oßwald (1991): *Aufstiegsbarrieren für Frauen*, S. 13 f.

20 Anger (1960): *Probleme der deutschen Universität*, S. 481. – Angers Ergebnisse werden bestätigt sowohl von Schindler (1962): *Stellung der Dozentin* als auch von Vetter (1961): *Lage der Frau* und Gerstein (1965): *Studierende Mädchen*. Alle drei stellen übereinstimmend das Vorherrschen des patriarchalischen Frauenstereotyps bei weiblichen *und* männlichen Befragten fest. Vgl. auch die treffende Analyse der Reaktionen von Brentano (1963): *Situation der Frau*.

21 Anger (1960): *Probleme der deutschen Universität*, S. 499.

22 Schindler (1962): *Stellung der Dozentin*, S. 17

23 Sommerkorn (1981): *Frauen als Lehrende*; Schmerl u. a. (1983): *Innenansichten vom Herrenhaus*, S. 172.

24 Geenen (1994): *Blockierte Karrieren*, S. 17.

25 Sommerkorn (1981): *Frauen als Lehrende*; Bimmer (1983): *Zum Selbst- und Fremdbild*; Bock u. a. (1983): *Frauen an den Universitäten*; Röhrich u. a. (1989): *Professorinnen in der Minderheit*; Schultz (1991): *Geschlecht läuft mit*; Onnen-Isemann/Oßwald (1991): *Aufstiegsbarrieren für Frauen*; Wermuth (1992): *Frauen an Hochschulen*; Bauer (1990): *Regel der Ausnahme*; Geenen (1994): *Blockierte Karrieren*; Baus (1994): *Professorinnen an deutschen Universitäten*; Wetterer (1994): *Rhetorische Präsenz*; Müller/Stein-Hilbers (1996): *Arbeitsplatz Hochschule*.

26 Onnen-Isemann/Oßwald (1991): *Aufstiegsbarrieren für Frauen*, S. 80 f.

27 Brothun (1988): *Ursachen der Unterrepräsentanz*, S. 320.

28 Bis zum Dritten Gesetz zur Änderung des Hochschulrahmengesetzes vom 14. November 1985, durch das die Habilitation als Regelvoraussetzung für die Berufung von Professoren und Professorinnen wieder festgeschrieben wurde, haben Frauen von der Möglichkeit alternativer (Um)Wege profitiert, denn über 45 Prozent der von Onnen-Isemann/Oßwald befragten Professorinnen waren nicht habilitiert. Ein Teil von ihnen fand nach dem zweiten Staatsexamen Anstellung an (insbesondere Pädagogischen) Hochschulen und erhielt dann im Rahmen des Ausbaus der Universitäten im Laufe der 70er Jahre eine Berufung, andere erlangten durch die Überleitungsmöglichkeiten nach dem neuen Hochschulrahmengesetz Professorinnenstatus. Vergleiche Onnen-Isemann/Oßwald (1991): *Aufstiegsbarrieren für Frauen*, S. 54 f. und Sommerkorn (1981): *Frauen als Lehrende*, S. 92.

29 Urteil des Europäischen Gerichtshofes (EuGH) vom 17. Oktober 1995. Rechtssache C–450/93.

30 Süssmuth (1995): *Schwarzes Jahr*. In: Süddeutsche Zeitung Nr. 298 vom 28. 12. 1995, S. 8. – Zu den Pro- und Contra-Argumenten der Quotendiskussion an Hochschulen: Benda (1996): *Frauenförderung = Männerdiskriminierung?*; Hohmann-Dennhardt (1988): *Gleichberechtigung via Rechtsnorm*; Wobbe (1992): *Angst vor Frauenquoten*; Pfarr (1995): *Verfassungsmäßigkeit von Quoten*.

31 Die Befürchtung allerdings, daß dieses Urteil dennoch als eine Besitzstandsklausel für Männer mißbraucht werden könnte, ist ebenso begründet wie die Enttäuschung darüber begreiflich ist, daß der Europäische Gerichtshof mit dieser Entscheidung Landesgesetze ausgehebelt hat, die hinsichtlich der Gleichstellungspolitik bisher als fortschrittlich galten.

32 Bayerische Landeskonferenz der Hochschulfrauenbeauftragten: *Frauenförderung an Hochschulen. Richtlinien zur Gleichstellung von Frauen in Studium, Forschung und Lehre*. München 1993, Artikel 1.5.

33 Auch die bundesweiten Frauenförderprogramme schreiben die herrschende Arbeitsteilung zuungunsten von Wissenschaftlerinnen fort, wenn in ihnen solche Maßnahmen Vorrang haben, die die *individuelle* Vereinbarkeit von wissenschaftlicher Kar-

riere und Familienaufgaben unterstützen (kurzfristige Wiedereinstiegsstipendien ohne soziale Absicherung, Kinderbetreuungszuschläge). Daß die Erwartungen, die sich an diese Programme geheftet haben, vermutlich nicht erfüllt werden, beruht vor allem auf ihrem Mangel an wirksamen politischen Impulsen zur Beseitigung *struktureller* Behinderungen (wie die Verbesserung von Kinderbetreuungseinrichtungen, Schaffung von gleichberechtigten Teilzeit-Arbeitsplätzen (auch auf Professorenebene), Flexibilisierung der Altersgrenzen bei Stipendienvergabe, Vertretungsmittel für Mutterschaftsurlaub). Auch die generell bis in Europa-Konzepte hinein zu beobachtende wissenschaftspolitische Bevorzugung technologieorientierter Fächer benachteiligt Frauen auf besondere Weise, da gerade in den zurückgedrängten Geisteswissenschaften ihre wissenschaftspolitischen Initiativen am wirksamsten waren.

34 Westdeutsche Rektorenkonferenz (1990): *Förderung von Frauen.*

35 Die Publikationen dieser Sommeruniversitäten spiegeln das zentrale Interesse an Themen persönlicher Betroffenheit; vgl. hierzu Übersicht und Literaturnachweise in Clemens (1983): *Frauenforschungs- und Frauenstudieninitiativen.*

36 Informative Überblicke über die Forschungen in den verschiedenen Teildisziplinen der Sozialwissenschaften finden sich in Deutsche Forschungsgemeinschaft (1994): *Sozialwissenschaftliche Frauenforschung*; Becker-Schmidt/Knapp (1995): *Das Geschlechterverhältnis.* – Für die Kulturwissenschaften vergleiche Bußmann/Hof (1995): *Genus.*

37 Clemens (1983): *Frauenforschungs- und Frauenstudieninitiativen*; Bock (1996): *Frauenforschungsprofessuren*; Kahlert (1996): *Wissenschaft in Bewegung.*

38 Presse-Info der DFG vom 18. Mai 1990.

39 Hadumod Bußmann (Hg.). *Frauen-Studien* 1–13. München 1990–1996.

40 Um trotz der unzureichenden Unterstützung durch die kulturpolitischen Entscheidungsträger zur Verbesserung der bayerischen Gesamtsituation beizutragen, konstituierte sich 1992 auf Initiative der «Bayerischen Landeskonferenz der Frauenbeauftragten an Hochschulen» der Arbeitskreis «Frauen und Wissenschaft in Bayern». Dieser Arbeitskreis hat sich vornehmlich drei Ziele gesetzt: (1) Durch Veranstaltungen und Dokumentationen Vermittlungsarbeit zu leisten, um die noch immer weit verbreitete Unsicherheit über Gegenstand, Erkenntnisanspruch und Resultate der Frauenforschung/*gender studies* in den verschiedensten Wissenschaftszweigen abzubauen. (2) Mögliche Formen der Institutionalisierung der Frauenforschung/*gender studies* in und außerhalb der Hochschulen zu überprüfen. (3) Effektive Strategien zur Durchsetzung der erarbeiteten Konzepte zu entwickeln. Vergleiche hierzu Bußmann: *Frauen-Studien* Nr. 11, Wintersemester 1995/1996, S. 1–3.

41 Die entscheidende Formulierung findet sich in § 3 Abs. 2, Satz 2, wo es heißt: «Der Staat fördert die tatsächliche Durchsetzung der Gleichberechtigung von Frauen und Männern und wirkt auf die Beseitigung bestehender Nachteile hin.»

42 Kirsch-Auwärter (1996): *Emanzipatorische Strategien*, S. 1.

43 Auch eine Statistik über «Binnenwanderungen» bayerischer Wissenschaftlerinnen in andere Bundesländer – insbesondere in den Sozialwissenschaften – würde diesen bedenklichen Tatbestand bestätigen.

44 Kirsch-Auwärter (1996): *Emanzipatorische Strategien*, S. 2 f.

45 Das in Deutschland kontrovers diskutierte Konzept einer Frauenuniversität kann sich auf eine lange internationale Tradition berufen. Die unterschiedlichen Entwürfe und Stellungnahmen dokumentieren Janshen (1990): *Technik*, Neusel (1990): *Die Frauenuniversität*; Schlüter (1992): *Die Hochschule der Frauen*; Wetterer (1993): *Die Frauenuniversität*; Metz-Göckel/Steck (1996): *Frauenuniversitäten.*

Bibliographie

Die Bibliographie versammelt die in den Beiträgen benutzte und zitierte Literatur. Ausgenommen sind Quellenmaterial, Nachschlagewerke und Statistiken sowie nur punktuell relevante Titel, die in den jeweiligen Anmerkungen vollständig nachgewiesen sind. Die Ziffern am Ende jeder bibliographischen Angabe verweisen auf die Numerierung der Beiträge, in denen die Veröffentlichung benutzt wurde.

A: Autobiographien und Erinnerungen

BADT-STRAUSS, Bertha: Studententage in München, 1912–13. In: Hans LAMM (Hg.): Von Juden in München. Ein Gedenkbuch. München ^{2}1982, S. 197–200. [6]

BOVERI, Margret: Verzweigungen. Eine Autobiographie. Hg. von Uwe JOHNSON. München 1977. [3, 6]

ESSERS, Ilse (geb. Kober): Technik an meinem Lebensweg. Als Frau und Ingenieur in der Frühzeit der Luftfahrttechnik. Hg. von Peter F. SELINGER. Graz 1988. [12]

FRISCH, Karl von: Lebenserinnerungen eines Biologen. Berlin 1973. [17]

HAMILTON, Alice: Edith and Alice Hamilton. Students in Germany. In: The Atlantic Monthly, 251, March 1965, S. 129–132. [1, 6]

HEYMANN, Lida Gustava/AUGSPURG, Anita: Erlebtes – Erschautes. Deutsche Frauen kämpfen für Freiheit, Recht und Frieden 1850–1940. Hg. von Margrit TWELLMANN. Meisenheim am Glan 1972, ^{2}1992. [2, 11]

KLEMPERER, Victor: Curriculum Vitae. Jugend um 1900. 2 Bände. Berlin 1989. [6]

LANGE, Helene: Lebenserinnerungen. Berlin 1921. [1]

LEHMANN, Karl Bernhard: Frohe Lebensarbeit. München 1933. [3]

MANN, Katia: Meine ungeschriebenen Memoiren. Frankfurt am Main 1974. [9]

MEYER-FRANK, Julie: Erinnerungen an meine Studienzeit. In: Hans LAMM (Hg.): Vergangene Tage. Jüdische Kultur in München. München 1982, S. 212–216. [6]

NOPITSCH, Antonie: Der Garten auf dem Dach. Erinnerungen. Nürnberg 1970. [10]

STRAUS, Rahel: Wir lebten in Deutschland. Erinnerungen einer deutschen Jüdin 1880–1933. Stuttgart 1961. [7, 14]

SUSMAN, Margarete: Ich habe viele Leben gelebt. Erinnerungen. Stuttgart 1964. [6]

WILLSTÄTTER, Richard: Aus meinem Leben. Von Arbeit, Muße, Freunden. Weinheim 1949. [6]

B: Arbeiten von Wissenschaftlerinnen bayerischer Universitäten

ADAMS LEHMANN, Hope Bridges: Das Frauenbuch. Ein ärztlicher Ratgeber für die Frau in der Familie und bei Frauenkrankheiten. Stuttgart 1896. [7]

ADAMS LEHMANN, Hope Bridges: Die Arbeit der Frau. In: Wally ZEPLER (Hg.): Sozialismus und Frauenfrage. Berlin 1919, S. 46–54. [7]

ADAMS, Hope Bridges: Frauenstudium und Frauentauglichkeit. In: Deutsche Medizinische Wochenschrift 22 (1896), S. 28–29. [7]

BERENT, Margarete: Die Zugewinnstgemeinschaft der Ehegatten. Breslau 1915. (Untersuchungen zur Deutschen Staats- und Rechtsgeschichte; Heft 123.) [13]

BERENT, Margarete: Die Frau in juristischen Berufen. In: Die Frau der Gegenwart 11 (1917), S. 153–157. [13]
BERENT, Margarete: Die Reform des ehelichen Güterrechts auf dem 33. Deutschen Juristentag. In: Die Frau 32 (1924/25), S. 15–16. [13]
BERENT, Margarete: Die Neugestaltung des Familienrechts. In: Die Frau 38 (1930/31), S. 725–730. [13]
BEUTLER, Ruth: Experimentelle Untersuchungen über die Verdauung bei Hydra. In: Zeitschrift für vergleichende Physiologie 1 (1924), S. 70–172. [17]
BROD, M. Celsa: Festschrift zur Fünfzigjahrfeier des Bayerischen Landesvereins für das höhere Mädchenschulwesen. München 1927. [8]
ERFFA, Margarethe von: Der weibliche Rechtsanwalt. In: Julius MAGNUS (Hg.): Die Rechtsanwaltschaft. Leipzig 1929, S. 471–477. [11, 13]
FIESEL, Eva: Die Sprachphilosophie der deutschen Romantik. Tübingen 1927. Reprint Hildesheim/New York 1973. [15]
FIESEL, Eva: Namen des griechischen Mythos im Etruskischen. Göttingen 1928. [15]
GAAB, Johanna: Das höhere Mädchenschulwesen in Bayern. München 1931. [4, 8]
HELL, Elisabeth: Jugendliche Schneiderinnen und Näherinnen in München. Stuttgart 1911. [10]
JACOBY-NEUSTÄTTER, Hanna: Schwedische Währung während des Weltkriegs. München 1920. [10]
KEMPF, Rosa: Das Leben der jungen Fabrikmädchen in München. Leipzig 1911. [10]
MENDE, Käthe: Münchner jugendliche Ladnerinnen zu Hause und im Beruf, aufgrund einer Erhebung geschildert. Stuttgart 1912. [10]
OTTO, Rose: Über Fabrikarbeit verheirateter Frauen. Stuttgart 1910. [10]
REBER-GRUBER, Auguste: Die Stellung der Frau im Nationalsozialistischen Lehrerbund. In: Dies. (Hg.): Weibliche Erziehung im Nationalsozialistischen Lehrerbund. Vorträge der ersten Erzieherinnentagung in Alexisbad. Leipzig 1934, S. 3. [16]
SCHÖFER, Sophie: Die wirtschaftliche Lage der bayerischen Volksschullehrerinnen. Diss. München 1918. [4]
SCHWESSINGER, Agnes: Lösungen und Fragen im bayerischen höheren Mädchenschulwesen. In: Bayerisches Bildungswesen 1 (1927), Nr. 5, S. 277–284. [4]
STRAUS, Rahel: Wege zur sexuellen Aufklärung. Zwei Vorträge einer Mutter und Ärztin. München 1930. [7, 14]
STRAUS, Rahel: Jüdische Wohlfahrtsarbeit in München. In: Hans LAMM (Hg.): Vergangene Tage. Jüdische Kultur in München. München 1982, S. 118–120. [14]

C: Forschungsliteratur

ADAMS, Hope Bridges: Frauenstudium und Frauentauglichkeit. In: Deutsche Medizinische Wochenschrift 22 (1896), S. 28–29. [7]
ALBISETTI, James C.: The Fight for Female Physicians in Imperial Germany. In: Central European History 15 (1982), S. 99–123. [1, 7]
ALBISETTI, James C.: Women and the German Universities, 1871–1914. Manuscript to be presented to the American Historical Association, 29th of December, 1983. [1]
ALBISETTI, James C.: Schooling German Girls and Women. Secondary and Higher Education in the Nineteenth Century. Princeton 1988. [1, 5]
ALBRECHT, Helmuth: Technische Bildung zwischen Wissenschaft und Praxis 1862–1914. Hildesheim 1987. [12]
ALIC, Margret: Hypatias Töchter. Zürich 1991. [9]
ALTMANN-GOTTHEINER, Elisabeth: Frauen in der Nationalökonomie. In: Ada SCHMIDT-

BEIL (Hg.): Die Kultur der Frau. Eine Lebenssymphonie der Frau des XX. Jahrhunderts. Berlin 1931, S. 211–218. [10]

ANGER, Hans: Probleme der deutschen Universität. Bericht über eine Erhebung unter Professoren und Dozenten. Tübingen 1960. [1, 19]

APEL, Hans-Jürgen: Sonderwege zum Abitur im Deutschen Kaiserreich. In: Zeitschrift für Pädagogik 34 (1988), Heft 2, S. 171–189. [4]

BAJOHR, Stefan/RÖDIGER-BAJOHR, Kathrin: Die Diskriminierung der Juristin in Deutschland bis 1945. In: Kritische Justiz 13 (1980), S. 39–50. [11]

BANKS, Olive: Faces to Feminism. A Study of Feminism as a Social Movement. Oxford 1981. [1]

BÄUMER, Gertrud: Die Krisis des Frauenstudiums. Leipzig 1932. [2]

BAUS, Magdalena: Professorinnen an deutschen Universitäten. Heidelberg 1994. [19]

BECKER-SCHMIDT, Regina/KNAPP, Gudrun-Axeli (Hgg.): Das Geschlechterverhältnis als Gegenstand der Sozialwissenschaften. Frankfurt am Main 1995. [19]

BEILNER, Helmut: Die Emanzipation der bayerischen Lehrerin – aufgezeigt an der Arbeit des Bayerischen Lehrerinnenvereins (1898–1933). München 1971. [4, 8]

BENDA, Ernst: Notwendigkeit und Möglichkeiten positiver Aktionen zugunsten von Frauen im öffentlichen Dienst. Freiburg 1986. [19]

BENDA, Ernst: Frauenförderung = Männerdiskriminierung? Notwendigkeit und Möglichkeiten positiver Maßnahmen zugunsten von Frauen. In: Der Bürger im Staat 43 (1993), S. 223–227. [19]

BENKER, Gitta/STÖRMER, Senta: Grenzüberschreitungen. Studentinnen in der Weimarer Republik. Pfaffenweiler 1991. [3, 7]

BERENT, Margarete: Die Frau in juristischen Berufen. In: Die Frau der Gegenwart 11 (1917), S. 153–157. [13]

BERENT, Margarete: Die Zulassung der Frauen zu den juristischen Berufen. In: Die Frau 26 (1919/20), S. 332–334. [11, 13]

BIMMER, Brigitte: Zum Selbst- und Fremdbild von Wissenschaftlerinnen. In: Ulla BOCK u. a. (Hgg.): Frauen an den Universitäten. Frankfurt am Main 1983, S. 153–169. [19]

BISCHOFF, Theodor L. W. von: Das Studium und die Ausübung der Medizin durch Frauen. München 1872. [2, 3, 7, 19]

BLEKER, Johanna: Zum Erinnern bedarf es der Namen. Im Nationalsozialismus verfolgte Ärztinnen. In: Eva BRINKSCHULTE (Hg.): Weibliche Ärzte. Die Durchsetzung des Berufsbildes in Deutschland. Berlin 1993, S. 136–139. [7]

BOCK, Ulla: Frauenforschungsprofessuren an deutschen Hochschulen. 3. Aufl. Berlin 1996. (Extra-Info 15.) [19]

BOCK, Ulla/BRASZEIT, Anne/SCHMERL, Christiane (Hgg.): Frauen an den Universitäten. Zur Situation von Studentinnen und Hochschullehrerinnen in der männlichen Wissenschaftshierarchie. Frankfurt am Main 1983. [19]

BOEDEKER, Elisabeth: 25 Jahre Frauenstudium in Deutschland: Verzeichnis der Doktorarbeiten von Frauen 1908–1933. 4 Hefte. Hannover 1935–39. [2, 4, 6, 9, 11]

BOEDEKER, Elisabeth/MEYER-PLATH, Maria: 50 Jahre Habilitation von Frauen in Deutschland (1920–1970). Göttingen 1974. (Schriften des Hochschulverbandes, Heft 27.) [1, 5, 19]

BOEHM, Laetitia: Von den Anfängen des akademischen Frauenstudiums in Deutschland. Zugleich ein Kapitel aus der Geschichte der Ludwig-Maximilians-Universität München. In: Historisches Jahrbuch 77 (1958), 298–327. [1, 2, 4, 8, 11]

BOEHM, Laetitia: Die Ludwig-Maximilians-Universität im Münchener Kulturleben zwischen Kriegszerstörung, Umerziehung und Richtfesten. In: Friedrich PRINZ (Hg.): Trümmerzeit. München 1984, S. 149–155. [19]

BOEHM, Laetitia/SPÖRL, Johannes: Die Ludwig-Maximilians-Universität in ihren Fakultäten. 2 Bände. Berlin 1972 und 1980. [5]

BÖHM, Helmut: Von der Selbstverwaltung zum Führerprinzip. Die Universität München in den ersten Jahren des Dritten Reiches (1933–1936). Berlin 1995. [5, 6]

BÖHM, Reglindis: Der Kampf um die Zulassung der Frauen als Rechtsanwältinnen und zum Richteramt – aus historischer Sicht unter Betrachtung gegenwärtiger beschäftigungspolitischer Tendenzen. In: Deutsche Richterzeitung 64 (1986), S. 365–374. [11]

BRACKE, Gerhard: Melitta Gräfin von Stauffenberg. Das Leben einer Fliegerin. München 1990. [12, 18]

BREMER, Ilse u. a.: Berufsbiographien von Lehrerinnen. In: Johann Georg PRINZ VON HOHENZOLLERN/Max LIEDTKE (Hgg.): Der weite Schulweg der Mädchen. München 1990. S. 313–331. [8]

BREMER, Ilse/EHRICH, Karin (Hgg.): Mütterlichkeit als Profession? Lebensläufe deutscher Pädagoginnen in der ersten Hälfte dieses Jahrhunderts. Band 2: Kurzbiographien. Pfaffenweiler 1993. [4]

BRENTANO, Margherita von: Die Situation der Frauen und das «Bild der Frau» an der Universität. In: Universitätstage. Universität und Universalität. Berlin 1963, S. 73–93. [19]

BRINKSCHULTE, Eva (Hg.): Weibliche Ärzte. Die Durchsetzung des Berufsbildes in Deutschland. Berlin 1993. [4, 7]

BROCKE, Bernhard vom: Hochschul- und Wissenschaftspolitik in Preußen und im Deutschen Kaiserreich 1882–1907: Das «System Althoff». In: Peter BAUMGART (Hg.): Bildungspolitik in Preußen zur Zeit des Kaiserreichs. Stuttgart 1990, S. 9–118. [1]

BROTHUN, Mechthild: Ursachen der Unterrepräsentanz von Frauen in universitären Spitzenpositionen. In: Kölner Zeitschrift für Soziologie und Sozialpsychologie 40 (1988), S. 316–36. [19]

BRUNS, Brigitte: Weibliche Avantgarde um 1900. In: Rudolf HERZ/Brigitte BRUNS: Hof-Atelier «Elvira» 1887–1928. Ästheten, Emanzen, Aristokraten. München 1985, S. 191–219. [4]

BUMM, Ernst: Über das Frauenstudium. Rede zur Gedächtnisfeier der Friedrich-Wilhelm-Universität Berlin. Berlin 1917. [2]

BUND-LÄNDER KOMMISSION FÜR BILDUNGSPLANUNG UND FORSCHUNGSFÖRDERUNG (Hg.): Förderung von Frauen im Bereich der Wissenschaften. Fortschreibung des Berichts aus dem Jahr 1989. Bonn 1996. [19]

BUNDESREGIERUNG: Stand und Perspektiven der Frauenforschung. Bonn 1990. Drucksache 11/8144 vom 18.10.1990. [19]

BURCHARDT, Anja: Die Durchsetzung des medizinischen Frauenstudiums in Deutschland. In: Eva BRINKSCHULTE (Hg.): Weibliche Ärzte. Die Durchsetzung des Berufsbildes in Deutschland. Berlin 1993, S. 10–21. [7]

BUSSMANN, Hadumod (Hg.): Stieftöchter der Alma mater? 90 Jahre Frauenstudium in Bayern – am Beispiel der Universität München. Katalog zur Ausstellung. München 1993. [2, 9, 19].

BUSSMANN, Hadumod/HOF, Renate (Hgg.): Genus. Zur Geschlechterdifferenz in den Kulturwissenschaften. Stuttgart 1995. [19]

BUSSMANN, Hadumod/LANGE, Katrin (Hgg): Peinlich berührt. Sexuelle Belästigung von Frauen an Hochschulen. München 1996. [19]

CARTER, Susan: Occupational Segregation. Teacher's Wages and American Economic Growth. In: Nancy F. COTT (Hg.): History of Women in the United States. München 1993. Band 8, Teil 2, S. 576–611. [1]

CHARRIER, Edmée: L'évolution intellectuelle féminine. Thèse pour le doctorat en droit. Paris 1931. [1]

CLEMENS, Bärbel: Frauenforschungs- und Frauenstudieninitiativen in der Bundesrepublik Deutschland. Kassel, 2. ergänzte Auflage 1983. [19]

CLEMENS, Bärbel (Hg.): Töchter der Alma mater. Frauen in der Berufs- und Hochschulforschung. Frankfurt am Main 1986. [19]

COHORS-FRESENBORG, Barbara: «Frau Onkel Doktor». Untersuchungen über die Anfänge des Frauenstudiums in der Medizin anhand von Fragebögen und Interviews mit Ärztinnen. Münster 1989. [14]

CONZE, Werner/KOCKA, Jürgen: Einleitung. In: Dies. (Hgg.): Bildungsbürgertum im 19. Jahrhundert. Teil 1. Stuttgart 1985, S. 9–26. [1]

COSTAS, Ilse: Der Beginn des Frauenstudiums an der Universität Göttingen. Die Wissenschaft, das «Wesen der Frau» und erste Schritte zur Öffnung männerdominierter Karrieren. In: Kornelia DUWE/Carola GOTTSCHALK/Marianne KOERNER (Hgg.): Göttingen ohne Gänseliesel. Gudensberg-Gleichen 1988, S. 185–193. [1, 5]

COSTAS, Ilse: Das Verhältnis von Profession, Professionalisierung und Geschlecht in historisch vergleichender Perspektive. In: Angelika WETTERER (Hg.): Profession und Geschlecht. Über die Marginalität von Frauen in hochqualifizierten Berufen. Frankfurt am Main 1992, S. 51–82. [1]

COSTAS, Ilse: Der Kampf um das Frauenstudium im internationalen Vergleich. In: Anne SCHLÜTER (Hg.): Pionierinnen – Feministinnen – Karrierefrauen? Zur Geschichte des Frauenstudiums in Deutschland. Pfaffenweiler 1992, S. 115–144. [2]

COSTAS, Ilse: Gesellschaftliche Umbrüche und das Verhältnis von Profession und Geschlecht. Die juristische Profession im deutsch-französischen Vergleich. In: Angelika WETTERER (Hg.): Die soziale Konstruktion von Geschlecht in Professionalisierungsprozessen. Frankfurt am Main 1995, S. 121–138. [1, 11]

DANE, Gesa: Melitta Gerhard (1891–1981). In: Barbara HAHN (Hg.): Frauen in den Kulturwissenschaften. Von Lou Andreas Salomé bis Hannah Arendt. München 1994, S. 219–234. [5]

DECKARD, Barbara: The Women's Movement. Political, Socioeconomic, and Political Issues. New York 1975. [1]

DEICHMANN, Uta: Biologen unter Hitler. Frankfurt am Main 1992. [17]

DEUTSCHE FORSCHUNGSGEMEINSCHAFT: Sozialwissenschaftliche Frauenforschung in der Bundesrepublik Deutschland. Bestandsaufnahme und forschungspolitische Konsequenzen. Hg. von der Senatskommission für Frauenforschung. Berlin 1994. [19]

DEUTSCHER AKADEMIKERINNENBUND: Denkschrift des Deutschen Akademikerinnenbundes an den Wissenschaftsrat Januar 1961: Zur Lage der Dozentinnen an der deutschen Universität. In: Das Argument 5 (1963), S. 12–15. [19]

DEUTSCHER JURISTINNENBUND (Hg.): Juristinnen in Deutschland. Eine Dokumentation. Frankfurt am Main 1984, ²1989. [11, 13]

DOHM, Hedwig: Die wissenschaftliche Emancipation der Frau. Berlin 1874. [2, 9]

DREES, Annette: Die Ärzte auf dem Weg zu Prestige und Wohlstand. Sozialgeschichte der württembergischen Ärzte im 19. Jahrhundert. Münster 1988. [7]

ECKELMANN, Christine: Ärztinnen in der Weimarer Zeit und im Nationalsozialismus. Eine Untersuchung über den Bund Deutscher Ärztinnen. Wermelskirchen 1992. [7]

ENGEL-REIMERS, Charlotte: Sozialpolitische Arbeiten weiblicher Autoren. In: Die Frau 20 (1912/13), S. 513–523, 680–687, 729–737. [10]

EPSTEIN, Cynthia Fuchs: Women in Law. New York 1981. [1]

ERFFA, Margarethe von: Der weibliche Rechtsanwalt. In: Julius MAGNUS (Hg.): Die Rechtsanwaltschaft. Leipzig 1929, S. 471–477. [11, 13]

ESSERS, Ilse (geb. Kober): Technik an meinem Lebensweg. Als Frau und Ingenieur in der Frühzeit der Luftfahrttechnik. Hg. von Peter F. SELINGER. Graz 1988. [12]

EWERT, Paula/LULLIES, Stefan: Das Hochschulwesen in Frankreich. München 1984. [1]
FÄRBER, Manfred: Die Studenten. In: Technische Hochschule München 1868–1968. München 1968, S. 291–305. [12]
FELGENTRAEGER, Wilhelm: Zur Situation der weiblichen Hochschullehrer. In: Zur Situation der weiblichen Hochschullehrer. Vorträge auf der Tagung des Deutschen Akademikerinnenbundes vom 7.–11. 10. 1962 in Bad Godesberg. Göttingen 1963, S. 9–23. (Schriften des Hochschulverbandes 13.) [19]
FELIX, Dagmar: Die rechtliche Stellung der Frauenbeauftragten an bayerischen Hochschulen. In: Bayerische Verwaltungsblätter 9 (1995), S. 264–269. [19]
FELLER, Richard: Die Universität Bern 1834–1934. Bern 1935. [1]
FÖRDER-HOFF, Gabi: Marginalisierte Selbstbehauptung. Studium und Berufstätigkeit von Sozial- und Wirtschaftswissenschaftlerinnen zwischen 1890 und 1934, in: Anne SCHLÜTER (Hg.): Pionierinnen – Feministinnen – Karrierefrauen? Zur Geschichte des Frauenstudiums in Deutschland. Pfaffenweiler 1992, S. 147–167. [10]
FREVERT, Ute: «Mann und Weib und Weib und Mann». Geschlechterdifferenzen in der Moderne. München 1995. [5]
FREVERT, Ute: Soldaten – Staatsbürger. Überlegungen zur historischen Konstruktion von Männlichkeit. In: Thomas KÜHNE (Hg.): Männergeschichte – Geschlechtergeschichte. Männlichkeit im Wandel der Moderne. Frankfurt am Main 1996, S. 69–88. [11]
FUCHS, Margot: Wie die Väter so die Töchter. Frauenstudium an der Technischen Hochschule München 1899–1970. München 1994. [2, 4, 12, 18]
GAAB, Johanna: Das höhere Mädchenschulwesen in Bayern. München 1931. [4, 8]
GEENEN, Elke M.: Blockierte Karrieren. Frauen in der Hochschule. Opladen 1994. [19]
GERHARD, Ute: Unerhört. Die Geschichte der deutschen Frauenbewegung. Reinbek bei Hamburg 1990. [1]
GERHARD, Ute/SCHWARZER, Alice/SLUPIK, Vera (Hgg.): Auf Kosten der Frauen. Frauenrechte im Sozialstaat. Weinheim 1988. [19]
GERSTEIN, Hannelore: Studierende Mädchen. Zum Problem des vorzeitigen Abgangs von der Universität. München 1965. (Studien zur Soziologie 4.) [19]
GERWING, Renate: «Wir waren ganz selbstverständlich begeisterte Deutsche ...» Die Münchner Jahre der jüdischen Ärztin Rahel Straus. Sendemanuskript des Bayerischen Rundfunks, Redaktion Bayern Land und Leute, vom 24. Juni 1990. [14]
GISPEN, Kees: Engineers in Wilhelmian Germany. Professionalization and Deprofessionalization, and the Development of Nonacademic Technical Education. In: Konrad JARAUSCH/Geoffrey COCKS: The Unfree Professions. German Lawyers, Teachers and Engineers 1900–1950. New York 1990, S. 104–122. [12]
GLASER, Edith: Hindernisse, Umwege, Sackgassen. Die Anfänge des Frauenstudiums in Tübingen 1904–1934. Weinheim 1992. [10]
GÖBEL, Thomas: Ärzte und Rechtsanwälte in den USA 1800–1920. Der schwierige Weg zur Professionalisierung. In: Geschichte und Gesellschaft 16 (1990), S. 318–342. [1]
GRAHAM, Patricia Albjerg: Expansion and Exclusion: A History of Women in American Higher Education. In: Signs 3 (1978), S. 759–773. [1]
GROSSMANN, Atine: Mutterschaft und Modernität. Deutsche Ärztinnen in der Weimarer Republik, zur Zeit des Nationalsozialismus, im Exil und in der Nachkriegszeit. In: Geschlechterverhältnisse und Politik. Hg. vom Institut für Sozialforschung Frankfurt. Frankfurt am Main 1994, S. 288–310. [7]
GRÜTTNER, Michael: Studenten im Dritten Reich. Paderborn 1995. [7, 9]
HAFNER, Helmut: Frauenemanzipation und Katholizismus im zweiten deutschen Kaiserreich. Diss. Saarbrücken 1983. [6, 11]

HAHN, Barbara (Hg.): Frauen in den Kulturwissenschaften. Von Lou Andreas Salomé bis Hannah Arendt. München 1994. [5, 6]

HAMILTON, Alice: Edith and Alice Hamilton. Students in Germany. In: The Atlantic Monthly, 251, March 1965, S. 129–132. [1, 6]

HAMMERSTEIN, Notker: Antisemitismus und deutsche Universitäten 1871–1933. Frankfurt am Main 1995. [6]

HAMPE, Asta: Frauen im akademischen Lehramt. In: Zur Situation der weiblichen Hochschullehrer. Vorträge auf der Tagung des Deutschen Akademikerinnenbundes vom 7.–11. Oktober 1963 in Bad Godesberg. Göttingen 1963, S. 25–46. [19]

HAMPE, Asta: Werden Hochschullehrerinnen diskriminiert? Ergebnisse einer empirischen Studie. In: Mitteilungen des Deutschen Akademikerinnenbundes 57 (1980). [19]

HÄNTZSCHEL, Hiltrud: Der Exodus von Wissenschaftlerinnen. ‹Jüdische› Studentinnen an der Münchner Universität und was aus ihnen wurde. In: Exil. Forschung, Erkenntnisse, Ergebnisse 12 (1992), Heft 2, S. 43–52. [6]

HÄNTZSCHEL, Hiltrud: Die Philologin Eva Fiesel (1891–1937). Porträt einer Wissenschaftskarriere im Spannungsfeld von Weiblichkeit und Antisemitismus. In: Jahrbuch der Deutschen Schillergesellschaft 38 (1994), S. 339–363. [15]

HÄNTZSCHEL, Hiltrud: Kritische Bemerkungen zur Erforschung der Wissenschaftsemigration unter geschlechterdifferenzierendem Blickwinkel. In: Exilforschung. Ein internationales Jahrbuch 14 (1996), S. 150–163. [1, 6]

HARTE, Negley: The University of London 1836–1986. London 1986. [1]

HARTWIG, Otto: Die Frau in der Rechtspflege. Detmold 1922. [11]

HAUSEN, Karin: Warum Männer Frauen zur Wissenschaft nicht zulassen wollten. In: Karin HAUSEN/Helga NOWOTNY (Hgg.): Wie männlich ist die Wissenschaft? Frankfurt am Main 1986, S. 31–40. [2]

HEIGENMOOSER, Joseph: Überblick der geschichtlichen Entwicklung des höheren Mädchenschulwesens in Bayern bis zur Gegenwart. Berlin 1905. [4]

HEINDL, Waltraud/TICHY, Marina (Hgg.): «Durch Erkenntnis zu Freiheit und Glück ...». Frauen an der Universität Wien (ab 1897). Wien 1990. [6]

HERKNER, Heinrich: Das Frauenstudium der Nationalökonomie. In: Archiv für soziale Gesetzgebung und Statistik, 1899, Band 8, S. 227–254. [10]

HERZ, Rudolf/BRUNS, Brigitte: Hof-Atelier «Elvira» 1887–1928. Ästheten, Emanzen, Aristokraten. München 1985. [4, 2]

HIRSCH, Max: Über das Frauenstudium. Leipzig 1920. [2]

HOESCH, Kristin: Ärztinnen für Frauen. Kliniken in Berlin 1877–1914. Stuttgart 1995. [7]

HOHMANN-DENNHARDT, Christine: Gleichberechtigung via Rechtsnorm? Zur Frage eines Antidiskriminierungsgesetzes in der Bundesrepublik. In: Ute GERHARD u.a. (Hgg.): Frauensituation. Frankfurt am Main 1988, S. 166–188. [19]

HOLCOMBE, Lee: Victorian Ladies at Work. Newton Abbot 1973. [1]

HUBER, Ursula: Die Universität München – ein statistischer Bericht über den Fortbestand nach 1945. In: Friedrich PRINZ (Hg.): Trümmerzeit in München. München 1984, S. 156–160. [19]

HUERKAMP, Claudia: Der Aufstieg der Ärzte im 19. Jahrhundert. Vom gelehrten Stand zum professionellen Experten. Das Beispiel Preußen. Göttingen 1985. [7]

HUERKAMP, Claudia: Die preußisch-deutsche Ärzteschaft als Teil des Bildungsbürgertums. Wandel in Lage und Selbstverständnis vom ausgehenden 18. Jahrhundert bis zum Kaiserreich. In: Werner CONZE/Jürgen KOCKA (Hgg.): Bildungsbürgertum im 19. Jahrhundert. Teil 1. Stuttgart 1985, S. 358–387. [7]

HUERKAMP, Claudia: Frauen im Arztberuf im 19. und 20. Jahrhundert. Deutschland und die USA im Vergleich. In: Manfred HETTLING u. a. (Hgg.): Was ist Gesellschaftsgeschichte? Positionen, Themen, Analysen. München 1991, S. 135–145. [7]

HUERKAMP, Claudia: Jüdische Akademikerinnen in Deutschland 1900–1938. In: Geschichte und Gesellschaft 19 (1993), S. 311–331. [6, 7, 11]

HUERKAMP, Claudia: Zwischen Überfüllungskrise und politischer Reglementierung. Studienrätinnen in Preußen in der Zwischenkriegszeit. In: Juliane JACOBI (Hg.): Frauen zwischen Familie und Schule. Professionalisierungsstrategien bürgerlicher Frauen im internationalen Vergleich. Frankfurt am Main 1994, S. 108–129. [8]

HUERKAMP, Claudia: Bildungsbürgerinnen. Frauen im Studium und in akademischen Berufen 1900–1945. Göttingen 1996. (Bürgertum. Beiträge zur europäischen Gesellschaftsgeschichte; Band 10) [7, 11]

IM HOF, Ulrich: Die schweizerischen Varianten der kleindeutschen Universität. In: Festgabe Hans von Greyerz zum sechzigsten Geburtstag. Berlin 1967, S. 593–623. [1]

JÄCKLE, Renate: Schicksale jüdischer und ‹staatsfeindlicher› Ärztinnen und Ärzte nach 1933 in München. München 1988. [6, 7]

JACOBI, Juliane (Hg.): Frauen zwischen Familie und Schule. Professionalisierungsstrategien bürgerlicher Frauen im internationalen Vergleich. Frankfurt am Main 1994. [4, 8]

JACOBSEN, Hans-Adolf/DOLLINGER, Hans (Hgg.): Die deutschen Studenten. Der Kampf um die Hochschulreform. Eine Bestandsaufnahme. München 1968. [19]

JANSEN, Eva: Die soziale Herkunft der Studenten an den bayerischen Universitäten. In: Zeitschrift des Bayerischen Statistischen Landesamts 59 (1927), S. 449–471. [3]

JANSHEN, Doris/RUDOLPH, Hedwig: Ingenieurinnen. Frauen für die Zukunft. Berlin 1987. [12]

JANSHEN, Doris (Hg.): Hat die Technik ein Geschlecht? Denkschrift für eine andere Zivilisation. Berlin 1990. [19]

JARAUSCH, Konrad/COCKS, Geoffrey: The Unfree Professions. German Lawyers, Teachers and Engineers 1900–1950. New York 1990. [12]

KAHLERT, Heike: Wissenschaft in Bewegung. Frauenstudien und Frauenforschung in der BRD. In: KLEINAU, Elke/OPITZ, Claudia (Hgg.): Geschichte der Mädchen- und Frauenbildung. Band 2: Vom Vormärz bis zur Gegenwart. Frankfurt am Main 1996, S. 517–533. [19]

KAISER, Gisela: Spurensuche. Studentinnen und Wissenschaftlerinnen an der Julius-Maximilians-Universität Würzburg von den Anfängen bis heute. Begleitheft zur Ausstellung «Stieftöchter der Alma mater?». Würzburg 1995. [2, 4, 6, 7, 9, 19]

KAPLAN, Marion A.: Die jüdische Frauenbewegung in Deutschland. Organisation und Ziele des Jüdischen Frauenbundes 1904–1938. Hamburg 1981. [6, 7, 13, 14]

KAPLAN, Marion A.: Tradition and Transition. The Acculturation, Assimilation and Integration of Jews in Imperial Germany. A Gender Analysis. In: Leo Baeck Institute Yearbook 27 (1982), S. 3–35. [6]

KAPLAN, Marion A.: The Making of the Jewish Middle Class. Women, Family and Identity in Imperial Germany. New York 1991. [11, 13, 14]

KARADY, Victor: Teachers and Academics in Nineteenth Century France. A Socio-Historical Overview. In: Werner CONZE/Jürgen KOCKA (Hgg.): Bildungsbürgertum im 19. Jahrhundert. Teil 1. Stuttgart 1985, S. 458–494. [1]

KARPEN, Ulrich: Status und Besoldung von Hochschullehrern im internationalen Vergleich. Band 1. Baden-Baden 1994. [1]

KIRCHHOFF, Arthur: Die akademische Frau. Gutachten hervorragender Universitätsprofessoren, Frauenlehrer und Schriftsteller über die Befähigung der Frau zum wissenschaftlichen Studium und Berufe. Berlin 1897. [2, 7, 9, 12, 19]

KIRSCH-AUWÄRTER, Edit: Emanzipatorische Strategien an den Hochschulen im Spannungsverhältnis von Organisationsstrukturen und Zielvorstellungen. In: Verband Baden-Württembergischer Wissenschaftlerinnen (VBWW) Rundbrief 12 (1996): Ist Gleichstellung lehrbar? Entwicklungslinien männlicher und weiblicher Sozialisation, S. 49–54. (Heidelberger Symposion 1996.) [19]

KIRSCHSTEIN, Christine: «Fortgesetzte Verbrechen wider das Leben». Ursachen und Hintergründe des 1914 nach § 219 RSTGB eingeleiteten Untersuchungsverfahrens gegen die Münchener Ärztin Dr. Hope Bridges Adams Lehmann. Frankfurt am Main 1992. [7]

KLEINAU, Elke: Die freie Frau. Düsseldorf 1987. [1]

KLEINAU, Elke: Nur ein Beruf für «höhere Töchter»? Lebensläufe und Bildungsgänge von Lehrerinnen im 19. und frühen 20. Jahrhundert. In: Edith GLUMPLER (Hg.): Erträge der Frauenforschung für die LehrerInnenbildung. Bad Heilbrunn 1993, S. 149–164 [8]

KLEINAU, Elke/OPITZ, Claudia (Hgg.): Geschichte der Mädchen- und Frauenbildung. Band 2: Vom Vormärz bis zur Gegenwart. Frankfurt am Main 1996. [5, 19]

KLEWITZ, Marion: Zwischen Oberlehrern und Müttern. Professionalisierung im Lehrerinnenberuf (1870–1920). In: Marion KLEWITZ u. a. (Hgg.): Frauenberufe – hausarbeitsnah? Zur Erziehungs-, Bildungs- und Versorgungsarbeit von Frauen. Pfaffenweiler 1989, S. 59–97. [8]

KLEWITZ, Marion: Gleichheit als Hierarchie. Lehrerinnen in Preußen (1900–1930). In: Juliane JACOBI (Hg.): Frauen zwischen Familie und Schule. Professionalisierungsstrategien bürgerlicher Frauen im internationalen Vergleich. Frankfurt am Main 1994, S. 79–107. [4, 8]

KLINKSIEK, Dorothee: Die Frau im NS-Staat. Stuttgart 1982. [9]

KLÖCKER, Michael: Katholizismus und Bildungsbürgertum. Hinweise zur Erforschung vernachlässigter Bereiche der deutschen Bildungsgeschichte im 19. Jahrhundert. In: Reinhart KOSELLECK (Hg.): Bildungsbürgertum im 19. Jahrhundert. Teil II. Stuttgart 1990, S. 117–138. [8]

KNAUER, Christl: Frauen unter dem Einfluß von Kirche und Staat. Höhere Mädchenschulen und bayerische Bildungspolitik in der ersten Hälfte des 19. Jahrhunderts. München 1995. [4, 8]

KOBLITZ, Katja: Kuriosum und Konkurrentin – Juristinnen auf dem Vormarsch. In: Petra BOCK/Katja KOBLITZ (Hgg.): Neue Frauen zwischen den Zeiten. Berlin 1995, S. 129–150. [11]

KOONZ, Claudia: Mütter im Vaterland. Hamburg 1994. [16]

KOOTZ, Johanna/KRISZIO, Marianne: Frauenförderungs- und Gleichstellungsprogramme in der Bundesrepublik Deutschland. In: Elke KLEINAU/Claudia OPITZ (Hgg.): Geschichte der Mädchen- und Frauenbildung. Band 2: Vom Vormärz bis zur Gegenwart. Frankfurt am Main 1996, S. 465–486. [19]

KRAUL, Margret: Höhere Mädchenschulen. In: Christa BERG (Hg.): Handbuch der deutschen Bildungsgeschichte. Band 4. München 1991, S. 279–303. [4]

KRAUSE, Eckart/HUBER, Ludwig/FISCHER, Holger (Hgg.): Hochschulalltag im Dritten Reich. Die Hamburger Universität 1933–1945. Boston 1991. [5]

KRAUSS, Marita: Jüdische Familienschicksale zwischen nationalsozialistischer Machtübernahme und Nachkriegszeit. Die Familien Bernheimer, Feuchtwanger und Rosenfeld. In: Exil 16 (1996), S. 31–45. [14]

KRAUSS, Marita/POHL, Karl Heinrich: Hope Bridges Adams Lehmann und Karl Lehmann. Ein Ärzteehepaar um die Jahrhundertwende. (Im Erscheinen). [7]

LARSON, Magali Sarfatti: The Rise of Professionalism. Berkeley 1977. [1]

LEHMANN, Gertraud: 90 Jahre Frauenstudium in Erlangen. In: Die Friedrich-Alexander-Universität Erlangen-Nürnberg 1743–1993. Geschichte einer deutschen Hochschule. Hg. vom Stadtmuseum Erlangen. Erlangen 1993, S. 487–497. [3, 6, 19]

LEPSIUS, Rainer: Das Bildungsbürgertum als ständische Vergesellschaftung. In: Ders. (Hg.): Bildungsbürgertum im 19. Jahrhundert. Teil 3. Stuttgart 1992, S. 9–18. [9]

LORENZ, Charlotte: Entwicklung und Lage der weiblichen Lehrkräfte an den wissenschaftlichen Hochschulen Deutschlands. Hg. vom Deutschen Akademikerinnenbund. Berlin 1953. [19]

LOWITSCH, Vera: Die Frau als Richter. Diss. Freiburg 1933. [11]

LUDWIG, Karl-Heinz: Technik und Ingenieure im Dritten Reich. Düsseldorf 1979. [12]

MAYEUR, Françoise: L'Education des Filles en France au XLXe Siècle. Paris 1979. [1]

McCLELLAND, Charles E.: Zur Professionalisierung der akademischen Berufe in Deutschland. In: Werner CONZE/Jürgen KOCKA (Hgg.): Bildungsbürgertum im 19. Jahrhundert. Teil 1. Stuttgart 1985, S. 233–247. [1]

McMILLAN, James F.: Housewife or Harlot. The Place of Women in French Society, 1870–1940. New York 1981. [1]

MECKLENBURG, Frank: The Occupation of Women Emigrees. Women Lawyers in the United States. In: Sibylle QUACK (Hg.): Between Sorrow and Strength. Women Refugees of the Nazi Period. Cambridge 1996, S. 289–299. [11]

MEINET, Christoph/RENNEBERG, Monika (Hgg.): Geschlechterverhältnisse in der Geschichte der Medizin, der Naturwissenschaft und der Technik. (Im Erscheinen). [9]

MEISTER, Monika: «Gehirn- und Zwitterwesen». Die Frauenrechtlerin Anita Augspurg. Sendemanuskript des Bayerischen Rundfunks vom 8. Dezember 1985. [2]

MEISTER, Monika: «Ein Wort an die Frauen». Die Naturwissenschaftlerin und Parapsychologin Fanny Moser. Sendemanuskript des Bayerischen Rundfunks vom 25. Februar 1996. [9]

MERTENS, Lothar: Vernachlässigte Töchter der Alma Mater. Ein sozialhistorischer und bildungssoziologischer Beitrag zur strukturellen Entwicklung des Frauenstudiums in Deutschland seit der Jahrhundertwende. Berlin 1991. [6]

METZ-GÖCKEL, Sigrid/STECK, Felicitas (Hgg.): Frauenuniversitäten. Initiativen und Reformprojekte im internationalen Vergleich. Opladen 1997. [19]

MITTERMAIER, Wolfgang: Wie studiert man Rechtswissenschaft? Das Studium der Rechtswissenschaft und seine zweckmäßige Einrichtung. 2. völlig umgearbeitete Auflage. Stuttgart 1921. [11]

MODELMOG, Ilse/GRÄSSEL, Ulrike (Hgg.): Konkurrenz und Kooperation. Frauen im Zwiespalt? Münster 1994. [19]

MOHR, Wilma: Frauen in der Wissenschaft. Ein Bericht zur sozialen Lage von Studentinnen und Wissenschaftlerinnen im Hochschulbereich. Freiburg 1987. [19]

MOSES, Claire Goldberg: French Feminism in the Nineteenth Century. Albany 1984. [1]

MÜLLER, Ursula/STEIN-HILBERS, Marlene: Arbeitsplatz Hochschule – kein Platz für Frauen? In: Elke KLEINAU/Claudia OPITZ (Hgg.): Geschichte der Mädchen- und Frauenbildung. Band 2: Vom Vormärz bis zur Gegenwart. Frankfurt am Main 1996, S. 487–496. [19]

NAGLER-SPRINGMANN, Sibylle: Aschenputtel an Reißbrett und Reagenzglas. Naturwissenschaftlerinnen als Reservearmee der deutschen Wirtschaft und Wissenschaft (1933–45). In: Renate MICHEL (Hg.): Dokumentation zum 21. Kongreß von Frauen in Naturwissenschaft und Technik. Darmstadt 1995, S. 207–218. [9]

NAUCK, Ernst Theodor: Das Frauenstudium an der Universität Freiburg im Breisgau. In: Beiträge zur Freiburger Wissenschafts- und Universitätsgeschichte. Freiburg 1953, S. 17–25, 48–57. [2]

NEUHAUS, Rolf (Hg.): Dokumente zur Hochschulreform 1945–1959. Wiesbaden 1961. [19]

NEUSEL, Aylâ: Die Frauenuniversität. In: Anne SCHLÜTER/Christine ROLOFF/Maria Anna KREIENBAUM (Hgg.): Was eine Frau umtreibt. Pfaffenweiler 1990, S. 65–71. [19]

NIEDERSÄCHSISCHES MINISTERIUM FÜR WISSENSCHAFT UND KULTUR: Frauenförderung ist Hochschulreform – Frauenforschung ist Wissenschaftskritik. o. O. o. J (1994). [19]

OEHLER, Christoph: Hochschulentwicklung in der Bundesrepublik Deutschland seit 1945. Frankfurt am Main 1989. [19]

OKSCHE, Andreas: In memoriam Berta Scharrer (1906–1995). In: Annals of Anatomy 178 (1996), S. 293–298. [9]

ONNEN-ISEMANN, Corinna/OSSWALD, Ursula: Aufstiegsbarrieren für Frauen im Universitätsbereich. Bonn 1991. (Studien zur Bildung und Wissenschaft 99.) [19]

PALMIERI, Patricia Ann: In Adamless Eden. New Haven 1995. [1]

PFARR, Heide M.: Verfassungsmäßigkeit von Quoten im Hochschulbereich. Quoten und Grundgesetz 1995. [19]

POHL, Karl Heinrich: Hope Bridges Adams Lehmann und die Frauenemanzipation. Zur Person, Vorstellungswelt und politischen Tätigkeit einer Münchner Sozialdemokratin und Frauenrechtlerin im Wilhelminischen Deutschland. In: Internationale Wissenschaftliche Korrespondenz 24 (1988), S. 295–307. [7]

PRANDTL, Wilhelm: Die Geschichte des chemischen Laboratoriums der Bayerischen Akademie der Wissenschaften. Weinheim 1952. [9]

REBER GRUBER, Auguste: Die Stellung der Frau im Nationalsozialistischen Lehrerbund. In: Dies. (Hg.): Weibliche Erziehung im Nationalsozialistischen Lehrerbund. Vorträge der ersten Erzieherinnentagung in Alexisbad. Leipzig 1934, S. 3. [16]

REINER, Hans: Das bayerische Hochschulwesen in den Jahren 1913/14 und 1921/22 unter Berücksichtigung seiner Entwicklung seit 1826/27. In: Zeitschrift des Bayerischen Statistischen Landesamtes 55 (1923), S. 98–117. [3, 6, 7, 9, 12]

RESCH, Lieselotte/BUZÁS, Ladislaus: Verzeichnis der Doktoren und Dissertationen der Universität Ingolstadt-Landshut-München 1472–1970. München 1975. [7, 11]

RICHARZ, Monika: Der Eintritt der Juden in die akademischen Berufe. Jüdische Studenten und Akademiker in Deutschland 1678–1848. Tübingen 1974. (Schriftenreihe wissenschaftlicher Abhandlungen des Leo-Baeck-Instituts, Band 28.) [6]

RICHARZ, Monika: Vom Kramladen an die Universität. Jüdische Bürgerfamilien des späten 19. Jahrhunderts. In: Journal für Geschichte (1985), Heft 2, S. 42–49. [6]

RINGER, Fritz: Die Gelehrten. München 1987. [1]

RINGER, Fritz: Education and Society in Modern Europe. Bloomington 1979. [1]

RÖDER, Werner/STRAUSS, Herbert A. (Hgg.): Biographisches Handbuch der deutschsprachigen Emigration nach 1933. München u. a. Band I 1980, Band II,1 und Band II,2 1983, Band III 1983. [6, 9, 14]

RÖHRICH, Roswitha/SANDFUCHS, Gabriele/WILLMANN, Eva von: Professorinnen in der Minderheit. München 1989. [19]

ROLOFF, Christine: Chemikerinnen. Zur Bildungs- und Berufsfrage in der Chemie. In: Anne SCHLÜTER (Hg.): Pionierinnen – Feministinnen – Karrierefrauen? Zur Geschichte des Frauenstudiums in Deutschland. Pfaffenweiler 1992. S. 201–215. [9]

ROMPEL, Josef: Die Frau im Lebensraum des Mannes. Emanzipation und Staatswohl. Darmstadt 1932. [2, 9]

ROSSITER, Margaret W.: Women Scientists in America. Struggles and Strategies to 1940. Baltimore 1982. [1]

RÜWE, Christine: Studierende an den deutschen Technischen Hochschulen 1918–1941. Magisterarbeit Ruhr Universität Bochum. Bochum 1991. [12]

SAID, Erika: Zur Situation der Lehrerinnen in der Zeit des Nationalsozialismus. In: FRAUENGRUPPE FASCHISMUSFORSCHUNG (Hg.): Mutterkreuz und Arbeitsbuch. Zur Geschichte der Frauen in der Weimarer Republik und im Nationalsozialismus. Frankfurt am Main 1981, S. 110–114. [16]

SCHINDLER, Peter: Die Stellung der Dozentin an wissenschaftlichen Hochschulen. In: Deutsche Universitätszeitung 17 (1962), Heft 11, S. 11–21. [19]

SCHLIMMER, Johann: Die Beziehungen des bayerischen Staates zum höheren weiblichen Bildungswesen. Ludwigshafen 1929. [8]

SCHLÜTER, Anne: Die Hochschule der Frauen. Anachronismus, Utopie oder realistische Alternative? In: Aylâ NEUSEL/Helga VOTH (Hgg.): Utopie ist (k)ein Ausweg. Zur Lage von Frauen in Wissenschaft, Technik und Kunst. Frankfurt am Main 1992, S. 89–98. [19]

SCHLÜTER, Anne: Die ersten Nachkriegsprofessorinnen und die Situation von Wissenschaftlerinnen bis in die siebziger Jahre. In: KLEINAU, Elke/OPITZ, Claudia (Hgg.): Geschichte der Mädchen- und Frauenbildung. Band 2: Vom Vormärz bis zur Gegenwart. Frankfurt am Main 1996, S. 449–464. [19]

SCHLÜTER, Anne (Hg.): Pionierinnen – Feministinnen – Karrierefrauen? Zur Geschichte des Frauenstudiums in Deutschland. Pfaffenweiler 1992. [2, 9, 10]

SCHLÜTER, Anne/ROLOFF, Christine/KREIENBAUM, Maria Anna (Hgg.): Was eine Frau umtreibt. Frauenbewegung – Frauenforschung – Frauenpolitik. Pfaffenweiler 1990. [19]

SCHMEISER, Martin: Akademischer Hasard. Das Berufsschicksal des Professors und das Schicksal der deutschen Universität 1870–1920. Stuttgart 1994. [5]

SCHMELZKOPF, Christiane: Rahel Straus. In: Heinz SCHMITT (Hg.): Juden in Karlsruhe. Beiträge zu ihrer Geschichte bis zur NS-Machtergreifung. Karlsruhe 1988, S. 471–480. [14]

SCHMERL, Christiane/BOCK, Ulla/BRASZEIT, Anne: Innenansichten vom Herrenhaus. Frauen im Gebäude der Wissenschaft. In: Dies. (Hgg.): Frauen an den Universitäten. Frankfurt am Main 1983, S. 170–207. [19]

SCHMIDT, Paul: Vorgeschichte und Anfänge des Frauenstudiums in Bonn. In: Bonn und das Rheinland. Beiträge zur Geschichte und Kultur einer Region. Festschrift zum 65. Geburtstag von Dietrich Höroldt. Hg. von Manfred VAN REY und Norbert SCHLOSSMACHER. Bonn 1992, S. 545–596. [5]

SCHMITTNER, Monika: Aschaffenburg – ein Schauplatz der Bayerischen Frauenbewegung. Aschaffenburg 1995. (Materialien zur Aschaffenburger Frauengeschichte 2.) [3]

SCHMUDE, Jürgen: Professorinnen und weibliche Habilitierte an deutschen Hochschulen. Eine Untersuchung über Frauen im akademischen Lehramt. In: Mitteilungen des Hochschulverbandes 3 (1993), S. 175–178. [6]

SCHÖFER, Sophie: Die wirtschaftliche Lage der bayerischen Volksschullehrerinnen. Diss. München 1918. [4]

SCHORCHT, Claudia: Philosophie an den bayerischen Universitäten 1933–1945. Erlangen 1990. [5, 6]

SCHRÖDER, Iris: Soziale Frauenarbeit als bürgerliches Projekt. Differenz, Gleichheit und weiblicher Bürgersinn in der Frauenbewegung um 1900. In: Karin HAUSEN (Hg.): Geschlechterhierarchie und Arbeitsteilung. Zur Geschichte ungleicher Erwerbschancen von Männern und Frauen. Göttingen 1993, S. 209–230. [10]

SCHROEDER, Hiltrud: Die «verkümmerte» und «verbitterte» Lehrerin. Die Debatte um das Lehrerinnenzölibat in der ersten Frauenbewegung. In: Die Deutsche Schule 1. Beiheft (1990), S. 199–208. [8]

Schultz, Dagmar: Das Geschlecht läuft immer mit. Die Arbeitswelt von Professorinnen und Professoren. Pfaffenweiler 1991. [19]

Schwarz, Stefan: Die Juden in Bayern im Wandel der Zeiten. München 1963. [6]

Schwessinger, Agnes: Lösungen und Fragen im bayerischen höheren Mädchenschulwesen. In: Bayerisches Bildungswesen 1 (1927), Nr. 5, S. 277–284. [4]

Seidel, Anneliese: Frauenarbeit im Ersten Weltkrieg als Problem der staatlichen Sozialpolitik. Dargestellt am Beispiel Bayerns. Frankfurt am Main 1979. [10]

Seifert, Arno: In den Kriegen und Krisen des 20. Jahrhunderts. In: Laetitia Boehm/Johannes Spörl (Hgg.): Ludwig-Maximilians-Universität. Ingolstadt-Landshut-München 1472–1772. Berlin 1972, S. 330–362. [6]

Shryock, Richard Harrison: United States. In: Ders. (Hg.): The State of University Teachers. Ghent 1961, S. 179–194. [1]

Siegrist, Hannes (Hg.): Bürgerliche Berufe. Beiträge zur Sozialgeschichte der Professionen, freien Berufe und Akademiker im internationalen Vergleich. Göttingen 1988. [7]

Simeone, Angela: Academic Women. South Hadley, Mass. 1987. [1]

Simon, Gertrud: Hintertreppen zum Elfenbeinturm. Höhere Mädchenbildung in Österreich – Anfänge und Entwicklungen. Wien 1993. [4]

Sommerkorn, Ingrid N.: Frauen als Lehrende und Lernende an Hochschulen. In: Dies. (Hg.): Identität und Hochschule. Probleme und Perspektiven studentischer Sozialisation. Hamburg 1981. (Blickpunkt Hochschuldidaktik 64.) [19]

Spitznagel, Peter: Die Einführung des numerus clausus für jüdische Studierende an der Universität Würzburg (1928–1933). In: Würzburger Diözesangeschichtsblätter 41 (1979), S. 217–227. [6]

Stifterverband für die deutsche Wissenschaft (Hg.): Die Akademikerin. Jahrbuch 1960. [19]

Stoehr, Irene: Mädchenbildung in Frauenhand? Zur Selbstorganisation der Lehrerinnen um 1900. In: Edith Glumpler (Hg.): Erträge der Frauenforschung für die LehrerInnenbildung. Bad Heilbrunn 1993, S. 165–186. [8]

Tent, J. F.: Mission on the Rhine, Reeducation and Denazification in American-occupied Germany. o. O. 1982. [19]

Tent, J. F.: Amerikanische Bildungspolitik im besetzten Deutschland. In: Bildung und Erziehung 36 (1983). [19]

Thieme, Werner: Western Germany. In: Richard Harrison Shryock (Hg.): The State of University Teachers. Ghent 1961, S. 79–90. [1]

Titze, Hartmut: Die zyklische Überproduktion von Akademikern im 19. und 20. Jahrhundert. In: Geschichte und Gesellschaft 10 (1984), S. 92–121. [1]

Titze, Hartmut: Das Hochschulstudium in Preußen und Deutschland 1820–1944. Göttingen 1987. (Datenhandbuch zur deutschen Bildungsgeschichte. Band I: Hochschulen, 1. Teil.) [6]

Tollmien, Cordula: «Sind wir doch der Meinung, daß ein weiblicher Kopf nur ganz ausnahmsweise in der Mathematik schöpferisch tätig sein kann ...» Emmy Noether 1882–1935. Zugleich ein Beitrag zur Geschichte der Habilitation von Frauen an der Universität Göttingen. In: Göttinger Jahrbuch 38 (1990), S. 153–219. [5, 6]

Tomson, Christel: Frauenbeauftragte an deutschen Hochschulen und Universitäten. Rostock 1997. [19]

Twellmann, Margrit: Die deutsche Frauenbewegung. Ihre Anfänge und erste Entwicklung, 1843–1889. Band 1. Kronberg ²1976; Band 2. Meisenheim am Glan 1972. [1]

Verein feministische Wissenschaft Schweiz (Hg.): «Ebenso neu als kühn». 120 Jahre Frauenstudium an der Universität Zürich. Zürich 1988. [2, 5]

Vetter, Hermann: Zur Lage der Frau an den westdeutschen Hochschulen. Ergebnisse einer Befragung von Mannheimer und Heidelberger Studierenden. In: Kölner Zeitschrift für Soziologie und Sozialpsychologie 13 (1961), S. 644–660. [19]

Vogt, Beate: Erste Ergebnisse der Berliner Dokumentation Deutsche Ärztinnen im Kaiserreich. In: Eva Brinkschulte (Hg.): Weibliche Ärzte. Die Durchsetzung des Berufsbildes in Deutschland. Berlin 1993, S. 159–167. [7]

Volkov, Shulamit: Jüdisches Leben und Antisemitismus im 19. und 20. Jahrhundert: 10 Essays. München 1990. [6]

Vom Bruch, Rüdiger: Bürgerliche Sozialreform im deutschen Kaiserreich. In: Ders. (Hg.): Weder Kommunismus noch Kapitalismus. Bürgerliche Sozialreform in Deutschland vom Vormärz bis zur Ära Adenauer. München 1985, S. 61–129. [10]

Vom Bruch, Rüdiger/Müller, Rainer A.: Erlebte und gelebte Universität. Die Universität München im 19. und 20. Jahrhundert. Pfaffenhofen 1986. [6]

Vossler, Karl: Ansprache an die Vertreter der im Korporationsausschuß vereinigten studentischen Verbindungen im Dezember 1926. In: Ders.: Politik und Geistesleben. Rede zur Reichsgründungsfeier im Januar 1927 und drei weitere Ansprachen. München 1927. [6]

Weber, Marianne: Die besondere Kulturaufgabe der Frau. In: Dies.: Frauenfragen und Frauengedanken. Gesammelte Aufsätze, 1–9. Tübingen 1919, S. 238–261. [12]

Weber, Matthias M.: Der Rassehygieniker Ernst Rüdin. München 1995. [7]

Wehler, Hans-Ulrich: Deutsche Gesellschaftsgeschichte. Band 3: Von der «Deutschen Revolution» bis zum Beginn des Ersten Weltkrieges 1849–1914. München 1995. [6]

Weisz, George: Reform and conflict in French medical education, 1870–1914. In: Robert Fox/George Weisz (Hgg.): The organization of science and technology in France, 1808–1914, S. 61–94. [1]

Weisz, George: The Emergence of Modern Universities in France, 1863–1914. Princeton 1983. [1]

Wermuth, Nanny: Frauen an Hochschulen. Statistische Daten zu den Karrierechancen. Bonn 1992. (Studien zu Bildung und Wissenschaft 105.) [19]

Westdeutsche Rektorenkonferenz: Zur Förderung von Frauen in den Hochschulen. Entschließung des 161. Plenums der Westdeutschen Rektorenkonferenz am 25. 6. 1990. Dokumentation Nr. 25/1990. [19]

Wetterer, Angelika: Was sagen subjektive Diskriminierungserfahrungen über die objektive Situation von Wissenschaftlerinnen aus? In: Bärbel Clemens (Hg.): Töchter der Alma mater. Frankfurt am Main 1986, S. 273–286. [19]

Wetterer, Angelika (Hg.): Profession und Geschlecht. Über die Marginalität von Frauen in hochqualifizierten Berufen. Frankfurt am Main 1992. [1, 19]

Wetterer, Angelika: Die Frauenuniversität – Überlegungen zu einer paradoxen Intervention. In: Marlies Arndt u. a. (Hgg.): Ausgegrenzt und mittendrin – Frauen in der Wissenschaft. Berlin 1993, S. 189–197. [19]

Wetterer, Angelika: Rhetorische Präsenz – faktische Marginalität. Zur Situation von Wissenschaftlerinnen in Zeiten der Frauenförderung. In: Zeitschrift für Frauenforschung 12 (1994), S. 93–109. [19]

Weyrather, Irmgard: «Die Frau im Lebensraum des Mannes». Studentinnen in der Weimarer Republik. In: Beiträge zur feministischen Theorie und Praxis 5 (1981), S. 25–39. [2]

Weyrather, Irmgard: Numerus clausus für Frauen – Studentinnen im Nationalsozialismus. In: Frauengruppe Faschismusforschung (Hg.): Mutterkreuz und Arbeitsbuch. Zur Geschichte der Frauen in der Weimarer Republik und im Nationalsozialismus. Frankfurt am Main 1981, S. 131–162. [2]

WHITE, James J.: Women in the Law. In: Michigan Law Review 65 (1967), S. 1051–1114. [1]

WIEMELER, Mirjam: «Zur Zeit sind alle für Damen geeignete Posten besetzt» – promovierte Chemikerinnen bei der BASF (1918–1933). In: Christoph MEINET/Monika RENNEBERG (Hgg.): Geschlechterverhältnisse in der Geschichte der Medizin, der Naturwissenschaft und der Technik. Stuttgart 1996, S. 237–244. [9]

WISSENSCHAFTSRAT: Empfehlungen des Wissenschaftsrates zum Ausbau der wissenschaftlichen Einrichtungen. Teil I, November 1960. [19]

WOBBE, Theresa: Wer hat Angst vor Frauenquoten? Anmerkungen zur Marginalisierung von Wissenschaftlerinnen. In: Sozialwissenschaften und Berufspraxis 15 (1992), S. 359–375. [19]

WOBBE, Theresa: Mathilde Vaerting. In: Barbara HAHN (Hg.): Frauen in den Kulturwissenschaften. Von Lou Andreas Salomé bis Hannah Arendt. München 1994, S. 123–135. [5]

WOBBE, Theresa: Aufbrüche, Umbrüche, Einschnitte. Die Hürde der Habilitation und die Hochschullehrerinnenlaufbahn. In: Elke KLEINAU/Claudia OPITZ (Hgg.): Geschichte der Mädchen- und Frauenbildung. Band 2: Vom Vormärz bis zur Gegenwart. Frankfurt am Main 1996, S. 342–353. [5]

WOODY, Thomas: A History of Women's Education in the United States. Band 2. New York 1966 (Erste Auflage 1929). [1]

ZELDIN, Theodore: France 1848–1945. Intellect and Pride. Oxford 1980. [1]

ZENTRALEINRICHTUNG ZUR FÖRDERUNG VON FRAUENSTUDIEN UND FRAUENFORSCHUNG AN DER FREIEN UNIVERSITÄT BERLIN (Hg.): Akademische Hasardeurinnen? Habilitation von Frauen in Deutschland 1970–1995. Berlin 1995. (Extra-Info 18.) [19]

ZIEGLER, Beate: «Zum Heile der Moral und der Gesundheit ihres Geschlechtes ...» Argumente für Frauenmedizinstudium und Ärztinnen-Praxis um 1900. In: Eva BRINKSCHULTE (Hg.): Weibliche Ärzte. Die Durchsetzung des Berufsbildes in Deutschland. Berlin 1993, S. 33–43. [7]

ZIEGLER, Beate: Weibliche Ärzte und Krankenkassen. Anfänge ärztlicher Berufstätigkeit von Frauen in Berlin 1893–1935. Weinheim 1993. [7]

Ausgewählte Daten zur Universitätsgeschichte der Frauen

1864	In Zürich werden Frauen zum Medizinstudium zugelassen.
1865	In den USA entstehen die ersten Frauencolleges.
1869	Die erste Frau beantragt die Zulassung zum Studium an einer bayerischen Universität (Würzburg).
1869	In Großbritannien werden erste Frauencolleges gegründet.
1872	Theodor von Bischoff: «Das Studium und die Ausübung der Medizin durch Frauen». München.
1875	Die Schweiz läßt Frauen generell zum Studium zu.
1888	Hedwig Kettler gründet den Verein «Frauenverein Reform» (ab 1891 «Verein Frauenbildungs-Reform»).
1890	Helene Lange gründet den Allgemeinen Deutschen Lehrerinnenverein.
1891	Das Thema «Frauenstudium» kommt erstmals vor den Reichstag.
1891	Das Preußische Kultusministerium fordert die Universitäten zur Stellungnahme bezüglich des Frauenstudiums auf.
1893	Das erste Mädchengymnasium in Deutschland wird in Karlsruhe eröffnet.
1894	Der Bayerische Landtag befaßt sich erstmals mit dem Thema «Frauenstudium».
1896	Frauen werden als Hörerinnen an bayerischen Universitäten zugelassen.
1897	Arthur Kirchhoff: «Die akademische Frau». Berlin.
1897	Prinzessin Therese von Bayern erhält als erste Frau die Ehrendoktorwürde an der Universität München.
1899	Durch Bundesratsbeschluß werden Frauen zum ärztlichen, zahnärztlichen und pharmazeutischen Staatsexamen und damit zur Approbation zugelassen.
1900	Baden läßt als erstes deutsches Bundesland Frauen regulär studieren.
1900	Erstmals werden in Bayern zwei Frauen promoviert (Universität München).
1903	Bayern genehmigt Frauen die reguläre Immatrikulation an seinen Universitäten.
1905	Die Regelung von 1903 gilt nun auch für die Technische Hochschule München (als erste in Deutschland).
1908	In Preußen können sich Frauen regulär immatrikulieren.
1914	Marianne Plehn wird in München zum Titularprofessor für das Fach Fischpathologie und damit zum «ersten weiblichen Professor in Bayern» ernannt.
1915	Die erste Architektin der Technischen Hochschule München besteht ihre Diplomprüfung.
1918/1919	Die erste Frau in Deutschland habilitiert sich in München: Adele Hartmann für das Fach Anatomie.
1919	Weimarer Reichsverfassung, § 109: «Männer und Frauen haben grundsätzlich dieselben staatsbürgerlichen Rechte und Pflichten».
1920	Das Preußische Kultusministerium dekretiert, «daß in der Zugehörigkeit zum weiblichen Geschlecht kein Hindernis gegen die Habilitierung erblickt werden darf».
1922	In der Folge des Gesetzes über die «Zulassung der Frauen zu den Ämtern

und Berufen der Rechtspflege» wird Maria Otto als erste Frau in Deutschland zur Rechtsanwaltschaft zugelassen.

1923 Margarethe von Wrangell (Hohenheim) und Mathilde Vaerting (Jena) werden als erste Frauen in Deutschland zu ordentlichen Professoren ernannt.

1926 Gründung des Deutschen Akademikerinnenbundes.

1932 Nach dem Gesetz über die Rechtsstellung der weiblichen Beamten vom 30. 5. 1932 können öffentlich-rechtliche Körperschaften verheiratete Frauen entlassen, wenn deren wirtschaftliche Versorgung dauernd gesichert erscheint (Gesetz gegen das «Doppelverdienertum»).

1933 4. April: Der bayerische Innenminister verfügt einen Numerus clausus für Studierende der Medizin und gleichzeitig – im Vorgriff auf zu erwartende Regelungen – ein Immatrikulationsverbot für Juden.

1933 7. April: Aufgrund des Gesetzes zur Wiederherstellung des Berufsbeamtentums werden alle «nichtarischen» Beamten aus dem Öffentlichen Dienst entlassen. Ausgenommen waren vorerst Bedienstete, die im Ersten Weltkrieg an der Front gekämpft hatten und schon seit 1914 Beamte waren. Da der Frontkämpferbonus Frauen nicht betraf und sie im Öffentlichen Dienst, in der Verwaltung und der Rechtspflege erst seit wenigen Jahren zugelassen waren, traf dieses Gesetz die «nichtarischen» Frauen ohne Ausnahme.

1933 25. April: Das Reichsgesetz gegen die Überfüllung deutscher Schulen und Hochschulen bestimmt, daß Frauen höchstens 10 Prozent der Studierenden ausmachen dürfen; die Neuaufnahme «nichtarischer» Studierender ist auf 1,5 Prozent begrenzt.

1933 25. April: Die Kassenzulassung für «nichtarische» Ärzte wird aufgehoben.

1933 28. Dezember: Das Reichsinnenministerium bestimmt, daß der Anteil der Frauen im Jahre 1934 an der Gesamtzahl der Hochschulberechtigten in keinem Land 10 Prozent der zugewiesenen Zahl übersteigen darf. (Das Gesetz wird vom Sommer 1934 an nicht mehr angewandt und am 9. 2. 1935 formell aufgehoben.)

1933 Der Reichsverband der angestellten Ärzte und Apotheker schließt alle weiblichen Mitglieder aus.

1934 22. Juli: Nach der Justizausbildungsordnung wird die «arische» Abstammung Voraussetzung für die Zulassung zu den juristischen Staatsprüfungen.

1935 15. September: Die sogenannten Nürnberger Rassegesetze heben die Ausnahmen des Gesetzes vom 7. April 1933 auf und weiten es aus auf sogenannte ‹Mischlinge› und auf ‹jüdisch Versippte›, also auf Nichtjuden, die mit einem Partner jüdischer Herkunft verheiratet sind. Betroffene Mediziner erhalten keine Approbation mehr.

1936 Ab 31. März werden keine Frauen mehr in den juristischen Staatsdienst übernommen. Im August wird die Regelung auf die Zulassung zur Anwaltschaft ausgedehnt.

1938 Die Approbationen jüdischer Ärzte erlöschen am 30. September. In Ausnahmefällen werden «bisherige» jüdische Ärzte zur Krankenbehandlung an Juden zugelassen.

1941 An der Technischen Hochschule München wird die erste Frau habilitiert (Liesel Beckmann in Wirtschaftswissenschaften).

1943 Gauleiter Paul Giesler hält aus Anlaß der 470-Jahrfeier der Universität München eine frauendiskriminierende Rede, die zu Protest und Verhaftungen führt.

1943 Die Geschwister Sophie und Hans Scholl werden am 18. Februar von der

Gestapo verhaftet, als sie im Lichthof der Universität München Flugblätter der Weißen Rose verteilen. Am 22. Februar werden sie zusammen mit Christoph Probst hingerichtet. Weitere Todesurteile werden in den kommenden Monaten vollstreckt.

1946 Wiedereröffnung der Universität München mit sieben Fakultäten: 70 Prozent der Bausubstanz liegen in Trümmern, bis 1946 werden rund 80 Prozent der Hochschullehrer im Zuge der Entnazifizierung (vorübergehend) entlassen.

1946 Die Bayerische Verfassung garantiert den Hochschulen ihr Selbstverwaltungsrecht.

1948 Die Vollversammlung der UNO verabschiedet die Allgemeine Erklärung der Menschenrechte mit der ausdrücklichen Betonung der Gleichberechtigung von Frau und Mann.

1968 Die Studentenbewegung führt zur Gründung des Aktionsrates zur Befreiung der Frauen in Berlin und zu «Weiberräten» durch Mitgliedsfrauen des Sozialistischen Deutschen Studentenbundes.

1971 Die Studienförderung durch das Bundesausbildungsförderungsgesetz (BAföG) wird vom Deutschen Bundestag verabschiedet; sie kommt insbesondere Frauen aus einkommensschwachen Familien zugute.

1972 Die Pädagogische Hochschule wird in die Universität München integriert; der Frauenanteil auf Professuren nimmt dadurch (vorübergehend) sprunghaft zu.

1974 Verabschiedung des Bayerischen Hochschulgesetzes unter Kultusminister Professor Hans Maier.

1976 In Berlin (West) findet die erste Sommeruniversität mit 60 Teilnehmerinnen statt: auf dem Programm stehen vor allem Frauenforschungsthemen.

1977 Es beginnt eine feministische Gegenkultur mit Projekten zur Frauenforschung, Frauenhäusern, Frauenbuchläden, überwiegend von Jungakademikerinnen betrieben.

1978 Hochschulrahmengesetz und Novellierung des Bayerischen Hochschulgesetzes von 1974.

1985 In der Novellierung des Hochschulrahmengesetzes von 1975 wird zum ersten Mal die Benachteiligung von Frauen im akademischen Bereich anerkannt und den Hochschulen die Aufgabe zugewiesen, auf die «Beseitigung der für Wissenschaftlerinnen bestehenden Nachteile» hinzuwirken (Art. 2, Abs. 2).

1988 Mit der Anpassung des Bayerischen Hochschulgesetzes an das novellierte Hochschulrahmengesetz von 1985 wird das Amt der Frauenbeauftragten an allen bayerischen Hochschulen eingerichtet.

1989 Zweites Hochschulsonderprogramm: Zum ersten Mal wird in einem gemeinsam von Bund und Ländern finanzierten Programm frauenspezifische Förderung praktiziert.

1992 Die «Bayerische Landeskonferenz der Frauenbeauftragten an Hochschulen» verabschiedet gesamtbayerische Rahmenrichtlinien zur Gleichstellung von Frauen an Hochschulen.

1994 Revision des Grundgesetzes: «Der Staat fördert die tatsächliche Durchsetzung der Gleichberechtigung von Frauen und Männern und wirkt auf die Beseitigung bestehender Nachteile hin» (Art. 3, Abs. 2, Satz 2).

1995 An der Universität Erlangen-Nürnberg wird die erste bayerische Professur für Frauenforschung, ein Lehrstuhl für «Sozialpsychologie mit einem Schwerpunkt in sozialpsychologischer Frauenforschung», eingerichtet.

Abbildungsnachweise

Die Ziffern beziehen sich auf die durchnumerierten Abbildungen, die kursiv gesetzten Namen auf die Portraits Seite 127 bis 136.

Archiv der Englischen Fräulein Regensburg 11, 25
Archiv der Technischen Universität München 41
Archiv Fuchs 38, 39, 40
Ausstellung «Stieftöchter der Alma mater» München 10, 13 (Hartmann), 43, *Bilski, Castrillon, Heim, Isserlin, Lange, Mayer, Müller, Ortenau, Schwarz, Thaustein, Weiss, Wolff*
Bayerische Staatsbibliothek, Handschriftenabteilung *15*, 21
Bayerisches Hauptstaatsarchiv 1, 37
Bryn Mawr, College Archives *Noether*
Bundesarchiv, Hauptdienststelle Koblenz *19*
Büro der Universitätsfrauenbeauftragten München 48, 49, 51
Deutsches Literaturarchiv Marbach *Brodnitz, Susman*
Gotthold Müller Verlag München *Stern*
Ilse Sponsel Floersheim
Klara Schiller 47, Schiller
Leo Baeck Institute New York, Margarete Berent Collection *36*, 42 *Berent*
Leo Baeck Institute New York, Margret Muehsam Collection *Muehsam-Edelheim*
Österreichische Nationalbibliothek Wien, Bildarchiv *Richter*
Privatbesitz 6, 9, 13 (Plehn), 17, 26, 27, 28, 44, 47, 50, *Bauer, Eisenberg, Fiesel, Rothschild, Weil, Weiner*
Radcliffe College, Schlesinger Library *2*
Staatsbibliothek Berlin, Preußischer Kulturbesitz, Handschriftenabteilung *7*
Stadtarchiv München 4 (alle), 8, 13 (Beckmann), 18, 23, 24, 33, *Silberschmidt, Sonnemann*
Stadtmuseum München, Photomuseum, Kester Archiv *35* (beide)
Süddeutscher Verlag *19a*
Thomas Mann Archiv Zürich 5
Ullstein Bilderdienst
Zoologisches Institut der Universität München 13
(Beutler), 29, 30, 46, *Kitzinger*

Abbildungen aus Publikationen

Bailey, Colin J.: Ashmolean Museum Oxford: Catalogue of the Collection of Drawings. Vol. V., Oxford 1987, Photographie von Marianne Breslauer *Ring*
DAB-Mitteilungsblatt 21. Juni 1963 42
Döllinger, Ignaz und Charlotte Blennerhassett: Briefwechsel. München 1981 *1*
Ein Jahr bayerische Revolution im Bilde. Photobericht Hoffmann. München 1919, S. 10 *31*
Fliegende Blätter München 4 (1847), Nr. 89, S. 135 *16*

Fliegende Blätter München 157 (1922), S. 131 *22*
Kölbl, Herlinde: Jüdische Porträts. Frankfurt am Main 1989 *Hamburger*
Lowenthal, E. G.: Bewährung und Untergang. Ein Gedenkbuch. Stuttgart 1965 *Kohn*
Müller, Rainer A.: Geschichte der Universität. München 1990, S. 162, Abb. 107 *20*
Münchener Punsch 6 (1853), Nr. 9 *3*
Nationalsozialistische Mädchenerziehung 1 (1934/35) 12
Nationalsozialistische Mädchenerziehung 3 (1937), S. 151 *45*
Pongratz, Ludwig J. (Hg.): Psychologie in Selbstdarstellungen. Bern 1972 *Bühler*
Rühle-Gerstel, Alice: Der Weg zum Wir. München 1980 *Rühle-Gerstel*
Simplicissimus 25 (1921), Nr. 50, S. 664 *34*
Vorwärts. Berliner Volksblatt Nr. 107, 36. Jg. (S. 2) vom 27. Februar 1919 (Abendausgabe) und Nr. 131, 36. Jg. (S. 2) vom 12. März 1919 (Abendausgabe) *14*

Autorinnen

Monika Bergmeier
studierte nach einer Ausbildung zur Buchhändlerin Wirtschaftspädagogik (Diplomhandelslehrerin) und promovierte 1987 in Wirtschafts- und Sozialgeschichte. Sie arbeitet an einer Habilitationsschrift zur Umweltgeschichte im 19. Jahrhundert. Veröffentlichungen zur Wirtschafts- und Mentalitätsgeschichte und zur Wissenschaftsgeschichte von Frauen in der Staatswirtschaftlichen Fakultät.

Hadumod Bußmann
studierte Germanistik und Kunstgeschichte mit mehrjähriger Unterbrechung durch Verlagsarbeit und promovierte 1967 in Germanistischer Mediävistik. Seit 1971 Dozentin für Germanistische Sprachwissenschaft, seit 1990 Frauenbeauftragte der Universität München. Veröffentlichungen zur germanistischen Mediävistik und Linguistik, zur Wissenschaftsgeschichte von Frauen und zur Geschlechterdifferenz in den Kulturwissenschaften.

Ilse Costas
studierte Geschichtswissenschaften und Volkswirtschaftslehre (Dr. phil., Diplom-Volkswirtin) und lehrt als Akademische Rätin im Fachbereich Sozialwissenschaften der Universität Göttingen. Zwei Kinder. Veröffentlichungen zur Sozialwissenschaft in historischer Perspektive, zur Wirtschafts- und Sozialstatistik, zum Verhältnis von Profession und Geschlecht sowie zur Geschichte des Frauenstudiums im internationalen Vergleich.

Margot Fuchs
studierte nach einer Ausbildung als Buchhändlerin Geschichte und Anglistik (Magister Artium). Nach mehrjähriger wissenschaftlicher Tätigkeit am Deutschen Museum München arbeitet sie als Historikerin, Museumsberaterin und Ausstellungsmacherin und schreibt derzeit eine Dissertation zur Geschichte der Radiotechnologie. Veröffentlichungen zur Wissenschaftsgeschichte von Frauen, zu technik- und sozialgeschichtlichen sowie zu museologischen Themen.

Hiltrud Häntzschel
studierte nach einer Ausbildung zur Diplombibliothekarin Germanistik und Philosophie und promovierte 1967 in Heidelberg. Drei Kinder. Sie arbeitet als freiberufliche Wissenschaftlerin und Journalistin (Süddeutsche Zeitung) und in Ausstellungsprojekten und ist Lehrbeauftragte der Universität München. Veröffentlichungen zur Friedensforschung, Exilforschung und zur Wissenschaftsgeschichte von Frauen, Editionen zur Literatur des 18. und 19. Jahrhunderts.

Gisela Kaiser
studierte Geschichte, Volkskunde und Kunstgeschichte. Ein Kind. Nach mehrjähriger Tätigkeit im Mainfränkischen Museum Würzburg und im Historischen Museum Hannover arbeitet sie seit drei Jahren als wissenschaftliche Mitarbeiterin im Frauenbüro der Universität Würzburg. Veröffentlichungen zur Geschichte der Juden in Bayern, zur Geschichte des Frauenstudiums und zur Stadtgeschichte Würzburgs.

Christl Knauer-Nothaft
studierte Geschichte und Englisch und promovierte nach mehrjähriger Tätigkeit als Studienrätin 1993 in Bildungsgeschichte. Zwei Kinder. Sie arbeitet als freiberufliche Historikerin. Veröffentlichungen zur Bayerischen Landesgeschichte, Kirchengeschichte, Stadtgeschichte, Frauengeschichte.

Marita Krauss
studierte Geschichte und Politikwissenschaft, promovierte 1983 in Neuester Geschichte und habilitierte sich 1995 mit einer Arbeit zur vergleichenden Gesellschaftsgeschichte des 19. Jahrhunderts. Sie arbeitet als freiberufliche Wissenschaftlerin, Journalistin, Lektorin, Ausstellungsmacherin und lehrt als Privatdozentin an der Universität München. Veröffentlichungen zur vergleichenden Stadt- und Landesgeschichte, zu Kulturpolitik, zu Alltagsgeschichte sowie zur Migrationsgeschichte mit den Schwerpunkten Rückkehr aus dem Exil und Integration der Flüchtlinge und Vertriebenen.

Monika Meister
studierte Politikwissenschaften und Geschichte und absolvierte die Deutsche Journalistenschule (München). Zwei Kinder. Sie arbeitet als Journalistin und freie Mitarbeiterin am Bayerischen Rundfunk. Forschungsschwerpunkte ihrer zahlreichen Sendungen sind historische Themen, insbesondere zur alten und neuen Frauenbewegung, zur Frauenbildungsgeschichte und zum Nationalsozialismus. Veröffentlichungen zur Geschichte der katholischen Arbeiterinnenbewegung.

Sibylle Nagler-Springmann
studierte Geschichte und Romanistik (Höheres Lehramt) und absolvierte die Journalistenschule in Köln. Zunächst Pressesprecherin, arbeitet sie seit 1992 als freie Journalistin (Süddeutsche Zeitung), Historikerin und Ausstellungsmacherin. Drei Kinder. Veröffentlichungen zum Themenbereich Bildung und Beruf, zu weiblicher Sozialisation und zu Frau in Naturwissenschaft und Technik.

Personenregister

Buchanzeigen

Frauengeschichte

Gisela Brinker-Gabler (Hrsg.)
Deutsche Literatur von Frauen
Band 1: Vom Mittelalter bis zum Ende des 18. Jahrhunderts
1988. 563 Seiten mit 53 Abbildungen. Leinen
Band 2: 19. und 20. Jahrhundert
1988. 591 Seiten mit 53 Abbildungen. Leinen

Ulla Fölsing
Nobel-Frauen
Naturwissenschaftlerinnen im Porträt
3., durchgesehene Auflage. 1994. 214 Seiten mit 14 Porträts. Paperback
(Beck'sche Reihe Band 426)

Barbara Hahn (Hrsg.)
Frauen in den Kulturwissenschaften
Von Lou-Andreas Salome bis Hannah Arendt.
1994. 364 Seiten mit 15 Abbildungen. Paperback
(Beck'sche Reihe Band 1043)

Cathrin Kahlweit
Damenwahl
Politikerinnen in Deutschland
1994. 179 Seiten. Paperback
(Beck'sche Reihe Band 1069)

Gerit von Leitner
Der Fall Clara Immerwahr
Leben für eine humane Wissenschaft
2., durchgesehene und verbesserte Auflage
1995. 236 Seiten mit 29 Abbildungen. Leinen

Verlag C. H. Beck München